Geisenhanslüke · Der Buchstabe des Geistes

Achim Geisenhanslüke

Der Buchstabe des Geistes

Postfigurationen der Allegorie von Bunyan zu Nietzsche

Wilhelm Fink Verlag

Als Habilitationsschrift mit Genehmigung des Fachbereichs 3,
Sprach- und Literaturwissenschaften, der Universität Duisburg gedruckt
mit Unterstützung der DFG.

Die Lehrbefähigung wurde am 20. Dezember 2000 verliehen.

Bibliografische Information Der Deutschen Bibliothek

Die Deutsche Bibliothek verzeichnet diese Publikation in der Deutschen
Nationalbibliografie; detaillierte bibliografische Daten sind im Internet über
http://dnb.ddb.de abrufbar.

ISBN 3-7705-3794-7
© 2003 Wilhelm Fink Verlag, München
Herstellung: Ferdinand Schöningh GmbH, Paderborn

INHALTSVERZEICHNIS

Einleitung

»Die Allegorie kennt viele Rätsel aber kein Geheimnis«[1], notiert Walter Benjamin im *Passagen-Werk*. Zu den größten Rätseln der Allegorie zählt ihre eigene Geschichte: Als sprachlicher Ausdruck, der Eines sagt und ein Anderes meint, als das Andere des Symbols oder als das Andere der Bedeutung schlechthin, in diesen unterschiedlichen und kaum miteinander zu vereinbarenden Formen begegnet die Allegorie bei Quintilian, Goethe und Paul de Man.

Der Grund für diese begriffliche Unbestimmtheit liegt zu großen Teilen in der Nähe der Allegorie zu verwandten Sprachformen wie Metapher, Emblem oder Symbol. Eine widerspruchsfreie Definition der Allegorie scheint angesichts ihrer vielfältigen Berührungspunkte mit anderen sprachlichen Formen kaum möglich.[2] Über den Wert oder Unwert der Allegorie entscheidet vielmehr der Blick auf die spezifische Konstellation, in der sie steht: ob sie als Fortführung der Metapher begriffen wird wie in der rhetorischen Tradition bei Cicero und Quintilian, oder ob sie zum Gegenbegriff des Symbols stilisiert wird wie bei Goethe und de Man.

---

[1] Walter Benjamin, Gesammelte Schriften V, Frankfurt/Main 1980, S. 461.

[2] Angus Fletcher beginnt seine Untersuchung zur Allegorie daher mit folgenden Worten: »Allegory is a protean device, omnipresent in Western literature from the earliest times to the modern era. No comprehensive historical treatment of it exists or would be possible in a single volume«. A. Fletcher, Allegory. The Theory of a Symbolic Mode, Ithaca/London 1964, S. 1.

[3] Vor diesem Hintergrund notiert Anselm Haverkamp: »Die Allegorie ist von diesen Anfängen an keine primäre Figur, sondern seit ihrer rhetorischen Rationalisierung eine sekundäre, die aus der Metapher hervorgeht. Was immer es mit der Unterstellung der Priorität der Metapher als der zugrundeliegenden Figur auf sich haben mag, der rhetorische Allegoriebegriff setzt diese Priorität voraus, braucht sie, ja kreiert sie allererst.« A. Haverkamp/B. Menke, Allegorie. In: K. Barck/M. Fontius/D. Schlenstedt/B. Steinwachs/F. Wolfzettel (Hg.): Ästhetische Grundbegriffe. Historisches Wörterbuch in sieben Bänden. Band 1. Absenz-Darstellung, Stuttgart/Weimar 2000, S. 51.

Metapher – Allegorie – Rätsel: Cicero und Quintilian

Zu einer grundsätzlich positiven Bewertung der Allegorie kommt die rhetorische Tradition, da sie die Allegorie von der Metapher ableitet.[3] Schon Cicero führt die Allegorie auf die Metapher zurück, wenn er meint, sie beruhe »nicht auf der Übertragung eines Wortes, sondern besteht aus einer Folge von mehreren Wörtern, die man so verbindet, daß ihr Sinn anders verstanden werden muß als ihr Wortlaut«[4]. Cicero bestimmt die Allegorie als eine spezifische Weise der Übertragung (*translatio*). Zwei Dinge sind für ihn entscheidend: daß der allegorische Sinn von der wörtlichen Bedeutung zu unterscheiden ist und daß die metaphorische Übertragung, die der Allegorie zugrundeliegt, auf eine Folge von mehreren Wörtern zurückgeht. Cicero definiert die Allegorie damit als *metaphora continua*, als durchgeführte Metapher, die in der Form der *translatio* die Grundlage aller figürlichen Rede bildet.[5]

Die Nähe zur Metapher kennzeichnet auch die klassische rhetorische Definition der Allegorie in Quintilians *Ausbildung des Redners*. Quintilian, der den rhetorischen Tropus insgesamt als *immutatio*, als eine kunstvolle »Vertauschung der eigentlichen Bedeutung eines Wortes oder Ausdrucks mit einer anderen«[6] definiert, greift im Kontext seiner Darstellung der Redefiguren im Anschluß an Cicero zunächst ebenfalls auf die Metapher zurück. »Wir wollen nun mit dem Tropus beginnen, der der häufigste und zudem der bei weitem schönste ist; ich meine die *translatio* (Bedeutungsübertragung), die bei den Griechen *Metapher* heißt.«[7] Die Allegorie führt er mithin als eine spezifische Form der *translatio* ein:

---

[4] Cicero, De oratore. Über den Redner. Übersetzt und herausgegeben von H. Merklin, Stuttgart 1976, Buch III, 166.

[5] Die Nähe zur Metapher verdankt sich dem Begriff der Ähnlichkeit, den Cicero im Rückgriff auf Aristoteles der *translatio* zugrundelegt. »Sofern man nämlich etwas, was sich mit dem eigentlichen Ausdruck kaum erklären läßt, auf übertragene Weise bezeichnet, so verdeutlicht die Ähnlichkeit der Sache, die wir mit dem uneigentlichen Wort einführen, das, was man verstehen soll.« Cicero, De oratore, Buch III, 155. Zu Metapher und Ähnlichkeit vgl. Aristoteles, Poetik. Übersetzt und herausgegeben von M. Fuhrmann, Stuttgart 1982, S. 67.

[6] Quintilian, Ausbildung des Redners. Übersetzt und herausgegeben von H. Rahn, Darmstadt 1972, S. 217.

[7] Ebd., S. 219. Wie Cicero bezieht Quintilian die Tropen daher vor allem auf die Ebene der Wörter. »Deshalb werden bei den Tropen Wörter für andere Wörter gesetzt, so bei der Metapher, Metonymie, Antonomasie, Metalepse, Synecdoche, Katachrese und Allegorie, meist auch bei der Hyperbel; denn sie erfolgt sowohl durch die Sachverhalte als auch durch Worte.« Ebd., S. 253.

[8] Ebd., S. 223.

Wie aber maßvoller und passender Gebrauch der Metapher der Rede Glanz und Helle gibt, so macht ihr häufiger Gebrauch sie dunkel und erfüllt uns mit Überdruß, ihr dauernder Gebrauch aber läuft schließlich auf Allegorie und Rätsel hinaus.[8]

Quintilian leitet die Allegorie von der Metapher ab und stellt sie neben das Rätsel. Im Rätsel erkennt er eine Extremform der Allegorie, in der sich deren Sinn verdunkele: »Ist aber eine Allegorie zu dunkel, so heißt sie ›Rätsel‹, eine Anwendung, die ich jedenfalls für einen Fehler halte, sofern wenigstens die klare Verständlichkeit die Schönheit des Ausdrucks ausmacht«.[9] Grundlage der Allegorie bleibt aber wie bereits bei Cicero die Übertragung. Von der »obscuritas«[10] des Rätsels unterscheidet Quintilian die Allegorie als *metaphora continua*, die dem Vorwurf der rätselhaften Dunkelheit nicht anheimfalle, solange sie nicht die Art der Darstellung wechsle:[11]

Die *Allegorie*, die man im Lateinischen als inversio (Umkehrung) bezeichnet, stellt einen Wortlaut dar, der entweder einen anderen oder gar zuweilen den entgegengesetzten Sinn hat. Die erste Art erfolgt meist in durchgeführten Metaphern, so etwa ›Schiff, dich treibt die Flut wieder ins Meer zurück! / Weh, was tust du nur jetzt! Tapfer dem Hafen zu‹ und die ganze Stelle bei Horaz, an der er Schiff für das Gemeinwesen, Fluten und Stürme für Bürgerkriege, Hafen für Frieden und Eintracht sagt. [...] Für solche Allegorie hat die Rede häufig Verwendung, jedoch selten für die vollständige; meist ist sie vermischt mit unmittelbar Gesagtem.[12]

In dieser für Theorie und Geschichte der Allegorie einflußreichen Definition unterscheidet Quintilian zwischen zwei Formen der Allegorie. Beide bestimmt er als durchgeführte Metaphern: Die erste ist die gänzliche oder vollkommene Allegorie, die *tota allegoria*, bei der zwischen wörtlicher und übertragener Bedeutung kein lexikalischer Zusammenhang besteht, die zweite ist die vermischte Allegorie, die *permixta apertis allegoria*, bei der die Trennung zwischen unmittelbarem Wortsinn und übertragener Bedeutung weniger deutlich ist, da zwi-

---

[9] Ebd., S. 239.

[10] Zur rhetorischen Lehre der »obscuritas« vgl. Manfred Fuhrmann, Obscuritas (Das Problem der Dunkelheit in der rhetorischen und literarästhetischen Theorie der Antike). In: W. Iser (Hg.): Immanente Ästhetik Ästhetische Reflexion (Lyrik als Paradigma der Moderne), Poetik und Hermeneutik 2, München 1966, S. 47-72.

[11] Vgl. in diesem Zusammenhang Heinrich Lausberg: »Die Allegorie ist für den Gedanken, was die Metapher [...] für das Einzelwort ist: die Allegorie steht also zum gemeinten Ernstgedanken in einem Vergleichsverhältnis. Das Verhältnis der Allegorie zur Metapher ist quantitativ: die Allegorie ist eine in einem ganzen Satz (und darüber hinaus) durchgeführte Metapher«. H. Lausberg, Handbuch der literarischen Rhetorik, München 1960, S. 441f.

[12] Quintilian, Ausbildung des Redners, S. 237.

schen ihnen ein lexikalischer Zusammenhang ausgemacht werden kann.[13] Liegt beiden Formen der Allegorie die metaphorische Leistung der Übertragung zugrunde, so gilt dies letztlich auch für die Ironie, die Quintilian als eine besondere Form der Allegorie darstellt. »Zu der Art von Allegorie aber, in der das Gegenteil ausgedrückt ist, gehört *die Ironie*.«[14] Quintilian bestimmt neben dem Rätsel auch die Ironie als eine spezifische Form der Allegorie, da sie als Steigerung der allegorischen *inversio* zur *contraria* nicht nur einen anderen, sondern den genau entgegengesetzten Sinn ausdrückt. Im rhetorischen System Quintilians hält die Allegorie als durchgeführte Metapher zwischen der Dunkelheit des Rätsels und der Klarheit der Ironie die Mitte. Hatte Benjamin mit seiner Bemerkung, die Allegorie kenne viele Rätsel, aber keine Geheimnisse, implizit auf den rhetorischen Zusammenhang von Allegorie und Rätsel hingewiesen, so klingt die rhetorisch fundierte Verbundenheit von Ironie und Allegorie noch bei Paul de Man nach, wenn dieser seinen Aufsatz *The Rhetoric of Temporality* mit dem Hinweis auf die romantische Praxis einer »allegory of the irony«[15] abschließt und damit die wechselseitige Durchdringung von Allegorie und Ironie zum Postulat dekonstruktiver Literaturtheorie erhebt.[16]

Zwar ist Quintilians Theorie der Allegorie nicht unumstritten.[17] Der Begriff der Allegorie aus der *Ausbildung des Redners* bleibt jedoch auch für jene Theorien Grundlage, die sich von ihr kritisch abzusetzen suchen. »Unter allen Theoretikern der Allegorie wurde ihre Beschreibung durch Quintilian wohl am

---

[13] So kommentiert Lausberg Quintilians Unterscheidung: »Scheidet man zunächst die Ironie aus […], so kann man zwei Realisierungsweisen der Allegorie unterscheiden: die vollkommene Allegorie (*tota allegoria*), in der keine lexikalische Spur des Ernstgedankens zu finden ist, einerseits, die unvollkommene Allegorie (*permixta apertis allegoria*), in der ein Teil der Äußerung lexikalisch sich auf der Ebene des Ernstgedankens […] befindet, andererseits.« H. Lausberg, Handbuch der literarischen Rhetorik, S. 442.

[14] Quintilian, Ausbildung des Redners, S. 241.

[15] Paul de Man, Blindness & Insight. Essays in the Rhetoric of Contemporary Criticism, Second Edition, Minnesota 1983, S. 228.

[16] Vgl. A. Haverkamp, Allegorie, Ironie und Wiederholung (Zur zweiten Lektüre). In: M. Frank/H. R. Jauss/W. Pannenberg (Hg.): Text und Applikation. Theologie, Jurisprudenz und Literaturwissenschaft im hermeneutischen Gespräch, Poetik und Hermeneutik IX, München 1981, S. 561-565.

[17] Zur Kritik an Quintilian vgl. Gerhard Kurz: »Quintilians Formel, bis heute unkritisch wiederholt, stellt das Verhältnis der beiden Bedeutungen in der Allegorie nicht angemessen dar. Dies liegt sowohl an der Bedeutungstheorie der Rhetorik […] als auch an einer strikten Trennung von Sagen und Meinen. Es gibt jedoch kein Sagen ohne Meinen. Es gibt keinen Satz ohne illokutionäre Kraft. Worte können nicht geäußert werden ohne irgendeine kommunikative Absicht.« G. Kurz, Metapher, Allegorie, Symbol, Göttingen 1982, S. 35.

häufigsten zitiert, interpretiert, auch kritisiert und blieb in einigem bis heute maßgeblich,«[18] kommentiert Wibke Freytag die zentrale Bedeutung Quintilians für die Theorie und Geschichte der Allegorie. Von Bedeutung bleibt die rhetorische Definition der Allegorie trotz ihrer tendenziell normativen Ausrichtung, da sie dazu beitragen kann, ein Mißverständnis zu vermeiden, das die Theorie der Allegorie in ihrer Geschichte immer wieder betroffen hat. Das Beispiel Quintilians zeigt, daß die Allegorie nicht etwa als Versinnlichung eines abstrakten Sachverhaltes in einem konkreten Bild zu begreifen ist, wie es die an dem Zusammenhang von Allegorie und Personifikation orientierten Theorien des 18. Jahrhunderts vermuten lassen,[19] sondern als ein sprachliches Zeichen, das sich durch die Trennung von literalem und figuralem Sinne konstituiert. Wie Wibke Freytag zusammenfaßt, versteht die Rhetorik das allegorische Zeichen als eine sprachliche Aussageform, »die Eines sagt, ein Anderes meint und wie alle Tropen einen Gedankensprung erfordert, Sinnübertragung (*translatio*) vom gesagten Bedeutenden (*significans*) zum gemeinten Bedeuteten (*significatum*).«[20] Dabei ist es gerade die in der rhetorischen Definition der Allegorie aufscheinende Kluft von Bedeutendem und Bedeutetem, die für die spätere Verurteilung des Allegorischen durch Goethe verantwortlich ist.

---

[18] W. Freytag, Allegorie, Allegorese. In: Gert Ueding (Hg.), Historisches Wörterbuch der Rhetorik, Band 1, Tübingen 1992, S. 336.

[19] Auch Peter-André Alt zitiert in seiner großen begriffsgeschichtlichen Arbeit über die Allegorie einleitend nicht die klassische rhetorische Tradition, sondern Adelung, der die Allegorie als »anschauliche Darstellung einer allgemeinen Wahrheit unter einem sinnlichen Bilde« begreift. Zit. nach P.-A. Alt, Begriffsbilder. Studien zur literarischen Form der Allegorie zwischen Opitz und Schiller, Tübingen 1995, S. 4. Alt selbst stellt die Allegorie wie die klassische Rhetorik einerseits in die Nähe der Metapher, andererseits aber verpflichtet auch er sie der Funktion einer sinnlichen Darstellung eines abstrakten Sachverhalts. »Die Allegorie ist eine durch den metaphorischen Vertauschungseffekt gestützte Darstellung abstrakter Begriffsinhalte, eine Technik sprachlicher Verschlüsselung«. Ebd., S. 6.

[20] W. Freytag, Allegorie, Allegorese, S. 332. Vor diesem Hintergrund definiert auch Gerhard Kurz die Allegorie in seinem hermeneutischen Ansatz als einen indirekten Sprechakt, der etwas anderes meint, als er sagt. »Die Allegorie ist ein Tropus [...], bei dem etwas gesagt und etwas anderes gemeint wird [...]. Die Allegorie sagt etwas direkt und etwas anderes indirekt, oder: sie sagt etwas und gibt etwas anderes zu verstehen. Die Allegorie ist also ein indirekter Sprechakt.« G. Kurz, Zu einer Hermeneutik der literarischen Allegorie. In: W. Haug (Hg.): Formen und Funktionen der Allegorie, Stuttgart 1979, S. 14.

Allegorie und Symbol: Goethe

Im Unterschied zur rhetorischen Tradition führt Goethe die Allegorie nicht länger auf die Metapher zurück. Er setzt sie vielmehr dem Symbol entgegen. Wie Hans-Georg Gadamer gezeigt hat, mutet dieser Schritt angesichts der unterschiedlichen begriffsgeschichtlichen Herkunft von Allegorie und Symbol zunächst überraschend an. »Selbst wortgeschichtlich interessierte Forscher schenken der Tatsache oft nicht genügend Beachtung, daß der uns selbstverständlich erscheinende künstlerische Gegensatz zwischen Allegorie und Symbol erst das Resultat der philosophischen Entwicklung der letzten zwei Jahrhunderte ist und an deren Beginn so wenig erwartet werden darf, daß vielmehr die Frage zu stellen ist, wie es überhaupt zum Bedürfnis einer solchen Unterscheidung und Entgegensetzung kam.«[21] Gadamer zufolge kann die Entgegensetzung von Allegorie und Symbol schon allein deshalb nicht ohne Vorbehalte überzeugen, da die Allegorie der Rhetorik entstammt, das Symbol jedoch der platonischen Tradition.[22] Mit der Allegorie und dem Symbol rücken im 19. Jahrhundert zwei Begriffe in ein Gegensatzverhältnis, die sich aufgrund ihrer unterschiedlichen begriffsgeschichtlichen Herkunft nur schwer miteinander vergleichen lassen.

　　Goethes Entgegensetzung von Allegorie und Symbol, die im 19. Jahrhundert eine fast normative Gültigkeit bekommt, bedeutet daher von vorneherein einen Bruch mit der rhetorischen Tradition. Dieser Bruch ist für den Systemverbund von Dichtkunst, Rhetorik und Poetik um so folgenschwerer zu beurteilen, als er zugleich eine Abwendung vom Paradigma der Sprache bedeutet. Zeigte Quintilians Definition, daß die Allegorie in der Rhetorik noch selbstverständlich als Sprachfigur gilt, so geht die Einsicht in die sprachliche Grundlage der literarischen Allegorie im 19. Jahrhundert weitgehend verloren, da sich die philosophische Ästhetik in ihrer Kritik der Rhetorik vom Zusammenhang zwischen Einbildungskraft und nichtsprachlicher Bildlichkeit leiten läßt. Diese Tendenz tritt vor allem bei Kant hervor, der in seiner Ästhetik zwar an der Poesie als der höchsten Form der Kunst festhält, mit der Kritik der Beredsamkeit jedoch zugleich den inneren Zusammenhalt von Literatur, Rhetorik und Poetik auflöst, der das Bildungssystem der freien Künste seit der Antike bestimmte. So kommt Kant in der *Kritik der Urteilskraft* zu der paradoxen Konsequenz, auf der einen Seite der »Dichtkunst (die fast gänzlich dem Genie ihren Ur-

---

[21] H.-G. Gadamer, Wahrheit und Methode. Grundzüge einer philosophischen Hermeneutik, Tübingen 1960, S. 77.

[22] Vgl. dazu Gadamer: »Im Begriff des Symbols klingt aber ein metaphysischer Hintergrund an, der dem rhetorischen Gebrauch der Allegorie ganz abgeht.« H.-G. Gadamer, Wahrheit und Methode, S. 79.

sprung verdankt, und am wenigsten durch Vorschrift, oder durch Beispiele geleitet sein will) den obersten Rang«[23] zuzusprechen, ihr auf der anderen Seite jedoch den Bezug zur Sprache abzusprechen, da der Gedankenfülle des Genies »kein Sprachausdruck völlig adäquat ist«[24]. In der *Kritik der Urteilskraft* geht die Kritik der Beredsamkeit mit dem Verlust der Einsicht in die sprachlichen Grundlagen der Dichtkunst einher.

Das Fehlen einer Reflexion auf den sprachlichen Grund der Dichtkunst teilt Goethe mit Kant, wenn er mit dem Symbolischen eine Form geltend macht, die »selbst in allen Sprachen ausgesprochen, doch unausprechlich bliebe«[25], während die Allegorie »immer noch begrenzt und vollständig zu halten und zu haben und [...] auszusprechen sei.«[26] Parallel zu Kants Kritik der Rhetorik führt Goethes Abwertung der Allegorie zu einer Verabschiedung des rhetorischen Paradigmas der Sprache zugunsten der bildlichen Ordnung der Idee, ist es doch gerade die »Unaussprechlichkeit« des Symbols, die dessen angeblichen Vorrang vor der Allegorie begründen soll. So gerinnt die Ästhetik des Symbolischen bei Kant und Goethe zu einer Theorie der Dichtkunst, die durch die Kritik der Beredsamkeit das poetologische Paradigma der Sprache zugunsten des Zusammenhangs von Genie und Idee aufgibt.

Rhetorik der Allegorie: Paul de Man

Vor dem Hintergrund der poetologischen Veränderungen, die die Einführung der ästhetischen Theorie im 18. und 19. Jahrhundert mit sich brachte, tritt Paul de Mans Versuch einer Rehabilitierung der Allegorie mit dem grundsätzlichen Anspruch auf, den Vorrang der symbolischen Idee vor der allegorischen Sprachfigur zu bestreiten. De Man insistiert auf der zentralen Bedeutung der rhetorischen Funktion der Sprache, um die sprachlichen Grundlagen von Literatur und Poetik wieder in den Mittelpunkt der Literaturtheorie zu rücken. Durch eine grundlegende Revision der klassischen Ästhetik versucht er, das von Kant getrennte Band zwischen Dichtkunst und Beredsamkeit neu zu knüpfen, indem er Literatur und Rhetorik gleichsetzt: »I would not hesitate to equate the rhetorical, figural potentiality of language with literature itself«[27], mit diesen Worten formuliert de Man seine Umkehrung von Kants Position. De Mans Be-

---

[23] Kant, KU, B 215.
[24] Ebd.
[25] Goethe, HA 12, S. 470.
[26] Ebd., S. 471.
[27] P. de Man, Allegories of Reading. Figural Language in Rousseau, Nietzsche, Rilke and Proust, Yale 1979, S. 10.

harren auf der Identität von Rhetorik und Literatur liegt die Forderung nach
einer neuen poetologischen, nunmehr explizit auf das Phänomen der Sprache
bezogenen Theorie der Dichtkunst zugrunde, die seiner Meinung nach bei
Kant, Goethe und Hegel – im Unterschied zur frühromantischen Dichtungstheorie – ausgeblieben war.[28]

So berechtigt de Mans Rehabilitierung der Rhetorik zunächst auch erscheinen
mag, so wenig bleibt sie von einer spürbaren Einseitigkeit frei. Die in ihrer kritischen Dimension doch beschränkte Reichweite von de Mans Ansatz zeigt sich
insbesondere an seiner Wiederaufnahme des Gegensatzpaares von Symbol und
Allegorie in dem für seine Theorie der Literatur zentralen Aufsatz *The Rhetoric
of Temporality*. Dabei überrascht zunächst, daß de Mans Aufwertung der Rhetorik nicht etwa an Quintilians Ableitung der Allegorie aus der Metapher anknüpft,
sondern an der Entgegensetzung von Symbol und Allegorie aus dem 18. und 19.
Jahrhundert festhält, um nun die Allegorie über das Symbol zu setzen. De Man
zufolge verbirgt sich hinter dem von Coleridge und Goethe erhobenen Postulat
symbolischer Identität eine allegorische Differenzerfahrung, die vom Symbolischen in einer »tenacious self-mystification«[29] nur verschleiert wird. Die Allegorie wird im Zusammenhang mit einer grundsätzlichen Neugewichtung des
Verhältnisses von Rhetorik und Ästhetik damit zwar zum paradigmatischen Ansatz für die dekonstruktive Demystifikation symbolischer Einheitsvorstellungen,
die de Mans Theorie der Literatur insgesamt leitet. Problematisch bleibt seine Rehabilitierung der Allegorie jedoch, da sie noch immer aus der beschränkten Perspektive der Entgegensetzung von Allegorie und Symbol heraus operiert und es
ihr so nicht gelingt, eine Perspektive zu gewinnen, die aus dem bereits bei Kant
verhandelten Gegensatz von Rhetorik und Ästhetik herausführen könnte.

Form und Funktion der Allegorie

Angesichts der wechselseitigen Aporien, in die Goethes Kritik und de Mans
Wiederaufwertung der Allegorie führen, erscheint es sinnvoll, die Entgegensetzung von Allegorie und Symbol zugunsten einer historischen Betrachtungs-

---

[28] Zu de Mans Kantinterpretation vgl. den Aufsatz Phenomenality and Materiality in
Kant. In: G. Shapiro/A. Sica (Hg.), Hermeneutics: Questions and Prospects, Minne-
sota 1984, S. 121-144. Zu Hegel vgl. die beiden Aufsätze Sign and Symbol in Hegel's
Aesthetics. In: Critical Inquiry, Bd. 8, Heft 4, Sommer 1982, S. 761-775 und Hegel on
the Sublime. In: M. Krupnik (Hg.): Displacement: Derrida and after, Bloomington:
Indiana 1983, S. 105-118. Zur Frühromantik vgl. P. de Man, Romanticism and Con-
temporary Criticism. The Gauss Seminar and other Papers, hrsg. von E. S. Burt/K.
Newmark/A. Warminski, Baltimore/London 1993.

[29] P. de Man, Blindness & Insight, S. 208.

weise zurückzustellen, die nicht länger nach dem Verhältnis von Symbol und Allegorie fragt, sondern die geschichtliche Bedeutungsfunktion allegorischer Dichtung in den Blick zu nehmen versucht. Daß die Differenzen zwischen barocker Allegorik und späteren allegorischen Verfahrensweisen vielleicht größer sind als die zwischen der Funktion von Allegorie und Symbol im 18. und 19. Jahrhundert, hat Peter-André Alt in seiner Studie über Allegorien als *Begriffsbilder* angedeutet:

> Die Geschichte der Allegorie zwischen Opitz und Schiller ist durch Kontinuität der Formen und Diskontinuität der Funktionen gekennzeichnet – ein Umstand, der sich allein demjenigen erschließt, der den poetischen Evolutionsprozeß nicht aus der Perspektive idealtypischer Begriffsbestimmungen, sondern im Blick auf den Paradigmenwechsel zwischen Barock und Aufklärung und die ihn bestimmenden außerliterarischen Umbruchphasen analysiert.[30]

Alt verlegt den Schwerpunkt der Allegoriediskussion von der Ebene der Theorie auf die der Geschichte. Kontinuität der Form und Diskontinuität der Funktion lautet sein Stichwort für die Entwicklung, der die Allegorie zwischen Barock und Aufklärung unterworfen sei. Alt weist damit auf einen Punkt hin, der für die vorliegende Arbeit von zentraler Bedeutung ist: auf die Frage nach einer Kontinuität der allegorischen Form nach ihrem angeblichen Verfall im 19. Jahrhundert.[31]

Fragwürdig wird damit zunächst die Grundvoraussetzung, unter der das Gegensatzpaar Allegorie-Symbol in den Dichtungstheorien seit Goethe steht: daß die Allegorie spätestens im 19. Jahrhundert endgültig zugunsten des Symbolischen aus dem literarischen System verschwindet. Nimmt man Alts Stichwort von der Kontinuität der allegorischen Form ernst, dann öffnet sich hinter dem bereits von Gadamer aufgeworfenen Problem der geschichtlichen Berechtigung der Entgegensetzung von Allegorie und Symbol auch die weiterführende Frage nach der Funktion der allegorischen Form in der Literatur des 18. und 19. Jahrhunderts als Ansatzpunkt für eine kritische Revision der Abwertung der Allegorie, die nicht länger dazu gezwungen ist, aus dem Gegensatzpaar Allegorie-Symbol heraus zu operieren.

Narrative Allegorie

Die Frage nach der Form und Funktion der Allegorie in der Literatur des 18. und 19. Jahrhunderts stellt die vorliegende Arbeit anhand eines konkreten Beispiels. Während Peter-André Alt zur Bestätigung seiner These von der Konti-

---

[30] P.-A. Alt, Begriffsbilder, S. 626f.
[31] So hat Paul de Man darauf hingewiesen, daß Hölderlins späte Dichtung, Goethes Altersstil sowie die romantische Literatur und Philosophie mit dem Gegensatzpaar Allegorie-Symbol kaum zu fassen sind. Vgl. P. de Man, Blindness & Insight, S. 190.

nuität allegorischer Formen nach ihrem angeblichen Verfall im 19. Jahrhundert auf die Tradition der anakreontischen Lyrik aufmerksam gemacht hat[32] und Anselm Haverkamp in Anknüpfung an Paul de Man die Präsenz der Allegorie bei Klopstock, Haller, Brockes, Schiller und Hölderlin als Grundzug moderner Lyrik herausgearbeitet hat,[33] stützt sich die vorliegende Arbeit auf die Tradition der narrativen Allegorie des Pilgerweges, um die Frage nach der Kontinuität allegorischer Formen im 18. und 19. Jahrhundert zu verfolgen.

Der Rückgriff auf die Form der narrativen Allegorie rechtfertigt sich in diesem Zusammenhang nicht allein durch ihre Funktion als sprachliche Großform, die bereits Wibke Freytag in ihrem Artikel zur Allegorie betont hat:

> Über den Tropus als Gedankenfigur der *elocutio* hinaus ist der *Allegoriebegriff* dadurch erweitert, daß er im Zuge der *Allegorese* mit Mythos und fiktiver *fabula* verbunden wurde, außerdem mit deren Gegenbegriffen *facta* und *historia*. Allegorie ist demzufolge einerseits auch Merkmal sprachlicher Großformen, sie ist nicht selten Kriterium der Konzeption bestimmter literarischer Gattungen, besonders von Epos und Fabel, auch kleinerer Formen wie Rätsel und Emblem, zu Zeiten jeder Poesie.[34]

Neben der grundsätzlichen Erweiterung des Allegoriebegriffes zum Merkmal sprachlicher Großformen weist Wibke Freytag überzeugend darauf hin, daß die literarische Form der Allegorie ein wichtiger Bestandteil der Dichtung einer jeden Zeit ist. Daß sich die Funktion der Allegorie über ihre Definition als rhetorische Figur hinaus auf den Bereich narrativer Großformen erstreckt, hat auch Gerhard Kurz unterstrichen:

> Vereinfachend lassen sich nun zwei Formen literarischer Allegorien unterscheiden: die *narrative* und die *deskriptive* Allegorie. Selbstverständlich gibt es Übergänge. Grenzfälle sind die Regel. Narrative Allegorien sind etwa allegorische Erzählungen und Romane. Sie haben eine betonte Handlungsstruktur. Reise, Pilgerfahrt, Suche, Jagd sind Muster der narrativen Allegorie. Zur narrativen Allegorie kann auch das dramatische Modell des Kampfes gerechnet werden. Eine deskriptive Allegorie – die natürlich auch narrative Elemente enthält – liegt vor, wenn eine Situation, ein Raum, eine Landschaft, ein Gebäude beschrieben wird.[35]

Kurz unterscheidet zwei Formen der literarischen Allegorie: die narrative und die deskriptive. Dabei betont er den Zusammenhang von narrativer Allegorik

---

[32] Vgl. P.-A. Alt, Funktionen der Allegorie in deutscher Anakreontik und Lehrdichtung des 18. Jahrhunderts. In: DVjs 66 (1992), S. 253-282.

[33] Vgl. A. Haverkamp, Kryptische Subjektivität – Archäologie des Lyrisch-Individuellen. In: M. Frank/A. Haverkamp (Hg.): Individualität (Poetik und Hermeneutik XIII), München 1988, S. 347-383. Haverkamp hat den dort entwickelten Ansatz weiter ausgebaut in seinem Buch Laub voll Trauer. Hölderlins späte Allegorie, München 1991.

[34] W. Freytag, Allegorie, Allegorese, S. 331.

[35] G. Kurz, Metapher, Allegorie, Symbol, S. 50.

und dem Thema der Pilgerschaft: »Suche, Pilgerfahrt, Reise, Kampf sind elementare Allegorien des Lebenslaufes.«[36] Trotz seiner sehr allgemein gehaltenen Definition, die in nicht immer klarer Weise zwischen den beiden Formen der narrativen und deskriptiven Allegorie zu vermitteln versucht, weist Kurz mit dem Beispiel des Pilgerweges als Allegorie des Lebenslaufes auf eine literarische Tradition hin, die über die theoriegeschichtliche Bedeutung der Allegorie hinaus den Blick auf ihre literaturgeschichtliche Tradition öffnet.[37]

Die allegorische Bildlichkeit des Weges

Die literarische Tradition der narrativen Allegorie des Weges hat Wolfgang Harms in seiner Studie *Homo viator in bivio* verfolgt.[38] Harms' weitreichende Untersuchung zur Bildlichkeit des Weges spannt den Bogen von Hesiod und Pythagoras über Dante und die mittelalterliche Gralsdichtung in Wolfram von Eschenbachs *Parzival* und dem Prosa-Lancelot bis hin zu Karl Philipp Moritz.[39] Im Mittelpunkt seiner Arbeit steht die Frage nach der Metapher des Weges als Ausdruck für die Entscheidung des Menschen zwischen zwei unterschiedlichen Lebensentwürfen. »Die Situation des homo viator in bivio ist bestimmt von der Bildlichkeit des Weges: Der Mensch, der sich als einen zielstrebigen Wanderer versteht, sieht sich nicht mehr von einem einzigen Weg verläßlich geführt, sondern steht vor der Entscheidung, die rechte Fortsetzung seines Weges zu erkennen oder überhaupt eine endgültige Wahl des Wegzieles

---

[36] Ebd., S. 48.

[37] Zur Tradition der Allegorie als Darstellung von »*battle*« and »*progress*« vgl. auch A. Fletcher, Allegory, S. 151.

[38] Auf der Grundlage allgemeiner Überlegungen zu Form und Funktion der Allegorie hat Hans Robert Jauss die Kontinuität der allegorischen Form ausgehend von Prudentius in den Blick genommen. Vgl. H. R. Jauss, Form und Auffassung der Allegorie in der Tradition der Psychomachia. In: H.R. Jauss/D. Schaller (Hg.): Medium Aevum Vivum. Festschrift für Walter Bulst, Heidelberg 1960, S. 179-207.

[39] Vor dem Hintergrund der mittelalterlichen Gestaltung der bivium-Bildlichkeit zeigt Harms bei Wolfram eine Entwicklung auf, die in Richtung einer zunehmenden Infragestellung des vorgegebenen Wegziels begriffen werden kann: »Im Gegensatz zu der auf feste Ziele bezogenen Bildlichkeit im ›Parzival‹ zeichnet sich in den hier behandelten ersten Teilen des Prosa-Lancelot eine Wandlung ab, die in anderem Zusammenhang als Resignation, Pessimismus in bezug auf das optimistische hochmittelalterliche Weg-Ziel-Schema umschrieben worden ist.«. W. Harms, Homo viator in bivio. Studien zur Bildlichkeit des Weges, München 1970, S. 287. Zur Figur des Pilgers vgl. E. Kienitz, Der Pilger als dichterische Gestalt im 19. Jahrhundert, Münster 1953 sowie, aus ethnologischer Perspektive, V./E. Turner, Image and Pilgrimage in Christian Culture. Anthropological Perspectives, Columbia 1978.

zu treffen.«[40] Daß die allegorische Darstellung des Themas der Wander- und Pilgerschaft mit der Notwendigkeit einer Entscheidung zwischen zwei gegensätzlichen Lebenswegen verbunden ist, zeigt Harms im Ausgang der *Werke und Tage* von Hesiod:

> Mit dir aber, Erznarr, Perses, mein‹ ich es gut und will dir sagen: Dürftigkeit läßt sich gar leicht auch haufenweise gewinnen; glatt ist der Weg, und sie wohnt ganz nah. Vor das Gedeihen jedoch haben die ewigen Götter den Schweiß gesetzt. Lang und steil ist der Pfad dorthin und schwer zu gehen am Anfang. Kommst du jedoch zur Höhe empor, wird er nun leicht, der anfangs so schwer war. Der ist von allen der beste, der alles selbst einsieht und bedenkt, was schließlich und endlich Erfolg bringt; tüchtig aber ist auch, wer guten Rat von anderen annimmt. Wer aber selbst unverständig ist und fremden Rat nicht hört und beherzigt, der Mann ist nicht zu gebrauchen.[41]

Im Rahmen der Darstellung des Erbstreits mit seinem Bruder in den *Werken und Tagen* nutzt Hesiod die Bildlichkeit des Weges zur Darstellung zweier grundsätzlich entgegengesetzter Lebensentwürfe: Der Entscheidung für die *Arete*, die Tugend, die Hesiod für sich selbst in Anspruch nimmt, korrespondiert die für die *Kakia*, das Üble, die er seinem Bruder Perses zuweist. Vor dem Hintergrund des Pathos der bäuerlichen Arbeit, das Hesiods Auffassung prägt,[42] stellt er den rechten Weg als einen langen und steilen Aufstieg dar, den schlechten Weg jedoch als einen scheinbar mühelosen Fortschritt, der in Wirklichkeit in die Irre führt. Mit der Darstellung dieser Alternative entfaltet Hesiod den Raum, der sich in Prodikos' Erzählung von Herakles am Scheideweg, vor allem aber in der *littera Pythagorae* des »Y als Signum für die Wahl zwischen zwei Wegen«[43] niederschlägt. Wie Harms darlegt, besteht die Grundsituation der allegorischen bivium-Bildlichkeit demnach in der Wahl zwischen zwei Wegen, die in der *littera Pythagorae* bildlich durch die zwei Gabelungen des Y verkörpert werden. In dieser Form geht die Tradition der bivium-Bildlichkeit in die christliche Literatur ein, etwa in das Gleichnis der zwei Wege im Matthäus-Evangelium: »Geht durch das enge Tor! Denn das Tor ist weit, das ins Verderben führt, und der Weg dahin ist breit, und viele gehen auf ihm. Aber das Tor, das zum Leben führt, ist eng, und der Weg dahin ist schmal, und nur wenige finden ihn.«[44] Auch in den Eingangsversen von Dantes *Göttlicher Komödie* erkennt Harms die verborgene Präsenz der bivium-Bildlichkeit wieder:

---

[40] Ebd., S. 11.

[41] Hesiod, Werke und Tage. Übersetzt und herausgegeben von O. Schönberger, Stuttgart 1996, Vers 286-296.

[42] Vgl. H. Fränkel, Dichtung und Philosophie des frühen Griechentums, München 1962, S. 124f.

[43] W. Harms, Homo viator in bivio, S. 42.

[44] Neue Jerusalemer Bibel, Matthäus, 7,13-14

Nel mezzo del cammin di nostra vita
Mi retrovai per una selva oscura
Chè la diritta via era smarrita.[45]

Die Metapher von der »Mitte des Lebensweges«, mit der die *Göttliche Komödie* anhebt, stellt Dantes Dichtung zunächst scheinbar ungebrochen in die Tradition der allegorischen bivium-Bildlichkeit. Im Vergleich zur Überlieferung
gestaltet Dante jedoch eine neue Situation: Der Wanderer hat den rechten Weg
verloren und ist nun gezwungen, den Pfad der Tugend wiederaufzunehmen.[46]
So findet er sich vor einem Berg wieder, zu dem ihm der Aufstieg durch
Panther, Löwe und Wölfin, Embleme von Laster und Untugend, verwehrt werden. Aus der Gefahr, endgültig in die Tiefe zu sinken, wird Dante erst durch das
Eintreten Vergils gerettet, der ihm einen anderen Weg als den über die Berghöhe
zeigt. Dante zeichnet damit gleich auf doppelte Weise eine neue Gestaltung der
bivium-Bildlichkeit vor. Im Unterschied zu dem einen Weg, den Christus dem
Johannes-Evangelium zufolge verkörpert – »Ego sum via, veritas et vita«[47] – erscheint der Wanderer nicht mehr selbstverständlich auf dem rechten Weg zu Tugend und Heil, sondern verloren in der »selva oscura«, in der Dunkelheit des
Waldes. Darüber hinaus wird die Alternative zwischen Aufstieg und Abstieg,
vor die sich Dante zu Beginn seiner Dichtung gestellt sieht, durch die Einführung einer dritten Möglichkeit relativiert: Mit dem Abirren vom rechten
Weg ist auch die Möglichkeit einer neuen Gestaltung des Lebens gegeben, die
sich von den Mustern der beiden vorgegebenen Wege emanzipiert. Dantes Be-
handlung der bivium-Bildlichkeit weist trotz ihrer Bindung an die christliche
Tradition bereits auf die kritische Adaptation der bivium-Bildlichkeit in der
Moderne voraus, wie sie sich im 18. und 19. Jahrhundert bei Novalis, Moritz
und Nietzsche wiederfindet.

   Zwar stellt Harms einerseits fest, daß die allegorische Tradition der bivium-
Bildlichkeit in der Literatur der Moderne tendenziell zum Verschwinden
kommt: »Daß das Y-Signum seit dem Beginn des 19. Jahrhunderts ziemlich
rasch und gründlich in Vergessenheit gerät, mag vielleicht eine Parallelerschei-

---

[45] Dante Alighieri, La Divina Commedia, a cura di Tomasio Di Salvo, Bologna 1985. In
   der Übersetzung von Karl Vossler lautet der Eingang: »Dem Höhepunkt war ich nahe
   /da mich ein dunkler Wald umfing und ich, / verirrt, den rechten Weg nicht wieder
   fand.« Dante, Die Göttliche Komödie. Deutsch von Karl Vossler, München 1986.
[46] Vor dem Hintergrund der bivium-Bildlichkeit kommentiert Harms Dantes Ausgangssituation folgendermaßen: »Dem linken Weg des Y-Signums entspricht Dantes derzeitige Wegstation jenseits der *verace via* in der *selva oscura* als Zeichen des *status
   vitiorum*; dem rechten Weg des Y entspricht jeder Versuch des Aufstiegs zum Licht
   überm Berg, wobei sich zeigt, daß Vergil einen gangbareren Weg zu führen weiß als den
   direkten, von Bestien versperrten steilen Weg.« W. Harms, Homo viator in bivio, S. 202.
[47] Johannes, 14, 6.

nung zu dem Verblassen der Bildlichkeit von Metaphern wie ›Lebensweg‹, ›Lebensbahn‹, ›Tugendpfad‹ usw. sein.«[48] Andererseits jedoch diagnostiziert er die verborgene Kontinuität der bivium-Bildlichkeit im ausgehenden 18. Jahrhundert am Beispiel von Karl Philipp Moritz' Hartknopf-Roman: »Um zu zeigen, inwiefern und ob überhaupt diese Beobachtungen zur erzählerisch genutzten bivium-Bildlichkeit noch in einer Zeit gelten, in der die Emblematik an Überzeugungskraft stark eingebüßt hat und sich unter den emblematischen bivium-Formen fast nur noch das Y der Szepterspitze behaupten kann, sei auf Beispiele aus Karl Philipp Moritz' ›Andreas Hartknopf‹-Roman eingegangen.«[49] Wie Harms Rekurs auf Moritz zeigt, bleibt der Hartknopf-Roman der bivium-Bildlichkeit durchaus verpflichtet:

> In Bildlichkeit und umfassender Motivik bleibt bei Karl Philipp Moritz mehr konstant, als es auf den ersten Blick den Anschein hat, obwohl u. a. durch die Mystik Jakob Böhmes und durch die auf die Hieroglyphik bezogene Symbolik der Freimaurer alte Bedeutungtraditionen hier abgewandelt werden. Bei aller Wandlung der ästhetischen Theorie und bei aller Variationsfreude und – freiheit der Erzähldichtung bleibt die Kraft der Affinität zu bestimmten Dingen, Situationen, Motiven und Stoffen erhalten und bleibt die Bedeutung der jeweiligen Bildlichkeit bestehen oder zumindest innerhalb neuer Formen weiter wirksam.[50]

So kommt Harms zu dem Schluß, es sei »mit langandauernder Überschneidung von mittelalterlich und neuzeitlich geprägter Ding- und Bildlichkeitsauffassung zu rechnen.«[51] Vor dem Hintergrund seiner Untersuchungen zur Geschichte der bivium-Bildlichkeit in der europäischen Literatur besteht das Hauptanliegen der vorliegenden Arbeit jedoch nicht darin, die Kontinuität von mittelalterlicher und neuzeitlicher Wegallegorik zu betonen. Ihr geht es vor allem darum, die moderne Konzeption der narrativen Allegorie des Pilgerweges am Beispiel von John Bunyan, Karl Philipp Moritz und Friedrich Nietzsche zu verfolgen. Im Mittelpunkt des Interesses steht dabei die Frage, wie die theologisch geprägte Bildlichkeit der Pilgerfahrt, die noch Bunyans *The Pilgrim's Progress* bestimmt, von Moritz und Nietzsche ästhetisch transformiert wird.[52]

---

[48] W. Harms, Homo viator in bivio, S. 157.

[49] Ebd., S. 289.

[50] Ebd., S. 292.

[51] Ebd.

[52] Damit sei zugleich angedeutet, daß es der vorliegenden Arbeit keineswegs um eine grundsätzliche Erörterung des Verhältnisses von Theologie und Dichtung geht, geschweige denn um eine theologische Deutung der Literatur. Das unterscheidet den hier verfolgten Ansatz nicht nur vom Säkularisierungspostulat, das die Arbeiten Albrecht Schönes bestimmt, sondern auch von Arbeiten über »christliche Dichtung«, wie sie etwa Dorothee Sölle vorgelegt hat. Vgl. D. Sölle, Realisation. Studien zum Verhältnis von Theologie und Dichtung nach der Aufklärung, Darmstadt 1973.

Ziel und Aufbau der Arbeit

Vor dem Hintergrund des hier skizzierten Problemzusammenhangs gliedert sich die Arbeit in zwei Teile. Der erste Teil widmet sich einer theoriegeschichtlichen Diskussion des Allegoriebegriffes. Ausgehend von Kants Kritik der Rhetorik in der *Kritik der Urteilskraft* über die Geschichte der Abwertung der Allegorie zugunsten des Symbolischen bei Winckelmann, Goethe und Moritz spannt sie den Bogen bis zur Rehabilitierung der Allegorie im 20. Jahrhundert bei Walter Benjamin, Hans-Georg Gadamer und Paul de Man. Dabei bereitet der erste Teil zugleich die Frage nach der geschichtlichen Form und Funktion der Allegorie am Beispiel der Entwicklung des Pilgerromans von Bunyan zu Nietzsche vor, die im zweiten Teil das eigentliche Zentrum der Arbeit ausmacht.

Der Ausgangspunkt des zweiten Teils ist John Bunyans Heilsallegorie *The Pilgrim's Progress* aus dem Jahre 1678 und die Bunyan-Rezeption in Jung-Stillings Alterswerk *Das Heimweh* (1793-1794) und Novalis' *Heinrich von Ofterdingen* (1802). Während Bunyan in Deutschland nur in Ausnahmefällen als literarisches Vorbild anerkannt wurde, zeigte sich die deutsche Literatur und Kritik im 18. Jahrhundert Oliver Goldsmiths Pfarrhausroman *The Vicar of Wakefield* (1766) gegenüber ungleich aufgeschlossener. Vor diesem Hintergrund untersucht die Arbeit im zweiten Kapitel ausgehend von Goldsmith die Bilder des Pfarrhauses in der Literatur des 18. Jahrhunderts anhand der Beispiele von Moritz August von Thümmels Kurzepos *Wilhelmine*, Friedrich Nicolais Roman *Sebaldus Nothanker*, Johann Heinrich Voss' *Luise* sowie Jakob Michael Reinhold Lenz' Erzählung *Der Landprediger* und Goethes Sesenheimbild in *Dichtung und Wahrheit* als eine alternative literarische Form zum allegorischen Pilgerroman. Nennen die räumliche Geschlossenheit des Pfarrhausidylls und die zeitliche Bestimmtheit der Allegorie des Pilgerweges auf den ersten Blick zwei literarische Formen, die sich wechselseitig auszuschließen scheinen, so zeigt sich im erzählerischen Werk Jean Pauls anhand der Verknüpfung von Idylle und Allegorie im *Quintus Fixlein* und der *Rede des toten Christus*, daß die allegorische Tradition als Kontrapunkt des Idyllischen auch in der Literatur des 19. Jahrhunderts fortlebt. Vor diesem Hintergrund bildet der Vergleich von Karl Philipp Moritz' allegorischem Roman *Andreas Hartknopf* (1786-1790) und Nietzsches philosophischer Dichtung *Also sprach Zarathustra* (1883-1885) den Schwerpunkt des zweiten Teils.

Die Untersuchung verfolgt dabei keineswegs das Ziel, einen vollständigen Überblick über die Geschichte des allegorischen Pilgerromans von den Anfängen bis zur Moderne zu geben. Ihr Anspruch ist bescheidener. Anhand von exemplarischen Analysen ausgewählter Texte aus der literarischen und philosophischen Tradition will sie einen theoretischen Rahmen entfalten, in den der

Allegoriebegriff in seiner literaturgeschichtlichen Bedeutung unabhängig von der Vorherrschaft des Symbolischen seit dem 18. Jahrhundert eingebettet werden kann.

Die Arbeit verbindet damit ein literaturgeschichtliches und ein theoriegeschichtliches Problem. Ihr geht es nicht allein um die Frage nach der Kontinuität allegorischer Formen von Bunyan bis zu Nietzsche, sondern zugleich um die Vermittlung von Rhetorik und philosophischer Ästhetik durch eine Poetik, deren Aufgabe mit Friedrich Schlegel darin liegt, »die Poesie mit der Philosophie und Rhetorik in Berührung zu bringen.«[53] Einen Beitrag zu einer solchen Form der Poetik zu leisten, ist das Ziel der vorliegenden Arbeit.[54]

---

[53] F. Schlegel, Kritische und theoretische Schriften, Stuttgart 1978, S. 90.

[54] Zum Begriff der Poetik vgl. die Arbeiten von Henri Meschonnic, Pour la poétique, Paris 1970, sowie, vor allem in Beziehung auf lyrische Texte der Moderne, Critique du rythme. Anthropologie historique du langage, Paris 1982. Vgl. auch A. Geisenhanslüke, Henri Meschonnic und die Poetik der Moderne. In: Kodikas/Code. Ars Semeiotica. Volume 20 (1997), S. 325-332. Im Unterschied zur poetologischen Verfahrensweise der vorliegenden Arbeit vgl. den Entwurf einer dekonstruktiven Ethik der Allegorie bei Heinz J. Drügh, Anders-Rede. Zur Struktur und historischen Systematik des Allegorischen, Freiburg im Breisgau 2000.

ERSTER TEIL:
ALLEGORIE – SYMBOL – ALLEGORIE

Leer aus geht die Allegorie.
Walter Benjamin

1. Die Kritik der Rhetorik bei Kant und Herder

Die Stellung der Rhetorik im 18. Jahrhundert ist umstritten. »Die Rhetorik hat im 18. Jahrhundert an Geltung eingebüßt, insbesondere in Deutschland«[1], schreiben Gert Ueding und Bernd Steinbrink in ihrer *Einführung in die Rhetorik*. Hans-Georg Gadamer diagnostiziert in *Wahrheit und Methode* einen »Werteverfall der Rhetorik«[2], der auf die Genieästhetik des 18. Jahrhunderts zurückgehe. Tobia Bezzola spricht in einer Untersuchung über *Die Rhetorik bei Kant, Fichte und Hegel* von einem »Konsens der Forschung bezüglich der Datierung des ›Todes der Rhetorik‹ auf die Zeit zwischen 1750 und 1850«[3] und macht insbesondere Kant für die Diskreditierung der Rhetorik verantwortlich.

Joachim Dyck und Jutta Sandstede halten dagegen an der ungebrochenen Aktualität der Rhetorik im 18. Jahrhundert fest. »Die grundlegende Bedeutung der Rhetorik für die Theorie der Literatur und ihre Praxis im Deutschland des 18. Jahrhunderts ist heute ganz unbestritten, ihre Präsenz durch die Forschung der letzten zehn Jahre bestätigt: Die Rede von ihrem Verschwinden oder gar ihrem Tod wirkt antiquiert und zeigt, daß sie nicht auf der Höhe der wissenschaftlichen Erkenntnisse ist.«[4] Und weiter heißt es: »Es geht um die Einsicht, daß nicht die vielfach behauptete Abkehr von der Rhetorik im 18. Jahrhundert, sondern die Reaktualisierung ihrer Techniken die literarischen Diskussionen der Zeit bestimmen.«[5] Dyck und Sandstede kommen daher zu dem Schluß: »Die Geschichte der impliziten Rezeption von Kategorien der klassischen Rhetorik, wie sie etwa in der Ästhetik Kants oder in Fichtes Aufforderungslehre zum Vorschein kommt, ist noch zu schreiben.«[6]

---

[1] G. Ueding/B. Steinbrink, Einführung in die Rhetorik, Stuttgart 1976, S. 1.
[2] H.-G. Gadamer, Wahrheit und Methode, Tübingen 1960, S. 77.
[3] T. Bezzola, Die Rhetorik bei Kant, Fichte und Hegel, Tübingen 1993, S. 4.
[4] J. Dyck/J. Sandstede, Quellenbibliographie zur Rhetorik, Homiletik und Epistolographie des 18. Jahrhunderts im deutschsprachigen Raum, Stuttgart/Bad-Cannstatt 1996, S. IX.
[5] Ebd., S. XII.
[6] Ebd., S. XXIII.

Kants Ästhetik

Dycks und Sandstedes durch die historischen Quellen gut begründetes Urteil kann allerdings nicht vergessen machen, daß die spätestens seit Gadamer vielbeschworene »Ubiquität«[7] der Rhetorik sich nicht auf alle Bereiche von Kunst und Wissenschaft erstreckt. Die Philosophie des 18. Jahrhunderts grenzt sich von der Rhetorik zunehmend ab. Das gilt insbesondere für diejenige philosophische Disziplin, deren Gestalt sich im 18. Jahrhundert erst langsam herauszuschälen beginnt: die Ästhetik.[8] So verbindet Kants *Kritik der Urteilskraft* die an Baumgarten anschließende Begründung einer philosophischen Ästhetik mit einer folgenreichen Schelte der Beredsamkeit, die dem ästhetisch-schönen Spiel von Einbildungskraft und Verstand als eine bloß vom Verstand geleitete Kunst der Verführung und Überredung gegenübergestellt wird. Während Baumgartens Ästhetik noch zu großen Teilen der rhetorischen Tradition verpflichtet war,[9] scheint sich die ästhetische Theorie Kants einer paradigmatischen Verabschiedung der Rhetorik zugunsten der Philosophie des Schönen zu verdanken.[10]

---

[7] Ebd., S. XV. »Die Ubiquität der Rhetorik ist unbeschränkt«, lautet das Motto von Gadamer in Wahrheit und Methode. Band 2, Tübingen 1986, S. 232.

[8] »Die Ästhetik ist als philosophische Disziplin erst im 18. Jahrhundert, d. h. im Zeitalter des Rationalismus, entstanden, offenbar herausgefordert durch den neuzeitlichen Rationalismus selbst,« kommentiert Gadamer die Geburt der Ästhetik im 18. Jahrhundert. H.-G. Gadamer, Die Aktualität des Schönen, Stuttgart 1977, S. 20.

[9] »Cicero und Quintilian stehen von Muratori bis Baumgarten bei der Schöpfung der neuen Ästhetik Pate«, schreibt A. Baeumler in seiner Studie über Das Irrationalitätsproblem in der Ästhetik und Logik des 18. Jahrhunderts, Halle 1923, S. 123. Er folgert daraus: »Wir müssen, um zu Baumgartens Leistung einen Zugang zu finden, an die Rhetorik anknüpfen.« Ebd., S. 210. Bei Baumgarten selbst scheinen die Grenzen zwischen Ästhetik und Rhetorik mehr oder weniger fließend zu verlaufen. So meint er, daß die Errungenschaften von Rhetorik und Poetik »dadurch, daß man die Begriffe ein wenig emporhebt in den Bereich größerer Allgemeinheit, an die ästhetische Kunstlehre angeschlossen werden« können. A. Baumgarten, Theoretische Ästhetik. Die grundlegenden Abschnitte aus der ›Aesthetica‹ (1750/1758), Hamburg 1988, S. 43. Baumgarten hat daher auch keine Schwierigkeiten mit dem Gedanken, Rhetorik und Homiletik zu den Nutzanwendungen der Ästhetik zu zählen. Zum Einfluß der Rhetorik auf Baumgarten vgl. auch Marie-Luise Linn, A. G. Baumgartens ›Aesthetica‹ und die antike Rhetorik, in: H. Schanze (Hg.): Rhetorik. Beiträge zu ihrer Geschichte in Deutschland vom 16.-20. Jahrhundert, Frankfurt/Main 1974, S. 105-125.

[10] Zum Verhältnis von Ästhetik und Rhetorik vgl. L. Bornscheuer, Rhetorische Paradoxien im anthropologiegeschichtlichen Paradigmenwechsel. In: Rhetorik. Ein internationales Jahrbuch 8 (1989), S. 13-42; sowie W. Bender, Rhetorische Tradition und Ästhetik im 18. Jahrhundert: Baumgarten, Meier und Breitinger. In: Zeitschrift für deutsche Philologie 99 (1980), S. 481-506.

Die Bedeutung Kants für die Geschichte der Ästhetik wurde von seiten der philosophischen Forschung entsprechend gewürdigt. Es sei »Kant, der der Wende zur Ästhetik vorgearbeitet hat«[11], schreibt Odo Marquard, um dem hinzuzufügen: »Das Entstehen dieser Überzeugung ist gemeint, wenn von der Wende zur Ästhetik die Rede ist, also dies: *daß die Ästhetik seit Ende des 18. Jahrhunderts und dem Anspruch nach bis heute zur diensthabenden Fundamentalphilosophie wird.*«[12] Marquard spricht Kant damit nicht nur die von Baumgarten vorbereitete und nun endgültig ausgeführte Begründung der philosophischen Ästhetik zu.[13] In einer Terminologie, die bewußt an Heidegger erinnert, erkennt er in der Ästhetik darüber hinaus eine neue »Fundamentalphilosophie«, deren zentraler Anspruch bis heute nicht erschöpft sei.

Die besondere Stellung der Kantischen Ästhetik im 18. Jahrhundert ist von Gadamer unterstrichen worden. »Hier liegt nun die große Leistung Kants, durch die er den Begründer der Ästhetik, den rationalistischen Vor-Kantianer Alexander Baumgarten, weit hinter sich ließ. Er hat als erster in der Erfahrung des Schönen und der Kunst eine eigene Fragestellung der Philosophie erkannt.«[14] Gadamer, der Kants ästhetische Theorie ganz auf die Philosophie des Schönen

---

[11] O. Marquard, Kant und die Wende zur Ästhetik, in: P. Heintel/L. Nagl (Hg.), Wege der Forschung. Zur Kantforschung der Gegenwart, Darmstadt 1981, S. 237.

[12] Ebd., S. 238.

[13] Die komplexe und keineswegs einheitliche Struktur der *Kritik der Urteilskraft* legt allerdings ein differenzierteres Urteil nahe. In diesem Zusammenhang lassen sich einige Einwände gegen die Wertung der *Kritik der Urteilskraft* als Geburtsschoß der modernen Ästhetik erheben. So hat bereits Alfred Baeumler auf den Einfluß hingewiesen, den die französische und italienische Lehre des Geschmacks auf Kant ausgeübt hat. Vgl. A. Baeumler, Das Irrationalitätsproblem in der Ästhetik und Logik des 18. Jahrhunderts, S. 188. Die amerikanische Kantforschung hat auf den Einfluß der empirisch-psychologischen Philosophie von Shaftesbury, Hutcheson und Burke aufmerksam gemacht, in deren Tradition auch Kant sich noch bewege. Vgl. P. Guyer, Kant and the experience of freedom. Essays on aesthetics and morality, Cambridge 1993, S. 131, sowie D. Crawford, Kant's Aesthetic Theory, Wisconsin 1973, S. 37. Darüber hinaus erscheint die *Kritik der Urteilskraft* insgesamt als ein Werk, das alles andere als innere Kohärenz für sich beanspruchen kann. »Kant must have been somewhat confused about just what the structure of his theory really was«, formuliert Paul Guyer die Verwirrung des Lesers angesichts der unterschiedlichen und kaum miteinander zu vereinbarenden Gegenstandsbereiche der *Kritik der Urteilskraft* wie die Analytik des Schönen, die Analytik des Erhabenen und das teleologische Urteil über die Natur. Vgl. P. Guyer, Kant and the claims of taste, Harvard 1979, S. 10. In ähnlich kritischer Weise äußert sich Jens Kulenkampff zu der Struktur der *Kritik der Urteilskraft* in seiner Untersuchung zu Kants Logik des ästhetischen Urteils, Frankfurt/Main 1978. Die Begründung der Ästhetik bei Kant erfolgt demnach keineswegs auf die selbstverständliche und unproblematische Weise, wie sie Gadamer und Marquard voraussetzen.

[14] H.-G. Gadamer, Die Aktualität des Schönen, S. 23.

reduziert und andere Momente wie die Analytik des Erhabenen oder die Teleologie der Urteilskraft tendenziell ausblendet, bringt die Entwicklung, die mit der *Kritik der Urteilskraft* beginnt, in seinem Hauptwerk *Wahrheit und Methode* auf den Begriff einer »Subjektivierung der Ästhetik durch Kant«[15], die die Philosophie des 18. Jahrhunderts und die Entwicklung der Ästhetik in wesentlicher Weise bestimmt habe. Eine subjektive Ästhetik, die produktionstheoretisch auf dem Begriff des Genies und rezeptionstheoretisch auf dem des Geschmacks fußt, scheint für die Rhetorik aber kaum mehr Raum zu lassen.

Beredsamkeit und Dichtkunst

So kann es nicht verwundern, daß Kant die Aufgabe einer philosophischen Begründung der Ästhetik mit einer fundamentalen Kritik der Rhetorik verbindet. Im Zusammenhang mit der Einteilung der schönen Künste, der ein wenig schmeichelhafter Vergleich von Beredsamkeit und Dichtkunst zugrundeliegt, formuliert Kant eine paradigmatische Absage an die Adresse der Rhetorik.

> Die redenden Künste sind Beredsamkeit und Dichtkunst. Beredsamkeit ist die Kunst, ein Geschäft des Verstandes als ein freies Spiel der Einbildungskraft zu betreiben; Dichtkunst, ein freies Spiel der Einbildungskraft als ein Geschäft des Verstandes auszuführen. (KU, B 205)

Kants Unterscheidung nimmt die Definition des Schönen als harmonisches Zusammenspiel von Einbildungskraft und Verstand auf, um Beredsamkeit und Dichtung als zwei gegensätzliche Formen der redenden Künste auszugeben. Die Beredsamkeit sei die Kunst, ein Geschäft des Verstandes als ein freies Spiel der Einbildungskraft darzustellen, die Dichtkunst hingegen die, ein freies Spiel der Einbildungskraft als ein Geschäft des Verstandes darzustellen. Damit scheint allein die Dichtkunst die Forderungen zu erfüllen, die die *Kritik der Urteilskraft* an das Schöne stellt. Kant spricht ihr daher auch einen Vorrang vor allen anderen Formen der Kunst zu.

> Unter allen behauptet die Dichtkunst (die fast gänzlich dem Genie ihren Ursprung verdankt, und am wenigsten durch Vorschrift, oder durch Beispiele geleitet sein will) den obersten Rang. Sie erweitert das Gemüt dadurch, daß sie die Einbildungskraft in Freiheit setzt und innerhalb den Schranken eines gegebenen Begriffs, unter der unbegrenzten Mannigfaltigkeit möglicher damit zusammenstimmender Formen, diejenige darbietet, welche die Darstellung desselben mit einer Gedankenfülle verknüpft, der kein Sprachausdruck völlig adäquat ist, und sich also ästhetisch zu den Ideen erhebt. (KU, B 215)

---

[15] Vgl. H.-G. Gadamer, Wahrheit und Methode, S. 47-87.

Der Vorrang der Dichtkunst, der in engem Zusammenhang mit Kants Begriff des Genies steht,[16] gründet in ihrer Fähigkeit, die Einbildungskraft den grundsätzlichen Forderungen des Schönen gemäß innerhalb der Schranken des Verstandesbegriffes in Freiheit zu setzen. Das Resultat dieser Operation bezeichnet Kant als eine »Gedankenfülle«, die er, obwohl er die Dichtung als eine Form der redenden Kunst eingeführt hat, aus dem Bereich der Sprache verbannt. Der Gedankenfülle sei »kein Sprachausdruck völlig adäquat«, ihre Ausnahmestellung unter den Künsten rechtfertige sie vielmehr allein dadurch, daß sie »sich also ästhetisch zu den Ideen erhebt«. Nicht die Sprache, die Ideen scheinen der eigentliche Grund der Dichtkunst zu sein. Das Lob der Dichtkunst, das Kant in der *Kritik der Urteilskraft* anstimmt, verweist diese an das unendliche Reich der Ideen als eine Instanz, die die endlichen Mittel der Sprache zu transzendieren vermag und in der Aufwärtsbewegung einer ästhetischen Erhebung den Vorrang der Dichtkunst vor den anderen Formen der Kunst begründet.

Die Kritik der Beredsamkeit verläuft zum Lob der Dichtkunst spiegelverkehrt. In einer polemisch zugespitzten Definition legt Kant nahe, daß die Beredsamkeit die Freiheit der Einbildungskraft nur zum Schein gebrauche, um mit ihrer Hilfe ein verstandesmäßig wohl berechnetes Ziel durchzusetzen. Während der Dichter im freien Spiel der Einbildungskraft die subjektive Zweckmäßigkeit des ästhetischen Geschmacksurteils in der Übereinstimmung mit der Gesetzmäßigkeit des Verstandes produziere, nutze der Redner das schöne Spiel der Einbildungskraft nur als Bühne für seine zweckgeleiteten Interessen. Das Skandalon der Rhetorik bestehe darin, daß sie sich im Unterschied zur Dichtung nicht zu den Ideen erhebe, sondern bloß mit ihnen spiele. »Der Redner also kündigt ein Geschäft an und führt es so aus, als ob es bloß ein Spiel mit Ideen sei, um die Zuschauer zu unterhalten. Der Dichter kündigt bloß ein unterhaltendes Spiel mit Ideen an, und es kommt doch so viel für den Verstand heraus, als ob er bloß dessen Geschäft zu treiben die Absicht gehabt hätte.« (KU, B 205) Das unterhaltende Spiel der Dichtung führe zugleich zur Belehrung, die Rhetorik hingegen behandle die Belehrung als eine bloße Unterhaltung, mit Hilfe dieser Unterscheidung formuliert Kant den Gegensatz von Dichtkunst und Rhetorik in der *Kritik der Urteilskraft.* Das Lob der Dichtkunst geht auf Kosten der Rhetorik:

> Der Redner gibt also zwar etwas, was er nicht verspricht, nämlich ein unterhaltendes Spiel der Einbildungskraft; aber er bricht auch dem etwas ab, was er ver-

---

[16] Auf den Zusammenhang zwischen Kants Begriff des Genies und seiner Kritik der Rhetorik hat u. a. Bezzola hingewiesen. »Der Geniebegriff ist zentral für Kants Negation des Status einer schönen Kunst für die Rhetorik.« T. Bezzola, Die Rhetorik bei Kant, Fichte und Hegel, S. 26. Vgl. auch Jochen Schmidt, Die Geschichte des Genie-Gedankens in der deutschen Literatur, Philosophie und Politik. Band 1, Von der Aufklärung bis zum Idealismus, Darmstadt 1988.

spricht, und was doch sein angekündigtes Geschäft ist, nämlich den Verstand zweckmäßig zu beschäftigen. Der Dichter dagegen verspricht wenig und kündigt ein bloßes Spiel mit Ideen an, leistet aber etwas, was eines Geschäftes würdig ist, nämlich dem Verstande spielend Nahrung zu verschaffen, und seinen Begriffen durch Einbildungskraft Leben zu geben: *mithin jener im Grunde weniger, dieser mehr, als er verspricht.* (KU, B 206)

Die Rhetorik verspricht viel und gibt wenig, die Dichtkunst verspricht wenig und gibt viel, so lautet die Gleichung, die Kant dem Vergleich beider Künste zugrundelegt. Kants Strategie der Ausgrenzung der Rhetorik aus dem Bereich der schönen Künste ist mit einem moralischen Anspruch verbunden. Letztlich ist es die Unaufrichtigkeit ihrem eigenen Versprechen gegenüber, die Kant der Rhetorik vorwirft und der er die Ehrlichkeit der Dichtkunst entgegensetzt. »In der Dichtkunst geht alles ehrlich und aufrichtig zu. Sie erklärt sich: ein bloßes unterhaltendes Spiel mit der Einbildungskraft, und zwar der Form nach, einstimmig mit Verstandesgesetzen treiben zu wollen; und verlangt nicht, den Verstand durch sinnliche Darstellung zu überschleichen und zu verstricken.« (KU, B 218) Während sich die Einbildungskraft als das Vermögen der sinnlichen Darstellung in der Dichtkunst scheinbar freiwillig dem Gesetz des Verstandes unterwirft, malt Kant mit der Beredsamkeit das Schreckgespenst einer Überwältigung des Verstandes durch die Sinnlichkeit. Mit der Rede vom »überschleichen und verstricken«, die an die platonische Tradition der Rhetorikkritik anknüpft,[17] qualifiziert Kant die Beredsamkeit zu einer falschen Kunst der Überredung ab.

> Die Beredsamkeit, sofern darunter die Kunst zu überreden, d. i. durch den schönen Schein zu hintergehen (als ars oratoria), und nicht bloße Wohlredenheit (Eloquenz und Stil) verstanden wird, ist eine Dialektik, die von der Dichtkunst nur so viel entlehnt, als nötig ist, die Gemüter, vor der Beurteilung, für den Redner zu dessen Vorteil zu gewinnen, und dieser die Freiheit zu benehmen; kann also weder für die Gerichtsschranken, noch für die Kanzeln angeraten werden. Denn wenn es um bürgerliche Gesetze, um das Recht einzelner Personen, oder um dauerhafte Belehrung und Bestimmung der Gemüter zur richtigen Kenntnis und gewissenhaften Beobachtung ihrer Pflicht, zu tun ist: so ist es unter der Würde eines so wichtigen Geschäftes, auch nur eine Spur von Üppigkeit des Witzes und der Einbildungskraft, noch mehr aber von der Kunst, zu überreden und zu irgend jemandes Vorteil einzunehmen, blicken zu lassen. Denn, wenn sie gleich bisweilen zu an sich rechtmäßigen und lobenswürdigen Absichten angewandt werden kann, so wird sie doch dadurch verwerflich, daß auf diese Art die Maximen und Gesinnungen subjektiv verderbt werden, wenn gleich die Tat objektiv gesetzmäßig ist: indem es nicht genug ist, das, was Recht ist, zu tun, sondern es auch aus dem Grunde allein, weil es Recht ist, auszuüben. Auch hat der bloße deutliche Begriff dieser Arten von menschlicher Angelegenheit, mit einer lebhaften Darstellung in Beispielen ver-

---

[17] Zu den gemeinsamen Grundlagen von Platons und Kants Kritik der Rhetorik vgl. Brian Vickers, In Defense of Rhetoric, Oxford 1989, S. 201f.

bunden, und ohne Verstoß wider die Regeln des Wohllauts der Sprache, oder der Wohlanständigkeit des Ausdrucks, für Ideen der Vernunft (die zusammen die Wohlredenheit ausmachen) schon an sich hinreichenden Einfluß auf menschliche Gemüter, als daß es nötig wäre, noch die Maschinen der Überredung hiebei anzulegen; welche, da sie eben sowohl auch zur Beschönigung oder Verdeckung des Lasters und Irrtums gebraucht werden können, den geheimen Verdacht wegen einer künstlichen Überlistung nicht ganz vertilgen können. (KU, B 216f.)

In dieser Passage treffen die zentralen Motive zusammen, die die Kritik der Rhetorik in der *Kritik der Urteilskraft* bestimmen. Der Ehrlichkeit der Dichtkunst setzt Kant die Hinterlist der Rhetorik entgegen, die selbst dem guten Zweck durch ihre Überredungskunst noch schaden könne. Die Kritik der Beredsamkeit geht wiederum auf ein moralisches Urteil zurück. Bereits in den einleitenden Worten ist der Begriff der Rhetorik hochgradig moralisch besetzt. Zwar definiert Kant die Beredsamkeit zunächst im Einklang mit Cicero und Quintilian durchaus wertfrei als »ars oratoria«. Zugleich gibt er die Redekunst jedoch als »die Kunst zu überreden, d. i. durch den schönen Schein zu hintergehen«, aus. Damit wird die Rhetorik ganz auf die Kraft der Überredung verkürzt. Auf die reduktionistische Tendenz von Kants Definition der Beredsamkeit hat Peter L. Oesterreich hingewiesen. »Allerdings setzt Kant bei seiner Kritik der Beredsamkeit und der Rednerkunst (*ars oratoria*) eine reduktionistische Rhetorikkonzeption voraus. Insofern die Beredsamkeit speziell für die schöne Form der Rede zuständig ist, reduziert sie sich auf die *elocutio*.«[18] Wie sich aus Oesterreichs Äußerungen ergibt, erfolgt die Abwertung der Rhetorik in einem doppelten Schritt. Kant reduziert die Kunst der Rede zunächst auf die Persuasion, um deren Macht in einem zweiten Schritt als eine Kunst der Täuschung zu disqualifizieren. Da es ihr Ziel sei, »die Gemüter, vor der Beurteilung, für den Redner zu dessen Vorteil zu gewinnen, und dieser die Freiheit zu benehmen«, rät er in einer kunstvoll aufeinander abgestimmten Argumentationsfolge vom öffentlichen Gebrauch der Rhetorik schlechterdings ab. Zum einen verstoße die »Üppigkeit des Witzes und der Einbildungskraft«, die die Beredsamkeit auszeichnet, gegen die »Würde eines so wichtigen Geschäftes« als Gesetz, Recht und Pflicht des Bürgers seien. Selbst im Falle der objektiven Rechtmäßigkeit der von ihr vertretenen Interessen, so Kant, werden durch die Rhetorik »die Maximen und Gesinnungen subjektiv verderbt werden«. In einer Metaphorik, die die Rhetorik als eine bloß mechanische Kunst der Manipulation erscheinen läßt, meint er, daß die politische Rede bereits ohne die »Maschinen der Überredung« »schon an sich hinreichenden Einfluß auf menschliche Gemüter« haben sollte. In Kants Kritik überwiegen die moralischen Untertöne, mit deren Hilfe die grundsätzliche Ver-

---

[18] P. L. Oesterreich, Das Verhältnis von ästhetischer Theorie und Rhetorik in Kants Kritik der Urteilskraft. In: Kantstudien 83 (1992), S. 329.

werflichkeit der Rhetorik dargestellt wird, die nur auf die sinnliche Überredung des Hörers zugunsten des eigenen Zweckes aus sei.[19] In einer langen Fußnote spricht Kant seine Verachtung der Rhetorik dann auch offen aus:

> Ich muß gestehen: daß ein schönes Gedicht mir immer ein reines Vergnügen gemacht hat, anstatt daß die Lesung der besten Rede eines römischen Volks- oder jetzigen Parlaments- oder Kanzelredners jederzeit mit dem unangenehmen Gefühl der Mißbilligung einer hinterlistigen Kunst vermengt war, welche die Menschen als Maschinen in wichtigen Dingen zu einem Urteile zu bewegen versteht, das im ruhigen Nachdenken alles Gewicht bei ihnen verlieren muß. Beredtheit und Wohlredenheit (zusammen Rhetorik) gehören zur schönen Kunst; aber Rednerkunst (ars oratoria) ist, als Kunst, sich der Schwächen der Menschen zu seinen Absichten zu bedienen (diese mögen immer so gut gemeint, oder auch wirklich gut sein, als sie wollen), gar keiner Achtung würdig. Auch erhob sie sich nur, sowohl in Athen als in Rom, zur höchsten Stufe zu einer Zeit, da der Staat seinem Verderben zueilte und wahre patriotische Denkungsart erloschen war. Wer, bei klarer Einsicht in Sachen, die Sprache nach deren Reichtum und Reinigkeit in seiner Gewalt hat, und, bei einer fruchtbaren zur Darstellung seiner Ideen tüchtigen Einbildungskraft, lebhaften Herzensanteil am wahren Guten nimmt, ist der vir bonus dicendi peritus, der Redner ohne Kunst, aber voll Nachdruck, wie ihn Cicero haben will, ohne doch diesem Ideal selbst immer treu geblieben zu sein. (KU, B 218)

So gut sie auch gemeint sei, die Kunst der Rede sei »gar keiner Achtung würdig«, schreibt Kant und führt damit einen der Leitbegriffe seiner Ethik ins Feld. In der *Grundlegung zur Metaphysik der Sitten* hatte Kant die Achtung vor dem Gesetz als Leitbegriff seiner sittlichen Theorie der Pflicht eingeführt. »Pflicht ist die Notwendigkeit einer Handlung aus Achtung fürs Gesetz.«[20] Während Kant zunächst nur den moralischen Begriff der Achtung an die Instanz des Gesetzes zu binden scheint, entfaltet sich auch die Kritik der Beredsamkeit in der *Kritik der Urteilskraft* vor dem Hintergrund des inneren Zusammenhangs von Pflicht, Achtung und Gesetz. Daß die Beredsamkeit keiner Achtung würdig sei, resultiert letztlich aus der Tatsache, daß sie selbst im bloßen Spiel mit den Ideen das Gesetz nicht

---

[19] Es versteht sich beinahe von selbst, daß Kant die klassische Rhetorik damit geradezu auf den Kopf stellt. Cicero betont in seiner Abhandlung *Über den Redner* gerade den Zusammenhang zwischen Rhetorik und Sittlichkeit. »Die wahre Redekunst jedoch ist so umfassend, daß sie den Ursprung, die Auswirkung und die Abwandlung aller Dinge, Tugenden und Pflichten und der gesamten natürlichen Voraussetzungen, auf die sich Sitten, Sinn und Leben der Menschen gründen, in sich schließt«. Cicero, Über den Redner, Drittes Buch, 76.

[20] Kant, Grundlegung zur Metaphysik der Sitten, A 14. Kant meint dort weiterhin, »daß die Notwendigkeit meiner Handlungen aus r e i n e r Achtung fürs praktische Gesetz dasjenige sei, was die Pflicht ausmacht, der jeder andere Bewegungsgrund weichen muß, weil sie die Bedingung eines a n s i c h guten Willens ist, dessen Wert über alles geht.« Ebd., A 20.

achte. So widerspricht die Rhetorik als »Kunst, sich der Schwäche der Menschen zu seinen Absichten zu bedienen«, den Forderungen der Kantischen Aufklärung nach dem Ausgang des Menschen aus seiner selbstverschuldeten Unmündigkeit. Die Kunst der Rede erlaubt es nicht, den Menschen in die Autonomie des eigenen Handelns zu entlassen, sie unterwirft ihn vielmehr den geheimen Absichten anderer. Dem moralischen Urteil über die Verwerflichkeit der Beredsamkeit stellt die *Kritik der Urteilskraft* noch ein politisches zur Seite. Kant weist auf die Entstehungsgeschichte der Rhetorik hin, die seiner Meinung nach allein zu den Zeiten in Blüte stand, wo »der Staat seinem Verderben zueilte und wahre patriotische Denkungsart erloschen war.« In der *Kritik der Urteilskraft* erscheint die Rhetorik als dezidiert antiaufklärerisches Zeichen für einen unaufhaltsamen moralischen und politischen Niedergang. Allein in der reduzierten Form der Wohlberedtheit läßt Kant die Kunst der Beredsamkeit gelten, und selbst da schränkt er ihr Recht ein: »der Redner ohne Kunst, aber voll Nachdruck«, so lautet das Ideal des Rhetors, das Kant in der *Kritik der Urteilskraft* entwirft.

Kants Rhetorik

Dabei ist auch Kant seinem Ideal nicht immer treu geblieben. Die Kritik der Rhetorik, die Kant in der *Kritik der Urteilskraft* formuliert, ist vielmehr selbst rhetorisch bestimmt. Insbesondere die einleitende Unterscheidung von Beredsamkeit und Dichtkunst vor dem Hintergrund des Verhältnisses von Einbildungskraft und Verstand verdankt sich einer definitorischen Schärfe, die an den geschulten Messern der Rhetorik geschliffen wurde. »Dieses aphoristisch schimmernde Satzgebilde läßt sich nach schulrhetorischer Terminologie der Tropen und Figuren beschreiben als ein syntaktisch gleichrangiges Isokolon, welches zwei Definitionen parallelisiert, wobei durch einen syntaktischen Chiasmus (permutatio/antimetabole) die jeweils das Definfiens tragenden Satzteile antithetisch in Opposition gesetzt werden«[21], mit diesen Worten, die Kant an die von ihm kritisierte Rhetorik zurückverweisen, kommentiert Bezzola die Entgegensetzung von Beredsamkeit und Dichtkunst in der *Kritik der Urteilskraft*.

Kants Ideal der »Rede ohne Kunst, aber voll Nachdruck« ist darüber hinaus nicht schlechterdings rhetorikfeindlich. Einen Teilbereich der Rhetorik läßt auch Kant zu: »ohne Verstoß wider die Regeln des Wohllauts der Sprache, oder der Wohlanständigkeit des Ausdrucks« müsse selbst die kunstlose Rede sein. Peter L. Oesterreich wertet Kants Kritik der Beredsamkeit daher weniger als Zeichen für einen historischen Paradigmenwechsel, der die Rhetorik durch die

---

[21] T. Bezzola, Die Rhetorik bei Kant, Fichte und Hegel, S. 22.

Ästhetik ablöse, denn als einen Wandel innerhalb der rhetorischen Tradition selbst. »Die Destruktion der Kunstrhetorik wird begleitet von der Idealisierung unartifizieller Eloquenz, die sich selbst als Cicero-Rezeption versteht und somit das Erbe der klassischen Rhetorik beansprucht. [...] Gegen den asianischen Stil der *elocutio*-Rhetorik vertritt Kant einen attisch-strengen ›plain-style‹.«[22] Die Kritik der Beredsamkeit erfolgt in der *Kritik der Urteilskraft* im Rahmen einer zweischneidigen Auseinandersetzung mit der Rhetorik, da sich Kants Vorbehalte gegenüber der *ars oratoria* auf eine natürliche Form der schlichten Rede berufen, die selbst in einer rhetorischen Tradition steht. Das Ideal der rednerischen Eloquenz wird durch ein Pathos der schlichten Größe abgelöst, das sich in der Rede voller Nachdruck, aber ohne Kunst vollenden soll. Vor diesem Hintergrund unterstreicht Oesterreich das ambivalente Verhältnis, das Kants Ästhetik zur Rhetorik unterhält. »Kants *Kritik der Urteilskraft* gehört nur auf den ersten Blick zu den strikt rhetorikfeindlichen Texten der deutschen Philosophiegeschichte. Auf den zweiten Blick erscheint hinter dem berühmten Diktum von der *ars oratoria* als einer ›hinterlistigen Kunst‹ eine mehrschichtige und differenzierte Affinität der ästhetischen Theorie Kants zur Rhetorik.«[23] Damit wird deutlich, daß die philosophische Begründung der Ästhetik durch Kant der Rhetorik mehr schuldet, als auf den ersten Blick zu vermuten ist.[24] So kommt auch Rodolphe Gasché zu dem Schluß, »daß die argumentative Kraft und Reichweite der *Kritik der Urteilskraft* von der elementaren und konstruktiven Rolle des Begriffs einer eigentlichen Rhetorik abhängt, die für Kant ein integraler Bestandteil der schönen Kunst ist und nichts mit der von ihm abgelehnten *ars oratoria* zu tun hat.«[25]

---

[22] P. L. Oesterreich, Das Verhältnis von ästhetischer Theorie und Rhetorik in Kants Kritik der Urteilskraft, S. 331.

[23] Ebd., S. 325.

[24] Das betont v. a. Klaus Dockhorn, der Kants Unterscheidung des Schönen und Erhabenen an die Unterscheidung von *ethos* und *pathos* in der aristotelischen Ethik zurückverweist. Vgl. K. Dockhorn, Macht und Wirkung der Rhetorik, Bad Homburg u.a 1968, S. 13f. Gadamer macht darüber hinaus geltend, daß der Leitbegriff der dritten Kritik, die Urteilskraft, der rhetorischen Kategorie des *iudicum* entspricht. H.-G. Gadamer, Wahrheit und Methode, S. 36. Zudem hat Oesterreich auf die Verbindung von Urteilskraft und Zweckmäßigkeit mit den rhetorischen Begriffen des *consilium* und *decorum* hingewiesen. P. L. Oesterreich, Das Verhältnis von ästhetischer Theorie und Rhetorik in Kants Kritik der Urteilskraft, S. 326. Damit zeigt sich, wie eng die Begründung der Ästhetik bei Kant mit der rhetorischen Tradition verbunden bleibt.

[25] R. Gasché, Überlegungen zum Begriff der Hypotypose bei Kant, in: Ch. L. Nibbig (Hg.): Was heißt ›Darstellen'?, Frankfurt/Main 1994, S. 152.

Herders Theorie der Predigt

Das rhetorische Ideal der schlichten Größe, das Kant in der *Kritik der Urteils-kraft* vertritt, ist nicht nur für die Herausbildung der philosophischen Ästhetik von zentraler Bedeutung. Auch aus theologischer Sicht erweist es sich als Leit-bild für die Kritik der Beredsamkeit. So vertritt Johann Gottfried Herder eine Theorie der Predigt, die sich in der gleichen Weise wie Kants Ästhetik gegen die verführerischen Mächte der Beredsamkeit zu wenden versucht, um ein Ideal der natürlichen Sprache zur Geltung zu bringen, das vom Paradigma des Rhetori-schen frei wäre.

»Was ist Philosophie in Predigt? Was eine Predigt als Philosophie?«[26], lautet die Ausgangsfrage, die Herder in seinen frühen Schriften zur Theologie stellt. Obwohl er mit der Predigt das homiletische Genre par excellence der theologi-schen Tradition anspricht, vertritt er eine dezidiert anti-rhetorische Auffassung. Seinen Aufsatz *Der Redner Gottes* leitet er mit folgenden Bemerkungen ein:

> ——Einen Kanzelredner und Schwätzer nehmt ihr, nach der Sprache des gemei-nen Lebens für eins? Homiletische Gründe und Beweise sind Spottnamen? Pre-digten werft ihr unter Makulatur? Ihr leset sie um zu gähnen? Sie sind euch ein Schlaftrunk und wenn ihr erwacht Materie zu lachen? — Meinetwegen wiegt euch denn ein, ihr schönen Geister, die ihr von witzigen Dämpfen übernommen, und berauscht von kindischen Vorurteilen, fieberhaften ästhetischen Eckel fühlet, und der Ruhe entgegengähnet – wiegt euch ein in euren gedankenlosen Schlaf, träumt von witzigen Predigern nach der Moderne, und wacht auf zu *Crébillons* Märchen zurückzukehren: für euch schreibe ich nicht![27]

Herders Theorie der Predigt, selbst eine Predigt über die rechte Art des Predi-gens, ist von einem Affekt gegen die Beredsamkeit geprägt, der dem Kants durch-aus vergleichbar ist. Zwar hält Tadeusz Namowicz fest, »daß für den Aufklärer Herder die Homiletik eines der Mittel war, sich aktiv und öffentlich für die Ver-wirklichung der Humanitätsidee einsetzen zu können.«[28] Andererseits aber wehrt sich Herder vehement gegen den Wunsch nach »witzigen Predigern«, um auf die gleiche Weise das Ideal der Schlichtheit zur Geltung zu bringen, wie Kant es in der *Kritik der Urteilskraft* tut[29]: »Redner Gottes! groß im Stillen, ohne Poe-tische Pracht feierlich, ohne Ciceronianische Perioden beredt, mächtig ohne Dra-matische Zauberkünste, ohne gelehrte Vernünftelei weise, und ohne Politische

---

[26] J. G. Herder, Theologische Schriften. Hrsg. von Ch. Bultmann/ Th. Zippert, Frank-furt/Main 1994, S. 71.

[27] Ebd., S. 9.

[28] T. Namowicz, Der Aufklärer Herder, seine Predigten und Schulreden. In: Johann Gottfried Herder 1744-1803, S. 24.

[29] Zu Kant und Herder vgl. J. Simon, Herder und Kant. Sprache und ›historischer Sinn‹. In: G. Sauder (Hg.): Johann Gottfried Herder 1744-1803, Hamburg 1987, S. 3-13.

Klugheit einnehmend!«[30] Groß, aber still, prachtlos, aber feierlich, kunstlos, aber beredt, zauberlos, aber mächtig, unvernünftelnd, aber doch weise, mit Hilfe dieser Fülle von Paradoxien bringt Herder sein Ideal des Redners Gottes vor. Den Verzicht auf die rhetorische Pracht der Rede wertet er geradezu als Bedingung der Möglichkeit für das Gelingen der Predigt.[31] Dabei verweigert er dem von ihm vertretenen Ideal der schlichten rednerischen Größe letztendlich sogar das Attribut, überhaupt noch Predigt zu sein. Vom idealen Redner Gottes sagt Herder:

> Er sprach: wie soll ich seine Sprache nennen? – Predigt! Nein! da war kein Predigtton, kein Predigtstyl, kein Predigteingang, kein Predigtthema, keine Predigtform! – War es eine Rede? – Nein! da war kein Anstand des Redners, kein supercilium oratoris, kein Brüsten, kein rhetorischer Donner und Blitz, kein rednerischer Schwung, und Pracht, und Pathos, und Geberdung![32]

Die Sprache des Redners Gottes sei keine Predigt, sie sei überhaupt keine Rede, vermerkt Herder in seiner Abhandlung. Seine Theorie einer Predigt, die keine Rede mehr sein will, gründet auf der Annahme einer natürlichen Ordnung der Sprache, die keiner rhetorischen Vermittlung mehr bedürfe. An die Stelle des predigenden Wortes setzt Herder die Rousseausche Metapher des Herzens als Inbegriff einer naturgebundenen Rede: »Bote Gottes an Gottgegebne – und keine Rede! – unmittelbarer Wink von Herz zu Herz«[33]. Die Unmittelbarkeit des Herzens verdrängt das vermittelnde Wort: Wer über ein natürliches, unverdorbenes Herz verfügt, der bedarf auch der rhetorischen Kunst der Predigt nicht mehr, um den rechten Zugang zu Gott zu finden. So wie Kant in der *Kritik der Urteilskraft* die Verbindung von Rhetorik und Dichtkunst auflöst, so kündigt Herder in seiner Theorie der Predigt den Bund von Rhetorik und Theologie zugunsten eines Ideals schlichter natürlicher Größe auf, das selbst rhetorisch bestimmt bleibt.

Allegorie und Dichtkunst

Allerdings dient Herder der emphatische Begriff der Natur nicht nur zur Kritik der christlichen Homiletik. Er fungiert im gleichen Maße als Ausgangspunkt für eine Legitimation der figürlich-parabolischen Sprache der Dichtung. So wie Herders Kritik der Beredsamkeit in der Vorstellung von der natürlichen Ord-

---

[30] Herder, Theologische Schriften, S. 10.
[31] Daß das Lob der Einfachheit bei Herder mit einer Kritik an der Gelehrsamkeit einhergeht, zeigt Gunter E. Grimm, Letternkultur. Wissenschaftskritik und antigelehrtes Dichten in Deutschland von der Renaissance bis zum Sturm und Drang, Tübingen 1998, S. 307-318.
[32] Herder, Theologische Schriften, S. 10f.
[33] Ebd., S. 124f.

nung der Sprache ihre Begründung gefunden hat, so findet sie hier auch ihre
Grenze: »Alle Blumen des Vortrags müssen *aus der Sache* selbst, an diesem Ort,
an dieser Stelle, wie Blumen aus dem Schoß ihrer Mutter Erde hervorgehn«[34].
Die figürliche Rede findet vor Herders Auge ihre Berechtigung, solange sie aus
der Natur selbst, aus dem »Schoß« der »Mutter Erde« hervorgegangen ist. Ihren
eigentlichen Ort findet die figürliche Sprache der Natur damit nicht in der Rhetorik, sondern in der Dichtkunst. »Poesie ist die Muttersprache des menschlichen Geschlechts«[35], lautet Hamanns Bestimmung aus der *Aesthetica in nuce*,
der der Theologe, Kritiker und Literat Herder folgt: »*Dichtkunst*, sie ist ursprünglich *Theologie* gewesen, und die edelste, höchste Dichtkunst wird wie die
Tonkunst ihrem Wesen nach immer *Theologie* bleiben.«[36]

Vor diesem Hintergrund findet selbst die im 18. Jahrhundert immer mehr in
Mißkredit geratene Allegorie einen Platz in Herders theologischer Theorie der
dichterischen Sprache. Zwar hatte Herder an anderer Stelle gewarnt: »Mit
Allegorien spielen in der Christlichen Lehre ist fährlich.«[37] Andererseits aber ver-
teidigt er die Funktion allegorischer Rede, indem er sie aus der literarisch-didak-
tischen Funktion der Fabel ableitet. »Die *Fabel* halte ich für die *Perle des Vortrages*
in der *Moral, Beredsamkeit* und *Dichtkunst*. Gewissermaßen ist sie der *Keim* aller
schönen *Einkleidung*, alles wahren *Schmuckes der Rede*. Die besten Wortblumen,
das *Bild* und die *Allegorie* sind eine verkürzte Fabel.«[38] Analog zu der seit Quintilian einschlägigen Definition der Metapher als einem verkürzten Vergleich definiert Herder die Allegorie als verkürzte Fabel.[39] In dieser Form findet die
Allegorie auch Eingang in Herders eigene Dichtungen. So bestimmt er seine 1785
erschienenen *Paramythien* einleitend ausdrücklich als Fabel und Allegorie:

> Die *Paramythien* sollen die alte Mythologie eben so wenig verwirren, als unzeitige
> Nachahmungen auffodern; sie sind ihrer Art nach mythologische Idyllen oder Fa-
> beln, Dichtungen über Gegenstände der Natur, dergleichen wir ohne den Namen der
> Paramythien schon mehrere in unsrer Sprache haben. Von den Alten selbst ist die
> Mythologie oft zu Paramythien angewandt in Epopeen, und Epigrammen, in Ele-
> gien, Oden, Idyllen und Chören; wie könnte sie auch sonst der Dichtkunst brauch-
> bar werden? Auch im Vortrage selbst muß sie, dünkt mich, nur als eine leichte, vieler
> Wendungen fähige Allegorie behandelt werden: ihr Gewand ist ätherisch.[40]

---

[34] Ebd., S. 541f.
[35] J. G. Hamann, Sokratische Denkwürdigkeiten Aesthetica in nuce, Stuttgart 1968, S. 81.
[36] J. G. Herder, Theologische Schriften, S. 127.
[37] Ebd., S. 505.
[38] Ebd., S. 515.
[39] Zu Herders Begriff der Fabel vgl. J. Brummack, Herders Theorie der Fabel. In: Johann Gottfried Herder 1744-1803, S. 251-266.
[40] J. G. Herder, Paramythien. In: Ders., Volkslieder Übertragungen Dichtungen, hrsg.
   von U. Gaier, Frankfurt/Main 1994, S. 698f.

Daß Herder trotz seiner theologisch motivierten Kritik der Rhetorik an der Bedeutung von Fabel und Allegorie für die eigene literarische Praxis festhält, weist
auf eine Ambivalenz hin, die auch Kants Kritik der Beredsamkeit berührt. Sie
zeigt, daß sich die Dichtkunst unabhängig von ihrer Ablösung aus der rhetorischen Tradition so unterschiedlichen poetischen Formen wie Idylle und Allegorie öffnet, die Herder beide in seinen *Paramythien* anführt. Zwar fordert Herder
in seinen theologischen Schriften ganz ähnlich wie Kant in seiner Ästhetik
zunächst das Ideal einer Predigt ohne rhetorische Beisätze. Im Falle der Dichtkunst aber erkennt er das Recht der figürlichen Rede grundsätzlich an, solange
diese aus dem Mutterschoß von Natur und Religion sprießt. Vor diesem Hintergrund stellt sich die Frage, ob Kants Kritik der Beredsamkeit zugunsten der
Dichtkunst nicht von einer ähnlichen Ambivalenz betroffen ist. Die poetologisch-
rhetorischen Implikationen der Kantischen Ästhetik lassen sich an der Theorie
der symbolischen Darstellung aus der *Kritik der Urteilskraft* nachvollziehen.

Kants Theorie der Darstellung

Kants Begriff der Dichtkunst in der *Kritik der Urteilskraft* ist zwiespältig. Im
Unterschied zu Platon, an dessen Rhetorik- und Dichtungskritik er gleichwohl
anknüpft, rettet Kant die Dichtkunst für die ästhetische Theorie, indem er sie
aus dem Verbund von Rhetorik und Poetik löst und zur höchsten Form der
Kunst erklärt. Obwohl er die Dichtkunst in der *Kritik der Urteilskraft* als Pa-
radigma der redenden Künste einführt, entwickelt Kant in seiner Ästhetik keine
Theorie der Sprache, die eine angemessene poetologische Bestimmung der
Dichtkunst begründen könnte. Vielmehr sind die zentralen Begriffe von Kants
Ästhetik im Unterschied zur sprachbezogenen Tradition der Rhetorik an einer
Theorie der Bildlichkeit ausgerichtet, die die *Kritik der Urteilskraft* unbefragt
aus den erkenntnistheoretischen Voraussetzungen der *Kritik der reinen Vernunft* entlehnt. So verweist die Funktion der Urteilskraft, die Kant in der *Kritik der reinen Vernunft* noch auf den Schematismus der Verstandesbegriffe
bezogen hatte, auch in der *Kritik der Urteilskraft* auf eine Theorie der bildlichen Gegenständlichkeit, die sich insbesondere an der zentralen ästhetischen
Funktion der Einbildungskraft als dem Vermögen der sinnlichen Darstellung
ablesen läßt.[41]

---

[41] In der *Kritik der reinen Vernunft* ist der Schematismus auf das Bild bezogen, insofern
Kant das Schema als eine transzendentale Form des Bildes einführt, als »ein Mono-
gramm der reinen Einbildungskraft a priori, wodurch und wornach Bilder erst möglich werden«. Kant, Kritik der reinen Vernunft, B 181. In der *Kritik der Urteilskraft*
hält Kant an der bilderschaffenden Funktion der Einbildungskraft fest, bezieht sie nun

Schema und Symbol

Kant kennt in der *Kritik der Urteilskraft* allerdings auch eine spezifisch un-
bildliche Theorie der Darstellung, die nicht zufällig im Kontext seiner Analytik des Erhabenen steht. Impliziert das Erhabene, das in den letzten Jahren in
den Mittelpunkt der Kantforschung getreten ist,[42] ein Aussetzen der Einbildungskraft, so kommt gerade im Scheitern der Einbildungskraft, ein sinnliches
Bild der Vernunftideen herzustellen, ein Modus der Darstellung zur Geltung,
der sich der Bildlichkeit grundsätzlich entzieht. »Vielleicht gibt es keine erha-
benere Stelle im Gesetzbuche der Juden, als das Gebot: Du sollst dir kein Bild-
nis machen, noch irgend ein Gleichnis, weder dessen was im Himmel, noch auf
der Erden, noch unter der Erden ist u.s.w.« (KU, B 125), mit diesen Worten
kommentiert Kant die sittliche Erhabenheit der jüdischen Religion.

Nicht nur im Kontext der jüdischen Religion offenbart sich für Kant ein spezifisch unbildlicher Darstellungsmodus. Im Zusammenhang mit der These, die
Schönheit fungiere als Symbol der Sittlichkeit, unterscheidet Kant in seiner
Ästhetik die symbolische von der schematischen Darstellung. »Die letztere (die
intuitive) kann nämlich in die schematische und in die symbolische Vorstel-
lungsart eingeteilt werden. Beide sind Hypotyposen, d. i. Darstellungen« (KU,
B 255). Verweist der Begriff der schematischen Darstellung dabei auf die bereits
in der *Kritik der reinen Vernunft* thematisierte Funktion der bestimmenden Urteilskraft als Versinnlichung der Verstandesbegriffe durch die Anschauung, so bestimmt Kant die symbolische Darstellung als Versinnlichung der Vernunftideen.

> Alle Hypotypose (Darstellung, subiectio sub adspectum), als Versinnlichung, ist
> zwiefach: entweder schematisch, da einem Begriffe, den der Verstand faßt, die kor-
> respondierende Anschauung a priori gegeben wird; oder symbolisch, da einem Be-

---

aber auf die Theorie des Schönen, ohne der Frage nach dem Verhältnis von bildlicher
Erkenntnis und der Sprachkunst der Dichtung, geschweige denn der nach der Sprachlichkeit menschlichen Verstehens, weiter nachzugehen.

[42] Das zeigt nicht nur die Wiederentdeckung des Erhabenen durch die Postmoderne,
etwa die Lesart des Kolossalen bei Kant von J. Derrida, La vérité en peinture, Paris
1978, die Rezeption des Erhabenen bei J.-F. Lyotard, L'intérêt du sublime. In: J.-J.
Courtine (Hg.): Du sublime, Paris 1988 oder die Kantkritik Paul de Mans in seinem
Aufsatz Phenomenality and Materiality in Kant, in: G. Shapiro/A. Sica (Hg.), Hermeneutics: Questions and Prospects, Armherst 1984, S. 121-144. Auch Paul Guyer erklärt ganz im Gegensatz zu seiner frühen Kantinterpretation, die sich im wesentlichen
auf die Theorie des Schönen konzentrierte: »I might also claim that the real heart of
Kant's aesthetic theory and the underlying motivation for its creation is the connec-
tion to his moral theory which appears in his discussion of the sublime«. P. Guyer,
Kant and the experience of freedom, S. 3. Zum Erhabenen bei Kant vgl. auch P. Crowther, The Kantian Sublime. From morality to art, Oxford 1989.

griffe, den nur die Vernunft denken, und dem keine sinnliche Anschauung angemessen sein kann, eine solche untergelegt wird, mit welcher das Verfahren der Urteilskraft demjenigen, was sie im Schematisieren beobachtet, bloß analogisch, d. i.
mit ihm bloß der Regel dieses Verfahrens, nicht der Anschauung selbst, mithin bloß
der Form der Reflexion, nicht dem Inhalte nach, übereinkommt. (KU, B 255)

Im Zusammenhang mit der Theorie des Erhabenen kommt der symbolischen
Darstellung in der *Kritik der Urteilskraft* die Aufgabe einer Vermittlung von
Sinnlichkeit und Vernunft zu. Die Unterscheidung von schematischer und symbolischer Darstellung macht Kant dabei von zwei Kriterien abhängig, die eng
miteinander zusammenhängen. Zunächst definiert er das Schema in Übereinstimmung mit den erkenntnistheoretischen Voraussetzungen der *Kritik der reinen Vernunft* als Versinnlichung der Verstandesbegriffe durch die Anschauung,
bezieht das Symbol dann jedoch auf die Ideen der Vernunft, denen keine sinnliche Anschauungsform entsprechen kann. Schema und Symbol unterscheiden
sich demnach nicht nur durch ihr gegenständliches Korrelat, sondern auch
durch ihr spezifisches Darstellungsverfahren. Im Unterschied zur schematischen Darstellung, die einen Begriff demonstrativ unter die Anschauung bringt,
bestimmt Kant die symbolische Darstellung als ein analogisches Verfahren, das
eine an sich nichtdarstellbare Vernunftidee nur indirekt anzeige.

> Alle Anschauungen, die man Begriffen a priori unterlegt, sind also entweder Sche-
> mate oder Symbole, wovon die erstern direkte, die zweiten indirekte Darstellun-
> gen des Begriffs enthalten. Die erstern tun dieses demonstrativ, die zweiten
> vermittelst einer Analogie (zu welcher man sich auch empirischer Anschauungen
> bedient), in welcher die Urteilskraft ein doppeltes Geschäft verrichtet, erstlich den
> Begriff auf den Gegenstand einer sinnlichen Anschauung, und dann zweitens die
> bloße Regel der Reflexion über jene Anschauung auf einen ganz andern Gegen-
> stand, von dem der erstere nur das Symbol ist, anzuwenden. (KU, B 256)

Wie die Unterscheidung von schematischer und symbolischer Darstellung verdeutlicht, erfordert die paradoxe Aufgabe einer Versinnlichung von Vernunftideen ein komplexes Darstellungsverfahren, das auf einer Analogiebeziehung
zwischen zwei unterschiedlichen Gegenständen beruht. Kant betont allerdings,
daß der Grund der Analogie in der symbolischen Darstellung nicht im Gegenstand selbst liege, sondern in der Reflexionsform der Urteilskraft, die die Regel
ihrer Reflexion über einen ersten Gegenstand auf einen davon unterschiedenen
zweiten Gegenstand übertrage. In diesem Sinne hatte Kant den Begriff der
Analogie bereits in den *Prolegomena* definiert: Die Analogie meine »nicht etwa,
wie man das Wort gemeiniglich nimmt, eine unvollkommene Ähnlichkeit
zweener Dinge, sondern eine vollkommene Ähnlichkeit zweener Verhältnisse
zwischen ganz unähnlichen Dingen.«[43] In der symbolischen Darstellung wer-

---

[43] Kant, Prolegomena, A 176.

den demnach durch die Reflexion der Urteilskraft zwei vollkommen voneinander unterschiedene Dinge in ein Analogieverhältnis zueinander gebracht.
Kant definiert das Symbol als eine indirekte Form der Darstellung, da der eigentliche Gegenstand der Darstellung im Unterschied zum Schematismus nicht
unmittelbar in ihr vorliege, sondern nur durch die Analogie erschlossen werden kann. Die indirekte Darstellung meint eine Form der Versinnlichung, die
sich im Vergleich zur verbildlichenden Funktion des Schemas durch den Bezug
auf ein Anderes der Darstellung konstituiert, das von ihr nur negativ angezeigt
wird.

Kants voraussetzungsreiche Definition der indirekten Darstellung gibt allerdings noch keinen Aufschluß darüber, warum er gerade den Begriff des
Symbols verwendet. Die Wahl des Ausdrucks »symbolische Darstellung« rechtfertigt sich in der *Kritik der Urteilskraft* erst durch den Zusammenhang von
Schönheit und Sittlichkeit. »Nun sage ich: das Schöne ist das Symbol des Sitt-
lichguten« (KU, B 258). Analog zu seiner Theorie des Erhabenen spricht Kant
dem Symbol die grundlegende Aufgabe einer Vermittlung von Ästhetik und
Ethik zu, insofern die indirekte Darstellung eine Verbindung zwischen der
anschaulichen Darstellung und den undarstellbaren Vernunftideen herstellt, die
letztlich die Urteilskraft selbst in eine Analogiebeziehung zur Vernunft treten
läßt:

> In diesem Vermögen sieht sich die Urteilskraft nicht, wie sonst in empirischer Be-
> urteilung, einer Heteronomie der Erfahrungsgesetze unterworfen: sie gibt in An-
> sehung der Gegenstände eines so reinen Wohlgefallens ihr selbst das Gesetz, so wie
> die Vernunft es in Ansehung des Begehrungsvermögens tut; und sieht sich, sowohl
> wegen dieser innern Möglichkeit im Subjekte, als wegen der äußern Möglichkeit
> einer damit übereinstimmenden Natur, auf etwas im Subjekte selbst und außer
> ihm, was nicht Natur, auch nicht Freiheit, doch aber mit dem Grunde der letzte-
> ren, nämlich dem Übersinnlichen verknüpft ist, bezogen, in welchem das theore-
> tische Vermögen mit dem praktischen, auf gemeinschaftliche und unbekannte Art,
> zur Einheit verbunden wird. (KU, B 259)

In der symbolischen Darstellung – und allein in ihr – gewährt Kant der Urteilskraft eine unbegrenzte Freiheit, da sie die Reflexionsregel, mit deren Hilfe
sie zwei unterschiedliche Gegenstände in eine Analogiebeziehung zueinander
setzt, selbst herstellt. Die Autonomie der ästhetischen Urteilskraft, die Kant in
der dritten Kritik zu beweisen sucht, findet ihre Begründung erst in dem vom
Symbolischen gestifteten Zusammenhang von Schönheit und Sittlichkeit. Dem
ästhetischen Begriff der Freiheit kommt die Aufgabe zu, zwischen Schönheit
und Sittlichkeit auf der einen Seite und zwischen Urteilskraft und Vernunft auf
der anderen Seite zu vermitteln. Die Freiheit, die die Urteilskraft in der symbolischen Darstellung erlangt, setzt Kant in eine Analogie zu der Freiheit der
Vernunft, um so den Übergang von der ästhetischen Darstellung zu der sittli-

chen Bedeutung der Ideen zu sichern: »so leuchtet ein, daß die wahre Propä-
deutik zur Gründung des Geschmacks die Entwickelung sittlicher Ideen und
die Kultur des moralischen Gefühls sei« (KU, B 264). Kants Ästhetik findet ihre
Vollendung in der moralischen Begründung des Geschmacksurteils durch das
Schöne als Symbol des Sittlich-Guten.

Kants Poetik

Bestätigt der Begriff der symbolischen Darstellung als Vermittlung von Schönheit und Sittlichkeit damit einerseits den die *Kritik der Urteilskraft* leitenden
Zusammenhang von Ästhetik und Ethik, so weist er andererseits auf die rhetorischen Grundlagen von Kants Theorie der Darstellung hin. Die Bedeutung der
Rhetorik für Kants Darstellungsbegriff hat Rodolphe Gasché unterstrichen.
»Doch ist es nicht verwunderlich, daß Kants Versuch, die Darstellung an sich, d.
h. das eigentliche Prinzip des Gemütslebens, zu thematisieren, auf einen Begriff
zurückgreift, der ganz offensichtlich in der rhetorischen Tradition wurzelt? In
§ 59 der *Kritik der Urteilskraft* […] spricht Kant von der Darstellung als Versinnlichung und greift dabei auf den griechischen Begriff der *hypotyposis*
zurück.«[44] Gasché stellt Kants ästhetische Theorie der Darstellung daher ganz in
die rhetorische Tradition zurück. »Die ästhetische Theorie, und dies gilt auch
noch für Kant, ist in erster Linie eine Poetik, und zwar eine in hohem Maße als
Rhetorik angelegte.«[45] Auf die rhetorischen Grundlagen des Kantischen Hypo-
typosebegriffs hat auch Winfried Menninghaus hingewiesen, demzufolge Kants
Theorie der Darstellung einerseits auf Quintilian zurückgehe, andererseits
Longins Begriff der *phantasía* in der Bedeutung einer erhabenen Form der Ver-
gegenwärtigung neu gestalte.[46] Menninghaus bewertet Kants Theorie der Dar-
stellung als Hypotypose dabei durchaus positiv. »Kant hat der Hypotypose eine
Möglichkeit erschlossen, die bei Quintilian und Longin nicht vorgesehen ist: ihre
Anschaulichkeit und Vergegenwärtigungs-Leistung braucht nicht auf objektiv-
mimetischer Nachbildung zu ruhen, sondern kann auch ›indirect‹ mittels einer
›Analogie‹ in den subjektiven ›Verfahren‹ der Reflexion erzeugt werden, die gar
›nicht (die) Anschauung selbst‹ betrifft.«[47] Die poetologische Leistung von Kants
Begriff der symbolischen Darstellung liegt demnach in der Begründung einer de-
zidiert ungegenständlichen Darstellungsform, die sich vom Vorbild der aristo-

---

[44] R. Gasché, Überlegungen zum Begriff der Hypotypose bei Kant, S. 157.
[45] Ebd., S. 172.
[46] W. Menninghaus, Zwischen Überwältigung und Widerstand. Macht und Gewalt in
Longins und Kants Theorien des Erhabenen. In: Poetik 23 (1990), S. 15.
[47] Ebd. S. 16.

telischen Mimesistheorie zu lösen beginnt.[48] Die Theorie der symbolischen Darstellung erscheint in der *Kritik der Urteilskraft* damit nicht nur als der zentrale Verknüpfungspunkt von Schönheit und Sittlichkeit: Sie ist zugleich der Knoten, der Ästhetik und Rhetorik ineinander schlingt. Während Kant mit der Theorie des Erhabenen und des Symbols vor allem die moralische Seite des Ästhetischen betont, nennt seine Theorie der indirekten Darstellung zugleich einen poetologischen Ansatz, der seinem Versuch einer moralischen Begründung der Ästhetik in dem Begriff des Sittlich-Schönen allerdings tendenziell zuwiderläuft.

Gegen Kants Intention einer moralischen Begründung der Ästhetik ist der Begriff der symbolischen Darstellung in der *Kritik der Urteilskraft* in poetologischer Hinsicht daher als Ausdruck eines metaphorisch-allegorischen Darstellungsverfahrens lesbar. Auf die allegorischen Grundlagen von Kants Begriff der symbolischen Darstellung deutet bereits das Beispiel der Handmühle hin, das Kant verwendet, um die Funktion des Symbolischen in der *Kritik der Urteilskraft* näher zu erläutern.

> So wird ein monarchischer Staat durch einen beseelten Körper, wenn er nach inneren Volksgesetzen, durch eine bloße Maschine aber (wie etwa eine Handmühle), wenn er durch einen einzelnen absoluten Willen beherrscht wird, in beiden Fällen aber nur symbolisch vorgestellt. (KU, B 257)

Kant stellt den absolutistischen Staat in eine Analogie zum Bild der Maschine und verdeutlicht deren Funktion anhand des Beispiels der Handmühle. Während er die Entsprechung von Handmühle und absolutistischem Staat als Erläuterung für seine symbolische Darstellungstheorie verwendet, ist das rhetorische Verfahren, das Kant an dieser Stelle beschreibt, der metaphorische Übertragungsprozess, der der klassischen Rhetorik zufolge der Allegorie als durchgeführter Metapher zugrundeliegt. Die metaphorischen Implikationen von Kants Symbolbegriff hat bereits Hans Blumenberg in seinen *Paradigmen zur Metaphorologie* hervorgehoben, wenn er davon ausgeht, daß Kants »›Symbole‹ ziemlich genau den hier weiterhin geübten Gebrauch von ›Metapher‹ decken, wie aus Kants Paradigmen klar hervorgeht, unter denen sich auch Quintilians *pratum ridet* wiederfindet.«[49] Demzufolge deutet gerade Kants Definition der indirekten Darstellung als »Reflexion über jene Anschauung auf einen ganz andern Gegenstand, von dem der erstere nur das Symbol ist« (KU, B 256) auf die geheime Kontinuität der rhetorischen Tradition in Kants Begriffssystem hin.

In dem Maße, in dem die klassische Rhetorik die Allegorie auf die Metapher zurückführt, kann Kants Begriff der symbolischen Darstellung daher auch als ein

---

[48] »On aurait ici un bon point de départ pour une philosophie de l'art abstrait«, erklärt J.-F. Lyotard nicht zu Unrecht in seiner Schrift L'enthousiasme. La critique kantienne de l'histoire, Paris 1986, S. 55.

[49] H. Blumenberg, Paradigmen zu einer Metaphorologie, Frankfurt/Main 1998, S. 11f.

spezifisch allegorisches Darstellungsverfahren begriffen werden. So wie die Allegorie als *metaphora continua* sich durch die Trennung von gesagtem Bedeutenden (*significans*) und gemeintem Bedeuteten (*significatum*) konstituiert, die »Eines sagt, ein Anderes meint«[50], so greift Kant mit dem Beispiel der Handmühle auf eine Darstellungsform zurück, die allegorisch ist, insofern der eine Gegenstand (die Handmühle) als Zeichen für einen ganz anderen (den Staat) steht.[51] Nicht als Symbol, wohl aber als Allegorie des monarchischen Staates ist das Bild der Handmühle in Kants Beispiel lesbar, da zwischen der Handmühle und dem Staat keinerlei Verbindung besteht, sondern nur die klare Trennung von Zeichen und Bedeutung die Handmühle als Sinnbild des monarchischen Staates erscheinen läßt.

Der Begriff der symbolischen Darstellung erlaubt es somit, Kants Begründung der Ästhetik in der *Kritik der Urteilskraft* in die Tradition der Rhetorik zurückzustellen. Damit scheint Kant zunächst zu bestätigen, was Paul de Man vom Symbolischen überhaupt vermutet: daß sich hinter jedem Symbol eine Allegorie verberge.[52] Kants Theorie der symbolischen Darstellung läßt sich entsprechend sowohl als Zeichen für die Aufwertung des Symbolischen im 18. Jahrhundert lesen als auch als Ansatzpunkt für die Rehabilitierung der Allegorie, die de Man als Grundlage einer rhetorischen Literaturtheorie ins Feld führt, um die Trennung von Beredsamkeit und Dichtkunst aus der *Kritik der Urteilskraft* aufzuheben. Zwar weist die Funktion des Symbols als Verknüpfungspunkt von Schönheit und Sittlichkeit auf die enge Verbindung von Ästhetik und Ethik in der *Kritik der Urteilskraft* hin. Auf der anderen Seite aber legt Kant mit seiner Theorie der indirekten Darstellung den Grundstein zu einer modernen Poetik, die er nicht weiter ausarbeitet, da ihn der Zusammenhang von Schönheit und Sittlichkeit in eine andere Richtung lenkt. Indem er die Spannung von Ästhetik und Rhetorik in der *Kritik der Urteilskraft* nicht im Sinne einer auf die Dichtkunst bezogenen Poetik, sondern in dem einer philosophischen Theorie der Sittlichkeit auflöst, bereitet Kant gleichwohl die Erfolgsgeschichte des Symbols vor, die bei Goethe und Hegel ihre Vollendung findet.

---

[50] W. Freytag, Allegorie, Allegores, S. 332.

[51] Darauf hat bereits Alt hingewiesen: »Kants Beispiele signalisieren, daß auch die Allegorie Instrument dieser symbolischen Technik sein kann [...]. Daß Kant ausgerechnet die Versinnbildlichung des Staates durch den menschlichen Körper und damit eine der ältesten Allegorien der abendländischen Kulturgeschichte als Beispiel für die ›symbolische Operation‹ anführt, beleuchtet zur Genüge deren allgemeinen Charakter: offenkundig handelt es sich bei Kants ›Symbol‹ um einen übergeordneten Begriff ohne besondere stiltheoretische Konsequenzen.« P.-A. Alt, Begriffsbilder, S. 605.

[52] Vgl. P. de Man, The Rhetoric of Temporality. In: Blindness & Insight. Essays in the Rhetoric of Contemporary Criticism, Second Edition, University of Minnesota Press, 1983, S. 208.

2. Von der Allegorie zum Symbol: Winckelmann – Moritz – Goethe

Die Spannung zwischen der rhetorischen Tradition der Allegorie und der Ästhetik des Symbols, wie sie in Kants Theorie der indirekten Darstellung zum Ausdruck kommt, findet sich in zahlreichen Theorien des 18. Jahrhunderts wieder. Indem Kant in der *Kritik der Urteilskraft* den Begriff des Symbols in das Zentrum der Vermittlung von Schönheit und Sittlichkeit stellt, greift er der Ablösung der Allegorie durch das Symbolische voraus, die sich in Hegels *Ästhetik* und in Goethes Abgrenzung beider poetischer Verfahrensweisen in den *Maximen und Reflexionen* vollendet.[1] Die zunehmende Abwertung der Allegorie in den Dichtungstheorien des 18. Jahrhunderts ist von seiten der Forschung häufig herausgestellt worden. »Skepsis und Distanz sind symptomatisch für die Einstellung, die nahezu das gesamte 18. Jahrhundert der Allegorie entgegenbringt«[2], hält Peter-André Alt in seiner begriffsgeschichtlichen Studie zur Funktion der Allegorie zwischen Opitz und Schiller einleitend fest. »Seit der Klassik galt die Allegorie als eine ästhetisch minderwertige Form«[3], faßt auch Gerhard Kurz den Verfall der Allegorie zusammen. Dabei ist die Erfolgsgeschichte, die das Symbol im 18. Jahrhundert antritt, keineswegs selbstverständlich. Vielmehr setzt sich das Symbolische erst allmählich gegen die rhetorische Tradition der Allegorie durch. Winckelmann, Moritz und Goethe markieren die wichtigsten Stationen auf dem Weg der Dichtungstheorie im 18. Jahrhundert von der Allegorie zum Symbol.

Winckelmanns Theorie der natürlichen Allegorie

In seiner Schrift *Versuch über die Allegorie* aus dem Jahre 1766 entwickelt Winckelmann einen Begriff der Allegorie, der noch nichts von deren angeblicher ästhetischer Minderwertigkeit verrät. Von seiten Hegels hat ihm dies den

---

[1] Zur Konstellation Goethe-Hegel vgl. die Einleitung von Karl Löwith zu seinem Buch Von Hegel zu Nietzsche. Der revolutionäre Bruch im Denken des neunzehnten Jahrhunderts, Hamburg 1995.
[2] P.-A. Alt, Begriffsbilder, S. 3.
[3] G. Kurz, Metapher, Allegorie, Symbol, S. 53.

Vorwurf eingebracht, er habe Allegorie und Symbol nicht recht auseinander halten können. »Auch Winckelmann hat ein unreifes Werk über die Allegorie geschrieben, in welchem er eine Menge von Allegorien zusammenstellt, größtenteils aber Symbol und Allegorie verwechselt.«[4] Hegels Kritik spiegelt die Entwicklung der Ästhetik im 18. Jahrhundert wider, die Winckelmann von den späteren kritischen Theorien der Allegorie trennt.[5] So verhält sich Winckelmanns vorkritische Auffassung der Allegorie zu der späteren Verurteilung der allegorischen Darstellungsform durch Goethe und Hegel geradezu spiegelverkehrt. Während Goethe den konventionellen Charakter der Allegorie anklagt und den Begriff des Natürlichen allein dem Symbolischen vorbehält, macht Winckelmann im Falle der Allegorie gerade deren Natürlichkeit geltend. »Die Natur selbst ist der Lehrer der Allegorie gewesen, und diese Sprache scheinet ihr eigener als die nachher erfundene Zeichen unserer Gedanken: denn sie ist wesentlich, und giebt ein wahres Bild der Sachen, welches in wenig Worten der ältesten Sprachen gefunden wird«[6]. »Winckelmanns Begriff der Allegorie steht ganz unter der Idee des ›natürlichen Zeichens‹«[7], kommentiert Bernhard Fischer in einer Studie zur Entwicklung der Kunstautonomie im 18. Jahrhundert Winckelmanns Begrifflichkeit, die im Unterschied zu späteren Theorien gerade den aus der Natur abgeleiteten Wahrheitsanspruch der Allegorie unterstreicht. Als ein »wahres Bild der Sachen« gilt Winckelmann die Allegorie, die vermittelst der Kunst Natur und Wahrheit zu einer Einheit verbindet.

Allegorie und Bild

Winckelmanns Überlegungen zur Allegorie orientieren sich allerdings vorrangig nicht an der Poesie, sondern an der Malerei. Mit dem ambitionierten Ziel, »ein Lehrgebäude der Allegorie«[8] zu erstellen, unterscheidet er zwischen einer

---

[4] Hegel, Ästhetik, Berlin und Weimar 1985, S. 388.

[5] Vor diesem Hintergrund bemerkt Gérard Raulet: »Doch ist bei genauerem Hinsehen Winckelmann der Denker, bei dem die Problematik der Allegorie im Übergang vom Barock zur sogenannten Klassik am deutlichsten zum Ausdruck kommt.« G. Raulet, Allegorie und Moderne. In: K. Garber/L. Rehm (Hg.): global benjamin. Internationaler Walter-Benjamin-Kongreß 1992, München 1999, S. 210.

[6] J. J. Winckelmann, Versuch einer Allegorie, besonders für die Kunst. In: Kunsttheoretische Schriften IV, Baden-Baden/ Strasbourg 1964, S. 3.

[7] B. Fischer, Kunstautonomie und Ende der Ikonographie. Zur historischen Problematik von ›Allegorie‹ und ›Symbol‹ in Winckelmanns, Moritz' und Goethes Kunsttheorie. In: DVjs 64 (1990), S. 251.

[8] J. J. Winckelmann, Gedanken über die Nachahmung der griechischen Werke. In: Kunsttheoretische Schriften I, Baden-Baden/Strasbourg 1962, S. 139.

abstrakt-höheren und einer konkret-gemeineren Allegorie, wobei beide Formen auf die bildenden Künste abgestimmt sind.

> Man könnte die allegorischen Bilder der Alten unter zwo Arten fassen, und eine
> höhere und gemeinere Allegorie setzen, so wie überhaupt in der Malerey dieser
> Unterschied statt finden kann. Bilder von der ersteren Art sind diejenigen, in wel-
> chen ein geheimer Sinn der Fabelgeschichte oder Weltweisheit der Alten liegt: man
> könnte auch einige hieher ziehen, die von wenig bekannten, oder geheimnisvollen
> Gebräuchen des Alterthums genommen sind. [...]
> Zur zweyten Art gehören Bilder von bekanterer Bedeutung, als persönlich ge-
> machte Tugenden und Laster u.s.w.[9]

Winckelmann bezieht die Allegorie in kunstgeschichtlicher Hinsicht auf die
Antike. Im Kontext der gattungstheoretischen Frage nach der Einteilung der
Künste richtet sich sein Interesse vorrangig auf die Malerei. Vor diesem Hintergrund führt er die Unterscheidung zwischen einer höheren und einer gemei-
neren Form der Allegorie im Blick auf die Differenz zwischen abstrakten und
konkreten Bildern weiter aus.

> Alles was von alten Allegorien in Figuren erscheinet, ist von zwo Gattungen, und
> diese Bilder können theils als abstracte theils als concrete Bilder betrachtet wer-
> den. Abstracte Bilder nenne ich diejenigen, die ausser der Sache auf welche sie sich
> beziehen angebracht sind, so daß sie nicht als mitwirkende Bilder zu Bedeutung
> eines anderen Bildes dienen, sondern obgleich allezeit in Beziehung und Anspie-
> lung auf etwas ausser denselben, dennoch vor sich bestehen, und diese wären in
> engen Verstande Sinnbilder zu nennen, und sind dasjenige, was man sonst Emble-
> mata nennet. Concrete Bilder hingegen würden diejenigen heißen, die theils in Fi-
> guren theils in anderen Zeichen mit denjenigen Bildern verbunden sind, auf welche
> jene eine Beziehung haben.[10]

Winckelmanns Definition, die an Quintilians Unterscheidung von vollkommener und unvollkommener Allegorie erinnert,[11] rückt die abstrakte Allegorie in
die Nähe des Emblems. Damit deutet sich bereits bei Winckelmann an, wie
wenig trennscharf die Definitionen von Allegorie, Emblem und Symbol im 18.
Jahrhundert verlaufen. Indem er die Allegorie als ein emblematisches Sinnbild
versteht, greift Winckelmann zugleich auf die rhetorische Theorie zurück, die
unter der Allegorie ein Zeichen versteht, das eines sagt und ein anderes meint.
»Die eigentliche Bedeutung des Worts Allegorie, welches die älteren Griechen
noch nicht kannten, ist, etwas sagen welches von dem was man anzeigen will,
verschieden ist, das ist, anders wohin zielen, als wohin der Ausdruck zu gehen
scheinet«[12]. Wie noch für Quintilian ist für Winckelmanns Verständnis der Al-

---

[9] Ebd., S. 140.
[10] J. J. Winckelmann, Versuch einer Allegorie, S. 19.
[11] Vgl. Quintilian, Ausbildung des Redners, S. 237.
[12] J. J. Winckelmann, Versuch einer Allegorie, S. 2.

legorie die Trennung zwischen Bedeutendem und Bedeutetem konstitutiv. In Übereinstimmung mit der rhetorischen Tradition versteht er unter dem allegorischen Bild eine indirekte Form der Darstellung, die auf etwas anderes zielt, als sie direkt zeigt. Den Vorwurf der Äußerlichkeit, der der Allegorie aufgrund der ihr inhärenten Trennung von Zeichen und Bedeutung oft zugesprochen wird, wehrt Winckelmann dabei durch den Hinweis auf ihre Eigenständigkeit ab. Zwar sei das allegorische Bild dem von ihm Bedeuteten äußerlich, es würde aber »dennnoch vor sich bestehen«. Damit bringt Winckelmann die Theorie der Allegorie mit der im 18. Jahrhundert aufkommenden Forderung nach der Autonomie der Kunst grundsätzlich in Übereinstimmung. Erst bei Moritz und Goethe treten die ästhetische Idee der Autonomie der Kunst und die äußerliche Bedeutungsstruktur der Allegorie in ein scheinbar unaufhebbares Widerspruchsverhältnis zueinander.

Winckelmann – Goethe – Hegel

Winckelmann unterscheidet darüber hinaus die konkrete von der abstrakten Allegorie, indem er der konkreten Allegorie eine Verbindung zwischen Bild und Bedeutung zugesteht. Der Begriff der konkreten Allegorie nimmt damit einige Züge von Goethes späterer Definition des Symbols vorweg. Während Goethe jedoch der Allegorie die Getrenntheit von Bild und Bedeutung vorwirft, um die organische Verbundenheit von Bild und bedeuteter Idee auf die Seite des Symbolischen zu stellen, interpretiert Winckelmann den Unterschied zwischen Getrenntheit und Verbundenheit von Bedeutendem und Bedeutetem als eine Binnendifferenz innerhalb der Allegorie selbst. Winckelmanns Unterscheidung von abstrakter und konkreter Allegorie zufolge wäre die Auffassung einer organischen Verbundenheit von Bedeutendem und Bedeutetem, wie sie Goethes spätere Definition des Symbolischen kennzeichnet, demnach nur als eine Unterform des Allegorischen zu verstehen, das Symbol mithin nur ein Spezialfall der Allegorie.

Vor diesem Hintergrund läßt sich Hegels Winckelmannkritik auch anders wenden.[13] Winckelmann »verwechselt« Allegorie und Symbol, da für das Bewußtsein seiner Zeit überhaupt kein Gegensatz zwischen ihnen bestand. Darauf hat bereits Bengt Algot Sørensen hingewiesen. »Im Sprachgebrauch des 18. Jahrhunderts wurde zwischen den beiden Wörtern ›Symbol‹ und ›Allegorie‹ nicht genau unterschieden. [...] Bis um die Jahrhundertwende war ›Allegorie‹

---

[13] Raulet erkennt in Winckelmanns Buch sogar den Versuch »einer *Rettung der Allegorie*«. G. Raulet, Allegorie und Moderne, S. 211.

in den poetologischen und ästhetischen Schriften das bei weitem häufigere Wort.«[14] So verwundert es auch nicht, daß der Begriff des Symbols bei Winckelmann keine Erwähnung findet. Fischer hat in diesem Zusammenhang allerdings bemerkt, daß auch Winckelmanns natürliche Ikonographie bereits das Ende der Allegorie antizipiere. Winckelmann argumentiere »aus der kulturgeschichtlichen Bewußtseinslage einer Schwundstufe des bildhaften Denkens heraus«[15], die sich im *Versuch über die Allegorie* insbesondere an den Stellen andeutet, an denen die spätere Kritik der Allegorie – wenn auch mit Bedauern – vorweggenommen wird: »Nach dergleichen grossen Beispielen wird es dennoch der Allegorie in der Malerey nicht an Gegnern fehlen, so wie es der Allegorie im Homer schon im Alterthume ergangen ist. Es giebt Leute von so zärtlichen Gewissen, daß sie die Fabel neben der Wahrheit gestellet, nicht ertragen können: eine einzige Figur eines Flusses auf einem so genannten heiligen Vorwurfe ist vermögend ihnen Aergerniß zu geben.«[16]

Allegorie und Schönheit: Moritz

Während Winckelmann noch an der grundlegenden Bedeutung der Allegorie für die Theorie der Künste festhält, markiert das theoretische Werk von Karl Philipp Moritz einen entscheidenden Schritt innerhalb der Geschichte der Abwertung der Allegorie zugunsten einer Theorie der ästhetischen Autonomie.[17] In Moritz' Schriften zur Ästhetik[18] verbindet sich die Autonomie des Schönen mit einer Kritik der Allegorie, die Goethes späterer Begrifflichkeit in vielem vorausgreift.

Wie Tzvetan Todorov betont hat, der Moritz in seiner Studie zur Geschichte der *Théories du symbole* eine Schlüsselfunktion einräumt,[19] kennt auch Moritz noch keinen expliziten Gegensatz von Allegorie und Symbol. So findet der Begriff des Symbols bei Moritz keine nennenswerte Erwähnung, wohl aber der

---

[14] B. Sørensen (Hg.), Allegorie und Symbol. Texte zur Theorie des dichterischen Bildes im 18. und frühen 19. Jahrhundert, Frankfurt/Main 1972, S. 261.

[15] B. Fischer, Kunstautonomie und Ende der Ikonographie, S. 253.

[16] J. J. Winckelmann, Gedanken über die Nachahmung der griechischen Werke, S. 159f.

[17] Zu Moritz' Bedeutung für die Ästhetik des 18. Jahrhunderts vgl. bereits P. Szondi, Poetik und Geschichtsphilosophie I, Frankfurt Main 1974, S. 82-98.

[18] Vgl. neben Szondi vor allem Th. P. Saine, Die ästhetische Theodizee. K. Ph. Moritz und die Philosophie des 18. Jahrhunderts, München 1971 sowie G. Mattenklott/K. Scherpe, Ästhetik als Geschichtsphilosophie. Die Theorie der Kunstautonomie in den Schriften Karl Philipp Moritzens. In: Westberliner Projekt: Grundkurs 18. Jahrhundert, Kronberg 1974, S. 243-271.

[19] Vgl. T. Todorov, Théories du symbole, Paris 1977, S. 179-197.

der Allegorie: »Il a en revanche un terme pour désigner le contraire du symbole (et en cela, il sera suivi par les autres romantiques); c'est celui d'*allégorie*.«[20] Der Gegenbegriff zur Allegorie ist für Moritz jedoch nicht das Symbol, sondern das Schöne.[21]

Moritz – Kant – Baumgarten

Die Definition des Schönen, das er als eine Form der inneren Vollkommenheit begreift, entwickelt Moritz bereits 1785 in seiner Moses Mendelssohn gewidmeten Schrift »Versuch einer Vereinigung aller schönen Künste und Wissenschaften unter dem Begriff des in *sich selbst Vollendeten*«. In ähnlicher Weise wie später Kant, mit dem Moritz' Theorie des Schönen immer wieder verglichen wurde,[22] unterscheidet er dort das Schöne einleitend vom Nützlichen. Während das Nützliche seinen Zweck nicht in sich selbst habe, sondern in der Bequemlichkeit oder Behaglichkeit, die es liefere, sei das Schöne durch seine innere Vollkommenheit gekennzeichnet:

> Bei dem Schönen ist es umgekehrt. Dieses hat seinen Zweck nicht außer sich, und ist nicht wegen der Vollkommenheit von etwas anderm, sondern wegen seiner eignen innern Vollkommenheit da. Man betrachtet es nicht, in so fern man es brauchen kann, sondern man braucht es nur, in so fern man es betrachten kann.[23]

Wie häufig betont wurde, scheint Moritz' Ästhetik wesentliche Momente von Kants Theorie des Schönen aus der *Kritik der Urteilskraft* vorwegzunehmen. Nicht nur die Abgrenzung des Schönen vom Nützlichen und Angenehmen – »was uns Vergnügen macht, ohne eigentlich zu nützen, nennen wir schön«[24] – erinnert an Kants Bestimmungen aus der *Kritik der Urteilskraft*. Auch der Grundgedanke von der Vollkommenheit des Schönen, die Moritz näher als »innere

---

[20] Ebd., S. 194.

[21] Hans-Joachim Schrimpf will in Moritz' Theorie der Schönheit dagegen bereits Goethes Begriff des Symbols erkennen. Zwar gesteht er zu, daß Moritz den Terminus Symbol selbst nicht gebraucht. Trotzdem kommt er zu dem Schluß: »Gemeint ist *symbolische* Sinnbildlichkeit.« H. J. Schrimpf, Von der Allegorie zum Symbol. In: Il Cacciatore di Silenci. Studi dedicati a Ferruchio Masini, a cura di Paolo Chiarini con la collaborazione di Bernhard Arnold Kruse, Volume I, Roma 1998, S. 384.

[22] Vgl. H. Scheible, Wahrheit und Subjekt. Ästhetik im bürgerlichen Zeitalter, Bern/München 1984, S. 190, sowie A. Simonis, ›Das Schöne ist eine höhere Sprache‹. Karl Philipp Moritz' Ästhetik zwischen Ontologie und Transzendentalphilosophie. In: DVjs 68 (1994), S. 490-505.

[23] Moritz, Über die Allegorie. In: Beiträge zur Ästhetik, hrsg. v. H.-J. Schrimpf/H. Adler, Kempten 1989, S. 9.

[24] Moritz, Über die Allegorie, S. 12.

Zweckmäßigkeit«[25] bestimmt, scheint grundsätzlich mit Kants Begriff des interesselosen Wohlgefallens übereinzustimmen.

Dem Vergleich von Moritz und Kant sind allerdings enge Grenzen gesetzt.[26] So weist das Attribut der inneren Vollkommenheit, das Moritz dem Schönen zuspricht, nicht auf Kant voraus, sondern auf Baumgarten zurück. In der *Kritik der Urteilskraft* hat Kant Baumgartens Idee der Vollkommenheit von seiner Theorie der subjektiven Zweckmäßigkeit abgegrenzt wissen wollen. Kant unterscheidet in seiner Ästhetik den »Begriff der Vollkommenheit als objektiver Zweckmäßigkeit«[27] von »der Vorstellung einer subjektiven Zweckmäßigkeit«[28], da erstere einen Begriff des Gegenstandes als ihren Zweck voraussetze, letztere hingegen nicht. Für Kant gehört die Vollkommenheit daher nicht in die Ästhetik, sondern in die Logik. »Das ästhetische Reflexionsvermögen urteilt also nur über subjektive Zweckmäßigkeit (nicht über Vollkommenheit) des Gegenstandes«[29]. Vor dem Hintergrund dieser Kritik an Baumgarten verwechselt Moritz in seiner Ästhetik das subjektiv Schöne mit dem objektiv Vollkommenen.[30]

Über die Allegorie

So problematisch Moritz' Theorie des Schönen in Kants Augen auch erscheinen mag, so sehr hat sie seine Kritik der Allegorie geprägt. »Moritz' autonome Bestimmung des Schönen führt zu einer Allegoriekritik, die an Radikalität und innerer Schlüssigkeit kaum zu überbieten sein dürfte«[31], hält Peter-André Alt fest. In seinem Aufsatz *Über die Allegorie* aus dem Jahre 1787 definiert Moritz die Allegorie als eine bloß marginale Form der Kunst, die keinen Anspruch auf

---

[25] Ebd.
[26] Vgl. P. Guyer, The perfections of art. In: Ders.: The experience of freedom, Cambridge 1993, S. 131-158. Guyer stellt Moritz und Kant in seinem Aufsatz sogar in einen ausdrücklichen Gegensatz: »Kant can then be seen as having followed a strategy diametrically opposed to that of Moritz.« Ebd., S. 133.
[27] Kant, Kritik der Urteilskraft, S. 42.
[28] Ebd.
[29] Ebd., S. 43.
[30] Auf das komplexe Verhältnis von Moritz' und Kants Ästhetik kann hier nicht weiter eingegangen werden. In dem Maße, in dem Kants Theorie des Schönen in der *Kritik der Urteilskraft* durch die Spannung von Transzendentalphilosophie und ästhetischer Urteilsstruktur nicht vollständig überzeugen kann, wäre allerdings gerade die empirische Bestimmung des Schönen bei Moritz ein Ansatzpunkt für eine Revision der Ästhetik des Schönen im 18. Jahrhundert. Vgl. in diesem Zusammenhang die Arbeit von S. Schneider, Die schwierige Sprache des Schönen. Moritz' und Schillers ästhetisch-anthropologische Lektüren der Sinnlichkeit, Würzburg 1998.
[31] P.-A. Alt, Begriffsbilder, S. 578.

ästhetische Wertschätzung erheben kann, da sie der Idee der inneren Vollkommenheit des Schönen entgegensteht.

> Sobald eine schöne Figur noch etwas außer sich selbst anzeigen und bedeuten soll, so nähert sie sich dadurch dem bloßen Symbol, bey dem es, so wie bey dem Buchstaben, womit wir schreiben, auf Schönheit nicht vorzüglich ankömmt. - Das Kunstwerk hat alsdann nicht mehr seinen Zweck bloß in sich selbst, sondern schon mehr nach außen zu.[32]

Moritz, der wie Winckelmann noch nicht klar zwischen Allegorie und Symbol unterscheidet,[33] setzt die Allegorie vom Schönen ab, da sie ihren Zweck nicht in sich selbst habe, sondern auf etwas außerhalb ihrer selbst verweise. Als Erläuterung seiner Kritik des Symbols dient Moritz das Beispiel des Buchstabens: So wie der Buchstabe nicht für sich stehe, sondern für den von ihm angezeigten geistigen Sinn, so stehe die Allegorie nicht für sich, sondern für eine von ihr getrennte Bedeutung. Wie Hans Joachim Schrimpf betont hat, ist es vor allem die auf die Trennung von Bild und Bedeutung zurückzuführende Äußerlichkeit der Allegorie, die Moritz als Grund für ihre ästhetische Minderwertigkeit deutet.[34] »Die Allegorie muß also, wenn sie statt findet, immer nur untergeordnet, und mehr zufällig seyn; sie macht niemals das Wesentliche oder den eigentlichen Werth eines schönen Kunstwerks aus.«[35] Moritz gesteht der Allegorie daher nur noch eine Randstellung innerhalb der Kunst zu.[36]

> Wo die Allegorie statt findet, muß sie immer untergeordnet, sie muß nie Hauptsache seyn – sie ist nur Zierràth – und *bloß* allegorische Kunstwerke sollten eigentlich gar nicht statt finden, oder doch nie vorzüglich um der Allegorie willen für wahre Kunstwerke gelten.
> Die Allegorie kann bey großen Gemählden als eine Art von erklärender, höherer Sprache angebracht werden, wie bey der Vermählung der *Psyche* von *Raphael*; wo unter dem Hauptgemählde rings an den Wänden besondere kleinere Felder angebracht sind, in welchen Amoretten mit den Attributen der höhern Gottheiten spielen, die bey der Hochzeit der *Psyche* zugegen sind. -
> Die allegorischen Vorstellungen sollen das Ganze nur umgaukeln; nur gleichsam an seinem äußersten Rande spielen – nie aber das innere Heiligthum der Kunst einnehmen – sobald sie auf die Weise untergeordnet bleiben, und in ihre bescheidene Grenzen treten, sind sie schön. –

---

[32] Moritz, Über die Allegorie, S. 97.

[33] »[V]on Goethes späterer Auffassung des Symbols ist hier noch nichts zu erkennen, wenngleich die antithetischen Grundsätze, die sie fundieren, bei Moritz bereits deutlich zutagetreten«, betont P.-A. Alt, Begriffsbilder, S. 576f.

[34] Vgl. H. J. Schrimpf, Von der Allegorie zum Symbol, S. 367.

[35] Moritz, Über die Allegorie, S. 98f.

[36] »Si l'on admet donc parfois l'allégorie dans les arts, ce ne peut être qu'à titre marginal, dans un rôle auxiliaire«, so Todorov, Théories du symbole, S. 195.

Überschreiten sie aber diese Grenzen, wie z. B. die Figur, welche die Gerechtigkeit mit verbundenen Augen, dem Schwerdt in der einen, und der Wage in der andern Hand darstellt, so ist nichts dem wahren Begriff des Schönen mehr widersprechend, als dergleichen Allegorien.[37]

Der wiederholte Gebrauch des Ausdrucks »sollen« verdeutlicht den tendenziell normativen Charakter von Moritz' Bestimmungen, die sich einer strengen Unterscheidung von Schönheit und Allegorie verpflichten wollen. Der Gegensatz von Schönheit und Allegorie, wie Moritz ihn in seiner Schrift konstruiert, entspricht ganz dem von Innerlichkeit und Äußerlichkeit: »Die Figur, in so fern sie schön ist, soll nichts bedeuten, und von nichts sprechen, was *außer* ihr ist, sondern sie soll nur von sich selber, von ihrem innern Wesen durch ihre äußere Oberfläche gleichsam sprechen, soll durch sich selbst bedeutend werden.«[38] Die Schönheit bedeutet durch sich selbst, die Allegorie durch etwas anderes, so lautet Moritz' Unterscheidung von Schönheit und Allegorie. Wie Fischer festgehalten hat, zeigt sich damit, »daß Moritz' Bildauffassung die schon bei Winckelmann festzustellende Tendenz auf das autonome Bild hin vollendet.«[39] Moritz' Allegorieauffassung bedeutet über Winckelmann hinaus das »Ende der Ikonographie«[40], da der allegorische Bedeutungsgehalt nun endgültig zugunsten der Autonomie des Schönen aufgegeben wird.

Allegorie und Ornament

Moritz schränkt seine Kritik der Allegorie allerdings im Blick auf die bildende Kunst ein.[41] Wie das von ihm angeführte Beispiel von Raffaels *Psyche* zeigt, bleibt die Allegorie der Kunst in der Form des Ornamentalen erhalten.[42] So begleite die allegorische Darstellung Raffaels Gemälde als »eine Art von erklärender, höherer

---

[37] Moritz, Über die Allegorie, S. 98f.

[38] Ebd., S. 97.

[39] B. Fischer, Kunstautonomie und Ende der Ikonographie, S. 267.

[40] »Die Moritzsche Kunstauffassung ist aber über die Konzeption des sich-bedeutenden Bildes hinaus gekennzeichnet vom fortschreitenden ›Ende der Ikonographie‹, und zwar mit der Spannung zwischen der Bedeutung des Bildes und seiner Autonomie qua schöner Form.« B. Fischer, Kunstautonomie und Ende der Ikonographie, S. 268.

[41] »Das Modell, das er zugrundelegt, ist die bildende Kunst«, betont Schrimpf vor diesem Hintergrund. H. J. Schrimpf, Von der Allegorie zum Symbol, S. 366.

[42] Das meint auch Schrimpf. »Moritz verbannt die *Allegorie* nicht gänzlich aus der Kunst, aber er weist ihr eine untergeordnete Rolle zu.« H. J. Schrimpf, Von der Allegorie zum Symbol, S. 386. Zum Zusammenhang zwischen Allegorie und Ornament vgl. auch G. Raulet, Von der Allegorie zur Geschichte. Säkularisierung und Ornament im 18. Jahrhundert. In: G. Raulet (Hg.) Von der Rhetorik zur Ästhetik. Studien zur Entstehung der modernen Ästhetik im 18. Jahrhundert, Rennes 1995, S. 151-172.

Sprache« und behalte damit als ornamentale Form eine Bedeutung, die im Vergleich zu der zentralen Schönheit des Bildes von der Hochzeit der Gottheiten zwar verschwindend, in ihrer marginalen Funktion aber doch grundsätzlich legitim ist. Tritt die Allegorie dagegen in den Mittelpunkt der Darstellung wie in Moritz' zweitem Beispiel, der blinden Gerechtigkeit, wird sie aus dem Heiligtum der Kunst verbannt. »Sobald die Allegorie auf die Weise jedem Begriff von Schönheit in den bildenden Künsten widerspricht, verdienet sie gar keinen Platz in der Reihe des Schönen, und hat ohngeachtet alles Aufwandes von Fleiß und Mühe, weiter keinen Werth, als der Buchstabe mit dem ich schreibe.«[43] Am Beispiel des Bildes der blinden Gerechtigkeit und des bloßen Buchstabens reduziert Moritz die Allegorie auf das Moment des Materiell-Zeichenhaften, um es von der organisch gebildeten inneren Geschlossenheit des Schönen zu trennen. Als nackter »Buchstabe« steht die Allegorie dem Geist der Bedeutung unverbunden gegenüber. Moritz' Vergleich, der in auffälliger Weise vom Medium der Malerei in das der Schriftkunst wechselt, billigt dem bloßen Buchstaben in der Sprache die gleiche marginale Bedeutung zu wie dem allegorischen Ornament in der bildenden Kunst. Nicht der Buchstabe des Geistes steht im Mittelpunkt seiner ästhetischen Bestimmungen, sondern der Geist, der sich vom Buchstaben zu lösen vermag. Daß Moritz' Ästhetik des Schönen wiederum auf ihre eigene Weise auf die Allegorie zurückgeht, zeigt sich in seinem Roman *Andreas Hartknopf*: »*Der Buchstabe tötet, aber der Geist macht lebendig*«, lautet das paulinische Motto, das Moritz seinem Roman voranstellt, um das Ideal des Schönen am Buchstaben der Allegorie scheitern zu lassen. So weist der widersprüchliche Umgang mit der Allegorie in Moritz' theoretischem und literarischem Werk zugleich auf die Doppelbödigkeit der Abwertung der Allegorie im 18. Jahrhundert hin.

Schiller und Goethe

Orientiert sich Moritz' Kritik der Allegorie vor allem an der Autonomie des Schönen, so bleibt es Goethe vorbehalten, die Allegorie in einen expliziten Gegensatz zum Symbol zu setzen: »c'est bien Goethe qui a introduit l'opposition entre symbole et allégorie«[44], kommentiert Todorov. Sørensen zufolge bildet »Goethes bekannte Auffassung der Allegorie als einer ästhetischen Begriffsillustration […] den Schlußpunkt dieser Entwicklung.«[45] Die berühmte Unterscheidung von Allegorie und Symbol aus den *Maximen und Reflexionen* verläuft dabei parallel zu einer Abgrenzung Goethes von Schiller.

[43] Moritz, Über die Allegorie, S. 100.
[44] T. Todorov, Théories du symbole, S. 237.
[45] B. A. Sørensen, Allegorie und Symbol, S. 263.

Mein Verhältnis zu Schiller gründete sich auf die entschiedene Richtung beider auf
einen Zweck, unsere gemeinsame Tätigkeit auf die Verschiedenheit der Mittel, wodurch wir jenen zu erreichen strebten.
Bei einer zarten Differenz, die einst zwischen uns zur Sprache kam, und woran
ich durch eine Stelle seines Briefs wieder erinnert werde, macht‹ ich folgende
Betrachtungen.
Es ist ein großer Unterschied, ob der Dichter zum Allgemeinen das Besondere
sucht oder im Besondern das Allgemeine schaut. Aus jener Art entsteht Allegorie,
wo das Besondere nur als Beispiel, als Exempel des Allgemeinen gilt; die letztere
aber ist eigentlich die Natur der Poesie, sie spricht ein Besonderes aus, ohne ans
Allgemeine zu denken oder darauf hinzuweisen. Wer nun dieses Besondere lebendig faßt, erhält zugleich das Allgemeine mit, ohne es gewahr zu werden, oder
erst spät.[46]

Die »zarte Differenz«, die Goethe anspricht, dient ihm als Anlaß für eine
grundsätzliche Auseinandersetzung mit seinem verstorbenen Dichterfreund, in
deren Verlauf er Schiller zu einem allegorischen Künstler herabstuft, sich selbst jedoch als einen Dichter des Symbolischen darstellt. Goethes Begrifflichkeit verweist dabei auf Kants Unterscheidung von schematischer und symbolischer
Darstellung zurück.[47] Schiller sei ein allegorisch verfahrender Künstler, so Goethe,
da er den Weg vom Allgemeinen zum Besonderen beschreite, während der eigentliche Weg der Poesie vom Besonderen zum Allgemeinen verlaufe. Goethe, der
an dieser Stelle Kants Begriff der schematischen Darstellung als Subsumtion des
Besonderen unter das Allgemeine mit der poetischen Funktion der Allegorie zu
identifizieren scheint, stellt Schiller damit als einen bloß mechanisch verfahrenden
Künstler dar, der im Besonderen nur ein Beispiel für die Bestätigung des Allgemeinen suche, sich selbst hingegen als einen Künstler, der mit dem Symbolischen
und dem Vorrang des Besonderen vor dem Allgemeinen dem eigentlichen Natur-
gang der Poesie folge. Der Vorteil des Symbolischen liege dabei im doppelten Gewinn, den es biete: Wer »dieses Besondere lebendig faßt«, schreibt Goethe in
Anklang an Herders Pathos des lebendigen Besonderen, der »erhält zugleich das
Allgemeine mit«. So wie Kant in der *Kritik der Urteilskraft* Beredsamkeit und
Dichtkunst gegeneinander ausgespielt hat, indem er dem Dichter im Unterschied
zum Redner zubilligte, wenig zu versprechen und viel zu geben,[48] so spielt Goethe
Allegorie und Symbol gegeneinander aus, indem er Schillers allegorisches Verfahren als den Verlust des Besonderen darstellt, sein eigenes symbolisches Ver-
fahren jedoch als den doppelten Gewinn von Besonderem und Allgemeinem.

---

[46] Goethe, HA 12, S. 471.
[47] Todorov spricht in diesem Zusammenhang von den »résonances kantiennes« bei
Goethe. T. Todorov, Théories du symbole, S. 242.
[48] Vgl. die entsprechende bereits im Kant-Kapitel verhandelte Passage über das Verhältnis von Beredsamkeit und Dichtkunst aus der Kritik der Urteilskraft, B 206.

Goethes Schillerkritik steht somit im Kontext einer Selbstinszenierung des symbolischen Dichters, deren Fragwürdigkeit bereits Sørensen kritisch angemerkt hat: »Bemerkenswert ist aber, daß sich diese Terminologie und diese Gegenüberstellung des Symbols und der Allegorie nur bei denen durchsetzte, die sich zu dem so definierten Symbol als dem Gipfel der Kunstleistung bekannten.«[49]

Naiv und sentimentalisch

Goethes späte Schillerkritik überrascht nicht nur vor dem Hintergrund von dessen lange zurückliegendem Tod.[50] Darüber hinaus gibt das ästhetische Werk Schillers kaum Anhaltspunkte für die Präsenz einer Theorie der Allegorie, die Goethes Äußerungen stützen könnte. Im Gegenteil: Im Anschluß an Kants Begriff des Symbols aus der *Kritik der Urteilskraft* scheint sich Schiller in seinen ästhetischen Schriften eher am Symbol als an der Allegorie zu orientieren.

Wie Alt bemerkt, gibt Schillers Terminologie allerdings noch keinen entscheidenden Aufschluß über sein grundsätzliches Verhältnis zu Allegorie und Symbol. »Daß Schillers theoretische Schriften eine Auseinandersetzung mit der Allegorie vermeiden und sich bevorzugt an den Symbolbegriff halten, verrät noch keine ästhetischen Vorlieben.«[51] Alt hält vielmehr an Goethes Kennzeichnung Schillers fest, da dessen Unterscheidung zwischen dem Symbolischen und dem Allegorischen Schillers Begriff des Naiven und Sentimentalischen entspreche. Alt, der Goethe damit an Schiller zurückverweist, schließt daher: »Goethes Distinktion zwischen Symbol und Allegorie, die das Schema ›Über die Gegenstände der bildenden Kunst‹ bereits skizziert, ist offenbar auch eine späte Antwort auf Schillers Differenzierung zwischen Naivem und Sentimentalischem.«[52] Den Vergleich zwischen Goethes und Schillers unterschiedlicher ästhetischer Terminologie rechtfertigt Alt, insofern dem Naiven und dem Symbolischen ein Begriff der natürlichen Einheit zugrundeliege, dem Sentimentalischen und dem Allegorischen hingegen eine geschichtliche Differenzerfahrung.

---

[49] B. A. Sørensen, Allegorie und Symbol, S. 265.

[50] Sørensen fragt sich vor diesem Hintergrund zu Recht, was Goethe mit seiner Schillerkritik eigentlich bezwecke. »Man kann sich fragen, warum Goethe in den ›Maximen und Reflexionen‹ (1825) seine Allegoriekritik, die zugleich eine Schillerkritik war, überhaupt veröffentlichte. Schiller war seit etwa 20 Jahren tot, und die Kritik an der kalten und trockenen Verstandesallegorie eigentlich nicht mehr besonders interessant noch aktuell.« B. A. Sørensen, Die ›zarte Differenz‹. Symbol und Allegorie in der ästhetischen Diskussion zwischen Schiller und Goethe. In: W. Haug (Hg.), Formen und Funktionen der Allegorie, Stuttgart 1979, S. 639.

[51] P.-A. Alt, Begriffsbilder, S. 604.

[52] Ebd., S. 610.

Während die symbolische als eigentlich naive Dichtung die Einheit zwischen Erscheinung und Idee intuitiv herstellt, muß die Allegorie als genuin sentimentalische
Form mühsam eine Annäherung von Konkretem und Intelligiblem vollziehen,
ohne jemals zur endgültigen Überwindung ihrer Differenz imstande zu sein. Was
der naive Autor im Gegenstand selbst findet, kann der sentimentalische nur durch
Reflexion über die Idee, die er verkörpert, künstlich erzeugen; der symbolischen
Totalität steht der allegorische Dualismus gegenüber, der Einheit mit der Natur die
Trennung zwischen Erscheinung und Begriff, der Anschauung die Reflexion.[53]

Vor dem Hintergrund von Schillers Unterscheidung von Naivem und Sentimentalischem bezieht Alt das Naive und das Symbolische auf die Kraft der Intuition,
das Sentimentalische und das Allegorische dagegen auf die der Reflexion. Seine
Äußerungen können gleichwohl nicht vollständig überzeugen. Nicht nur hat
Schiller mit der Unterscheidung von Naivem und Sentimentalischem keineswegs
eine grundsätzliche Differenz von Symbol und Allegorie im Auge. Peter Szondis
Bemerkung, das Naive sei das Sentimentalische,[54] weist vielmehr darauf hin, daß
sich auch hinter dem Naiv-Symbolischen der Geist des Sentimentalisch-Allegorischen verberge. Das läßt sich an Schillers Aufsatz bestätigen. So würdigt Schiller Goethe in seiner ästhetischen Schrift *Über naive und sentimentalische
Dichtung* im Zusammenhang mit der Frage, »wie der naive Dichtergeist mit einem
sentimentalischen Stoff verfährt.«[55] Schiller, der mit Goethe ungleich großzügiger
verfährt als dieser später mit ihm, spricht seinem Freund das Verdienst zu, mit
Werken wie dem *Werther*, dem *Tasso* oder dem *Faust* die schwierige Aufgabe einer
Vermittlung zwischen dem Naiven und Sentimentalischen gelöst zu haben.

Völlig neu und von einer ganz eigenen Schwierigkeit scheint diese Aufgabe zu sein,
da in der alten und naiven Welt ein solcher *Stoff* sich nicht vorfand, in der neuen
aber der *Dichter* dazu fehlen möchte. Dennoch hat sich das Genie auch diese Aufgabe gemacht und auf eine bewundernswürdig glückliche Weise aufgelöst. Ein
Charakter, der mit glühender Empfindung ein Ideal umfaßt und die Wirklichkeit
flieht, um nach einem wesenlosen Unendlichen zu ringen, der, was er in sich selbst
unaufhörlich zerstört, unaufhörlich außer sich suchet, dem nur seine Träume das
Reelle, seine Erfahrungen ewig nur Schranken sind, der endlich in seinem eigenen
Dasein nur eine Schranke sieht und auch diese, wie billig ist, noch einreißt, um zu
der wahren Realität durchzudringen – dieses gefährliche Extrem des sentimentalischen Charakters ist der Stoff eines Dichters geworden, in welchem die Natur getreuer und reiner als in irgendeinem andern wirkt, und der sich unter modernen
Dichtern vielleicht am wenigsten von der sinnlichen Wahrheit der Dinge entfernt.[56]

---

[53] Ebd.

[54] Vgl. P. Szondi, Das Naive ist das Sentimentalische. In: Schriften 2, Frankfurt/Main
1978, S. 59-105.

[55] F. Schiller, Über naive und sentimentalische Dichtung. In: G. Fricke/H. G. Göpfert
(Hg.), Sämtliche Werke. Fünfter Band. Erzählungen/Theoretische Schriften, München
1959, S. 738.

[56] Ebd.

Schillers Würdigung Goethes weist auf die geschichtsphilosophischen Implikationen seiner Unterscheidung des Naiven und Sentimentalischen hin. Goethe komme in der neueren Dichtung ein besonderes Verdienst zu, da er in einer Zeit, die eigentlich nach dem Sentimentalischen verlange, naiv verfahre. Schillers Bestimmungen zeigen damit, daß das Naive und das Symbolische und das Sentimentalische und Allegorische nicht vorbehaltlos ineinander aufgehen. Vor dem Hintergrund von Schillers geschichtsphilosophischer Ästhetik wären vielmehr sowohl die eigene dichterische Verfahrensweise wie Goethes symbolische Dichtung als zwei Formen des Sentimentalischen zu begreifen. Wie Alt, der mit größerer Überzeugungskraft Schillers Lyrik in die Tradition der Allegorie stellt,[57] selbst abschließend zusammenfaßt, läuft Goethes Schillerkritik daher letztlich ins Leere. »Wer Schiller als Allegoriker richtig einschätzen will, sollte eine gewisse Distanz zu Goethes Definition wahren, weil sie den Charakter einer durchaus subjektiven Bewertung trägt, der erst im Zuge ihrer Rezeptionsgeschichte normative Autorität zugewachsen ist.«[58]

Allegorie und Symbol bei Goethe

Normative Autorität, wie Alt meint, gewinnen Goethes Bestimmungen in den *Maximen und Reflexionen* dagegen durch die strikte Unterscheidung von Allegorie und Symbol als zwei wechselseitig sich ausschließenden Formen der Dichtkunst.

> Die Symbolik verwandelt die Erscheinung in Idee, die Idee in ein Bild, und so, daß die Idee im Bild immer unendlich wirksam und unerreichbar bleibt und, selbst in allen Sprachen ausgesprochen, doch unaussprechlich bliebe.

> Die Allegorie verwandelt die Erscheinung in einen Begriff, den Begriff in ein Bild, doch so, daß der Begriff im Bilde immer noch begrenzt und vollständig zu halten und zu haben und an demselben auszusprechen sei.[59]

Die grundsätzliche Intention von Goethes Unterscheidung liegt in dem Nachweis, daß es sich bei der Allegorie und dem Symbol um zwei prinzipiell verschiedene poetische Darstellungsformen handle, wobei allein dem Symbol das Recht vorbehalten bleibt, dem natürlichen Gang der Poesie gerecht zu werden. »Es ging deshalb von Anfang an darum, das Symbol als einen von der Allegorie wesens-

---

[57] »Schillers Lyrik beweist, daß die Allegorie um 1800 keineswegs eine überlebte literarische Form darstellt.« P.-A. Alt, Begriffsbilder, S. 622.

[58] Ebd., S. 611.

[59] Goethe, HA 12, S. 470f.

verschiedenen Bildtypus zu profilieren«[60], hält Sørensen fest: »Zu den wichtigsten
Merkmalen dieses neuen Symbolbegriffs gehören: die Autonomie des Bildes, dessen Wesen als Sein und nicht als Bedeuten bestimmt wird; die Präsenz der Idee im
Symbol und zugleich die Gebundenheit des Symbols an die Welt der Erschei-
nungen.«[61] Im Unterschied zur Allegorie bestimmt Goethe das Symbol daher als
eine mystisch anmutende Form der Offenbarung, innerhalb derer sich Besonderes und Allgemeines wechselseitig durchdringen: »Das ist die wahre Symbolik,
wo das Besondere das Allgemeinere repräsentiert, nicht als Traum und Schatten,
sondern als lebendig-augenblickliche Offenbarung des Unerforschlichen.«[62]

Gerade die definitorische Strenge, mit deren Hilfe Goethe Allegorie und
Symbol unterscheidet, wirft aber Fragen auf. So fällt zunächst die geradezu auf
die Spitze getriebene Symmetrie von Goethes Definition auf, die Allegorie und
Symbol weniger unterscheidet als daß sie sie in einen inneren Zusammenhang
stellt. Beide Formen des Zeichens gelten ihm als Resultat eines doppelten Über-
tragungsprozesses, der von der empirischen Erscheinung bis hin zum poetischen Bild verläuft. Das entscheidende Unterscheidungskriterium zwischen
Allegorie und Symbol ist das mittlere Glied innerhalb der Kette der Übertragungen: Bei der Allegorie handele es sich um einen Begriff, beim Symbol hingegen um eine Idee. Goethes Definition, der wiederum Kants Terminologie
zugrundezuliegen scheint, hatte dieser doch den endlichen Begriff dem Verstand, die unendliche Idee dagegen der Vernunft zugeordnet, insistiert in der
Folge vor allem auf dem unterschiedlichen Verhältnis von Allegorie und Symbol zur Sprache: Das allegorische Bild sei endlich-begrenzt und daher in der
Sprache ohne jeden Rest aussagbar, das symbolische Bild durch die Darstellung
der Idee dagegen unendlich und daher letztlich auch unaussprechlich.[63] So wie
bereits Kant in der *Kritik der Urteilskraft* behauptet hatte, die Dichtkunst sei
»mit einer Gedankenfülle verknüpft, der kein Sprachausdruck völlig adäquat
ist, und sich also ästhetisch zu den Ideen erhebt«[64], so stellt auch Goethe das
Symbol in den Kontext der Unendlichkeit der Ideen und entzieht es damit der
sprachlichen Darstellung.[65] Mit Hilfe der Unterscheidung von Begriff und Idee

[60] B. A. Sørensen, Allegorie und Symbol, S. 264.

[61] Ebd.

[62] Goethe, HA 12, S. 471.

[63] Todorov betont dagegen, daß Goethe den Gegensatz von Allegorie und Symbol im
Vergleich zu seinen Vorgängern in den Kontext der Dichtung und nicht mehr der bildenden Kunst stellt. »C'est la première fois, notons-le, que l'opposition est appliqué
à la poésie et non plus à une matière visible«. T. Todorov, Théories du symbole, S. 241.

[64] Kant, KU, B 215.

[65] Vgl. M. Titzmann, Allegorie und Symbol im Denksystem der Goethezeit. In: W. Haug
(Hg.): Formen und Funktionen der Allegorie, Stuttgart 1979, S. 652.

verwirft Goethe die Allegorie im Vergleich zum natürlich-organischen Modell des Symbols als eine mechanisch-schematisierende Form der Kunst und vollendet damit den Prozeß der Abwertung der Allegorie im 18. Jahrhundert.

Vor dem Hintergrund der in ihrer begrifflichen Strenge streckenweise schematisch anmutenden Unterscheidung, die Goethes Definition des Allegorischen und Symbolischen zugrundeliegt, ist ihre ästhetische Berechtigung allerdings oft bezweifelt worden.[66] So hat Jürgen Link in seiner Untersuchung über *Die Struktur des literarischen Symbols* Goethe vorgeworfen, dieser schränke den Begriff des Symbols auf unzulässige Weise ein. »Die Goetheschen Äußerungen führen außerdem dazu, strukturell unbedeutende Unterschiede zwischen verschiedenen Typen literarischer Symbole in den Vordergrund zu rücken, emphatisch nur den Goetheschen Typ als Symbol zu bezeichnen und Typen wie Allegorie und Emblem auszuscheiden.«[67] Link weist dagegen nach, daß Goethes Verwendung des Begriffs Symbol von dem traditionellen Verständnis des allegorischen Emblems strukturell gar nicht verschieden ist. »Das bedeutet jedoch keinesfalls, daß solche Goethe-Symbole (wie sie im folgenden genannt werden sollen) sich in ihrer semantischen Struktur im geringsten von Emblemen unterschieden. Der einzige Unterschied besteht in der bewußten partiellen Auslassung der Subscriptio im Text. Damit wird die Ergänzung der Subscriptio zur (manchmal unerfüllbaren) Aufgabe des Lesers.«[68] Die Unterscheidung des Symbols von anderen Bildformen wie etwa der Allegorie und dem Emblem geht Link zufolge demnach nur auf eine unbedeutende Differenz in der Sache zurück: »Die gängige Klassifizierung literarischer Symbole nach Kategorien wie Emblem und (Goethe-) Symbol beruht also auf äußerlichen Kriterien: darauf, ob die Subscriptio explizit oder nur implizit im Text erscheint.«[69] Wie aus Links Kritik an Goethe zu folgern ist, stellen Allegorie und Symbol demnach gar keine ausschließlichen Gegensatzbegriffe dar, sondern sich wechselseitig ergänzende Formen der bildlichen Darstellung. Mit dieser Auffassung stimmt auch die Tatsache überein, daß die Differenz von Begriff und Idee als einziges Kriterium für die Unterscheidung von Allegorie und Symbol angesichts der Übereinstimmung der anderen Glieder von Goethes De-

---

[66] Gottfried Willems hat Allegorie und Symbol vor diesem Hintergrund eher in ein Folge- denn in ein Gegensatzverhältnis gesetzt. Er betont, »daß das klassische Symbol der Nachfolger und in gewisser Weise geradezu die Erneuerung der Allegorie ist, ihre Neuformulierung unter nachaufklärerischen Bedingungen, gleichsam eine Allegorie ohne die Grundlage der Allegorese.« G. Willems, Anschaulichkeit. Zu Theorie und Geschichte der Wort-Bild-Beziehungen und des literarischen Darstellungsstils, Tübingen 1989, S. 128.

[67] J. Link, Die Struktur des literarischen Symbols. Theoretische Beiträge am Beispiel der späten Lyrik Brechts, München 1975, S. 8.

[68] Ebd., S. 22.

[69] Ebd., S. 28.

finition relativ unerheblich erscheint: Sowohl die Allegorie als auch das Symbol verwandeln die Erscheinung in ein Bild und partizipieren damit an einer Theorie der bildlichen Darstellung, die Goethes Poetik implizit vorsteht.

Die Darstellungstheorie, die Goethe seiner Unterscheidung zugrundelegt, betont daher wider Willen eher die Gemeinsamkeiten von Allegorie und Symbol als ihre Differenzen. Hatte sich bereits bei Winckelmann angedeutet, daß das Symbolische keineswegs als Gegensatz, sondern als eine besondere Form der Allegorie zu verstehen wäre, so zeigt sich bei Goethe, daß beiden, dem Symbolischen wie der Allegorie, mit der Aufgabe der Verwandlung der Erscheinung in ein Bild eine metaphorische Form der Übertragung zugrundeliegt, deren rhetorische Grundlagen Goethe nicht anzuerkennen vermag, da er seine Theorie der Darstellung wie bereits Kant nicht an dem Phänomen der Sprache ausrichtet, sondern an dem des Bildes. »Unaussprechlich« ist das Symbolische, weil es als »Idee« in der Rhetorik des Bildes nur als Unendliches darstellbar ist, »lebendig-augenblickliche Offenbarung des Unerforschlichen«, da die dem Symbol zugeordnete Idee aufgrund der ihr eigenen Unendlichkeit in keinem Bild wirklich faßbar ist. Die Unaussprechlichkeit wie die Unendlichkeit des Symbolischen resultieren aus der Differenz, die sich zwischen Bild und Idee öffnet, und es ist paradoxerweise gerade diese Kluft zwischen darstellbarem Bild und undarstellbarer Idee, die die ästhetische Fülle des Symbols ausmachen und dessen Mehrwert gegenüber der Allegorie begründen soll. Wie in Kants *Kritik der Urteilskraft* führt Goethes Theorie der symbolischen Darstellung auf einen indirekten Darstellungsprozeß zurück, demzufolge das poetische Bild auf die Idee als das Andere der Sprache anspielt und so eine Darstellung dessen unternommen werden soll, was doch nicht aussprechbar sei.

Trotz dieser prinzipiellen Einwände gegen Goethes Theorie der Allegorie und der vielfach betonten Tatsache, daß Goethes eigene Dichtung vor allem im Spätwerk »mit allegorischen Formen und Traditionen nur so spielt«[70], gibt die Wirkungsgeschichte aber der Verurteilung der Allegorie in den *Maximen und Reflexionen* Recht. Wie Hans Robert Jauss betont hat, ist es die Goethesche Klassik, die für das Verschwinden der Allegorie aus der Literatur des 18. Jahrhunderts verantwortlich ist. »Es wird sich zeigen, daß dieses Verdikt letztlich von der Poetik der deutschen Klassik beeinflußt ist. Ihre Unterscheidung zwischen Symbol und Allegorie hat wesentlich zur Abwertung der allegorischen Dichtform beigetragen, die auch in der Geschichte der literarischen Forschung einen deutlichen Niederschlag gefunden hat.«[71]

---

[70] G. Kurz, Metapher, Allegorie, Symbol, S. 53.

[71] H. R. Jauss, Form und Auffassung der Allegorie in der Tradition der Psychomachia. In: H. R. Jauss/D. Schaller (Hg.), Medium Aevum Vivum. Festschrift für Walter Bulst, Heidelberg 1960, S. 181.

Die Ästhetik des Symbolischen bei Schelling

Für die fortschreitende Verurteilung der Allegorie zugunsten des Symbolischen ist Goethe indes nicht allein verantwortlich. Daß die polemische Entgegensetzung von Allegorie und Symbol im 18. und 19. Jahrhundert zu wesentlichen Anteilen auf die Philosophie zurückgeht, hat bereits Michael Titzmann betont. »Die systematische und GZ-typische Formulierung von A/S wird also letztlich nicht von den Literaten [...], sondern von den Philosophen geleistet. Ihr Ort ist die Ästhetik – aber auch nur die des Idealismus«[72]. In der Nachfolge von Kant sind es vor allem Schelling und Hegel, die an dem Prozeß der Abwertung der Allegorie im 18. Jahrhundert Anteil haben.

So unterscheidet Schelling in seiner *Philosophie der Kunst* in Anlehnung an Kant die Begriffe Schema, Allegorie und Symbol als Grundlagen von drei unterschiedlichen Formen der Darstellung.

> Diejenige Darstellung, in welcher das Allgemeine das Besondere bedeutet, oder in welcher das Besondere durch das Allgemeine angeschaut wird, ist Schematismus. Diejenige Darstellung aber, in welcher das Besondere das Allgemeine bedeutet, oder in welcher das Allgemeine durch das Besondere angeschaut wird, ist allegorisch. Die Synthesis dieser beiden, wo weder das Allgemeine das Besondere, noch das Besondere das Allgemeine bedeutet, sondern wo beide absolut eins sind, ist das Symbolische.[73]

Schelling stellt die Begriffe Schema, Allegorie und Symbol als drei unterschiedliche Weisen der Vermittlung zwischen dem Besonderen und dem Allgemeinen dar: Im Schematismus bedeute das Allgemeine das Besondere, in der Allegorie das Besondere das Allgemeine, im Symbol finde hingegen eine Synthese zwischen dem Allgemeinen und dem Besonderen statt. Schelling vollzieht damit am Beispiel des Symbolischen nicht nur die für die Philosophie des deutschen Idealismus charakteristische Bewegung einer Aufhebung der Gegensätze durch ihre Vereinigung. Im Unterschied zu Goethes späterer Kritik stellt er die Allegorie zunächst auf die Seite des Besonderen. Goethes negativ besetzter Begriff der Allegorie entspräche daher eher Schellings Begriff des Schemas. Während Schelling mit der Unterscheidung von Allegorie und Schema dem Begriff des Allegorischen zunächst eine gewisse Berechtigung in der Kunst zuzubilligen scheint, begünstigt er jedoch die Entgegensetzung von Allegorie und Symbol, da er die eigene Philosophie der Dichtkunst allein dem Symbolischen verpflichtet: »Als ein notwendiger Folgesatz geht nun aus dieser ganzen Untersuchung hervor: die Mythologie überhaupt und jede Dichtung derselben insbesondere ist weder

---

[72] M. Titzmann, Allegorie und Symbol im Denksystem der Goethezeit, S. 643.
[73] Schelling, Philosophie der Kunst. In: Ausgewählte Schriften. Bd. 2. Schriften 1802-1803, Frankfurt/Main 1985, S. 235.

schematisch noch allegorisch, sondern symbolisch zu begreifen.«[74] Auch Schelling greift in seiner *Philosophie der Kunst* auf die synthetische Funktion des Symbolischen zurück, um andere Formen der Darstellung aus dem Bereich von Dichtung und Philosophie auszugrenzen. Nicht die sprachliche Bedeutungsfunktion der Allegorie, sondern die einheitsstiftende Funktion des Symbols dient seiner Ästhetik als Ausgangspunkt.

Hegels Kritik der Allegorie

Die Tendenz einer Ausgrenzung der Allegorie aus dem Bereich der schönen Künste findet ihre philosophische Vollendung bei Hegel. Im Kontext einer kritischen Auseinandersetzung mit Friedrich Schlegels Diktum, jedes Kunstwerk müsse eine Allegorie sein,[75] betont Hegel die grundsätzliche Minderwertigkeit der allegorischen Form. »Was *wir* dagegen hier Allegorie genannt haben, ist eine im Inhalt wie in der Form untergeordnete, dem Begriff der Kunst nur unvollkommen entsprechende Darstellungsweise.«[76] Hegel bestätigt damit Goethes Abwertung der Allegorie auf philosophischer Grundlage. Im Anschluß an Kants Kritik der Rhetorik und Goethes Begriff der symbolischen Dichtung kritisiert er die Allegorie als eine Form der Darstellung, die in der Kunst keinen Platz mehr habe.

Dabei nimmt Hegels Kritik Momente auf, die bereits Moritz' Abwertung der Äußerlichkeit der Allegorie zugunsten der inneren Geschlossenheit des Schönen kennzeichneten. Für Hegel stellt die Allegorie eine unzureichende Form der künstlerischen Darstellungsweise dar, insofern in ihr »hauptsächlich die Herrschaft der abstrakten Bedeutung über die äußere Gestalt zum Vorschein«[77]

---

[74] Ebd., S. 239.

[75] »Mit anderen Worten: alle Schönheit ist Allegorie. Das Höchste kann man eben weil es unaussprechlich ist, nur allegorisch sagen.« F. Schlegel, Kritische und theoretische Schriften, Stuttgart 1978, S. 198. Daß Schlegel mit dem Unaussprechlichen gerade Goethes Begriff des Symbols mit dem Allegorischen vermischt, hat bereits Benjamin unterstrichen. »Unnötig hinzuzufügen, daß eigentliche Erörterungen der Allegorie wie Friedrich Schlegels im ›Gespräch über die Poesie‹ die Tiefe der Ritterschen Auffassung nicht erreichen, ja, Friedrich Schlegels laxem Sprachgebrauch gemäß, mit dem Satze, alle Schönheit sei Allegorie, doch wohl nichts weiter vorbringen wollen als den klassizistischen Gemeinplatz, sie sei Symbol.« W. Benjamin, Gesammelte Schriften I, Frankfurt/Main 1980, S. 388. Ganz unabhängig von der Frage, ob in Schlegels Aussage die Allegorie oder das Symbol gemeint sei, verweist Benjamins Korrektur noch einmal auf das Fehlen eindeutiger Unterscheidungsmerkmale von Allegorie und Symbol.

[76] Hegel, Ästhetik, S. 388.

[77] Ebd., S. 385.

komme: Die Allegorie sei »frostig und kahl und bei der Verstandesabstraktion ihrer Bedeutungen auch in Rücksicht auf Erfindung mehr eine Sache des Verstandes als der konkreten Anschauung und Gemütstiefe der Phantasie«[78]. Frostig und kahl nennt Hegel die Allegorie in grundsätzlicher Übereinstimmung mit Goethe aufgrund ihrer Verstandesgebundenheit und der rein äußerlichen Bedeutungsstruktur, die ihr zugrundeliege. Als bloße Sache des Verstandes rückt die Allegorie damit aus dem Bereich von Kunst und Ästhetik heraus.

Allegorie – Ironie – Subjektivität

Im Kontext seiner kritischen Auseinandersetzung mit der frühromantischen Dichtungstheorie verwirft Hegel die Allegorie, deren Funktion er weitgehend auf die Personifikation reduziert, darüber hinaus, indem er ihr eine unzulängliche Struktur der Subjektivität zuordnet. In der Form der Personifikation bestehe die Leistung der Allegorie zwar darin, allgemeine abstrakte Zustände oder Eigenschaften als Subjekt darzustellen. Die Form der Subjektivität, die in der Allegorie und, wie zu schließen wäre, insbesondere in der romantischen Dichtung zur Geltung komme, sei formal und inhaltlich jedoch defizient: »Diese Subjektivität aber ist weder ihrem Inhalte noch ihrer äußeren Gestalt nach wahrhaft an ihr selbst ein Subjekt, oder Individuum, sondern bleibt die Abstraktion einer allgemeinen Vorstellung, welche nur die *leere Form* der Subjektivität erhält und gleichsam nur ein grammatisches Subjekt zu nennen ist.«[79] In einer Formel, die der dekonstruktiven Subjektkritik als Motto dienen könnte, beschreibt Hegel die Allegorie als eine leere oder grammatische Form der Subjektivität: »ihre allgemeine Personifikation ist leer, die bestimmte Äußerlichkeit nur ein Zeichen, das für sich genommen keine Bedeutung mehr hat«[80].

Hegels Begriff des leeren oder grammatischen Subjekts geht in dem Kontext der bisher verhandelten Thematik allerdings weit über eine bloße Kritik der Allegorie hinaus. Zwar verkürzt Hegel die Allegorie in einer für das 18. und 19. Jahrhundert charakteristischen Weise auf die Personifikation. Indem er die Allegorie einleitend dem Rätsel gegenüberstellt, greift er aber implizit auch auf die rhetorische Tradition zurück. Vermittelt über seine Kritik der frühromantischen Dichtungstheorie steht Hegels Auseinandersetzung mit der Allegorie im Spannungsfeld des rhetorischen Dreiecks von Rätsel, Allegorie und Ironie.

Dabei weist die Definition der Allegorie in der *Ästhetik* insbesondere auf die frühromantische Theorie der Ironie zurück. Hegel kritisiert dort Schlegels Er-

---

[78] Ebd., S. 387.
[79] Ebd., S. 386f.
[80] Ebd., S. 387.

findung der »Ironie, als dieser Konzentration des Ich in sich, für welches alle Bande gebrochen sind und das nur in der Seligkeit des Selbstgenusses leben mag.«[81] Die Ironie erscheint Hegel als Ausdruck einer falschen Selbstgewissheit des Ich, das aus der eigenen Leere heraus die Nichtigkeit der objektiven Welt annimmt und dabei die eigene Nichtigkeit verkennt. Die Negativität, die der Ironie zugrundeliegt, beschreibt Hegel in diesem Zusammenhang als das »Gefühl der Nichtigkeit des leeren eitlen Subjekts, dem es an Kraft gebricht, dieser Eitelkeit entrinnen und mit substantiellem Inhalt sich erfüllen zu können.«[82]

Vor diesem Hintergrund erscheint die Allegorie bei Hegel nicht als substantieller Gehalt, wohl aber als Selbstdemystifikation der ironischen Subjektivität. Denn die Allegorie trägt die Züge der Leere und hohlen Eitelkeit, die Hegel der frühromantischen Form der ironischen Subjektivität zuspricht, in das moderne Subjekt hinein. Wenn Hegel die Allegorie als leere oder grammatische Form der Subjektivität anspricht, dann wendet er die Allegorie ironisch als *inversio* in einer Art Selbstaufhebung der Frühromantik gegen die Ironie, um die Aushöhlung des Subjektiven in der Moderne anzuklagen.[83] Hegels Kritik von Allegorie und Ironie ist als Umkehrung seiner Analyse der antiken Tragik daher zugleich eine Kritik der entleerten Subjektivität der Moderne.

Damit vollendet Hegels Ästhetik nicht nur den geschichtlichen Prozeß der Abwertung der Allegorie, der im 18. Jahrhundert mit der Subjektivierung der Ästhetik durch Kant eingesetzt hatte. Mit seiner Definition der Allegorie als leerer oder grammatischer Form der Subjektivität nimmt Hegel zugleich die rhetorische Kritik der ästhetischen Subjektivität vorweg, die Paul de Man im Anschluß an die Frühromantik gegen das 18. Jahrhundert wendet, um die Dissoziation des Selbst in Allegorie und Ironie als unaufhebbares Moment moderner Erfahrung zu beschreiben. So seltsam es klingen mag: Zwischen Goethes Abwertung und de Mans Rehabilitierung der Allegorie bildet Hegels Ästhetik die Brücke.

---

[81] Ebd., S. 74.
[82] Ebd.
[83] Zur Bedeutung der Ironie im Verhältnis zur antiken Tragik in Hegels Ästhetik vgl. Ch. Menke, Tragödie im Sittlichen. Gerechtigkeit und Freiheit nach Hegel, Frankfurt/ Main 1996, S. 143-150.

3. Die Rehabilitierung der Allegorie bei Benjamin, Gadamer und de Man

Während sich im Zusammenhang mit der Formierung der philosophischen Ästhetik in den Dichtungstheorien des 18. Jahrhunderts das Symbolische gegen das Allegorische durchsetzt, erfährt die Allegorie im 20. Jahrhundert eine späte Rehabilitierung. Für die Renaissance der Allegorie zeigen sich insbesondere jene Theoretiker verantwortlich, die die moderne Theorie der Kunst vom Geist des deutschen Idealismus zu lösen versuchen.[1] So entwickelt Walter Benjamin im *Ursprung des deutschen Trauerspiels* eine Theorie der Allegorie, deren Prämissen mit einer Ästhetik klassizistischer Prägung kaum mehr etwas gemein haben. In ähnlicher Weise hat Hans-Georg Gadamer in *Wahrheit und Methode* eine »Rehabilitierung der Allegorie« versucht, die er von der »Erlebniskunst«[2] des 18. und 19. Jahrhunderts abgrenzt. Benjamins Überlegungen zur Allegorie sind von Paul de Man kritisch weitergeführt worden.[3] Vor diesem Hintergrund dient der Vergleich der Theorie der Allegorie bei Benjamin, Gadamer und de Man als Ausgangspunkt für eine kritische Revision der Ästhetik des 18. Jahrhunderts und zugleich als Grundlage einer poetologischen Neubestimmung des Verhältnisses von Literatur, Philosophie und Rhetorik.

---

[1] Das gilt nur mit Einschränkungen für Gadamer, der die programmatische »Rehabilitierung der Allegorie« in Wahrheit und Methode mit der trotz allem klassizistischen Ausrichtung seiner Ästhetik in Übereinstimmung zu bringen sucht. Vgl. H.-G. Gadamer, Wahrheit und Methode, S. 76-87.

[2] Ebd., S. 76.

[3] Trotz des offenkundigen Einflusses von Benjamin auf Paul de Man hat sich dieser nie explizit auf Benjamin berufen. Zwar würdigt er Benjamin im Kontext einer grundsätzlichen Auseinandersetzung mit der Rezeptionsästhetik Jausscher Prägung: »The traditional term of allegory that Benjamin, perhaps more than anyone else in Germany, helped to restore to some of its full implications is frequently used by them to describe a tension within the language that can no longer be modeled on the subject-object relationships derived from experiences of perception, or from theories of the imagination derived from perception.« P. de Man, Lyric and Modernity. In: Ders.: Blindness & Insight, S. 173f. Ebenso führt er Benjamin neben Barthes, Genette und Foucault in einer einleitenden Fußnote in *The Rhetoric of Temporality* als ein Beispiel für die Wiederentdeckung der Rhetorik im 20. Jahrhundert an. Eine systematische Auseinandersetzung mit Benjamin, die verdeutlichen könnte, wieviel de Man dessen Theorie der Allegorie wirklich schuldet, sucht man in seinem Werk jedoch vergeblich.

Poetik der Allegorie: Walter Benjamin

Eine im Vergleich zu früheren Theorien bedeutende Aufwertung erfährt die Allegorie zum ersten Mal in Walter Benjamins Schrift *Ursprung des deutschen Trauerspiels* aus dem Jahre 1925. In ihrer dezidiert anti-klassizistischen Tendenz steht Benjamins Theorie der Allegorie zugleich in einem Zusammenhang mit einer spekulativen Neuinterpretation des barocken Trauerspiels im Zeichen der Melancholie.[4] In einer typologischen Bestimmung kennzeichnet Benjamin die Melancholie als den geschichtlichen Gehalt der Allegorie.[5] Insbesondere der dritte Teil seiner Schrift ist dem Nachweis gewidmet, die Allegorie sei die dem melancholischen Geist des Barocks korrespondierende sprachliche Ausdrucksform.

Benjamins weitreichende Überlegungen zur Allegorie stehen im Zusammenhang mit einer grundsätzlichen Kritik der klassizistischen Ästhetik. Dem versöhnlichen Geist der deutschen Klassik stellt er in seiner Schrift das von zahlreichen Spannungen geprägte Bild des Barock entgegen. So konstatiert das Trauerspielbuch einleitend die »Aktualität des Barock nach dem Zusammenbruch der deutschen klassizistischen Kultur.«[6] Vom Zusammenbruch des Klassizismus spricht Benjamin vor allem im Kontext von Tendenzen moderner Kunst wie dem Expressionismus. Die neue Aktualität des Barock und die avantgardistische Moderne dienen ihm als doppelter Anhaltspunkt für die ge-

---

[4] Die Gültigkeit von Benjamins Thesen gerade für das Barock ist allerdings umstritten. Zwar behauptet Winfried Menninghaus: »Die literaturwissenschaftliche Tragfähigkeit ist mit der obigen Rekonstruktion der Immanenz des Trauerspielbuches zwar noch nicht erwiesen; es dürfte aber bereits deutlich geworden sein, daß sie als wesentlich größer einzuschätzen ist, als selbst Benjamin-Apologeten zu unterstellen pflegen.« W. Menninghaus, Walter Benjamins Theorie der Sprachmagie, Frankfurt/Main 1980, S. 133. Einen kritischeren Blick auf Benjamins Barockinterpretation hat dagegen Hans-Jürgen Schings entwickelt: »Dann lieber: Benjamin den Benjaminforschern und die barocken Trauerspiele den Barockforschern«. H.-J. Schings, Walter Benjamin, das barocke Trauerspiel und die Barockforschung. In: N. Honsza/H.-G. Roloff (Hg.), ›Daß eine Nation die ander verstehen möge‹. Festschrift für Marian Szyrocki, Amsterdam 1988, S. 676. Im Anschluß an Schings ist auch Alt Benjamin gegenüber skeptisch geblieben. Er beklagt insbesondere »die Vernachlässigung des lateinischen Mittelalters (die Benjamin selbst eingeräumt hat), die zumindest bedenkliche Vermischung von Allegorie und Emblem, die Negation einer barocken Eschatologie, die Unterschätzung des hermeneutischen Allegoriepotentials, die zuweilen anfechtbare Materialauswahl, die forcierte dialektische Konstruktion mit ihrem überraschenden theologischen Finale.« P.-A. Alt, Begriffsbilder, S. 12.

[5] Zum inneren Aufbau des Trauerspielbuches vgl. E. Goebel, Konstellation und Existenz. Kritik der Geschichte um 1930: Studien zu Heidegger, Benjamin, Jahnn und Musil, Tübingen 1996, S. 79-89.

[6] W. Benjamin, Ursprung des deutschen Trauerspiels. In: Gesammelte Schriften I, Frankfurt/Main 1974, S. 235. Im folgenden im Text abgekürzt als GS.

schichtsphilosophische Diagnose, daß sich der Geist des Klassischen erschöpft
habe.[7] Vor diesem Hintergrund entfaltet das Trauerspielbuch eine grundlegende
Revision des Klassizismus im Zeichen von barocker Allegorie und Melancholie. Ein wesentlicher Ansatzpunkt von Benjamins kunsttheoretischen Überlegungen im Trauerspielbuch ist der Begriff des Symbols.

> Seit mehr als hundert Jahren lastet auf der Philosophie der Kunst die Herrschaft
> eines Usurpators, der in den Wirren der Romantik zur Macht gelangt ist. Das
> Buhlen der romantischen Ästhetiker um glänzende und letztlich unverbindliche
> Erkenntnis eines Absoluten hat in den simpelsten kunsttheoretischen Debatten
> einen Symbolbegriff heimisch gemacht, der mit dem echten außer der Bezeichnung
> nichts gemein hat. (GS I, 336)

Die Vormachtstellung, die das Symbol in den Ästhetiken des 18. Jahrhunderts
erlangt hat, stellt Benjamin als das Ergebnis eines geschichtlichen Mißverständ-
nisses dar, das nun korrigiert werden soll. Insbesondere die Romantik macht
Benjamin für die unbeschränkte Herrschaft des Symbols in der Philosophie der
Kunst verantwortlich. Auffällig ist die politische Metaphorik, derer er sich bedient, um die »Herrschaft« des Symbolischen zu brechen. So bezeichnet Benjamin das Symbol als einen »Usurpator« und legt damit den Gedanken nahe,
daß es mit der Allegorie einen anderen, legitimen Regenten vom Thron gestoßen habe. Der Nachweis der Bedeutung der Allegorie für das Barock und
für die moderne Kunst, der sich vor allem in Benjamins Studien zur allegorischen Form bei Baudelaire zeigt, läßt die Herrschaft des Symbolischen als ein
mehr als hundert Jahre dauerndes Interregnum erscheinen, dem nun ein Ende
gesetzt wird.

   Benjamin vollzieht im Trauerspielbuch allerdings mehr als eine bloße Umkehrung der Kräfteverhältnisse, die im 18. Jahrhundert zum Verschwinden der
Allegorie und zum Erfolg des Symbolischen geführt haben. Zwar betont auch
Benjamin, daß der Gegensatz von Allegorie und Symbol sich »eindringlich und
formelhaft« (GS I, 343) darstellen lasse. Der Hinweis auf die Formelhaftigkeit
des Gegensatzes deutet jedoch bereits an, daß Benjamin an einer strikten Entgegensetzung von Allegorie und Symbol im Trauerspielbuch nicht interessiert ist.[8]

---

[7] Daß Benjamins Überlegungen zum Barock im Kontext einer spezifisch modernen
Kunstauffassung stehen, hat freilich auch Anlaß zu Kritik gegeben. So betont etwa
Albrecht Schöne seine »Zurückhaltung gegenüber den Versuchen, modernes Krisen-
bewußtsein in das Zeitalter des Barock zurückzuprojizieren.« A. Schöne, Emblematik und Drama im Zeitalter des Barock, München 1968, S. 101.

[8] Vor diesem Hintergrund weist Menninghaus darauf hin, daß die Forschung den Gegensatz von Symbol und Allegorie überstrapaziert habe: »Alle bisherigen Interpreta-
tionen des Trauerspielbuches haben sich […] auf die von Benjamin selbst als ›formelhaft‹
bezeichnete griffig-programmatische Gegenüberstellung von Symbol und Allegorie
(I 343) gestützt und diese um so mehr überstrapaziert, als sie, für sich genommen, in der

Vielmehr hält Benjamin trotz seiner Kritik am kunsttheoretischen Symbolbegriff des 18. und 19. Jahrhunderts an einer grundsätzlichen Bedeutung des Symbolischen fest.[9] Auf eine positive Wertung des Symbolischen deutet der Hinweis auf einen »echten« Symbolbegriff, mit dem der kunsttheoretische »außer der Bezeichnung nichts gemein hat.« Im folgenden Satz stellt Benjamin den echten Symbolbegriff in den Umkreis der Theologie. »Der nämlich, zuständig in dem theologischen Bereiche, vermöchte nie und nimmer in der Philosophie des Schönen jene gemütvolle Dämmerung zu verbreiten, die seit dem Ende der Frühromantik immer dichter geworden ist.« (GS I, 336) Benjamin unterscheidet im Trauerspielbuch zwischen einem kunsttheoretischen und einem theologischen Symbolbegriff. Seiner Metapher des »Usurpators« zufolge hat das Symbol mit der Kunst nicht nur einen ihm fremden Boden besetzt, es hat mit der Theologie zugleich den ihm angestammten verloren. Benjamins Intention liegt im Trauerspielbuch entsprechend nicht allein in der Kritik der ästhetischen Theorie des Symbols, sondern parallel dazu im Aufweis der Bedeutung des theologischen Symbolbegriffs.

In diesem Sinne bezieht die erkenntniskritische Vorrede des Trauerspielbuches das Symbol auf die Ideen als dem privilegierten Vermittlungsort von Wahrheit, Sprache und Theologie. »Die Idee ist ein Sprachliches, und zwar im Wesen des Wortes jeweils dasjenige Moment, in welchem es Symbol ist.« (GS I, 216) Mit dem Symbol bezeichnet Benjamin – ganz im Gegensatz zu Kant und Goethe – den sprachlichen Teil der Idee. Vor diesem Hintergrund stellt er die grundsätzliche Forderung an die Philosophie, den Zusammenhang von Symbol, Sprache und Idee zu klären. »Sache des Philosophen ist es, den symbolischen Charakter des Wortes, in welchem die Idee zur Selbstverständigung kommt, die das Gegenteil aller nach außen gerichteten Mitteilung ist, durch Darstellung in seinen Primat wieder einzusetzen.« (GS I, 216f.) In Anknüpfung an seine frühen Überlegungen über die Natur der Sprache, in denen er zwischen bloßer Mitteilung und reiner Namenssprache unterscheidet,[10] definiert Benjamin im Trauerspielbuch das Symbol als den Ort, an dem die Idee zu einer Selbstverständigung ge-

---

Tat nicht mehr ist als eine überdies mißverständliche ›Formel‹, die sich auf alles irgendwie und auf nichts mit detailerschließender Interpretationskraft ›anwenden‹ läßt.« W. Menninghaus, Walter Benjamins Theorie der Sprachmagie, S. 110.

[9] Harald Steinhagen betont, »daß es bei Benjamin durchaus einen positiv gewerteten Symbol-Begriff gibt, den er freilich nur selten gebraucht.« H. Steinhagen, Zu Walter Benjamins Begriff der Allegorie. In: W. Haug (Hg.): Formen und Funktionen der Allegorie, Stuttgart 1979, S. 674.

[10] Vgl. Benjamins Aufsatz Über Sprache überhaupt und über die Sprache des Menschen in GS II, S. 140-157. Auf den Zusammenhang zwischen dem Sprachaufsatz und dem Trauerspielbuch hat Menninghaus hingewiesen. Vgl. W. Menninghaus, Walter Benjamins Theorie der Sprachmagie, S. 78f.

lange, die der bloßen Mitteilung verweigert bleibe. Nennt der theologisch gefärbte Begriff des Symbols einen der wesentlichen Bezugspunkte von Benjamins
erkenntniskritischen Überlegungen, so findet die Überführung des Symbolischen vom Bereich der Theologie in den der Kunstkritik vor seinen Augen insbesondere deswegen keine Gnade, da sie den Anteil der Sprache an den Ideen
verschleiert, den das Symbol markiert. In Anspielung an Goethes Definition des
Symbols kritisiert Benjamin daher deren »Mißbrauch« in der Kunsttheorie:
»Denn dieser Mißbrauch findet, und zwar überall da, statt, wo im Kunstwerk
die ›Erscheinung‹ einer ›Idee‹ als ›Symbol‹ angesprochen wird. Die Einheit von
sinnlichem und übersinnlichem Gegenstand, die Paradoxie des theologischen
Symbols, wird zu einer Beziehung von Erscheinung und Wesen verzerrt.« (GS I,
336) Benjamins Skepsis gegenüber dem klassizistischen Symbolbegriff richtet
sich vor allem auf die Übertragung der theologischen Auflösung des Verhältnisses von Sinnlichkeit und Übersinnlichkeit auf die ästhetische Einheit von Erscheinung und Wesen. »Als symbolisches Gebilde soll das Schöne bruchlos ins
Göttliche übergehen« (GS I, 337), mit diesen Worten beklagt Benjamin die
falsche Äquivokation von Kunst und Religion, der das Symbol anheimfalle,
indem seine sprachliche Teilhabe an den Ideen zu dem bloßen Verhältnis von Erscheinung und Wesen umgedeutet werde. »Benjamins Kritik gilt, so scheint es,
primär der ›Aura‹ am symbolischen Kunstwerk, seinem ideologischen Schein,
nicht dem, was das Symbol meint, aber verfehlt: die Versöhnung von Besonderem und Allgemeinem«[11], hält Harald Steinhagen fest. Benjamin kritisiert im
Trauerspielbuch die klassizistische Symbolauffassung als Ausdruck einer »Ideologie des Ästhetischen«[12], die im Kontext einer profanen Versöhnung von Sinnlichem und Übersinnlichem im Medium der Kunst eine organische Einheit
herzustellen versucht und damit den theologisch-sprachlichen Charakter des
Symbolischen verdeckt.

Allegorie und Ausdruck

Zu der Kritik des kunsttheoretischen Symbolbegriffs verhält sich die Aufwertung der Allegorie im Trauerspielbuch komplementär. Parallel zu der Entgegensetzung von Barock und Klassik verläuft daher die von Allegorie und Symbol.
»Gleichzeitig mit dem profanen Symbolbegriff des Klassizismus bildet sein spe-
kulatives Gegenstück, der des Allegorischen, sich heraus.« (GS I, 337) Symbol

---

[11] H. Steinhagen, Zu Walter Benjamins Begriff der Allegorie, S. 674.
[12] Gerade darin liegt einer der wesentlichen Berührungspunkte zwischen Benjamin und de
Man. Vgl. in diesem Zusammenhang den posthum erschienenen Sammelband von Paul
de Mans Aufsätzen, Aesthetic Ideology, ed. Andrzej Warminski, Minneapolis 1988.

und Allegorie, Klassik und Barock, damit scheinen die wesentlichen Gegensatzpaare von Benjamins Kritik der Ästhetik genannt zu sein: »Kein härterer Gegensatz zum Kunstsymbol, dem plastischen Symbol, dem Bilde der organischen Totalität ist denkbar als dies amorphe Bruchstück, als welches das allegorische Schriftbild sich zeigt. In ihm erweist sich das Barock als souveränes Gegenspiel der Klassik, wie man bisher in der Romantik nur es anerkennen wollte.« (GS I, 351f.) Den oft bemühten Gegensatz von Klassik und Romantik ersetzt Benjamin durch den von Klassik und Barock. Er vollzieht damit eine grundlegende Neubewertung der ästhetischen Begrifflichkeit des 18. Jahrhunderts. Benjamin versieht den Vergleich von Barock und Klassik mit einer Fülle von antithetischen Bestimmungen: Dem Symbol, der Plastik und der organischen Totalität in der Klassik steht auf seiten des Barock die Allegorie, die Schrift und das amorphe Bruchstück gegenüber.[13] In Benjamins Darstellung erscheint die klassische Ästhetik des Symbols nur mehr als eine isolierte Phase innerhalb der Geschichte der Kunst, die ihren Anspruch zwar auf den gesamten Bereich der Kunsttheorie auszudehnen versucht, deren historisches Recht durch die Funktion der Allegorie im Barock und in der modernen Kunst jedoch zugleich eingeschränkt wird.

Den Begriff der Allegorie stellt Benjamin im Trauerspielbuch dabei in einen engen Zusammenhang mit einer Theorie des Ausdrucks. Im Mittelpunkt seiner Kritik steht »die Denunzierung einer Ausdrucksform, wie die Allegorie sie darstellt, als einer bloßen Weise der Bezeichnung. Allegorie – das zu erweisen dienen die folgenden Blätter – ist nicht spielerische Bildertechnik, sondern Ausdruck, so wie Sprache Ausdruck ist, ja so wie Schrift.« (GS I, 339) Keine bloße Weise der »Bezeichnung« sei die Allegorie, sondern »Ausdruck«. Benjamins Terminologie erinnert an Husserls Unterscheidung von Ausdruck und Anzeige in den *Logischen Untersuchungen*. Husserl unterscheidet in der ersten Logischen Untersuchung mit dem Titel *Ausdruck und Bedeutung* Anzeichen und Ausdruck als zwei grundsätzlich verschiedene Funktionen des sprachlichen Zeichens.

> Die Termini Ausdruck und Zeichen werden nicht selten wie gleichbedeutende behandelt. Es ist aber nicht unnütz zu beachten, daß sie sich in allgemein üblicher Rede keineswegs überall decken. Jedes Zeichen ist Zeichen für etwas, aber nicht jedes hat eine ›Bedeutung‹, einen ›Sinn‹, der mit dem Zeichen ›ausgedrückt‹ ist. […] Nämlich Zeichen im Sinne von Anzeichen (Kennzeichen, Merkzeichen u. dgl.) drücken nichts aus, es sei denn, daß sie neben der Funktion des Anzeigens noch eine Bedeutungsfunktion erfüllen.[14]

---

[13] Es ist insbesondere der von Benjamin angedeutete Zusammenhang von Allegorie und Schrift, der dekonstruktive Lesarten des Trauerspielbuches inspiriert hat. Vgl. in diesem Zusammenhang die Arbeit von B. Menke, Sprachfiguren. Name, Allegorie, Bild nach Benjamin, München 1991.

[14] E. Husserl, Logische Untersuchungen. Zweiter Band. Untersuchungen zur Phänomenologie und Theorie der Erkenntnis, Tübingen 1980, S. 23.

Für Husserl meint das Anzeichen eine bloße Weise der Bezeichnung, der Ausdruck hingegen ein Zeichen, das notwendig mit einer Bedeutungsintention verflochten ist. »Von den anzeigenden Zeichen unterscheiden wir die bedeutsamen, die Ausdrücke.«[15] Entsprechend steht der Zusammenhang von Ausdruck und Bedeutung, den in jüngerer Zeit Michel Foucault und Jacques Derrida zum Ansatz einer kritischen Lektüre der Phänomenologie genommen haben,[16] im Mittelpunkt seiner Theorie der Erkenntnis.

Obwohl er sich an anderer Stelle von der phänomenologischen Theorie der Intentionalität abgrenzt,[17] scheint Benjamins Unterscheidung von bloßer Bezeichnung und Ausdruck an Husserl anzuknüpfen, insofern auch er die Allegorie in einen Zusammenhang mit dem Problem von Ausdruck und Bedeutung stellt. Als Ausdruck sei die Allegorie nicht eine bloße Weise der Bezeichnung, wie ihre Gegner behaupten, sondern ein Zeichen, das mit einer bestimmten Bedeutungsfunktion verknüpft sei. Die grundlegende Frage, die sich für Benjamin im Trauerspielbuch stellt, ist daher weniger die nach einer griffigen Unterscheidung von Allegorie und Symbol im Geiste des 18. Jahrhunderts als die nach der spezifischen Ausdrucksfunktion der Allegorie im Barock. Die Entgegensetzung von Allegorie und Symbol scheint vor diesem Hintergrund vor allem deswegen von Bedeutung zu sein, da sie dazu beiträgt, die eigentümliche Ausdrucksstruktur der Allegorie zutage zu fördern. In Anknüpfung an Creuzer erläutert Benjamin die Differenz zwischen Symbol und Allegorie im Blick auf das Problem der Zeit.

> Das Zeitmaß der Symbolerfahrung ist das mystische Nu, in welchem das Symbol den Sinn in sein verborgenes und, wenn man so sagen darf, waldiges Innere aufnimmt. Andererseits ist die Allegorie von einer entsprechenden Dialektik nicht frei

---

[15] Ebd., S. 30.

[16] Vgl. Foucault, Introduction. In: Ders.: Dits et Ecrits I, Paris 1994, S. 65-119, sowie J. Derrida, La voix et le phénomène, Paris 1967. Vor diesem Hintergrund wäre ein ausführlicher Vergleich von Benjamin, Foucault, Derrida und de Man am Leitfaden von Husserls phänomenologischer Theorie der Bedeutung möglich, der hier allerdings nicht geleistet werden kann.

[17] Benjamins Auseinandersetzung mit Husserls Phänomenologie im Trauerspielbuch ist bisher von der Forschung kaum hervorgehoben worden. In der erkenntniskritischen Vorrede bezieht sich Benjamin m. E. zumindest an zwei Stellen auf die Phänomenologie Husserls. So spricht er zum einen von der für die Phänomenologie charakteristischen Abschattung eines Erkenntnisgegenstandes in »unterschiedlichen Sinnstufen bei der Betrachtung eines und desselben Gegenstandes« (GS I, 208). Kritisch verhält er sich hingegen zu dem Begriff der Intentionalität, wie er bei Brentano und Husserl verhandelt wird: »Wahrheit tritt nie in eine Relation und insbesondere in keine intentionale. [...] Die Wahrheit ist ein aus Ideen gebildetes intentionsloses Sein.« (GS I, 216) Damit widerspricht er dem Zusammenhang von Wahrheit und Intentionalität, der im Zentrum von Husserls *Logischen Untersuchungen* steht.

und die kontemplative Ruhe, mit welcher sie in den Abgrund zwischen bildlichem Sein und Bedeuten sich versenkt, hat nichts von der unbeteiligten Süffisanz, die in der scheinbar verwandten Intention des Zeichens sich findet. (GS I, 342)

Benjamin definiert das Symbolische als eine momenthafte Totalität, dem mit der Allegorie ein »Abgrund zwischen bildlichem Sein und Bedeuten« gegenübersteht. »Der falsche Schein der Totalität geht aus« (GS, I, 352), mit diesen Worten faßt Benjamin im Trauerspielbuch und später im Passagen-Werk die kritische Qualität zusammen, die die Allegorie gegenüber dem Symbol besitzt. »Die Allegorie als das Zeichen, das gegen seine Bedeutung scharf abgesetzt ist, hat in der Kunst seinen Ort als der Widerpart des schönen Scheins, in welchem Bedeutendes und Bedeutetes ineinanderfließen.« (GS, V, 473) Der Einheit von Bedeutendem und Bedeutetem, die das Symbolische auszeichnet, stellt er die Kluft zwischen Bild und Bedeutung gegenüber, die die Allegorie kennzeichnet. Scheint Benjamin damit wie später de Man die Differenzstruktur des allegorischen Zeichens festhalten zu wollen, so geht es seiner Aufwertung der Allegorie jedoch keineswegs darum, die Kategorie der Bedeutung einfach aufheben zu wollen. Im Mittelpunkt seiner Überlegungen steht mit der Melancholie vielmehr die spezifisch geschichtliche Form der Bedeutung, die sich in der barocken Allegorik konstituiert. Im Unterschied zur klassizistischen Ästhetik wertet Benjamin die Differenz von Bedeutendem und Bedeutetem, die der Allegorie zugrundeliegt, daher nicht mehr als Zeichen ihrer ästhetischen Minderwertigkeit, sondern geradezu als den eigentümlichen Grund ihrer Ausdrucksfunktion. Darauf hat bereits Winfried Menninghaus hingewiesen. »Nicht das allegorisch Bedeutende, wie die klassizistische Ästhetik meinte, sondern umgekehrt das Bedeutete fällt zuletzt ab ›wie Schlacke‹.«[18] Dem Vorwurf der Äußerlichkeit, mit dessen Hilfe der Klassizismus die Allegorie kritisierte, begegnet Benjamin mit der Aufwertung der Allegorie als Ausdruck, der sich allein in der Kluft zwischen Zeichen und Bedeutung öffne.

Allegorie und Naturgeschichte

Sichert das Charakteristikum des Ausdrucks die Allegorie gegen das Symbolische ab, so läßt der Hinweis auf die ihr zugrundeliegende Kluft zwischen bildlichem Sein und Bedeuten die Frage nach dem spezifischen Gehalt der allegorischen Bedeutung im Trauerspiel noch offen. Benjamin versucht diese Frage wiederum im Hinblick auf die Zeit zu beantworten.

Unter der entscheidenden Kategorie der Zeit, welche in dieses Gebiet der Semiotik getragen zu haben die große romantische Einsicht dieser Denker war, läßt das

---

[18] W. Menninghaus, Walter Benjamins Theorie der Sprachmagie, S. 115f.

Verhältnis von Symbol und Allegorie eindringlich und formelhaft sich festlegen. Während im Symbol mit der Verklärung des Unterganges das transfigurierte Antlitz der Natur im Lichte der Erlösung flüchtig sich offenbart, liegt in der Allegorie die facies hippocratica der Geschichte als erstarrte Urlandschaft dem Betrachter vor Augen. Die Geschichte in allem was sie Unzeitiges, Leidvolles, Verfehltes von Beginn an hat, prägt sich in einem Antlitz – nein in einem Totenkopfe aus. Und so wahr alle ›symbolische‹ Freiheit des Ausdrucks, alle klassische Harmonie der Gestalt, alles Menschliche einem solchen fehlt – es spricht nicht nur die Natur des Menschendaseins schlechthin, sondern die biographische Geschichtlichkeit eines einzelnen in dieser seiner naturverfallensten Figur bedeutungsvoll als Rätselfrage sich aus. Das ist der Kern der allegorischen Betrachtung, der barocken, weltlichen Exposition der Geschichte als Leidensgeschichte der Welt; bedeutend ist sie nur in den Stationen ihres Verfalls. Soviel Bedeutung, soviel Todverfallenheit, weil am tiefsten der Tod die zackige Demarkationslinie zwischen Physis und Bedeutung eingräbt. Ist aber die Natur von jeher todverfallen, so ist sie auch allegorisch von jeher. (GS I, 342f.)

»Geschichte als erstarrte Urlandschaft«, so lautet Benjamins Bestimmung der allegorischen Bedeutung im Trauerspielbuch. Der Flüchtigkeit, die der momenthaften Totalität des Symbols entspricht, setzt er mit der Allegorie eine Figur der Erstarrung entgegen.[19] Antinomisch verhalten sich Symbol und Allegorie in ihrem Verhältnis zu Natur und Geschichte. Während das Symbol die Natur in einer Verklärungsbewegung als einen übersinnlichen Erlösungszusammenhang bestimmt und so ihren Untergang aufzuhalten versucht, deutet die Allegorie die Todesverfallenheit der Natur als Ausdruck von Geschichtlichkeit. Die Allegorie stellt Geschichte als Urlandschaft dar, da erst in der von ihr bewirkten Erstarrung Natur als Geschichte lesbar wird. »Auf dem Antlitz der Natur steht ›Geschichte‹ in der Zeichenschrift der Vergängnis« (GS I, 353), lautet Benjamins enigmatische Bestimmung des Verhältnisses von Natur und Geschichte im Trauerspielbuch.[20] In dem Maße, in dem die Natur der Vergänglichkeit anheimfällt, ist sie Benjamin zufolge von vornherein an die Allegorie verwiesen. Während die Erlösungsbewegung des Symbols aufgrund der ihm zugrundeliegenden organischen Verbundenheit von Bedeutendem und Bedeutetem am Verhängnis des natürlichen Verfalls partizipiert und das Moment der Vergängnis an der Natur leugnet, löst die Allegorie durch die ihr eigene Trennung von Bild und Bedeutung das Geschichtliche aus der Natur heraus und weist deren Vergängnis zugleich als den Gehalt des barocken Trauerspiels aus. Am Antlitz des

---

[19] Den Zusammenhang zwischen Allegorie, Erstarrung und Geschichte hält Benjamin auch im *Passagen-Werk* fest. »Zuletzt ist das Bild der erstarrten Unruhe, das die Allegorie stellt, ein geschichtliches.« (GS V, 463)
[20] Zum Zusammenhang zwischen Natur, Geschichte und Vergängnis bei Benjamin vgl. A. Geisenhanslüke, Foucault und die Literatur, Opladen 1997, S. 97f.

Totenkopfes, dessen Beispiel weniger dem deutschen Trauerspiel als vielmehr Shakespeares *Hamlet* entnommen ist,[21] liest Benjamins theologische Betrachtung die Naturverfallenheit des Menschen nach dem Sündenfall und die Leidensgeschichte der Welt als den geschichtlichen Ausdruck der Allegorie ab. In der allegorischen Trennung von Physis und Bedeutung, die der Tod herstellt, fällt die schuldhafte Naturverfallenheit des Menschen von ihm ab, ohne symbolisch in eine Form der Erlösung erhoben und verklärt zu werden.

Benjamin in deconstruction

Die Bedeutung von Benjamins Aufwertung der Allegorie gegenüber dem Symbol liegt damit weniger in der Reformulierung der klassizistischen Antithese von Allegorie und Symbol als vielmehr in der Bestimmung der geschichtlichen Bedeutung der Allegorie als Ausdruck von Geschichte und Vergängnis, der im Trauerspielbuch das Thema von Trauer und Melancholie korrespondiert. Die Entgegensetzung von Symbol und Allegorie und die Interpretation der Allegorie als Differenz von bildlichem Sein und Bedeuten hat es dabei zugleich ermöglicht, Benjamin an die Theorie der Dekonstruktion anzuschließen. Unter dem von Anselm Haverkamp lancierten Motto »Benjamin *in deconstruction*«[22] ist dieser von Bettine Menke zu einem Vertreter der Dekonstruktion avant la lettre erklärt worden. »Die Notwendigkeit einer de(kon)struktiven Bewegung ist von Benjamin selbst sowohl inhaltlich behauptet, wie auch in der Bewegung der Texte vorgeführt worden.«[23] Menke, die Benjamins Begriff des »destrukti-

---

[21] Vgl. Uwe Steiner: »Als ihr eigentliches Sinnbild erweist sich vielmehr Shakespeares Hamlet.« U. Steiner, Traurige Spiele – Spiel vor Traurigen. Zu Walter Benjamins Theorie des barocken Trauerspiels. In: W. Reijen (Hg.): Allegorie und Melancholie, Frankfurt/Main 1992, S. 33. Der Hinweis auf den »Totenkopf« und die »Rätselfrage«, die sich der biographischen Geschichtlichkeit des Menschendaseins stellt, weist deutlich genug auf den *Hamlet* hin. An ihm hat Benjamin den Zusammenhang von Allegorie und Melancholie aufgefunden, der das Trauerspielbuch insgesamt leitet: »Einmal zumindest ist dem Zeitalter gelungen, die menschliche Gestalt zu beschwören, die dem Zwiespalt neuantiker und medievaler Beleuchtung entsprach, in welchem das Barock den Melancholiker gesehen hat. Aber nicht Deutschland hat das vermocht. Es ist der Hamlet.« (GS I, 334)

[22] A. Haverkamp, Kritik der Gewalt und die Möglichkeit von Gerechtigkeit: Benjamin in Deconstruction. In: A. Haverkamp (Hg.), Gewalt und Gerechtigkeit, Frankfurt/Main 1995, S. 28. Wie Haverkamp dort einleitend betont, geht es ihm – ausgehend von Derridas Benjaminreferat in dessen Band Gesetzeskraft. Der ›mystische Grund der Autorität‹, Frankfurt/Main 1991 – um den »Umschlagplatz von Kritik in Dekonstruktion.« Ebd., S. 8.

[23] B. Menke, Sprachfiguren, S. 22.

ven« Charakters in den des »dekonstruktiven« umdeutet, will in Benjamins
Allegoriebegriff das differentielle Zeichenmodell des Poststrukturalismus wie-
dererkennen. Die Kluft zwischen bildlichem Sein und Bedeuten, die Benjamin
der Allegorie zugrundelegt, deutet sie als Zeichen für die Vergeblichkeit, die
jeder Bedeutungsfunktion in der Sprache eingeschrieben sei. »Denn ›Ausdruck‹
ist die Allegorie nicht, insofern sie nach dem Muster des binären Zeichens funk-
tioniert und (allegorisch) bedeutet, sondern insofern sie dieses ihr Funktionieren ausstellt und damit ein dem (allegorischen) Bedeuten spezifisches Scheitern:
die *Vergeblichkeit* ihres Bedeutens in ihr seinen ›Ausdruck‹ findet.«[24] In der extrem pointierten Form, die Menke Benjamins Allegoriebegriff gibt, bedeutet
der allegorische Ausdruck nicht mehr etwas, sondern das Scheitern der eigenen
Bedeutungsfunktion. Menke wendet die Kluft zwischen Bild und Bedeutung,
die Benjamin zufolge die Allegorie auszeichnet, allegorisch auf diese selbst
zurück: In der selbstreflexiven Potenzierung der allegorischen Bedeutungsfunktion, die den Schriften Paul de Mans abgelesen ist, verwandelt sich die allegorische Bedeutung, der Benjamins Interesse im Trauerspielbuch galt, zum
poststrukturalistischen Diktum vom (allegorischen) Scheitern der allegorischen
Bedeutung. Haverkamps Forderung nach einem »Benjamin in deconstruction«
realisiert Menke auf paradigmatische Weise, indem sie die radikalisierte Form
des Allegoriebegriffs als Zeichen grundsätzlichen sprachlichen Scheiterns im
Werk de Mans konsequent in Benjamins Bestimmungen einträgt. Die Frage, ob
sich Benjamins und de Mans Theorie der Allegorie überhaupt in eine derartige
Form der Übereinstimmung bringen lassen, ob die dekonstruktive Lesart Benjamins »Lehre« der Allegorie nicht vielmehr in der »Leere« des allegorischen
Ausdrucks untergehen läßt, bleibt dagegen offen.[25]

---

[24] Ebd., S. 163.
[25] Zum Vergleich von Benjamin und de Man vgl. auch H. Geyer-Ryan, Fables of Desire.
Studies in the Ethics of Art and Gender, Polity Press 1994, S. 193-203; sowie – im
Sinne einer Verteidigung Benjamins gegen Habermas und de Man – S. Weigel, Entstellte Ähnlichkeiten. Walter Benjamins theoretische Schreibweise, Frankfurt/Main
1997, S. 105-109. Weigel schließt dort mit dem bedenkenswerten Satz: »In jedem Fall
aber verliert, wenn Benjamins Bilder bei Habermas als Metaphern und bei de Man als
Tropen gedeutet werden, Benjamins Bilddenken die genuine Bedeutung für seine
Theoriebildung.« Ebd., S. 109. In ähnlicher Weise hält Jochen Becker an der Differenz
zwischen Benjamin und der Postmoderne fest. »Was schützt ihn vor der postmoder-
nen Unverbindlichkeit? Einerseits, glaube ich, die Treue zum Material, seine persön-
liche Version des historischen Materialismus, andererseits der Grundton von Trauer
und ›Fernstenliebe‹, die er beide durchzuhalten weiß«. J. Becker, Ursprung so wie Zerstörung: Sinnbild und Sinngebung bei Warburg und Benjamin. In: W. Reijen (Hg.):
Allegorie und Melancholie, Frankfurt/Main 1992, S. 80.

Hermeneutik der Allegorie: Hans-Georg Gadamer

Benjamins geschichtsphilosophische Aufwertung der Allegorie steht im 20. Jahrhundert nicht allein. In seinem philosophischen Hauptwerk *Wahrheit und Methode* aus dem Jahre 1960 formuliert auch Hans-Georg Gadamer in programmatischer Weise die Aufgabe einer »Rehabilitierung der Allegorie«, ohne sich allerdings an irgendeiner Stelle seines Buches auf Benjamin zu beziehen.

Ausgangspunkt seiner Überlegungen ist die Einsicht in die Grenzen der Erlebniskunst, die die Literatur und Ästhetik des 18. Jahrhunderts bestimmt habe. »Langsam wird uns bewußt, daß dieses Zeitalter im Ganzen der Geschichte der Kunst und der Dichtung nur eine Episode ist.«[26] In ähnlicher Weise wie Benjamin bewertet Gadamer die Herrschaft des Symbolischen in der Ästhetik des 18. Jahrhunderts nur als eine vorübergehende Episode in der Geschichte von Kunst und Literatur. Seine kritische Ausgangsfrage gilt daher zunächst dem historischen Recht der Unterscheidung von Symbol und Allegorie.

Die Frage nach dem historischen Grund der Unterscheidung von Symbol und Allegorie, die ihm grundsätzlich fragwürdig erscheint, beantwortet Gadamer durch den Hinweis auf ihre theologischen und poetologischen Grundlagen. Im Unterschied zur Ästhetik des 18. Jahrhunderts erkennt Gadamer in seinem hermeneutischen Entwurf in Allegorie und Symbol kein absolutes Gegensatzpaar, sondern zwei nicht grundsätzlich voneinander unterschiedene Weisen der poetischen Darstellung.

> Die beiden Wortbedeutungen haben wirklich vom Ursprung her etwas Gemeinsames: In beiden Worten ist etwas bezeichnet, dessen Sinn nicht in seiner Erscheinungshaftigkeit, seinem Anblick bzw. seinem Wortlaut besteht, sondern in einer Bedeutung, die über es hinaus gelegen ist. Daß etwas derart für ein anderes steht, macht ihre Gemeinsamkeit aus. Solche bedeutungsvolle Bezogenheit, durch die Ünsinnliches sinnlich wird, findet sich sowohl im Felde der Poesie und bildenden Kunst als im Bereich des Religiös-Sakramentalen.[27]

Gadamer konstatiert nicht nur eine gemeinsame Struktur von Allegorie und Symbol, da beide für etwas anderes stehen, auf das sie nur indirekt verweisen. Er spricht darüber hinaus auch die doppelte Bedeutung von Allegorie und Symbol in Theologie und Poesie an, die bereits Benjamin in seinem Trauerspielbuch angedeutet hatte. Allerdings ist es nicht so sehr die Möglichkeit einer poetologischen Rehabilitierung der Allegorie, die Gadamer interessiert, sondern die Frage, inwiefern die mit dem *sensus allegoricus* eng verknüpfte Technik der Allegorese als Vorläufer der modernen Hermeneutik begriffen werden kann. So beklagt Gadamer in seinen grundsätzlichen Überlegungen zum Verhältnis von

---

[26] H.-G. Gadamer, Wahrheit und Methode, S. 67.
[27] Ebd., S. 68.

»Rhetorik und Hermeneutik« im Zuge einer Weiterentwicklung des Ansatzes aus *Wahrheit und Methode* »die Zurückdrängung der allegorischen Interpretation«[28], um dagegen »Elemente der Rhetorik als Grundsätze der späteren Hermeneutik zu identifizieren.«[29]

Allegorie – Allegorese – Hermeneutik

Gadamers Rehabilitierung der Allegorie steht damit ganz im Rahmen seines Versuches einer Neubegründung der philosophischen Hermeneutik im Anschluß an Dilthey und Heidegger. So folgt seine Argumentation letztlich auch der philosophischen und nicht der rhetorischen Tradition.[30] Im Unterschied zu Benjamins Kritik der klassischen philosophischen Ästhetik neigt Gadamer daher dazu, im Anschluß an Schelling die Art und Weise, in der Allegorie und Symbol für etwas anderes stehen, ganz wie die Ästhetik des deutschen Idealismus in der Form des Gegensatzes von Bedeutung und Identität auszulegen. Er deutet das Symbol als Identität von Sinnlichem und Übersinnlichen, die Allegorie hingegen als die bloße Bedeutungsanzeige des Übersinnlichen durch das Sinnliche. »Das Symbol ist der Zusammenfall des Sinnlichen und Übersinnlichem, die Allegorie der bedeutungsvolle Bezug des Sinnlichen auf das Unsinnliche.«[31] In Gadamers Terminologie, die trotz des Anspruches einer grundlegenden Revision der Ästhetik des 18. Jahrhunderts der des deutschen Idealismus verpflichtet bleibt, taucht der Gegensatz von Allegorie und Symbol in der Frage nach dem Verhältnis von Mythologie und Kunst wieder auf.

> Die Grundlage der Ästhetik des 19. Jahrhunderts war die Freiheit der symbolisierenden Tätigkeit des Gemüts. Aber ist das eine tragende Basis? Ist diese symbolisierende Tätigkeit in Wahrheit nicht auch heute noch durch das Fortleben einer mythisch-allegorischen Tradition begrenzt? Wenn man das erkennt, muß sich aber der Gegensatz von Symbol und Allegorie wieder relativieren, der unter dem Vorurteil der Erlebnisästhetik ein absoluter schien; ebenso wird der Unterschied des ästhetischen Bewußtseins vom mythischen kaum als ein absoluter gelten können.[32]

---

[28] H.-G. Gadamer, Rhetorik und Hermeneutik. In: Gesammelte Werke. Band 2. Hermeneutik II. Wahrheit und Methode, Tübingen 1986, S. 283.

[29] Ebd.

[30] Haverkamp notiert daher kritisch, das Ausmaß von Gadamers Rehablitierung der Allegorie sei »allenfalls ex negativo, im Ausmaß erneuter Verkennung zu ahnen. Die hermeneutisch halbierte Allegorie verdeckt die andere, rhetorisch-poetische Hälfte zur Gänze.« A. Haverkamp/B. Menke, Allegorie, S. 49.

[31] H.-G. Gadamer, Wahrheit und Methode, S. 80.

[32] Ebd., S. 86.

Gadamers unbestrittenes Verdienst liegt darin, daß er innerhalb seines hermeneutischen Ansatzes auf die Fragwürdigkeit der Abwertung der Allegorie im
18. Jahrhundert und deren Ablösung durch eine symbolische Erlebniskunst
hinweist, die nicht mehr mit rhetorischen Unterscheidungen, sondern mit dem
Geniebegriff operiert. Indem er im Anschluß an Schelling Allegorie und Symbol über das Begriffspaar Mythologie und Kunst zu vermitteln versucht und die
Grenzen der ästhetischen Vernunft im mythischen Bewußtsein erkennt, bemüht
er jedoch gerade diejenige Tradition, von der sich sein Versuch einer Rehabilitierung der Allegorie eingangs zu lösen schien. Zwar spricht auch Gadamer dem
Symbolischen eine metaphysische Bedeutung zu, die von der Allegorie in Frage
gestellt wird. »Im Begriff des Symbols klingt aber ein metaphysischer Hintergrund an, der dem rhetorischen Gebrauch der Allegorie ganz abgeht.«[33] Gadamer geht es in diesem Zusammenhang aber ganz und gar nicht darum, die
rhetorische Funktion der Allegorie als Ansatz für eine Kritik der Metaphysik
zu nutzen. Vielmehr will er durch den Blick auf die Geschichte der Abwertung
des Allegorischen die philosophische Hermeneutik als Erbe sowohl der klassischen Ästhetik des 18. Jahrhunderts als auch der Tradition der allegorischen
Schriftdeutung legitimieren. Daß die Revision der philosophischen Ästhetik des
18. Jahrhunderts, die Gadamer in *Wahrheit und Methode* mit Recht fordert,
nicht durch die vermittelnde Tätigkeit der Hermeneutik erfolgen kann, sondern
eine grundsätzliche Neubewertung des Verhältnisses von Ästhetik und Rhetorik fordert, ist dagegen die Einsicht, der Paul de Man folgt.

Rhetorik der Allegorie: Paul de Man

Im Vergleich zu Walter Benjamin und Hans-Georg Gadamer ist Paul de Mans
Theorie der Rhetorik sicherlich der radikalste Versuch einer Rehabilitierung der
Allegorie im 20. Jahrhundert. Dabei ist von seiten der Forschung häufig hervorgehoben worden, daß sein Ansatz einige Berührungspunkte mit dem Benjamins
aufweist. »Der Thematisierung der Allegorie in Benjamins Trauerspielbuch und
de Mans *The Rhetoric of Temporality* liegt ein vergleichbarer methodischer Ansatz
zugrunde«[34], behauptet Michael Kahl im Rahmen einer kritischen Würdigung bei-

---

[33] Ebd., S. 79.
[34] M. Kahl, Der Begriff der Allegorie in Benjamins Trauerspielbuch und im Werk Paul
de Mans. In: W. Reijen (Hg.): Allegorie und Melancholie, S. 297. Vgl. auch H. Geyer-
Ryan: »The allegorical form occupies a central position in the linguistic theories of
both Walter Benjamin and Paul de Man.« H. Geyer-Ryan, Fables of Desire, S. 194.
Zum Vergleich von Benjamin und de Man vgl. auch M. Cebulla, Authentizität und
Wahrheit. Zur Entwicklung der Literaturtheorie de Mans, Stuttgart 1992, S. 117f.

der Positionen. De Mans Aufwertung der Allegorie geht allerdings zugleich über Benjamin hinaus. Für de Man ist die Allegorie nicht nur eine historische Sprachform unter anderen, sondern das paradigmatische Modell von Sprache überhaupt.[35] Die Theorie der Allegorie, wie er sie in dem zentralen Aufsatz *The Rhetoric of Temporality* aus dem Jahre 1969 entwickelt,[36] steht im Unterschied zu Benjamins geschichtsphilosophischer Kunstkritik am Leitfaden des Barock daher im Kontext einer grundsätzlichen Aufwertung des Rhetorischen, die sich zugleich als Revision der philosophischen Ästhetik des 18. Jahrhunderts versteht.[37]

Die Grundzüge der Aufwertung der Rhetorik, die seine Theorie der Literatur leitet, skizziert de Man in *The Rhetoric of Temporality* einleitend durch den kritischen Hinweis auf die Vergessenheit, in die die Rhetorik seit dem 18. Jahrhundert geraten sei, um ihre Rehabilitierung am Leitfaden der Allegorie und der Ironie vorzubereiten. »Since the advent, in the course of the nineteenth century, of a subjectivistic critical vocabulary, the traditional forms of rhetoric have fallen into disrepute.«[38] Der Hinweis auf das »subjectivistic critical vocabulary« läßt keinen Zweifel daran, an wen sich die Kritik wendet: an Kants Begründung der Ästhetik in der *Kritik der Urteilskraft* und deren Fortführung durch den deutschen Idealismus. Die Verdrängung der Rhetorik durch die philosophische Ästhetik im 18. Jahrhundert deutet de Man allerdings nur als eine »temporary eclipse«[39], der durch die Frage nach der »intentionality of rhetorical figures«[40] ein Ende gesetzt wer-

---

[35] Darauf hat Manfred Cebulla hingewiesen. »Die allegorische Formulierung der Erfahrung der Diskontinuität wird also paradigmatisch für literarische Sprache.« M. Cebulla, Authentizität und Wahrheit, S. 129f. Cebulla legt die Erfahrung der Diskontinuität, die de Man mit dem Begriff der Allegorie verbindet, allerdings als Zeichen für eine Form der »Authentizität« aus, der gerade de Mans Kritik gilt.

[36] In Deutschland ist de Mans literarische Theorie der Dekonstruktion weit weniger zur Kenntnis genommen worden als zum Beispiel Derridas philosophischer Begriff der Dekonstruktion. Eine »nahezu völlige Unbekanntheit des verhandelten Autors« konstatiert Christoph Menke in seinem Nachwort zu dem in Deutschland unter dem Titel *Die Ideologie des Ästhetischen* erschienenen Aufsatzband de Mans. Ch. Menke, ›Unglückliches Bewußtsein.‹ Literatur und Kritik bei Paul de Man. In: Paul de Man, Die Ideologie des Ästhetischen, Frankfurt/Main 1993, S. 267.

[37] Die Bedeutung von de Mans Kritik der Ästhetik ist von Lutz Ellrich und Nikolaus Wegmann hervorgehoben worden. »Denn der Verweis auf die aporetische Epistemologie der literarischen Sprache bringt de Man nicht nur in eine Opposition zur Tradition des Neuhumanismus, sondern auch in einen entschiedenen Gegensatz zur *Ästhetik* als der wissensgeschichtlichen Antwort auf diese Frage nach einer mit der Erkenntnis vereinbaren Didaktik«. L. Ellrich/N. Wegmann, Eine Fallgeschichte: Paul de Man. In: DVjs 64 (1990), S. 502.

[38] P. de Man, The Rhetoric of Temporality. In: Ders.: Blindness & Insight. S. 187.

[39] Ebd., S. 187

[40] Ebd., S. 188.

den soll. De Man tritt in seinem Aufsatz mit dem programmatischen Anspruch auf, die subjektive Ästhetik des 18. Jahrhunderts durch eine Theorie der Rhetorik zu ersetzen, deren Züge er in den Arbeiten von Roland Barthes, Gérard Genette, Michel Foucault und Walter Benjamin bereits angedeutet sieht.[41]

Die Frage, was mit der »intentionality« rhetorischer Figuren eigentlich gemeint sei, hat de Man allerdings nie systematisch zu klären versucht. Zwar grenzt er die Frage nach der Intentionalität von einer Rhetorik ab, die nur »normative or descriptive«[42] vorginge. Eine über diese kargen Angaben hinausgehende Bestimmung der Intentionalität rhetorischer Figuren sucht man in seinem Werk allerdings vergeblich. Der Begriff der Intentionalität erinnert zwar wie bereits Benjamins Bestimmung der Allegorie als Ausdruck an Husserls Entwurf der Phänomenologie in den *Logischen Untersuchungen*.[43] Inhaltlich scheinen sich de Mans Andeutungen zum Begriff einer intentionalen Rhetorik jedoch geradezu konträr zu Husserls Philosophie der Bedeutungsintention zu verhalten. Während sich für Husserl in einer voraussetzungsreichen Reformulierung der klassischen Wahrheitstheorie als *adaequatio rei ad intellectus* durch eine Form der Evidenz, die er das »Ideal der letzten Erfüllung«[44] nennt, eine Bedeutungsintention paradigmatisch erfüllt, indem sie durch anschauliche Fülle mit ihrem Gegenstand in eine vollkommene Deckung gerät,[45] scheint sich de Man vielmehr in umgekehrter Weise einem »Ideal der letzten Enttäuschung« zu verpflichten, indem er in grundsätzlicher Weise davon ausgeht, daß die referentielle Funktion der Sprache

---

[41] So schreibt er unter Berufung auf die genannten Autoren in der ersten Fußnote seiner Arbeit: »The trend is apparent in various critical movements that develop independently of one another in several countries.« Ebd., S. 187.

[42] Ebd., S. 188.

[43] Den Vergleich zu Husserl zieht bereits Cebulla, allerdings im Blick auf die Krisisschrift Husserls. Vgl. M. Cebulla, Authentizität und Wahrheit, S. 13f.

[44] In den *Logischen Untersuchungen* beschreibt Husserl das Ideal der letzten Erfüllung folgendermaßen: »So weist die Erwägung der möglichen Erfüllungsverhältnisse auf ein abschließendes Ziel der Erfüllungssteigerung hin, in dem die volle und gesamte Intention ihre Erfüllung und zwar nicht eine intermediäre und partielle, sondern eine endgültige und letzte Erfüllung erreicht hat. Der intuitive Gehalt dieser abschließenden Vorstellung ist die absolute Summe möglicher Fülle; der intuitive Repräsentant ist der Gegenstand selbst, so wie er an sich ist. [...] Und damit ist *eo ipso* auch das Ideal jeder und somit auch der signifikativen Erfüllung gekennzeichnet: der *intellectus* ist hier die gedankliche Intention, die der Bedeutung. Und die *adaequatio* ist realisiert, wenn die bedeutete Gegenständlichkeit in der Anschauung im strengen Sinne gegeben und genau als das gegeben ist, als was sie gedacht und genannt ist.« E. Husserl, Logische Untersuchungen. Zweiter Band. Elemente einer phänomenologischen Aufklärung der Erkenntnis, Tübingen 1980, S. 117f.

[45] Zu Husserls Wahrheitstheorie vgl. E. Tugendhat, Der Wahrheitsbegriff bei Husserl und Heidegger, Berlin 1970.

fehlgehe und eine Übereinstimmung von Denken und Welt damit unmöglich mache:»Such is language: it always thrusts but never scores. It always refers but never to the right referent.«[46] De Mans Begriff einer intentionalen Rhetorik zielt nicht auf eine Theorie der anschaulichen Bedeutungserfüllung ab, wie es die phänomenologische Theorie der Erkenntnis tut, er hebt vielmehr das grundsätzliche Scheitern von Bedeutungszuweisungen angesichts der differentiellen Struktur der Sprache hervor. Seine Theorie der Rhetorik vollzieht daher eine entschiedene Kritik der Ansprüche, die die philosophische Logik an das Problem von Wahrheit und Bedeutung stellt.[47]

Formuliert de Man in seinen Schriften einerseits eine Kritik der philosophischen Logik, deren Gestalt sich insbesondere in einer kritischen Diskussion des klassischen Triviums zeigt, derzufolge die Rhetorik als Subversion logischer und grammatischer Bedeutungszuweisungen zu verstehen ist,[48] so sucht er andererseits die Kantische Kritik der Beredsamkeit aus der *Kritik der Urteilskraft* zu unterlaufen, indem er Literatur und Rhetorik schlechterdings gleichsetzt. »I would not hesitate to equate the rhetorical, figural potentiality of language with literature itself.«[49] Hatte Kant in der *Kritik der Urteilskraft* die Dichtkunst aus dem Bund von Poetik und Rhetorik gelöst, um sie gleichwohl als Gegenstand

---

[46] P. de Man, The Rhetoric of Romanticism, New York 1984, S. 285.

[47] Vor diesem Hintergrund hat Christoph Menke de Man in den Kontext von Hegels Theorie des unglücklichen Bewußtseins aus der *Phänomenologie des Geistes* gestellt. Vgl. Ch. Menke, ›Unglückliches Bewußtsein.‹ Literatur und Kritik bei Paul de Man, S. 295.

[48] »Rhetoric, by its actively negative relationship to grammar and to logic, certainly undoes the claims of the *trivium* (and, by extension, of language) to be an epistemological stable construct«, formuliert de Man in dem Aufsatz The Resistance to Theory. In: Ders.: The Resistance to Theory, Minneapolis 1986, S. 17. »Die Rhetorik nämlich, oder besser: die rhetorische Dimension der Sprache, wird als eine Art Subversor solch grammatikalischer und logischer Wahrheitsordnung begriffen«, kommentiert Jürgen Fohrmann, Misreadings revisited. Eine Kritik des Konzepts von Paul de Man. In: K.-H. Bohrer (Hg.): Ästhetik und Rhetorik. Lektüren zu Paul de Man, Frankfurt/Main 1993, S. 81. De Man knüpft mit seiner kritischen Bestimmung der rhetorischen Funktion der Sprache nicht nur an Roland Barthes an: »la rhétorique doit toujours être lue dans le jeu structural de ses voisines (Grammaire, Logique, Poétique, Philosophie): c'est le jeu du système, non chacune de ses parties en soi, qui est historiquement significatif.« R. Barthes, L'aventure sémiologique, Paris 1985, S. 119. Er formuliert zugleich einen Widerspruch gegen die aristotelische Rhetorik, hatte Aristoteles doch die Rhetorik der Dialektik an die Seite gestellt. »Die Theorie der Beredsamkeit ist das korrespondierende Gegenstück (antistrophos) zur *Dialektik*; denn beide beschäftigen sich mit Gegenständen solcher Art, deren Erkenntnis auf eine gewisse Weise allen und nicht einer speziellen Wissenschaft gemeinsam ist.« Aristoteles, Rhetorik, München 1980, S. 7.

[49] P. de Man, Allegories of Reading. Figural Language in Rousseau, Nietzsche, Rilke, and Proust, Yale 1979, S. 10.

der philosophischen Ästhetik zu retten, so wendet de Man nun die Identität von Rhetorik und Literatur gegen den philosophischen Anspruch der Ästhetik. Vor diesem Hintergrund erscheint die Neugewichtung des Kräfteverhältnisses von Allegorie und Symbol als eine entscheidende Etappe auf dem Weg zu einer Revision der philosophischen Ästhetik des 18. Jahrhunderts durch die Rhetorik.

Allegorie und Symbol bei de Man

In ähnlicher Weise wie Benjamin im Trauerspielbuch nimmt de Man zu Beginn seines Aufsatzes daher das Gegensatzpaar des Symbolischen und des Allegorischen im Kontext der Ästhetik des 18. Jahrhunderts in den Blick.[50] Die Ablösung der Allegorie durch das Symbol wertet er als einen möglichen Ansatzpunkt für eine historisch verfahrende intentionale Rhetorik.

> One has to return, in the history of European literature, to the moment when the rhetorical key-terms undergo significant changes and are at the center of important tensions. A first and obvious example would be the change that takes place in the latter half of the eighteenth century, when the word ›symbol‹ tends to supplant other denominations for figural language, including that of ›allegory‹.[51]

Der Herausbildung des Gegensatzpaares Allegorie und Symbol im 18. Jahrhundert spricht de Man im Kontext seiner Arbeit eine besondere Bedeutung zu. An ihrem Beispiel versucht er, den Prozeß der Verdrängung der Rhetorik durch die Ästhetik sichtbar und damit auch reversibel zu machen. Im Unterschied zu den ästhetischen und poetologischen Theorien des 18. Jahrhunderts, die das Symbolische und das Allegorische als zwei konträre Weisen der Vermittlung von Allgemeinem und Besonderem dargestellt haben, verteilt de Man die Kategorien des Allgemeinen und Besonderen daher eindeutig auf die Seite von Symbol und Allegorie. Seiner Auffassung zufolge konstituiert das symbolische Zeichen einen universellen Bedeutungszusammenhang, während die Bedeutungsfunktion der Allegorie auf die Ebene des Partikularen beschränkt bleibt.

> The poetic language of genius is capable of transcending this distinction and can thus transform all individual experience directly into general truth. The subjectivity

---

[50] Der erste Teil des Aufsatzes widmet sich der Allegorie, der zweite der Ironie. De Man folgt damit anscheinend dem Zusammenhang von Allegorie und Ironie bei Quintilian. Vgl. Quintilian, Ausbildung des Redners, S. 237. Die Verbindung zu Benjamin haben Christoph Menke und Harro Müller hervorgehoben. Vgl. Ch. Menke, ›Unglückliches Bewußtsein‹. Literatur und Kritik bei Paul de Man, S. 286 sowie H. Müller, Einige Notizen zu Diskurstheorie und Werkbegriff. In: J. Fohrmann/H. Müller (Hg.), Diskurstheorien und Literaturwissenschaft, Frankfurt/Main 1988, S. 237.

[51] P. de Man, The Rhetoric of Temporality, S. 188.

of experience is preserved when it is translated into language; the world is then no longer seen as a configuration of entities that designate a plurality of distinct and isolated meanings, but as a configuration of symbols ultimately leading to a total, single, and universal meaning. This appeal to the infinity of a totality constitutes the main attraction of the symbol as opposed to allegory, a sign that refers to one specific meaning and thus exhausts its suggestive potentialities once it has been deciphered.[52]

In einer sehr weit gefaßten Definition beschreibt de Man das Symbolische als die Übersetzung einer individuellen Erfahrung auf die Ebene einer allgemeinen Wahrheit. Goethes Darstellung des Symbolischen als einem doppelten Transformationsprozeß, der von der empirischen Erscheinung über die unendliche Idee zum poetischen Bild führe, deutet de Man im Sinne einer Überführung subjektiver Erfahrung in eine Form der Sprache, die der Welt eine einheitliche und zugleich universale Bedeutung zu geben versucht. Der Universalität der symbolischen stellt de Man die Partikularität der allegorischen Bedeutung entgegen: »Allegory appears as dryly rational and dogmatic in its reference to a meaning that it does not itself constitute, whereas the symbol is founded on an intimate unity between the image that rises up before the senses and the supersensory totality that the image suggests.«[53] In einer Begrifflichkeit, die vor allem Coleridge entlehnt ist, unterstellt de Man dem Symbol die Einheit von sinnlicher Erscheinung und übersinnlicher Bedeutung, der Allegorie hingegen die Trennung von Bedeutendem und Bedeutetem.[54] Den Vorrang, den das Symbol im 18. Jahrhundert vor der Allegorie gewinnt, leitet de Man entsprechend aus seiner einheitsstiftenden Funktion ab: »The supremacy of the symbol, conceived as an expression of unity between the representative and the semantic function of language, becomes a commonplace that underlies literary taste, literary criticism, and literary history.«[55] Während de Man die Erfolgsgeschichte des Symbols im 18. Jahrhundert auf die ihr zugrundeliegende Einheit von Repräsentation und Bedeutung zurückführt, definiert er die Aufgabe einer intentionalen Rhetorik als den Widerruf des Einheitszusammenhanges des Symbolischen durch die allegorische Erfahrung der Differenz von Zeichen und Bedeutung.

---

[52] Ebd.

[53] Ebd., S. 189.

[54] Auf die relativ schematisch anmutende Gegenüberstellung von Allegorie und Symbol bei de Man, die wie die Ästhetik des 18. Jahrhunderts auf der Opposition von Differenz und Identität beruht, hat Jürgen Fohrmann hingewiesen. »Zu schematisch bleiben etwa die Unterscheidungen zwischen Metapher und Metonymie, Symbol und Allegorie, deren Verhältnis immer nur die Zweiwertigkeit von ›offen‹ und ›geschlossen‹ reproduziert usw.« J. Fohrmann, Misreadings revisited. Eine Kritik des Konzepts von Paul de Man, S. 92.

[55] P. de Man, The Rhetoric of Temporality, S. 189.

Die Zeitlichkeit der Allegorie

Um den Vorrang des Symbols außer Kraft zu setzen, bedient sich de Man in seinem Aufsatz eines doppelten Argumentationsschrittes. Zunächst weist er darauf hin, daß bedeutende literarische Vertreter des 18. Jahrhunderts in der von ihm diagnostizierten »Ideologie des Symbolischen« nicht aufgehen. Hölderlins späte Hymnen, Goethes Alterswerk, vor allem aber die Theorie und Literatur der Romantik gelten ihm als Beispiele für die Widerlegung eines einseitig am Symbol orientierten Literaturverständnisses. Darüber hinaus setzt er in einem zweiten Schritt zu einer systematischen Kritik des Symbols an, die direkt auf dessen Zeichenstruktur zielt.

> The symbol is the product of the organic growth of form; in the world of the symbol, life and form are identical: ›such as the life is, such is the form.‹ Its structure is that of the synecdoche, for the symbol is always a part of the totality that it represents. Consequently, in the symbolic imagination, no disjunction of the constitutive faculties takes place, since the material perception and the symbolical imagination are continuous, as the part is continuous with the whole.[56]

De Man stellt das Symbol zunächst in Anknüpfung an Coleridge als Zeichen organischer Einheit von Leben und Form vor. Auf die Frage, wie das Symbol diese Form der Einheit herstelle, hält er eine überraschende Antwort bereit. Ihm zufolge verbürgt das Symbol Identität, insofern ihm die Struktur der Synekdoche zugrundeliege. Die Zusammenführung zerstreuter Partikularität zu einer Form der Einheit gelinge dem Symbolischen in dem Maße, in dem sie einen Teil für das Ganze setze.

Die Coleridge entlehnte Rückführung des Symbols auf die Synekdoche ergänzt de Man um eine zweite Bestimmung, die seinen Überlegungen erst ihr volles Gewicht gibt. Entscheidend für sein Verständnis des Symbols ist die Interpretation der Synekdoche als einer räumlichen Zeichenform. In einer Wendung, die angesichts traditioneller rhetorischer Bestimmungen verblüfft,[57] führt de Man die Beziehung von Teil und Ganzem, die seiner Meinung nach der Synekdoche und damit dem Symbol zugrundeliegt, auf den Begriff des Raumes zurück. Die Allegorie begreift er dagegen als eine Figur der Zeitlichkeit.

> In the world of the symbol it would be possible for the image to coincide with the substance, since the substance and its representation do not differ in their being but only in their extension: they are part and whole of the same set of categories. Their relationship is one of simultaneity, which, in truth, is spatial in kind, and in

---

[56] Ebd., S. 191.
[57] Quintilian hat die Synekdoche in die Nähe der Metonymie gestellt, das Problem von Raum und Zeit wie der Begriff des Symbols überhaupt spielt bei ihm dagegen keine Rolle Vgl. Quintilian, Ausbildung des Redners, S. 227.

> which the intervention of time is merely a matter of contingency, whereas, in the
> world of allegory, time is the originary constitutive category.[58]

Dem Symbol liege der Begriff des Raumes zugrunde, der Allegorie hingegen
der Begriff der Zeit, so lautet de Mans Unterscheidung beider Zeichenformen.
Während Benjamin im Trauerspielbuch Symbol und Allegorie im Hinblick auf
ihre unterschiedliche zeitliche Struktur definiert hatte, differenziert de Man sie
im Hinblick auf den Gegensatz von räumlicher Simultaneität und zeitlicher
Folge: »the prevalence of allegory always corresponds to the unveiling of an
authent cally temporal destiny.«[59] Die Struktur der Zeitlichkeit, die der Allegorie zugrundeliege, erläutert de Man im Zusammenhang mit einer dekonstruktiven Bestimmung des sprachlichen Zeichens als Ausdruck einer reinen
Vorgängigkeit, die in keine Form der Präsenz oder Identität überführt werden
kann.

> The relationship between the allegorical sign and its meaning (*signifié*) is not
> decreed by dogma; in the instances we have seen in Rousseau and in Wordsworth,
> this is not at all the case. We have, instead, a relationship between signs in which
> the reference to their respective meanings has become of secondary importance.
> But this relationship between signs necessarily contains a constitutive temporal
> element; it remains necessary, if there is to be allegory, that the allegorical sign refer
> to another sign that precedes it. The meaning constituted by the allegorical sign
> can then consist only in the *repetition* (in the Kierkegaardian sense of the term) of
> a previous sign with which it can never coincide, since it is of the essence of this
> previous sign to be pure anteriority.[60]

De Man grenzt die Allegorie aufgrund ihrer unterschiedlichen Zeichenstruktur
vom Symbol ab. Während die symbolische Repräsentation universeller Allgemeinheit auf eine ideelle Einheit von Signifikant und Signifikat ziele, beziehe
sich das Allegorische allein auf die Ordnung des Signifikanten.[61] Die Allegorie
dient ihm mithin nicht allein als Nachweis für die zeitliche Struktur des sprachlichen Zeichens. De Man bettet seine Theorie der Zeitlichkeit der Allegorie vielmehr in die Verlagerung der Dualität von Signifikant und Signifikat auf die

---

[58] P. de Man, The Rhetoric of Temporality, S. 207
[59] Ebd., S. 206.
[60] Ebd., S. 207.
[61] In diesem Sinne hat auch Kahl de Man verstanden. »Es ist diese Zeichen-Zeichen-Be-
ziehung, die die *zeitliche* Dimension eröffnet, welche der Allegorie inhärent ist. Denn
während im Symbol an der entscheidenden Beziehung, derjenigen zwischen Signifikant (Natur) und Signifikat (Psyche), als einer Simultaneitätsbestimmung weniger
eine zeitliche als eine räumliche Relation von Teil und Ganzem ins Auge fällt, ist die
allegorietypische Beziehung zwischen dem früheren und dem späteren Zeichen eine
genuin temporelle.« M. Kahl, Der Begriff der Allegorie in Benjamins Trauerspielbuch
und im Werk Paul de Mans, S. 302.

Ebene einer reinen Signifikantenkette ein, wie sie bereits Jacques Lacan im An-schluß an die strukturalistische Zeichentheorie entwickelt hatte.[62]

Vor dem Hintergrund des strukturalistischen Zeichenmodells, das de Mans Be-stimmungen zugrundeliegt,[63] greift de Man wiederum auf einen doppelten Argu-mentationsschritt zurück, um den Nachweis der Zeitlichkeit der Allegorie zu erbringen. Zunächst weist de Man die Allegorie als ein Zeichen aus, das nicht vor-rangig auf die Ebene des Signifikats bezogen sei: »We have, instead, a relationship between signs in which the reference to their respective meanings has become of secondary importance.« An die Stelle der klassischen Definition des Zeichens als Verknüpfung von Signifikant und Signifikat setzt de Man mit der Allegorie die Beziehung eines Signifikanten zu einem anderen Signifikanten. In einem zweiten Schritt definiert er die sprachliche Ordnung, die in der allegorischen Signifikan-tenkette zum Ausdruck komme, als eine reine Form der zeitlichen Vorgängigkeit, als »pure anteriority«: »But this relationship between signs necessarily contains a constitutive temporal element; it remains necessary, if there is to be allegory, that the allegorical sign refer to another sign that preceeds it.« Die Zeitlichkeit der Al-legorie leitet de Man aus der linearen Ordnung der Signifikantenkette ab: Als ein Zeichen, das nicht auf ein Signifikat bezogen sei, sondern auf einen anderen Sig-nifikanten, der ihm zeitlich vorausgehe, konstituiere sich die Bedeutung der Alle-gorie nicht allein im Verweis auf den ihm vorausgehenden Signifikanten, sondern im Bezug auf die reine Vorgängigkeit, die die Zeichenfunktion der Signifikanten-kette überhaupt erst ermögliche. Die Kluft zwischen Bild und Bedeutung, die Benjamin im Trauerspielbuch der Allegorie zugrundelegt, deutet de Man als Aus-druck eines zeitlichen Abgrunds, der das allegorische Zeichen notwendig von sei-ner Bedeutung trenne. »Immer referiert das allegorische Zeichen auf ein anderes Zeichen – nie auf die Sache oder ihre Vorstellung –, doch dies andere Zeichen geht dem ersten nicht nur zeitlich voran, sondern ist das Zeichen reiner Vorgängigkeit, die durch keine sprachliche oder kognitive Anstrengung eingeholt und nie als Er-eignis innerhalb eines historischen Verlaufs dingfest gemacht werden kann«[64], er-läutert Werner Hamacher. Bedeutung kann sich de Man zufolge allein in der blinden Wiederholung der zeitlichen Vorgängigkeit konstituieren, die in der Al-legorie zum Ausdruck komme. Indem de Man die Zeitlichkeit der Allegorie in

---

[62] Zur Logik der Signifikantenkette vgl. Lacans Aufsatz Le séminaire sur ›La Lettre volée‹. In: J. Lacan, Ecrits, Paris 1966, S. 11-61.

[63] Auf die Radikalisierung von Saussures arbiträrem Zeichenmodell bei de Man hat be-reits H. Müller hingewiesen. Vgl. H. Müller, Kleist, Paul de Man und Deconstruction. Argumentative Nach-Stellungen. In: J. Fohrmann/H. Müller, Diskurstheorien und Li-teraturwissenschaft, S. 87.

[64] W. Hamacher, Unlesbarkeit. In: P. de Man, Allegorien des Lesens, Frankfurt/Main 1988, S. 11.

Anknüpfung an Kierkegaard nicht als eine Form der rückwärtsgewandten Erinnerung,[65] sondern als vorwärtsgerichtete Wiederholung begreift,[66] stellt er die Allegorie als ein selbstreferentielles Zeichen dar, dessen Bedeutungsfunktion in der blinden Wiederholung einer nicht erinnerbaren zeitlichen Differenz fehlgeht.

Erscheint die Allegorie damit einerseits als Paradigma einer rhetorischen Theorie der sprachlichen Differenz, so dient sie de Man in *The Rhetoric of Temporality* andererseits als Ausgangspunkt für eine grundsätzliche Kritik symbolischer Einheitsvorstellungen. Die Ideologie des Symbolischen im 18. Jahrhundert deutet de Man als eine Verschleierung allegorischer Differenz.

> The dialectical relationship between subject and object is no longer the central statement of romantic thought, but this dialectic is now located entirely in the temporal relationships that exist within a system of allegorical signs. It becomes a conflict between a conception of the self seen in its authentically temporal predicament and a defensive strategy that tries to hide from this negative self-knowledge. On the level of language the asserted superiority of the symbol over allegory, so frequent during the nineteenth century, is one of the forms taken by this tenacious self-mystification.[67]

Der Hinweis auf die Romantik dient de Man als Ansatzpunkt für die These, daß die Herstellung einer symbolischen Totalität in der Sprache nur eine defensive Strategie sei, die über die unhintergehbare zeitliche Differenz der Allegorie hinwegzutäuschen versuche. In de Mans Augen steht die Allegorie dem Symbol nicht nur als eine eigenständige Figur der Rede entgegen, letztlich verweist jedes Symbol auf die Allegorie zurück. Dekonstruktion, so wäre aus *The Rhetoric of Temporality* zu schließen, ist nichts anderes als die systematische Demystifizierung symbolischer Identität durch den Hinweis auf die allegorische Differenz, die ihr verborgen zugrundeliegt.

---

[65] Kierkegaard hat in seiner Schrift die Wiederholung in diesem Sinne von der Erinnerung unterschieden: »Wiederholung und Erinnerung sind die gleiche Bewegung, nur in entgegengesetzter Richtung; denn wessen man sich erinnert, das ist gewesen, wird rücklings wiederholt; wohingegen die eigentliche Wiederholung sich der Sache vorlings erinnert.« Kierkegaard, Die Wiederholung, Düsseldorf und Köln 1955, S. 3.

[66] Zum Zusammenhang von Allegorie und Wiederholung vgl. A. Haverkamp, Allegorie, Ironie und Wiederholung (Zur zweiten Lektüre). In: M. Frank/H. R. Jauss/W. Pannenberg (Hg.), Poetik und Hermeneutik IX. Text und Applikation. Theologie, Jurisprudenz und Literaturwissenschaft im hermeneutischen Gespräch, München 1981, S. 561-565.

[67] P. de Man, The Rhetoric of Temporality, S. 208.

Allegorie und Dekonstruktion

Vor dem Hintergrund der ästhetischen Voraussetzungen, die Kant im 18. Jahrhundert geschaffen hat, kommt der Theorie Paul de Mans demnach eine doppelte Bedeutung zu. Zum einen entspringt seine Wiederentdeckung der Rhetorik dem Versuch, das Band zwischen Beredsamkeit und Dichtkunst, das Kant in der *Kritik der Urteilskraft* zerschnitten hat, im Rahmen einer kritischen Revision der klassischen Ästhetik neu zu knüpfen. Indem er gegen die historischen Ansprüche der philosophischen Ästhetik die Momente von Rhetorik und Literatur wieder zusammenführt, legt de Man den Grundstein zu einer Poetik, die den bildlich ausgerichteten Dichtungstheorien des 18. Jahrhunderts eine deutliche Absage erteilt und am Beispiel der Allegorie wieder das Problem der Sprache in den Mittelpunkt der Reflexion über Literatur stellt.

Darüber hinaus kommt der Allegorie im Rahmen von de Mans poetologischer Neubestimmung des Verhältnisses von Rhetorik und Literatur eine besondere Funktion zu, da das rhetorische Modell des allegorischen Zeichens, das de Man in *The Rhetoric of Temporality* entwirft, zur Dekonstruktion der symbolischen Identitätspostulate des 18. Jahrhunderts führen soll. Stand bei Kant, Goethe und Hegel das Symbolische im Mittelpunkt der Ästhetik, so stellt de Man die Allegorie in das Zentrum seiner Poetik, um die Funktion der Literatur nicht länger als Erfüllung der philosophischen Ästhetik des Symbolischen auszugeben, sondern als deren Widerlegung durch den ihr inhärenten »Widerstand gegen die Theorie«[68].

De Mans spekulative Umkehrung des Verhältnisses von Ästhetik und Rhetorik am Beispiel des Gegensatzes von Symbol und Allegorie schreibt seiner Theorie jedoch zugleich ihre Grenzen ein.[69] Sie treten gerade im Vergleich mit Benjamins Neubewertung der Allegorie zutage. So erscheint de Mans Theorie der Literatur nicht nur als eine konsequente Revision der philosophischen Ästhetik des 18. Jahrhunderts, sondern zugleich als Überbietung von Benjamins Aufwertung der Allegorie im Trauerspielbuch. Dabei geht de Mans Bestimmung der Allegorie als Ausdruck zeitlicher Differenz insofern über Benjamin hinaus, als er die Kluft von Bild und Bedeutung, die Benjamins Theorie der Allegorie im Trau-

---

[68] Vgl. de Mans gleichnamigen Aufsatz in dem Band The Resistance to Theory, Minnesota 1986, S. 3-20.

[69] Daß de Mans Kritik der ästhetischen Metaphysik des 18. Jahrhunderts dieser letztlich verpflichtet bleibt, hat bereits Harro Müller hervorgehoben. »Sowohl der symbolische als auch der allegorische Werkbegriff schreiben Metaphysik fort; beide liefern substantielle, wenn auch invers gewendete Annahmen über die jeweiligen Welt- und Werkverhältnisse.« H. Müller, Kleist, Paul de Man und Deconstruction. Argumentative Nach-Stellungen, S. 238.

erspiel leitet, auf die Allegorie selbst zurückwendet. De Man begreift die Allego-
rie nicht nur als ein Zeichen, dessen Ausdrucksfunktion sich in der Trennung von
Bedeutendem und Bedeutetem konstituiert, sondern als ein Zeichen, das in der
Wiederholung der reinen Vorgängigkeit, die der Trennung von Signifikant und
Signifikat zugrundeliegt, nichts anderes ausdrückt als die unaufhebbare Kluft von
Zeichen und Bedeutung, die der Allegorie selbst entspringt. Vor diesem Hintergrund hat Jacques Derrida de Mans Theorie der Allegorie zu Recht als eine »allé-
gorie de l'allégorie«[70] bestimmt, als »*Allegorie* der leeren Allegorie«[71], wie Bettine
Menke im Anschluß an Derrida formuliert. In der selbstreflexiven Bewegung, der
de Man die Allegorie unterzieht, erscheint diese entsprechend nicht länger als
sprachlicher Ausdruck von geschichtlicher Vergängnis und Melancholie, wie Benjamin im Trauerspielbuch annahm, sondern als paradigmatisches Zeichen für das
Scheitern jeglicher sprachlicher Ausdrucksfunktion. Damit verkürzt de Man die
Allegorie aber auf ihre rein zeichentheoretische Grundlegung, ohne die geschichtliche Funktion allegorischer Formen, die in Benjamins Frage nach dem
Zusammenhang von Allegorie und Melancholie im Barock mitschwingt, in den
Blick zu bekommen. Es ist die über Benjamin hinausgehende Radikalisierung des
allegorischen Zeichenmodells zum Ausdruck reiner Differenz, die de Mans kri-
tischer Revision der philosophischen Ästhetik zugleich ihre Grenzen einschreibt.

Von der Theorie zur Geschichte der Allegorie

Die wechselvolle Theoriegeschichte der Allegorie läßt sich kaum auf einen gemeinsamen Nenner bringen. Während die klassische Rhetorik die Allegorie als
eine metaphorische Weise der Übertragung begreift, die zwischen den extremen
Formen von Rätsel und Ironie steht, wird die Allegorie in der philosophischen
Ästhetik des 18. Jahrhunderts zugunsten einer Theorie der symbolischen Darstellung zurückgedrängt, deren Aufgabe für Kant darin besteht, zwischen den
beiden Bereichen von Schönheit und Sittlichkeit zu vermitteln. Wurde Kants
Theorie der symbolischen Darstellung von Goethe und Hegel zu einer scharfen Kritik der Allegorie weitergeführt, so vollziehen Benjamin und Gadamer
im 20. Jahrhundert eine Rehabilitierung der Allegorie, die in ihrer radikalisier-
ten Form bei de Man schließlich zu der Umkehrung des Gegensatzpaares von
Allegorie und Symbol aus dem 18. und 19. Jahrhundert mündet: Jedes Symbol
sei eigentlich eine Allegorie, die sich selbst verkennt, und die kritische Aufgabe

---

[70] J. Derrida, Mémoires pour Paul de Man, Paris 1988, S. 85.
[71] B. Menke, De Mans ›Prosopopöie‹ der Lektüre. Die Entleerung des Monuments. In:
K.-H. Bohrer (Hg.): Ästhetik und Rhetorik, S. 43.

der Literaturwissenschaft bestehe entsprechend darin, den allegorischen Grund symbolischer Dichtung nachzuweisen.

Im Laufe der Untersuchung hat sich zudem gezeigt, daß die strikte Entgegensetzung von Allegorie und Symbol, wie sie sich mit Goethe durchzusetzen beginnt, kaum aufrechtzuerhalten und darüber hinaus auch für die Theorie und Geschichte der Allegorie wenig ertragreich ist. So läßt sich Kants Theorie der symbolischen Darstellung vor dem Hintergrund der rhetorischen Definition der Allegorie als metaphora continua im Sinne eines allegorischen Darstellungsprozesses begreifen, der auf einer metaphorischen Übertragung beruht, die nicht demonstrativ, sondern analogisch verfährt. Fragwürdig bleibt auch Goethes einschlägige Unterscheidung zwischen Allegorie und Symbol, da sie zum einen an einer der Sprache entrückten Theorie der Bildlichkeit ausgerichtet ist und zum anderen dazu neigt, geringfügige Differenzen zwischen Bild und Bedeutung in der Entgegensetzung des Allegorischen und Symbolischen zu verabsolutieren.

Andererseits aber bringen die Rehabilitierungsversuche der Allegorie im 20. Jahrhundert wiederum ihre eigenen Aporien hervor. Während Gadamers Interesse an der Allegorie vor allem in der Nutzbarmachung der rhetorischen Tradition der Allegorese für die eigene Theorie der Hermeneutik begründet liegt, offenbart Benjamins Werk neben der Aufwertung der Allegorie in Barock und Moderne ein theologisches Interesse am Symbolischen, das sich einer einfachen Entgegenstellung von Allegorie und Symbol zwar widersetzt, zugleich aber die Frage nach dem Verhältnis von allegorischer Kunst und theologischem Symbolbegriff aufwirft. Liegt das Verdienst Benjamins vor allem darin, gegen die Tradition des deutschen Klassizismus den Zusammenhang von Allegorie und sprachlicher Bedeutung zur Geltung zu bringen, so läßt sich de Mans Theorie der Allegorie als eine Radikalisierung und Überbietung der Position Benjamins verstehen, insofern sie dessen Definition der Allegorie als Zeichen, das von seiner Bedeutung getrennt sei, aufnimmt und kritisch weiterführt zu der These, die Allegorie zeige eine unaufhebbare Kluft zwischen Sprache und Bedeutung auf, die sich nicht mehr reflexiv einholen, sondern nur noch blind wiederholen lasse. Besteht die Leistung de Mans demnach vor allem darin, den von Kant aufgekündigten Bund von Dichtkunst und Rhetorik neu zu knüpfen und eine Theorie der Literatur zu entwickeln, die an die Stelle des von Kant und Goethe übernommenen Bildlichkeitsparadigmas die Sprachlichkeit der Allegorie setzt, so tendiert die dekonstruktive Rehabilitierung des allegorischen Zeichenbegriffs gleichwohl dazu, den Gegensatz von Allegorie und Symbol unter umgekehrten Vorzeichen zu wiederholen.

Aussichtsreicher erscheint dagegen die Rückführung der Allegorie-Symbol-Debatte auf die rhetorische Tradition der Metapherntheorie im Sinne einer doppelten sprachlichen Übertragung, derzufolge Allegorie und Symbol als zwei unterschiedliche Weisen einer indirekten Darstellung (Kant) zu begreifen sind, die im Falle der Allegorie auf eine genau bestimmte und daher auch genau bestimmbare, im Falle des Symbols hingegen auf eine offene und daher auch tendenziell diffuse Bedeutungsdimension abzielt. Der angebliche Vorrang des Symbolischen verschwindet innerhalb einer Poetik, die nicht länger auf die Kantische Zuordnung von Begriff (Allegorie) und Idee (Symbol) achtet, sondern mit Benjamin und de Man den Zusammenhang von allegorischem Ausdruck und sprachabhängiger Bedeutung in den Mittelpunkt ihres Interesses rückt. Dabei versteht sich von selbst, daß eine solche Poetik der Allegorie nicht mehr normativ-klassifizierend verfährt, um nach immergültigen Unterscheidungsmerkmalen von allegorischer und symbolischer Kunst zu suchen, sondern daß sie die unterschiedlichen Formen von Allegorie und Symbol im jeweiligen Diskurssystem ihrer Zeit auf ihre kritischen Funktionen hin befragt.

Vor dem Hintergrund der divergierenden theoriegeschichtlichen Urteile über die Allegorie stellt die vorliegende Arbeit die »unhappy controversy«[72] von Allegorie und Symbol, die die Untersuchung bisher geleitet hat, daher zugunsten einer geschichtlichen Betrachtungsweise zurück, die nach der Form und Funktion der Allegorie am Beispiel des Pilgerromans von Bunyan zu Nietzsche fragt. Im Mittelpunkt der Auseinandersetzung mit der allegorischen Tradition des Pilgerromans steht die Frage, inwiefern Moritz und Nietzsche die religiöse Metapher des Pilgerweges, wie sie sich bei Bunyan, Jung-Stilling und Novalis zeigt, ästhetisch transformieren, mit dem Rückgriff auf die scheinbar überholte Form der Allegorie jedoch zugleich aus dem von Kant, Hegel und Goethe vorgegebenen Rahmen symbolisch konstituierter Moral ausbrechen und einer Moderne den Weg weisen, die mit der ästhetisch vermittelten Autonomieerfahrung des Subjekts zugleich eine Form der Melancholie geltend macht, die sich ihr als unaufhebbar erweist.

---

[72] A. Fletcher, Allegory, S. 13.

ZWEITER TEIL:
DER ALLEGORISCHE PILGERROMAN VON
BUNYAN ZU NIETZSCHE

In Deutschland aber gab es (bis auf die jüngste Zeit, wo eine Art Tribünen-Beredtsamkeit schüchtern und plump genug ihre jungen Schwingen regt) eigentlich nur Eine Gattung öffentlicher und ungefähr kunstmässiger Rede: das ist die von der Kanzel herab. Der Prediger allein wusste in Deutschland, was eine Silbe, was ein Wort wiegt, inwiefern ein Satz schlägt, springt, stürzt, läuft, ausläuft, er allein hatte Gewissen in seinen Ohren, oft genug ein böses Gewissen: denn es fehlt nicht an Gründen dafür, dass gerade von einem Deutschen Tüchtigkeit in der Rede selten, fast immer zu spät erreicht wird. Das Meisterstück der deutschen Prosa ist deshalb billigerweise das Meisterstück ihres grössten Predigers: die Bibel war bisher das beste deutsche Buch. Gegen Luther's Bibel gehalten ist fast alles Übrige nur ›Litteratur‹ – ein Ding, das nicht in Deutschland gewachsen ist und darum auch nicht in deutsche Herzen hinein wuchs und wächst: wie es die Bibel gethan hat.

Friedrich Nietzsche

1. Der allegorische Pilgerroman:
Bunyan – Jung-Stilling – Novalis

In dem Vorwort zu *Der implizite Leser* skizziert Wolfgang Iser die Geschichte des englischen Romans von Bunyan bis zu Beckett folgendermaßen:

> Am Ende des 17. Jahrhunderts galt die Entdeckung den Bedingungen der Heilsvergewisserung, durch die das Defizit beseitigt werden sollte, das der prädestinatarische Heilsvorbehalt der kalvinistischen Theologie geschaffen hatte. Im 18. Jahrhundert galt es, das zu entdecken, worauf die herrschende Philosophie des Empirismus keine Antworten mehr zu geben vermochte: was die menschliche Natur sei, wie sich aus ihr überhaupt moralisches Verhalten entwickeln ließe, und wie man schließlich Wirklichkeit auffassen könnte, die im Erkenntnisverzicht des Empirismus genauso aus dem Blick geraten war wie in der auch von der Literatur geführten moralistischen Diskussion um das richtige Verhalten. Im 19. Jahrhundert bezieht sich die Entdeckung auf die Subjektivität, und zwar zunächst auf deren soziale Rolle, sodann auf ihre Struktur überhaupt.[1]

In einem geschichtsphilosophischen Entwurf, der vom 17. Jahrhundert bis zur literarischen Moderne reicht, erkennt Iser einen Verfall der allegorischen Form, die bei Bunyan noch vordergründig im Mittelpunkt stehe, dann aber zugunsten subjektiver Erfahrungsmöglichkeiten in den Hintergrund trete. Iser, der für das 20. Jahrhundert eine Verkomplizierung der Text- und Lesestrategien diagnostiziert,[2] setzt den Verfall der Allegorie dabei schon bei Bunyan selbst an. So erkennt er bereits in *The Pilgrim's Progress* die Tendenz zu einer Zersetzung allegorischer Ideendarstellung zugunsten der Geburt des modernen »Problemsubjekts«:

> So hebt sich die Erfahrung als die entscheidende Vermittlung von Gegensätzlichem in *Pilgrim's Progress* heraus. [...] Das Erwerben von Erfahrung zeigt an, daß der christliche Pilger in dieser Allegorie aufgehört hat, die Verkörperung des abstrakten Heilsgedanken zu sein. Statt dessen beginnt er sich in ein ›Problemsubjekt‹ zu verwandeln, das in der Form eines zunehmenden Zu-sich-selber-Erwachens gleichzeitig die objektive Thematik des Geschehens: das Erwähltsein, realisiert. Die Be-

---

[1] W. Iser, Der implizite Leser. Kommunikationsformen des Romans von Bunyan bis Beckett, München 1972, S. 9f.

[2] Über die Textstrategien im Roman des 20. Jahrhunderts schreibt Iser: »Dieser Vorgang kompliziert sich noch einmal im Roman des 20. Jahrhunderts, wo sich die Entdeckung auf das Funktionieren unserer Fähigkeiten bezieht. Der Leser soll sich der Art seines Wahrnehmens, der Form seiner passiven Synthesen zum Herstellen von Konsistenz, ja des Funktionierens seiner Reflexion bewußt werden.« Ebd., S. 10.

deutung der Erfahrung zersetzt den allegorischen *modus dicendi* von *Pilgrim's Progress* in wesentlichen Partien. Denn in der Erfahrung verhält sich der Mensch im wesentlichen zu sich selbst im Anblick dessen, was ihm widerfahren ist; die Darstellung der Idee hingegen bedarf der Erfahrung nicht, da ihre Geltung vor aller Erfahrung gegeben ist.[3]

An die Stelle der abstrakten allegorischen Ideendarstellung trete im modernen Roman das Paradigma subjektiver Erfahrung, so lautet Isers Fazit zur Geschichte des englischen Romans. Es ist der emphatische Begriff der subjektiven Erfahrung, den Iser für die Ablösung narrativer Allegorik im 18. Jahrhundert durch andere, modernere Darstellungsformen verantwortlich macht. Offensichtlich folgt er dabei einem idealistischen Geschichtsmodell. Die Geburt des modernen Problemsubjekts aus dem Geist der Erfahrung beschreibt Iser als eine Form des »Zu-sich-selber-Erwachens«, die die Geschichte des Romans vom 17. bis zum 20. Jahrhundert als einen kontinuierlichen Prozeß des Fortschritts erscheinen läßt. Gerade die Idee eines linearen Fortschreitens, die von der abstrakten Allegorie zur Intimität subjektiver Erfahrung führe, verdient jedoch kritische Aufmerksamkeit. Die Geschichte der narrativen Formen im 18. und 19. Jahrhundert, so lautet die Ausgangsthese der folgenden Überlegungen, stellt sich keineswegs als ein linearer Prozeß des Fortschreitens dar, der die Allegorik ein für allemal hinter die Darstellung subjektiver Erfahrungsmöglichkeiten zurücktreten läßt. Wie die Tradition des modernen Pilgerromans von Bunyan, Jung-Stilling, Novalis und Moritz bis zu Nietzsche zeigt, behält die Allegorie im Diskurssystem des 18. und 19. Jahrhunderts vielmehr eine kritische Funktion, die sich nicht länger in der erzählerischen Darstellung und Vermittlung der christlichen Heilsgeschichte erschöpft, wie es noch bei Bunyan und Jung-Stilling der Fall ist, sondern bei Novalis, Moritz und Nietzsche zu einer ästhetisch bestimmten Reflexion des von Iser postulierten »Problemsubjekts« der Moderne führt. Die Kontinuität der allegorischen Form von Bunyan zu Nietzsche weist darauf hin, daß nicht nur die Allegorie durch das Erwerben von subjektiver Erfahrung zersetzt wird, sondern daß die subjektive Möglichkeit von Erfahrung durch die kritische Funktion der modernen Allegorie zugleich hinterfragt und unterwandert wird.

John Bunyan: The Pilgrim's Progress

John Bunyans Roman *The Pilgrim's Progress* ist 1678 erschienen, zwanzig Jahre nach dem Tod Oliver Cromwells. Von den zahlreichen religiös inspirierten Schriften und Predigtbüchern seiner Zeit ist Bunyans Pilgerroman das bedeutendste Zeugnis einer literarischen Darstellung der puritanischen Glaubenshal-

---

[3] Ebd., S. 49f.

tung geblieben. *The Pilgrim's Progress From This World To That which is to come: Delivered under the Similitude of a Dream Wherein is Discovered, The manner of his setting out, His Dangerous Journey; And safe Arrival at the Desired Countrey*, so der vollständige Titel des Buches, zeigt den von Glaubenskämpfen und Zweifeln geprägten Heilsweg des christlichen Menschen bis hin zu seiner abschließenden Erlösung auf. Den Heilsweg seines Protagonisten Christian entfaltet Bunyan im Rückgriff auf die narrative Form der Pilgerfahrt, deren allegorischen Charakter er einleitend direkt aus der Bibel ableitet.

> And thus it was: I writing of the way
> And race of saints in this our Gospel-day,
> Fell suddenly into an allegory
> About their journey, and the way to glory,
> In more than twenty things which I set down[4].

Den unvermittelten »Fall« in die Allegorie, der *The Pilgrim's Progress* von anderen Werken Bunyans unterscheidet,[5] deutet Bunyan als Tribut an die figürliche Sprache der Bibel. Einen möglichen Einwand gegen die allegorische Darstellung seines Romans, die Befürchtung, daß sich »truth to spangle, and its rays to shine«[6] verwandeln könnte, wehrt er dagegen entschieden ab.

> Solidity, indeed becomes the pen
> Of him that writeth things divine to men:
> But must I needs want solidness, because
> By metaphors I speak; was not God's laws,
> His Gospel-laws in olden time held forth
> By types, shadows and metaphors? [...]
> My dark and cloudy words they do but hold
> The truth, as cabinets enclose the gold.
> The prophets used much by metaphors
> To set forth truth; yea, who so considers
> Christ, his Apostles too, shall plainly see,
> That truths to this day in such mantles be.
> Am I afraid to say that Holy Writ,
> Which for its style and phrase puts down all wit,
> Is everywhere so full of all these things,
> (Dark Figures, allegories)[7].

Metaphern und Allegorien seien keine Verschleierungsformen, sondern die adäquaten sprachlichen Mittel, in deren Gewand bereits in der Bibel die Wahrheit

---

[4] John Bunyan, The Pilgrim's Progress, London 1965, S. 3.
[5] Vgl. R. Sharrock, Spiritual Autobiography in the *Pilgrim's Progress*. In: Renaissance Studies XXIV (1948), S. 102-120.
[6] J. Bunyan, The Pilgrim's Progress, S. 5.
[7] Ebd., S. 6.

auftrete, mit diesem Hinweis rechtfertigt Bunyan die allegorische Form seiner Schrift: »I find that Holy Writ in many places / Hath semblance with this method, where the cases / Doth call for one thing to set forth another«[8]. So erlaubt es ihm die literarische Form der Allegorie, den Lebenslauf des Protagonisten »Christian« als Suche und Verwirklichung des christlichen Heilswegs erscheinen zu lassen. Die Aufgabe der Allegorie besteht in *The Pilgrim's Progress* entsprechend darin, zwischen der subjektiven Erfahrung des Menschen und dem objektiv vorgegebenen Heilsweg eine Brücke zu schlagen und die Zeitlichkeit des menschlichen Lebensweges in die Ewigkeit der göttlichen Gnade zu überführen.

Traumallegorie

Bunyans Allegorie ist vor allem durch zwei Momente geprägt: durch das Motiv des Traums, das die Handlung einleitet und abschließt, und die Metapher des Pilgerweges, die die Handlung des Romans strukturiert. Die Vision vom christlichen Heilsweg, die den Helden des Romans eingangs überfällt, wird vom Erzähler zunächst in den ersten Worten des Romans als ein Traum ausgewiesen.

> As I walked through the wilderness of this world, I lighted on a certain place, where was a den; and I laid me down in that place to sleep: and as I slept I dreamed a dream. I dreamed, and behold I saw a man clothed with rags, standing in a certain place, with his face from his own house, a book in his hand, and a great burden upon his back. I looked, and saw him open the book, and read therein; and as he read, he wept and trembled: and not being able longer to contain, he brake out with a lamentable cry; saying, ›What shall I do‹?[9]

Daß sich das Motiv des Traums, das die Handlung des Romans einleitet, kaum einer genialischen Erweiterung von Bunyans Phantasie verdankt, wie Berta Haferkamp in ihrer Schrift *Bunyan als Künstler* annimmt,[10] sondern im Zusammenhang mit der allegorischen Topik steht, hat bereits Wolfgang Iser vermerkt: »Die Traumvision ist ein alter Eingangstopos der Allegorie.«[11] Die allegorische Darstellung des christlichen Heilswegs beginnt mit einem Traum, der die Ausgangssituation des Pilgers in einer einzigen drängenden Frage zusammenfaßt:

---

[8] Ebd., S. 8.

[9] Ebd., S. 11.

[10] »Weit davon entfernt, den Dichter zu hemmen und in bestimmte Grenzen zu zwingen, wies der Rahmen des Traumes, den Bunyan seiner Allegorie gab, seiner Phantasie neue Möglichkeiten«, schreibt Berta Haferkamp in tiefer Bunyan-Gläubigkeit, um zu dem bemerkenswerten Schluß zu kommen: »Im Dämmerlicht des Traumes sind wir auf Ungewöhnliches gefaßt.« B. Haferkamp, Bunyan als Künstler. Stilkritische Studien zu seinem Hauptwerk, Tübingen 1963, S. 82.

[11] W. Iser, Bunyans Pilgrim's Progress. In: Der implizite Leser, München 1972, S. 23.

»*What shall I do to be saved*?«[12] Bunyan stellt seinen Protagonisten einleitend im Traum vor die Alternative, in seiner Heimat, der »City of Destruction«[13], zu bleiben und so im Unheil der Welt zu versinken, oder sich der göttlichen Gnade zu überantworten und sich auf den Pilgerweg zu begeben. Dabei erfordert die Pilgerschaft Christians der christlichen Trennung von Immanenz und Transzendenz folgend zugleich eine vollkommene Abkehr von der Welt.

> So I saw in my dream that the man began to run. Now he had not run far from his own door, but his wife and children perceiving it began to cry after him to return: but the man put his fingers in his ears, and ran on crying, ›Life, life, eternal life.‹ So he looked not behind him, but fled towards the middle of the plain.[14]

Zu Beginn seiner Reise hält Christian, der symbolisch die Last der Sünde als »great burden upon his back«[15] trägt, die Bibel in der Hand und wendet sich vom eigenen Hause ab. Auslöser seiner Pilgerreise ist eine Erschütterung, die durch die Lektüre der Bibel, die Begegnung mit »a man named Evangelist«[16] und die daraus resultierende Einsicht in die Sündenverstricktheit des Menschen bewirkt wird. Durch den Topos des visionären Traums bestimmt Bunyan den allegorischen Weg des Pilgers zum Ausdruck der Heilssuche des sündenbeladenen Menschen, die den körperlichen Tod durch die Abkehr von allem Weltlichen in eine spirituelle Neugeburt verwandeln soll. Christians Lebensweg, der ihn in die Gewissheit des körperlichen Todes führt – »Why not willing to die? since this world is attended with so many evils?«[17], fragt ihn der Evangelist eingangs – wird im Sinne des christlichen Heilsversprechens als ein symbolischer Gang in die Ewigkeit dargestellt, die der Himmel den Auserwählten als Lohn für ihre Glaubensstärke bereithält.

Die Allegorie des Weges

Neben dem Topos des Traums zeichnet sich Bunyans Heilsallegorie durch die allegorische Bildlichkeit des Weges aus. Auf die »Reisemetapher der Allegorie«[18] hat bereits Iser hingewiesen. Gert Birkner hat ihre zentrale Bedeutung in Bunyans Roman herausgestellt.

---

[12] J. Bunyan, The Pilgrim's Progress, S. 12.
[13] Ebd., S. 13.
[14] Ebd.
[15] Ebd., S. 11.
[16] Ebd., S. 12.
[17] Ebd.
[18] W. Iser, Bunyans Pilgrim's Progress, S. 38.

> Die Stufen der Erwählung, die der Gläubige zu durchlaufen hat, werden vermittels der Wegmetaphorik zu einem Heilsweg. Das Leben erscheint nun in seiner Gesamtheit als eine Reise zum Ziel der göttlichen Gnade. Die Wegmetaphorik verquickt die elementare Erfahrung der Zeitlichkeit menschlicher Existenz mit der Heilsteleologie der Prädestinationslehre. Das Leben zum Tode hin wird zu einem Weg zum Heil.[19]

Die narrative Allegorie des Pilgerweges ist von dem Moment der Zeitlichkeit bestimmt. Dabei erlaubt es die Metapher des Weges nicht nur, den Heilsweg des Menschen anschaulich als eine Folge von Prüfungen darzustellen, die der Gläubige zu durchlaufen hat. Sie stellt den Weg zugleich als einen kontinuierlichen Fortschritt vor, der die Todesverfallenheit des Menschen in die Heilsgewissheit umkehrt. Steht die Zeitlichkeit des Weges für den zeitlichen Verlauf des menschlichen Daseins ein, so wird dieses durch den Einbruch einer Form der Ewigkeit in das menschliche Dasein transzendiert, die als Ausdruck der göttlichen Gnade über das menschliche Leben richtet.

Im Mittelpunkt des Romans steht entsprechend die Suche nach dem Weg, der den Protagonisten zum ihm versprochenen Heil führen soll. »Here is a poor burdened sinner, I come from the City of Destruction, but am going to Mount Sion«[20], lautet die stereotype Antwort, die Christian auf Nachfragen über den Anfang und das Ziel seines Weges gibt. Bunyans Metapher des Heilsweges schreibt sich dabei in die Geschichte der bivium-Bildlichkeit ein, wie sie Wolfgang Harms in seiner Studie über den *Homo viator in bivio* entfaltet hat: »Yes, there are many ways butt down upon this; and they are crooked, and wide; but thus thou may'st distinguish the right from the wrong, that only being straight and narrow.«[21] In bewußter Anknüpfung an das Gleichnis der zwei Wege bei Matthäus[22] nimmt Bunyan in der Unterscheidung des krummen Wegs und des geraden Wegs die traditionelle Form der bivium-Bildlichkeit auf, wie Harms sie beschrieben hat:

> Vorsichtig in sehr allgemein gehaltenen Worten formuliert, bezeichnet das Y-Signum aufgrund seiner Ähnlichkeit mit einer Weggabelung folgende Situation: Ein Wanderer ist auf geradem Wege an eine Wegscheide gekommen und hat dort zwischen zwei Wegen zu wählen. Von Anfang an gilt der als schwierig beschriebene Weg als der empfohlene, der als angenehm beschriebene als der, vor dem gewarnt wird[23].

---

[19] G. Birkner, Heilsgewissheit und Literatur. Metapher, Allegorie und Autobiographie im Puritanismus, München 1972, S. 68.

[20] J. Bunyan, The Pilgrim's Progress, S. 25.

[21] Ebd., S. 27.

[22] Vgl. das bereits zitierte Wort in Matthäus, 6,13-14: »Geht durch das enge Tor! Denn das Tor ist weit, das ins Verderben führt, und der Weg dahin ist breit, und viele gehen auf ihm. Aber das Tor, das zum Leben führt, ist eng, und der Weg dahin ist schmal, und nur wenige finden ihn.«

[23] W. Harms, Homo viator in bivio. Studien zur allegorischen Bildlichkeit des Weges, München 1970, S. 34.

Bunyan realisiert die von Harms geschilderte Ausgangssituation der bivium-
Bildlichkeit, indem er seinen Protagonisten eingangs vor die Entscheidung stellt,
sich dem geraden, aber schwierigen Weg des Heils anzuvertrauen oder sich in
den schmalen Verästelungen des Verderbens zu verlieren. Vor dem Hintergrund
der allegorischen Bildlichkeit des Weges stellt Bunyan den linearen Fortschritt
der Pilgerfahrt in seinem Roman zugleich als ständige Möglichkeit des Abweichens vom rechten Weg dar, die den Christen auf dem Weg zum Heil bedroht.

Die Handlung des Romans ist vor allem durch den narrativen Aufschub des
Heilsversprechens durch das Abweichen vom geraden Weg des Heils gekennzeichnet. Der innere Seelenkampf des Christen wird anhand der Umwege dargestellt, die Christian auf seiner Reise zu nehmen gezwungen ist. Bereits unmittelbar
nach dem Auszug aus seiner Heimatstadt, der zugleich an die biblische
Geschichte Lots gemahnt, auf dem Weg zur »Wicket Gate«, der engen Tür, durch
die der Gläubige dem Evangelium zufolge schreiten soll,[24] sinkt der Pilger in den
»Slough of despond«[25], den Sumpf der Verzagtheit. Die Last der Sünden, die seinen Rücken beschwert, läßt ihn dort fast untergehen: »but still he endeavoured
to struggle to that side of the Slough that was still further from his own house,
and next to the Wicket Gate; the which he did, but could not get out, because of
the burden that was upon his back«[26]. Der drohende Untergang im Sumpf der
Verzagtheit, der an späterer Stelle topologisch durch den Aufstieg zum »Hill Dif-
ficulty«[27] ergänzt wird,[28] versinnbildlicht die Verstricktheit des Menschen in
Sünde und Schuld. Erst durch das Eingreifen von »Help«[29] wird Christian aus
seiner Notlage befreit und auf den weiteren Weg entlassen. Die Konfrontation
mit der Gefahr des Abweichens vom rechten Weg läßt ihn zugleich das endgültige Ziel seiner Reise formulieren: »That is that which I seek for, even to be rid of
this heavy burden«[30]. Auf dem Weg zum Heil sucht Christian die Befreiung von
Sünde und Schuld, die schwer auf seinem Rücken lasten und so drohen, ihn in
den Abgrund der Sünde zu ziehen. Die symbolische Darstellung der Bedrohung
der Seele durch das Schwergewicht des Körpers, die sich unter veränderten Vorzeichen in Nietzsches *Zarathustra* wiederfindet, unterstellt den Christen in Übereinstimmung mit der traditionellen bivium-Bildlichkeit der Alternative, in den

---

[24] Vgl. Matthäus, 6,13 und Lukas, 13,24.
[25] J. Bunyan, The Pilgrim's Progress, S. 16.
[26] Ebd., S. 16.
[27] Ebd., S. 38.
[28] Auf die Verbindung des Y-Signums mit der Vorstellung von Aufstieg und Sturz, die
    bei Nietzsche eine große Rolle spielen wird, hat Harms hingewiesen. Vgl. W. Harms,
    Homo viator in bivio, S. 177.
[29] J. Bunyan, The Pilgrim's Progress, S. 16.
[30] Ebd., S. 18.

Abgrund der Sünde zu versinken oder den Aufstieg zum Himmel zu vollziehen. Nietzsches kritische Revision des Christentums im *Zarathustra* beruht im wesentlichen auf dem Versuch, die christliche Alternative von Abgrund und Aufstieg metaphorisch aufzulösen und die beiden Wege zusammenzuführen.

Der Traum vom Ende des Weges

Die Besonderheit von Christians Pilgerweg liegt darin begründet, daß ihm die Befreiung von Sünde und Schuld nicht ohne Schwierigkeiten gelingt und sein Weg zum Heil immer wieder durch Versuchungen aller Art unterbrochen wird. Auf seiner Reise wird Christian von einer ganzen Armada von Sünden und Versuchungen am direkten Fortschreiten gehindert: »Mr. Worldly Wisemen«, »Formalist and Hypochrysy«, »Timous and Mistrust«, »Shame«, »Talkative«, »Vanity Fair«, »By-Ends«, »Money-Love«, »Demas«, »Ignorance«, »The Flatterer«, »The Atheist«, eine schier unendliche Anzahl allegorischer Personifikationen von Lastern und Untugenden bedroht das Heil des Protagonisten, indem sie ihn beständig vom Weg abzuführen versucht. Ihren dramatischen Höhepunkt findet die Darstellung der Hindernisse und Versuchungen des Pilgers im »Valley of Humiliation«[31], wo Christian einen Kampf mit dem drachengleichen Ungeheuer »Apollyon«[32] zu bestehen hat, das ihm als diabolische Inkarnation der religionsfeindlichen Macht des Weltlich-Politischen den Weg zum Heil versperrt. Erst der Sieg über das Ungeheuer, der den Roman zugleich in die Tradition der zeitgenössischen Ritterromanzen stellt,[33] gibt den Weg zum Heil frei. Von seinem Freund »Hopeful« begleitet, gelangt Christian zu einem Tor. Um dort Eingang zu finden, muß er einen Fluß überqueren, der seine Glaubenstiefe ausmißt: »You shall find it deeper or shallower, as you believe in the King of the place.«[34] Von letzten Glaubensängsten geschüttelt – »he had horror of mind and hearty fears that he should die in that River, and never obtain entrance in at the Gate«[35] – erreicht der Pilger sein Ziel.

> Now I saw in my dream, that these two men went in at the Gate; and lo, as they entered they were transfigured, and they had raiment put on that shone like gold. There was also that met them with harps and crowns, and gave them to them, the harp to praise withal, and the crowns in token of honour.[36]

---

[31] Ebd., S. 51.

[32] Ebd.

[33] »In *The Pilgrim's Progress* konvergieren geistliche Traktate und zeitgenössische triviale Romanzenliteratur«, bemerkt G. Birkner, Heilsgewissheit und Literatur, S. 143.

[34] J. Bunyan, The Pilgrim's Progress, S. 136.

[35] Ebd., S. 137.

[36] Ebd., S. 140f.

Der Schluß des Romans verwirklicht das eingangs gegebene Erlösungsverspre-
chen auf idealtypische Weise und deutet den Tod des Pilgers als Übergang von
der zeitlichen Existenz des Menschen in die gotterfüllte Ewigkeit. Nachdem er
den Fluß durchquert hat, der im Widerspruch zu Bunyans Intentionen zugleich
an eine orphische Unterweltsreise des Helden denken läßt,[37] verwandelt sich
Christian in ein goldscheinendes engelhaftes Wesen. In Übereinstimmung mit
der puritanischen Lehre der Prädestination, die den Gläubigen bis zum Tod in
einer grundsätzlichen Unsicherheit über seine Gnadenerwartung beläßt, gewährt Bunyan seinem Protagonisten erst am Ende seines Weges das Heil, auf
dessen Suche er sich eingangs begeben hatte. Der Roman endet entsprechend
mit der Aufhebung des Traums von der Pilgerschaft Christians: »So I awoke,
and behold it was a dream.«[38]

Bunyans Allegorie der Seele

Eine »allegory of the soul«[39] hat Roger Sharrock *The Pilgrim's Progress* genannt
und Bunyan in die Tradition der *Psychomachie* von Prudentius gestellt.[40] Wie
Birkner gezeigt hat, besteht die Funktion der narrativen Allegorie des Pilgerweges vor allem in der Vermittlung zwischen subjektiver Erfahrung und ob-
jektivem Heil: »Allegorie und Romanze […] geben einen literarischen Kontext
vor, in dem die Kluft zwischen der Transzendenz des Heils und der Immanenz
der Selbstüberprüfung überbrückbar wird.«[41] Iser setzt die allegorische Verge-
genwärtigung objektiven Heils und dessen subjektive Erfahrung dagegen in
einen Gegensatz zueinander: »Das allegorische Schema verbildlicht daher weniger den kalvinistischen Heilsvorbehalt, sondern versucht vielmehr, diesen
durch eine Annäherung an die Erfahrungsmöglichkeiten des Gläubigen zu ent-

---

[37] Zum Zusammenhang des Y-Signums und dem Motiv der Unterweltsreise vgl. W.
Harms, Homo viator in bivio, S. 43. Harms verweist dort insbesondere auf die Studie
Psyche von Nietzsches Freund Rohde.
[38] J. Bunyan, The Pilgrim's Progress, S. 142.
[39] R. Sharrock, John Bunyan, London u.a. 1968, S. 104.
[40] Allerdings bewahrt auch die Einsicht in die Verknüpfung von allegorischer Darstellung und christlicher Heilsgewissheit in *The Pilgrim's Progress* die Bunyan-Kom-
mentare bisweilen nicht von einer unfreiwilligen Komik, wie das Beispiel von Berta
Haferkamp zeigt: »Wie eine an der Sonne gereifte Frucht sich eines Tages mühelos
vom Baume löst, so strömten die Allegorien aus Bunyans Seele und fügten sich zusammen, ohne daß es einer Anstrengung bedürft hätte.«B. Haferkamp, Bunyan als
Künstler, S. 70f.
[41] G. Birkner, Heilsgewissheit und Literatur, S. 156.

schärfen.«[42] Für Iser zeigt sich bereits in *The Pilgrim's Progress* ein Zugeständnis an die subjektiven Bedingungen der Erfahrung, die sich im Durchbruch zur Moderne mit der traditionellen Form der Allegorie nicht länger vereinbaren lassen. So werde die allegorische Form allmählich durch den geschichtlichen Prozeß der Subjektivierung der Erfahrung abgelöst. In ähnlicher Weise bewertet K. Ludwig Pfeiffer die geschichtliche Entwicklung von der christlichen Allegorie zur modernen Subjektivität, wie sie sich in *The Pilgrim's Progress* andeutete:

> Heilslehre und Heilsweg erscheinen daher nicht mehr als vorgegebene Größen, die allegorisch durch das narrative Muster ›Reise‹ und durch ein Geschehen in der menschlichen Seele schlechthin zu veranschaulichen wären. Da der Geschehensverlauf und die Reisestationen von den unterschiedlichen und veränderbaren Eigenschaften der Figuren abhängen, wird die Heilswirklichkeit subjektiv und situativ gebrochen.[43]

Die allegorische Veranschaulichung transzendenter Heilsvorstellungen werde durch eine subjektive Erfahrung der Wirklichkeit abgelöst, dieses Fazit entnehmen Iser und Pfeiffer Bunyans Roman.[44] So beschließt Pfeiffer seine Überlegungen zu Bunyan mit der geschichtsphilosophischen Diagnose vom Ende der Allegorie: »Die Allegorie dankt als literarische Form ab, wo der Relevanzgrad der Lebenswirklichkeit derart steigt, daß ihre Situationen nicht mehr als bloße Konkretisationen nichtempirischer Grundmuster verstanden werden können.«[45] Die These vom geschichtlichen Ende der Allegorie als gültiger literarischer Form läßt sich anhand eines großen Teils der Literatur des 18. und 19. Jahrhunderts bestätigen. Um so bemerkenswerter ist aber die Tatsache, daß die narrative Allegorie des Pilgerweges in der unmittelbaren Bunyan-Nachfolge bei Jung-Stilling und Novalis eine literarische Fortsetzung gefunden hat, die die These vom »Ende der Allegorie« zugunsten der Subjektivität der Erfahrung in ihrem Recht einschränkt.

---

[42] Iser weist in diesem Zusammenhang darauf hin, daß der allegorische Gang des Romans immer wieder durch die psychologische Schilderung einzelner Figuren gebrochen wird. W. Iser, Bunyans Pilgrim's Progress, S. 39.

[43] K. L. Pfeiffer, Struktur- und Funktionsprobleme der Allegorie. In: DVjs 51 (1977), S. 601.

[44] Stuart Sim erkennt dagegen schon bei Bunyan einen Konflikt zwischen Prädestination und Individualität: »Inscribed in *Pilgrim's Progress*, therefore, is a conflict between the imperatives of conformism and individualism in which the progress towards a predetermined end is constantly being undermined by the sheer dynamism of the progress towards individuation«. S. Sim, Negotiations with paradox: narrative practice and narrative form in Bunyan and Defoe, New York/London 1990, S. 53.

[45] Ebd., S. 606.

Jung-Stilling: Das Heimweh

Im Vergleich zu der enthusiastischen Rezeption, die etwa der *Vicar of Wakefield* von Oliver Goldsmith im 18. Jahrhundert erfahren hat, blieb die literarische Wirkung von Bunyan in Deutschland beschränkt. Wie Auguste Sann in ihrer rezeptionsgeschichtlichen Untersuchung *Bunyan in Deutschland* hervorgehoben hat, ist Jung-Stillings umfangreiches Spätwerk *Das Heimweh* abgesehen von vorwiegend religiös-erbaulichen Texten wie Georg Stahlschmidts *Pilgerreise zu Wasser und zu Land* oder Friedrich Wilhelm Krummachers Predigtsammlung *Des Christen Wallfahrt nach der himmlischen Heimath* das einzige bedeutende literarische Zeugnis geblieben, das sich unmittelbar von Bunyan herleiten läßt:[46] Es bleibt »als tatsächlich bedeutsame unmittelbare literarische Einwirkung Bunyans in Deutschland nur Jung-Stillings ›Heimweh‹«, faßt Sann das Ergebnis ihrer Untersuchung zusammen.[47] Die Vorbildfunktion, die *The Pilgrim's Progress* für *Das Heimweh* zukommt, hat Jung-Stilling selbst hervorgehoben.

> Vorzüglich aber war mir die Reise eines Christen nach der seligen Ewigkeit von Johann Bunian eine unaussprechlich angenehme Lektüre; als ein Knabe von sieben bis acht Jahren konnte ich mich auf eine entfernte Kammer in eine Ecke oder auch weit weg im Wald in einen düstern Strauch setzen, und bei meiner Christenreise aller Welt vergessen; denn da ich theils durch Unterricht, theils auch durch's Lesen so vieler Lebensbeschreibungen die Theorie des Weges der christlichen Heiligung schon in diesen Kinderjahren sehr gut inne hatte, und ich also Bunian's Sinnbilder vollkommen verstand, so gewährte mir die Einkleidung jener Vernunft- und Bibelwahrheiten in das Gewand der Einbildungskraft ein unaussprechliches Vergnügen, und ich wurde dadurch angefeiert, nicht allein die Reise des Christen selbst zu unternehmen, sondern auch einmal so Etwas zu machen.[48]

Auch einmal so etwas zu machen wie Bunyan sei das eigentliche Ziel seines Buches gewesen: »Mein Zweck war kein anderer, als eine zweite Bunianische Christenreise nach der seligen Ewigkeit zu schreiben«[49], äußert sich der Verfasser des *Heimweh* in einem Brief über das Ziel seines Buches.[50] An sein literarisches Vorbild Bunyan knüpft Jung-Stilling an, indem er seinen Helden mit dem vielsagenden Namen »Christian Ostenheim« auf eine Pilgerreise schickt, die ihn

---

[46] Vgl. auch den insgesamt allerdings wenig aussagekräftigen Aufsatz von Lawrence M. Price, The Pilgrim Journeys of Bunyan and Heinrich Jung-Stilling. In: Comparative Literature 12 (1960), S. 14-18.

[47] A. Sann, Bunyan in Deutschland. Studien zur literarischen Wechselbeziehung zwischen England und dem deutschen Pietismus, Giessen 1951, S. 49.

[48] J. H. Jung-Stilling, Das Heimweh, Leck 1994, S. 843.

[49] J. H. Stilling, zit. nach: A. Sann, Bunyan in Deutschland, S. 43.

[50] Zum Einfluß von Bunyan auf Jung-Stilling vgl. auch Otto W. Hahn, Jung-Stilling zwischen Pietismus und Aufklärung. Sein Leben und literarisches Werk 1778-1787, Frankfurt/Main 1988, S. 465f.

zum Geburtsschoß des Christentums, zur himmlischen Burg Jerusalem, zurückführen soll. »Seelig sind die das Heimweh haben, denn sie sollen nach Hause kommen«[51], lautet das Motto, das dem Roman den Titel gegeben hat. Im Gespräch mit dem Vater formuliert Christian Ostenheim den Grund seiner Jerusalemreise: »Ja lieber Vater! das Heimweh ist das ewige Streben eines Dinges nach seinem Ursprung; alle Weltcörper haben eine Neigung, eine Schwerkraft, ein Heimweh zur Sonne. Auch ich bin ein solcher Weltcörper der nach der Sonne hineilt, und sich ihr ewig zu nähern gedenkt, dies ist auch mein Heimweh.«[52] Nicht der im Geiste der Aufklärung fortschreitende Vernunftgang der Geschichte ist es, dem sich Jung-Stilling in seinem Roman anvertraut, sondern die Rückkehr zum Ursprung der Christenheit.[53] Die Metapher der Sonne, die zugleich unfreiwillig an das Beispiel des Ikarus erinnert, nutzt er zur heilsgeschichtlichen Darstellung des Erfüllungsortes seiner Vision vom wahren Weg des Christentums: »Immer da hinaus wo die Sonne aufgeht«[54], vom Westen zurück in den Osten, führt Christians Pilgerweg im *Heimweh*.

Natur und Sinnlichkeit

Die spirituelle Reise Christian Ostenheims beginnt mit dem Erscheinen eines schneeweißen Geistes, der ihm seinen göttlichen Auftrag offenbart. »Denen die das Heimweh haben den Weg nach dem Vaterland zu zeigen!«[55] Die Aufforderung des Geistes wird durch Christians Vater Ernst Gabriel von Ostenheim, den der im Anhang zum *Heimweh* gleich mitgelieferte Schlüssel zur Auflösung der Allegorien als »die vorbereitende Gnade«[56] definiert,[57] noch unterstützt. Auf einer zerstörten Felsenburg, die den ruinösen Zustand der christlichen Kirche verkörpert, erfährt Christian Ostenheim eine zweite Taufe, die ihn zu Eugenius macht, dem Wohlgeborenen, der die ruinierten Ideale der Kirche wiederherstellen soll. Der Weg in den Osten, den Christian einschlägt, ist der einer Wiederherstellung der brachliegenden christlichen Kirche auf Erden.[58]

---

[51] Jung-Stilling, Das Heimweh, S. 5.

[52] Ebd., S. 18.

[53] Zur Sonne als Metapher der Wahrheit vgl. H. Blumenberg, Paradigmen zu einer Metaphorologie, Frankfurt/Main 1998, S. 15.

[54] Jung-Stilling, Das Heimweh, S. 29.

[55] Ebd., S. 7.

[56] Ebd., S. 850.

[57] G. Stecher, Jung-Stilling als Schriftsteller, Berlin 1913, S. 214.

[58] »Eine der Zielsetzungen des ›Heimweh‹-Romans ist es, der leidenden Kirche zu neuem Leben zu verhelfen«, betont auch O. W. Hahn, Jung-Stilling zwischen Pietismus und Aufklärung, S. 508.

Wie bereits im Falle von Bunyans Pilgerreise wird der Weg des Christen im *Heimweh* von zahlreichen Prüfungen begleitet. Auslöser der Versuchungen, denen Christian Ostenheim ausgesetzt ist, sind die dunklen Mächte der Sinnlichkeit, die Jung-Stilling zugleich in den Kontext der Aufklärung stellt. Anhand der Vereinigung der Felsenmänner, die die Reise des Eugenius unerkannt begleiten und den Roman in die Tradition der Geheimbundromane stellen,[59] und der Figur der Frau von Traun und ihrer Gehilfinnen, der Frau von Eitelburg und dem Fräulein von Nischlin, errichtet Jung-Stilling einen unüberbrückbaren Gegensatz zwischen dem von ihm verfolgten Ideal des religiösen Gottesstaates und der zeitgenössischen Philosophie der Aufklärung. Die Namensallegorie, die der Konzeption der einzelnen Figuren zugrundeliegt, löst Jung-Stilling wiederum im Schlüssel zum *Heimweh* auf. Während der Name von Eitelburg sich der Personifikation der menschlichen Eitelkeit verdankt, stellt die Frau von Traun »durch Versetzung der Buchstaben Natur«[60] die Natur und »das Werk der falschen Aufklärung«[61] dar. Der Name ihrer Freundin von Nischlin verkörpert entsprechend die »Sinnlichkeit«[62], deren verführerische Macht durch das Sinnbild der göttlichen Gnade, Urania Sophie von Edang, Christians Braut, deren Bild ihm auf der Reise vorschwebt, gebrochen wird. Die allegorische Darstellung von Natur und Gnade, die die Namen der Frau von Traun und der Urania von Edang verkörpern, stellt Christian auf seiner Reise in Anknüpfung an die traditionelle bivium-Bildlichkeit vor die symbolische Wegscheide zwischen sinnlicher Verstrickung und göttlicher Berufung.

In der gleichen Weise, in der die Darstellung des Pilgerweges bei Bunyan durch beständige Versuchungen und Glaubenskämpfe des Helden geprägt ist, führt die Abweichung vom Weg der göttlichen Gnade auch im *Heimweh* zu einer Konfrontation mit den verführerischen Mächten von Natur und Sinnlichkeit. So fällt Christian trotz seiner Verlobung mit Urania von Edang eine Zeit lang in die Hand der Frau von Eitelburg, die ihn davon zu überzeugen sucht, daß sein Heimweh nur eine Einbildung sei. »Wie wärs, wenn ich Sie überzeugte, daß es mit ihrem Monarchen in Osten und mit seinem Reich ganz

---

[59] »Dazu kommt nun aber durchgehend die Allegoristik der Personen, Dinge und Verhältnisse, die so peinlich und kleinlich durchgeführt ist, daß der zu ihrem Verständnis unentbehrliche ›Schlüssel‹ ein eigenes Buch ausmacht«, mit diesen Worten moniert Stecher Jung-Stillings allegorische Darstellungstechnik. G. Stecher, Jung-Stilling als Schriftsteller, S. 217.

[60] Jung-Stilling, Das Heimweh, S. 856.

[61] Ebd.

[62] Ebd., S. 879.

[63] Ebd., S. 76.

und gar Betrügerey sei?«[63] Die Wirkung der kokett gestellten Frage bleibt nicht
aus. »Immer schien mirs doch möglich zu seyn, daß meine Eltern, die Felsenmänner, der graue Mann, Urania und der Morgenländer irren könnten, und daß
sie Schwärmer seyen, die so wie die Rosenkreuzer einen geheimen Orden hätten, in dem sie etwas suchten, das im Grunde eine Chimäre sey.«[64] Die Glau-
benszweifel Christians werden noch verstärkt durch den geheimen Einfluß der
Frau von Traun, die Christian in einer Kapelle mit dem schönen Fräulein von
Nischlin konfrontiert, in dem Georg Stecher ein Abbild von Schillers schöner
Griechin aus dem *Geisterseher* erkannt hat.[65] Die Entdeckung, daß dem schönen Gesicht »Züge sinnlicher Wollust – und tiefer verborgener Züge, die ich
nicht zu entziffern wagte«[66], eingeschrieben sind, bringt Christian jedoch zur
Einsicht und veranlaßt Jung-Stilling zu einer belehrenden Predigt über die täu-
schende Natur der Sinnlichkeit.

> Die Natur der Sinnlichkeit erfordert ein groses Studium; seelig sind die da hun-
> gern und dürsten nach der Erkänntniß der Tiefen ihres Verderbens, denn sie sol-
> len satt werden.
> [...]
> Die Sinnlichkeit ist der Baum der Erkänntniß des Guten und Bösen; ihre Früchte
> machen immer hungriger und durstiger, und verursachen Schwindsucht. Sie ist ein
> übertünchtes Grabe und sie versteht das Verkleistern aller Ritze und Spalten mei-
> sterhaft, damit man ihren Pestgeruch nicht riechen möge. Seelig und heilig ist der,
> der den Schnupfen nicht hat, damit er sie an ihrem Geruch erkennen könne.[67]

In einer Metaphorik, die in ihrem pathetischen Schwung unfreiwillig komisch
wirkt, wird die Sinnlichkeit in die Schranken der Vernunft gewiesen. Das Ziel
der Pilgerreise besteht entsprechend im vollständigen Abwerfen der Sinnlichkeit: »deine ganze Prüfung wird dahin gehen, deinen Willen von deinen unte-
ren Seelenkräften ganz unabhängig zu machen; er muß ganz allein, rein und
lauter durch das erhabene Gesetz der Liebe Gottes und des Nächsten zum
Handeln bestimmt werden. Folglich mußt du alle sinnlichen Triebe, vom grö-
sten bis zum kleinsten verläugnen lernen, ihnen vollkommen absterben, und
auf alle sinnlichen Vergnügungen verzicht thun«.[68] Erst der vollständige Tod
der Sinnlichkeit soll Christian dazu befähigen, durch seinen geläuterten Willen
den Gottesstaat auf Erden zu errichten. Damit wird Jung-Stillings ambivalen-
tes Verhältnis zur Aufklärung deutlich. Trotz einer prinzipiellen Kritik an der

---

[64] Ebd., S. 123.
[65] G. Stecher, Jung-Stilling als Schriftsteller, S. 219.
[66] Jung-Stilling, Das Heimweh, S. 152.
[67] Ebd., S. 176.
[68] Jung-Stilling, Das Heimweh, S. 221.

Aufklärung, deren Konturen Rainer Vinke zusammengefaßt hat,[69] teilt Jung-Stilling im *Heimweh* den aufklärerisch bestimmten Primat der Vernunft vor dem sinnlichen Gefühl. Die Besonderheit seiner literarischen Position liegt in der spezifisch theologischen Auflösung des Leib-Seele-Problems. Im Abwerfen der Sinnlichkeit entdeckt der Mensch Jung-Stilling zufolge nicht die autonome Vernunft, die Kant in das Zentrum seiner Philosophie gestellt hatte, sondern seine Berufenheit vor Gott. Kants moralisch-philosophischer Begründung der Religion stellt Jung-Stilling im *Heimweh* eine religiös fundierte Theorie der Sittlichkeit entgegen, die seine Kritik der philosophischen Aufklärung begründet.

Glauben und Wissen

Die Erziehung zum reinen Willen durch die Lossagung von der Sinnlichkeit, die der Roman fordert, stellt Jung-Stilling anhand verschiedener Prüfungen vor, denen Christian sich im Laufe seiner Pilgerschaft unterwerfen muß. So wird er in einer Pyramide in die Geheimnisse von Kants Lehre von Raum und Zeit eingeweiht. »Wenns möglich wäre, die vergangene Zeit, rückwärts, mit der Schnelle eines Blitzes zu durchleben, würdest du dann an einen Anfang alles Erschaffenen kommen, oder würdest du im ewigen Zurückleben nie einen Anfang finden?«[70] Die knifflige Frage, die Nietzsche im *Zarathustra* unter veränderten Vorzeichen durch die Lehre der ewigen Wiederkunft zu beantworten versucht, führt Christian schon bald zu der Einsicht, daß Raum und Zeit subjektive Kräfte des inneren Gemüts des Menschen sind.

> Kennst du Raum und Zeit?
> Ich. Ja!
> Er. Hast du sie vor oder nach der Erlösung des Halbgebohrnen kennen lernen?
> Ich. Nach der Erlösung des Halbgebohrnen!
> Er. Ist Raum und Zeit in oder außer dir?
> Ich. In mir!
> Er. Wer hat dich unterrichtet?
> Ich. Ernst Gabriel von Ostenheim!
> Er. Dieser Name ist gut![71]

---

[69] R. Vinke, Jung-Stilling und die Aufklärung. Die polemischen Schriften Johann Heinrich Jung-Stillings gegen Friedrich Nicolai (1775/76), Wiesbaden 1987. Vinke entwickelt seine Argumentation in einer überzeugenden Kritik an Max Geigers Untersuchung Aufklärung und Erweckung. Beiträge zur Erforschung Jung-Stillings und der Erweckungstheologie, Zürich 1963.

[70] Jung-Stilling, Das Heimweh, S. 289.

[71] Ebd., S. 308f.

Im Tempel der Pyramide, der dem Schlüssel zum *Heimweh* zufolge als Sinnbild für das unterirdische Labyrinth der Kantischen Philosophie dient,[72] erfährt Christian die höheren Weihen der Philosophie. Die Einsicht in die Subjektivität von Raum und Zeit, die er der sinnlichen Vernunft zuordnet, deutet Jung-Stilling im Sinne einer Bevorzugung des Glaubens vor dem Wissen. »Daher kann die sinnliche Vernunft [...] schlechterdings im sittlichen Reiche Gottes zum Urtheilen und Demonstriren nicht gebraucht werden; hier muß sie glauben.«[73] In einer freien Aneignung von Kants transzendentaler Ästhetik behauptet Jung-Stilling den Vorrang des religiösen Glaubens vor dem philosophischen Erkennen. Der Grund für die scharfe Kritik der Aufklärung, die das Buch kennzeichnet, liegt in der für Jung-Stilling aus den Grenzen der Sinnlichkeit unmittelbar folgenden Hingabe an die Macht der Religion. Hatte Kant die Religion formal in ihrem Recht belassen, um sie faktisch durch die Theorie der praktischen Vernunft zu ersetzen, so setzt Jung-Stilling die Religion noch über die Errungenschaften der kritischen Philosophie. Die Weihen der Philosophie machen Christian daher nicht zum kritischen Philosophen, sondern zum Verkünder der göttlichen Wahrheit, zum Priester: »erst Gesalbter, dann Creuzritter, dann Eingeweyhter, und sogar Hauptmann der Eingeweyhten, nun vollends Priester«[74], mit diesen Worten wird der Bildungsgang von Christian Ostenheim zusammengefaßt.

Kritik der Aufklärung

Abgeschlossen wird die Pilgerschaft Ostenheims und seine Berufung zum neuen Führer der Kirche durch die Hochzeit mit Urania von Edang und einer letzten Prüfung, in der er seine Selbständigkeit unter Beweis stellen soll. »Nun ist aber von uns bemerkt worden, daß du in allem deinem Betragen weder Muth noch Kraft zeigtest, und ganz von deinen Freunden und guten Seelen abhängig bist, die dich bisher geführt haben.«[75] Als ihm daraufhin offenbart wird, daß er diese letzte Prüfung nicht bestanden habe und nach Afrika geschickt werden soll, setzt sich Christian zur Wehr. Das Urteil will er nicht annehmen. Erst sein Widerstand bringt ihm die erhofften Weihen zum Regenten über das Christentum.

> Kaum hatte ich diese letzten Worte ausgesprochen, so flammte mir aus dem Spiegel ein heller Blitz entgegen, den ein rollender Donner begleitete, von dessen Grollen der ganze Pallast zitterte; ich schaute hin und sahe – Gott! wie ward mir? – ich

---

[72] Ebd., S. 846. Zum Einfluß von Kant auf Jung-Stilling vgl. die detaillierte Schilderung bei R. Vinke, Jung-Stilling und die Macht der Aufklärung, S. 317f.
[73] Jung-Stilling, Das Heimweh, S. 294f.
[74] Ebd., S. 370.
[75] Ebd., S. 555.

sahe in dem Spiegel eine männliche Gestalt von ganz überirrdischem Ansehen und
unbeschreiblicher Majestät – das war ein Augenblick des ewigen Lebens, und da
die zwölf Fürsten auf ihre Angesichter niedergefallen waren, so sank ich auch nieder und feyerte.
Jetzt hörte ich eine helltönende männliche Stimme, die sprach:
›Eugenius wird bewährt erfunden, und in seinem Fürstenthum bestättigt.‹[76]

Erst die Intervention einer überirdischen Macht setzt Christian Ostenheim als
neuen Führer des Christentums ein. Er verwirklicht die Ideale der christlichen
Kirche als Fürst des Gottesstaates Solyma, dessen Fundamente ganz um die Er-
lösungsfigur Christus geordnet sind. Zwar bleibt ihm auch im eigenen Land ein
Angriff der Frau von Traun nicht erspart, die an die Stelle des Gottesstaates die
Maximen der politischen Aufklärung setzt: »Der Mensch hat die sittlichen
Kräfte selbst, er braucht keiner höheren Mitwürkung, sondern nur Ernst, so
kann er nach und nach die Sittengesetze halten.«[77] Die Idee von der Selbstbe-
stimmtheit des Menschen durch den sittlichen Ernst deutet Jung-Stilling im
Roman als Schreckbild der politischen Aufklärung, die nach dem Vorbilde
Frankreichs die Religion von ihrem Thron abzusetzen droht. Jung-Stillings
skeptische Einstellung zu den politischen Neuerungen, die die französische Revolution mit sich brachte, hat bereits Rainer Vinke hervorgehoben. »Jung-Stilling hatte die Folgen der französischen Revolution noch lebendig vor Augen.
Er sah in ihnen den Ausdruck des Abfalls vom wahren Glauben, der Reduktion
jeder Theologie auf reine ›Sittenlehre.‹«[78] Im *Heimweh* verknüpft Jung-Stilling
die Kritik der französischen Revolution mit der als Sinnbild der Natur einge-
führten Figur der Frau von Traun. Ihren politischen Anschlag auf Solyma nutzt
er zu einer polemischen Auseinandersetzung mit der Aufklärung, die er für den
Unglauben der Gegenwart verantwortlich macht. Das Ideal des Gottesstaates
auf Erden, in das Jung-Stillings umfassende kameralistische Kenntnisse ein-
fließen[79], stellt *Das Heimweh* abschließend in einer idyllischen Schilderung
Solymas vor.

In der Pflanzschule des Reichs Gottes, in Solyma, geht nun alles gut von statten:
Eugenius pflanzt, Urania begiest, und der Paraclete giebt zu allem Gedeyen. In
Europa ists Abend, sinkende Nacht; in Solyma hingegen ists allwaltender Früh-
lingsmorgen, und so wird aus Abend und Morgen der erste Tag des herrlichen
Reichs Gottes.
Die dreyköpfige Hydra, Schwärmerey, Unglauben und Aberglauben, liegt in
ihrem Drachennest, an ewige Ketten der Finsterniß geschmiedet, und der ver-

---

[76] Ebd., S. 570.
[77] Ebd., S. 768.
[78] R. Vinke, Jung-Stilling und die Macht der Aufklärung, S. 361.
[79] Vgl. U. Stadler, Die theuren Dinge. Studien zu Bunyan, Jung-Stilling und Novalis,
Bern/München 1980, S. 64ff.

nünftige Glaube, schwebt wie ein schützender Seraph über Hügel und Thäler, Fluren und Auen hin, und weht jeder Hütten Friedens- und Seegenslüfte zu.[80]

Mit dem ganz dem Bild des Gartens Eden entlehnten Bild Solymas feiert Jung-Stilling seinen stillen Triumph über den Unglauben der Aufklärung. Nicht politische Vernunft, vernünftiger Glaube ist ihm Grundlage des Staates. Das Buch endet mit der stark nationalistisch-getönten Prophezeiung vom wirklichen Erscheinen eines Christian Ostenheim, der das im *Heimweh* entworfene Ideal vom gerechten Gottesstaat verwirklichen soll.

> Es wird zu seiner Zeit in der Christenheit, und wahrscheinlich in Deutschland ein wahrer eigentlicher Eugenius auftreten, von welchem meine Heimwehallegorie in der vollsten Bedeutung gelten wird; dieser Serubabel wird das Häuflein der Bewährten aus allen Nationen sammeln und sammeln lassen, und es so lange ins Land Solyma führen, bis das volle Reich des Herrn beginnt. Wer Ohren hat, zu hören, der höre.[81]

Angesichts dieser Verheißungen kann es nicht verwundern, daß Jung-Stilling vor allem bei religiösen Erweckungsbewegungen im Osten auf offene Ohren gestoßen ist. Seine Darstellung der Pilgerschaft Ostenheims schließt mit der Aussicht auf eine neue Führung von Kirche und Staat durch einen zweiten Moses. Im *Heimweh* verbinden sich die narrative Allegorie des Pilgerweges und die Erfüllung der Heilsgeschichte zu der prophetischen Verkündigung einer neuen Erweckungsbewegung, deren Ziel der Wiederaufbau der himmlischen Burg Jerusalem ist. Vor diesem Hintergrund unterscheidet Georg Stecher die Bedeutung der Allegorie im *Heimweh* in dreifacher Weise: »Und zwar ist die verhüllte Bedeutung nicht einfach, sondern dreifach. Einmal ist die Reise des Eugenius die typische Lebensreise des wahren Christen mit allen ihren Anfechtungen und Hindernissen; weiterhin bedeutet sie aber den historischen und zukünftigen Gang der wahren christlichen Kirche [...]; nicht zuletzt aber ist das Ganze prophetisch zu nehmen: eben ein solcher Eugenius wird tatsächlich auch einmal kommen und die Versiegelten um sich sammeln.«[82] Die Metapher der Reise nutzt Jung-Stilling im *Heimweh* in ähnlicher Weise wie Bunyan zur allegorischen Darstellung des christlichen Heilsweges. Zugleich faßt er in seinem Alterswerk den eigenen religiösen Werdegang vom Pietismus bis zur Erweckungstheologie[83] in einem großen epischen Entwurf zusammen. Wie die kaum verhüllte Kritik der französischen Revolution und der damit akut werdenden Frage nach politischen Neuerungen in Europa zeigt, erfordert die Heilsallegorik des Romans in der

---

[80] Jung-Stilling, Das Heimweh, S. 812.
[81] Ebd., S. 897.
[82] G. Stecher, Jung-Stilling als Schriftsteller, S. 214.
[83] Vgl. Max Geiger, Aufklärung und Erweckung. Beiträge zur Erforschung Jung-Stillings und der Erweckungstheologie, Zürich 1963.

Rückzugsbewegung zum Ursprung der Christenheit zugleich eine Ausblendung moderner Geschichtsmodelle. »Das krude und widerspruchsvolle Buch ist voll von zum Teil häßlichen Ausfällen gegen die Aufklärung, der es zugleich in hohem Maße verpflichtet ist«[84], hält Ulrich Stadler in seiner Studie zu Bunyan, Jung-Stilling und Novalis fest. Daß die überzogene Kritik der Aufklärung auch die literarische Bedeutung des Buches beeinträchtigt, hat Georg Stecher hervorgehoben. »Uns kann es in seiner ganzen Breite doch nur auf jeder Seite bestätigen, daß seinem Verfasser künstlerische Fähigkeiten abgehen«[85], urteilt er über Jung-Stillings allegorische Darstellungsweise. Sowohl die theologisch inspirierte Kritik der Aufklärung als auch die allzu penibel und mechanisch durchgeführte Allegorik des Romans haben dazu beigetragen, daß *Das Heimweh* kaum Nachfolger in der deutschen Literatur gefunden hat. Die isolierte Stellung von Jung-Stillings Roman in der Literatur seiner Zeit weist vielmehr darauf hin, daß die religiöse Funktion der Allegorie in der unmittelbaren Bunyan-Nachfolge im 18. Jahrhundert an ihre geschichtliche Grenze gelangt ist. Auf Jung-Stillings Pilgerallegorie hat allein Novalis auf produktive Weise zurückgegriffen.

Novalis: Heinrich von Ofterdingen

»Nessir und Zulima, die Bekenntnisse der schönen Seele und das Heimweh sind ächte Legenden oder Predigten«[86], schreibt Novalis über Jung-Stillings Alterswerk, das er damit sogar Goethes *Wilhelm Meister* an die Seite zu stellen bereit ist. Daß der *Heinrich von Ofterdingen* in der Tradition von Jung-Stillings *Heimweh* und darüber vermittelt auch in der von Bunyans Pilgerreise steht, hat Ulrich Stadler hervorgehoben. Zwar bemerkt Stadler einleitend einschränkend: »Angesichts der universellen Ausrichtung von Hardenbergs Interessen mag es vermessen erscheinen, den Roman des Autors in die Enge einer geistigen Nachbarschaft mit Bunyans ›Christen Reise‹ und Jung-Stillings ›Heimweh‹ zu stellen.«[87] Der Vergleich von Novalis mit Bunyan und Jung-Stilling, den Stadler als Alternative zum erschöpften Kräftemessen des *Heinrich von Ofterdingen* mit *Goethes Wilhelm Meister* anführt, weist jedoch auf eine Fülle von Übereinstimmungen zwischen dem *Heimweh* und dem *Ofterdingen* hin, die ein solches Vorgehen rechtfertigen. So betont Stadler in seiner Untersuchung, daß es sich bei beiden Romanen um »mehr oder weniger ausgeprägte allegorische Jerusalem-Reisen«[88], um Wallfahr-

---

[84] U. Stadler, Die theuren Dinge, S. 33.
[85] G. Stecher, Jung-Stilling als Schriftsteller, S. 211.
[86] Novalis, Werke. Band 2: Das philosophisch-theoretische Werk, S. 764.
[87] U. Stadler, Die theuren Dinge, S. 116.
[88] Ebd., S. 118.

ten zum heiligen Grabe und einer damit verbundenen Rückkehr zum Ursprungs-
ort des Christentums handelt. Wie Stadler aus Novalis' positiver Einschätzung
von Jung-Stillings Roman schließt, macht Novalis in Übereinstimmung mit seiner Gleichsetzung von Dichter und Priester – der »ächte Dichter ist aber immer
Priester, so wie der ächte Priester immer Dichter geblieben«[89] – darüber hinaus
zugleich »einsichtig, daß das Werk, welches zu schreiben sich Novalis gegen Ende
des Jahres 1799 anschickt, gleichfalls bis zu einem gewissen Grade als Legende
oder Predigt eingeschätzt werden kann«[90].

Vor diesem Hintergrund hat sich auch Nicholas Saul auf Novalis als Ausgangspunkt seiner grundsätzlichen Überlegungen zu der Interaktion von Romantik und Homiletik um 1800 beziehen können. Saul zufolge, der sich vor
allem auf die Fragmente und die wenigen erhaltenen Predigten von Novalis bezieht, läßt sich dessen »offensichtlich erbauliche Redeweise nicht der säkularen
Parteirede der Rhetorik, sondern ihrer sakralen Schwesterform, der *Predigt*,«[91]
zuordnen. Stadlers Vergleich des *Heinrich von Ofterdingen* mit Bunyans *The
Pilgrim's Progress* und Jung-Stillings *Heimweh* legt allerdings zugleich nahe,
Novalis' Dichtung nicht nur als Interaktion von Romantik und Homiletik, sondern auch als eine von Romantik und Rhetorik zu begreifen.[92] Der Blick auf
Bunyan und Jung-Stilling erlaubt es daher zugleich, den *Heinrich von Ofter-
dingen* in die allegorische Tradition der bivium-Bildlichkeit zu stellen.[93]

Die allegorische Bildlichkeit des Weges bei Novalis

Daß die Allegorie – frei nach Schlegels Diktum: »alle Schönheit ist Allegorie. Das
Höchste kann man eben weil es unaussprechlich ist, nur allegorisch sagen«[94] –

---

[89] Novalis, Werke. Band 2: Das philosophisch-theoretische Werk, S. 260. Vgl. dazu B.
Senckel, Individualität und Totalität. Apekte zu einer Anthropologie des Novalis, Tübingen 1983, S. 168f.

[90] U. Stadler, Die theuren Dinge, S. 126.

[91] N. Saul, ›Prediger aus der neuen romantischen Clique‹: zur Interaktion von Romantik und Homiletik um 1800, Würzburg 1999, S. 12. Saul kommt weiter zu dem Schluß:
»Es steht in der Tat zu vermuten, ›Rede‹ und ›Predigt‹ könnten für Novalis unter diesen Umständen synonym sein.« Ebd., S. 13.

[92] Vgl. H. Schanze, Romantik und Rhetorik. Rhetorische Komponenten der Literatur-
programmatik um 1800. In: Ders. (Hg.): Rhetorik. Beiträge zu ihrer Geschichte in
Deutschland vom 16.-20. Jahrhundert, Frankfurt/Main 1974, S. 126-144.

[93] Den Versuch, Novalis' Werk auf den Begriff des Symbols zu zentrieren, hat dagegen
Klaus Ruder unternommen. Vgl. K. Ruder, Zur Symboltheorie des Novalis, Marburg
1974.

[94] F. Schlegel, Kritische und theoretische Schriften, S. 198. An späterer Stelle setzt
Schlegel die Allegorie in eine Verbindung zur Magie: »Die Sprache, die, ursprünglich

insbesondere in der Märchenform von Novalis' Dichtungen eine zentrale Rolle spielt, ist von der Forschung bereits mehrfach hervorgehoben worden.[95] Darüber hinaus spielt aber auch die allegorische Tradition der bivium-Bildlichkeit eine zentrale Rolle im *Heinrich von Ofterdingen*:

> Ich weiß nicht, aber mich dünkt, ich sähe zwey Wege um zur Wissenschaft der menschlichen Geschichte zu gelangen. Der eine, mühsam und unabsehlich, mit unzähligen Krümmungen, der Weg der Erfahrung; der andere, fast Ein Sprung nur, der Weg der innern Betrachtung. Der Wanderer des ersten muß eins aus dem andern in einer langwierigen Rechnung finden, wenn der andere die Natur jeder Begebenheit und jeder Sache gleich unmittelbar anschaut, und sie in ihrem lebendigen, mannichfaltigen Zusammenhange betrachten, und leicht mit allen übrigen, wie Figuren auf einer Tafel, vergleichen kann.[96]

Auch Novalis greift im *Heinrich von Ofterdingen* auf die bivium-Bildlichkeit zurück, um zwei unterschiedliche Wege darzustellen, die beide zur »Wissenschaft der menschlichen Geschichte« führen sollen. Vor dem Hintergrund der überlieferten Tradition gelingt Novalis' Darstellung der zwei Wege jedoch zugleich eine signifikante Umkehrung: Der schwierige und mühselige Weg gilt ihm als der falsche, der Weg der innern Betrachtung, der alles durch einen einzigen »Sprung« leistet, dagegen als der richtige. Zwar erfährt diese Ausgangssituation im Fragment gebliebenen zweiten Teil des *Heinrich von Ofterdingen* eine gewisse Korrektur. Mit der Darstellung des »Wegs der inneren Betrachtung«, den Heinrich einzuschlagen gedenkt, vollzieht Novalis jedoch unabhängig von dieser Einschränkung eine Ästhetisierung der bivium-Bildlichkeit, die den Weg der inneren Betrachtung gleichzeitig als Symbol für Heinrichs Berufung zum Dichter einsetzt. So wird Heinrich nach seiner Rede von den Kaufleuten, die ihn auf seiner Reise nach Augsburg begleiten, sogleich das Attribut

---

gedacht, identisch mit der Allegorie ist, das erste unmittelbare Werkzeug der Magie.« Ebd., S. 221f. Von daher ließe sich auch eine Verbindung zu Novalis' »magischem Idealismus« ziehen. Vgl. K. H. Volkmann-Schluck, Novalis' magischer Idealismus. In: H. Steffen (Hg.): Die deutsche Romantik. Poetik, Formen und Motive, Göttingen 1967, S. 45-53.

[95] Vgl. etwa Max Diez, Novalis und das allegorische Märchen. In: G. Schulz (Hg.): Novalis. Beiträge zu Werk und Persönlichkeit Friedrich von Hardenbergs, Darmstadt 1970, S. 131-159, sowie die Interpretation des Klingsohr-Märchens von F. A. Kittler, Die Irrwege des Eros und die ›Absolute Familie‹. Psychoanalytischer und diskursanalytischer Kommentar zum Klingsohr Märchen in Novalis' Heinrich von Ofterdingen. In: G. Schulz (Hg.): Novalis, S. 421-470. Kittler bezieht sich dort zwar nicht explizit auf den Begriff des Allegorischen. Seine an Lacan ausgerichtete psychoanalytische Lesart des Textes ist jedoch selbst ein Beispiel allegorischer Auslegung, die im großen Anderen Lacans, dem unbewußten Subjekt, das abwesende Zentrum des Märchens erblickt.

[96] Novalis, Heinrich von Ofterdingen. In: Werke. Band 1: Das dichterische Werk, S. 253f.

der »Anlage zum Dichter«[97] bescheinigt, das sich im Fortgang des Romans auf paradigmatische Weise erfüllen soll.

Zeit – Ewigkeit – Tod

Die Ästhetisierung des Weges, die Novalis im *Heinrich von Ofterdingen* vollzieht, geht mit der Bewegung einer Vermittlung von Zeitlichkeit und Ewigkeit einher. Sie offenbart sich in der Begegnung Heinrichs mit Mathilde als dem lebendigen Abbild ewiger Liebe. Ihr gegenüber schwört Heinrich einen Treueeid, der sich in einer eigentümlichen Ambivalenz sowohl auf das Leben als auch auf den Tod beziehen läßt:

> Für Mathilden will ich leben, und ewige Treue soll mein Herz an das ihrige knüpfen. Auch mir bricht der Morgen eines ewigen Tages an. Die Nacht ist vorüber. Ich zünde der aufgehenden Sonne mich selbst zum nieverglühenden Opfer an.[98]

Den Treueeid an seine Braut nutzt Heinrich zu einer Selbststilisierung, in der der Tod als geheimes Ziel des menschlichen Daseins erscheint: »Der Tod ist des Lebens höchstes Ziel«[99], formuliert Novalis in den Berliner Papieren zum *Ofterdingen*. So will sich Heinrich in einer Metaphorik, die, wie Richard Faber hervorgehoben hat, nicht allein auf die Auferstehung Christi, sondern zugleich auf die mythische Gestalt des Phönix verweist,[100] der Sonne zum Opfer bringen. Als Ziel des Lebens kann der Tod dabei allein erscheinen, da er die Überwindung der Zeitlichkeit der menschlichen Existenz durch die Ewigkeit Gottes bereits in sich trägt. So vermischt sich für Heinrich das lebendige Wesen Mathildes mit dem zeitlosen Bild der Ewigkeit: »Deine irdische Gestalt ist nur ein Schatten dieses Bildes. Die irdischen Kräfte ringen und quellen um es festzuhalten, aber die Natur ist noch unreif; das Bild ist ein ewiges Urbild, ein Theil der unbekannten heiligen Welt.«[101] Daß das Leben als Sinnbild des Todes wie der erfüllten Ewigkeit fungiert, bestimmt im *Heinrich von Ofterdingen* wie bereits in den *Hymnen an die Nacht* zugleich die Aufgabe der Dichtung. Sie besteht darin, aus den Zügen des Lebens das Bild der Ewigkeit herauszulesen und diese in das Bild des Lebens wiedereinzutragen.[102] Paradoxerweise gelingt ihr dies nur in der Dar-

---

[97] Ebd, S. 254.

[98] Ebd., S. 325.

[99] Ebd., S. 399.

[100] Auf die Verknüpfung der Kreuzesmetaphorik mit der Gestalt des Phönix bei Novalis hat bereits Richard Faber hingewiesen. Vgl. R. Faber, Novalis: Die Phantasie an die Macht, Stuttgart 1970, S. 36-39.

[101] Novalis, Heinrich von Ofterdingen, S. 337.

[102] Zu den spezifisch christlichen Voraussetzungen von Novalis' Auffassung der Dich-

stellung der Todesverfallenheit des Menschen. Daß Mathilde wie die in den *Hymnen an die Nacht* besungene Sophie stirbt,[103] schreibt der allegorischen Jerusalemreise Heinrichs – »Heinrich kommt nicht nach Tunis. Er kommt nach Jerusalem«[104], heißt es in den Notizen zum *Ofterdingen* – das Ziel in einer doppelten Wegrichtung vor: als Wallfahrt zum heiligen Grab, das sowohl die Gestalt Christi als auch die der toten Geliebten in sich birgt: »Hinunter zu der süßen Braut, / zu Jesus, dem Geliebten«[105], formuliert Novalis in den *Hymnen an die Nacht* die doppelte Bewegung von Tod und Auferstehung, die er auch im Mathilde-Bild im *Heinrich von Ofterdingen* nachzuvollziehen versucht.

Heinrichs Pilgerschaft

So impliziert der fragmentarisch überlieferte zweite Teil des Romans mit dem Tod Mathildes eine über das Motiv der Pilgerfahrt vermittelte Auferstehungsbewegung, die sowohl die Religion als auch die Dichtkunst betrifft: Im Geist der Poesie soll das Bild Mathildes in der »blauen Blume«, die Heinrich eingangs im Traum erschienen war, wiederauferstehen wie einst Christus aus dem Grabe. Dabei stellt der zweite Teil des Romans die Pilgerfahrt zu Jesus und der Geliebten jedoch nicht länger als den unmittelbaren Weg der inneren Betrachtung vor. Die Unmittelbarkeit der inneren Betrachtung ist vielmehr einer Mühsal gewichen, die Heinrichs Bemühungen in den Umkreis von Melancholie und Selbstverzweiflung stellt. Melancholisch in Gedanken versunken erscheint Heinrich zu Beginn des zweiten Teils als ein Pilger, dem der Weg nach Jerusalem zu lang geworden ist: »Auf dem schmalen Fußsteig, der ins Gebürg hinauflief, gieng ein Pilgrimm in tiefen Gedanken.«[106] Die bivium-Bildlichkeit, auf die Novalis an dieser Stelle zurückgreift, läßt das Ausmaß der Krise erahnen, vor der sich Heinrich nach dem Tod seiner Geliebten befindet: Der Weg ist schmal geworden, vor ihm liegt ein Berg, den er zu besteigen hat, gleichzeitig ist er in sich versunken und kaum der Aufnahme der äußeren Welt fähig. Der Fortgang des Textes be-

tung vgl. F. Strack, Im Schatten der Neugier. Christliche Tradition und kritische Philosophie im Werk Friedrichs von Hardenberg, Tübingen 1982.

[103] Zum Sophien-Mythos vgl. H. Ritter, Novalis Hymnen an die Nacht. Ihre Deutung nach Inhalt und Aufbau auf textkritischer Grundlage, Heidelberg 1930, 2. Aufl. 1974, S. 156f.. Gegen Ritters mystifizierende Auffassung der Sophiengestalt argumentiert H. Uerlings, Friedrich von Hardenberg, genannt Novalis. Werk und Forschung, Stuttgart 1991, S. 278f.

[104] Novalis, Heinrich von Ofterdingen, S. 397.

[105] Novalis, Hymnen an die Nacht. In: Werke. Band 1: Das dichterische Werk, S. 177.

[106] Ebd., S. 368.

stätigt die melancholische Krise, die den Helden auf seinem Weg ergriffen hat, in einer allegorischen Darstellung der Seelenlandschaft:

> Mittag war vorbei. Ein starker Wind sauste durch die blaue Luft. Seine dumpfen, mannichfaltigen Stimmen verloren sich, wie sie kamen. War er vielleicht durch die Gegenden der Kindheit geflogen? Oder durch andre redende Länder? Es waren Stimmen, deren Echo nach im Innersten klang und dennoch schien sie der Pilgrimm nicht zu kennen. Er hatte nun das Gebürg erreicht, wo er das Ziel seiner Reise zu finden hoffte – hoffte? – Er hoffte gar nichts mehr. Die entsetzliche Angst und dann die trockne Kälte der gleichgültigsten Verzweiflung trieben ihn die wilden Schrecknisse des Gebürgs aufzusuchen. Der mühselige Gang beruhigte das zerstörende Spiel der innern Gewalten. Er war matt aber still.[107]

»Weit und ermüdend ward mir die Wallfahrt zum heiligen Grabe, drückend das Kreutz«[108], heißt es in den *Hymnen an die Nacht*. In ähnlicher Weise stellt Novalis den Weg Heinrichs als Ausdruck der Mühsal, Plage und melancholischen Vereinsamung des Subjekts dar. Der ästhetische Weg der inneren Betrachtung, der Heinrich zur Dichtung führen soll, hat seinen Zauber verloren. Er wird abgelöst durch eine melancholische Selbsterfahrung, die im Text über das Moment der Stimme vermittelt ist: War dem werdenden Dichter die Welt ursprünglich Echo der eigenen poetischen Stimme, so scheint der Pilgrim nun nicht einmal mehr das Echo der eigenen Stimme in den Dingen der Welt zu erkennen. An die Stelle der Hoffnung tritt die Angst, mit dem »Mittag« scheint auch der höchste Punkt von Heinrichs Lebensbahn verflogen zu sein, die »blaue Luft«, die an die Eingangsvision von der blauen Blume gemahnt, wird von einem scharfen Wind bedroht. Angesichts dieser Akkumulation von Enttäuschungen setzt sich Heinrich auf einen Stein und schaut rückwärts in die Vergangenheit: »Noch sah er nichts, was um ihn her sich allmälich gehäuft hatte, als er sich auf einen Stein setzte, und den Blick rückwärts wandte.«[109] Der prospektive Blick in die Zukunft, den Heinrich mit Mathilde gewagt hatte, weicht der melancholischen Introspektion der Vergangenheit. Das Feuer, das Heinrich eingangs hoffnungsfroh an die mythische Gestalt des Phönix verwiesen hatte, ist in seinem Angesicht nun in »ein fahles Aschgrau« verwandelt, in dem »alle seine Farben verschossen«[110] waren. Auf dem Weg zur poetischen Aufhebung des Todes, die Novalis im *Ofterdingen* unternimmt, ist der Held in eine tiefe Krise geraten, von der die düstere Bildlichkeit des Weges ein beredtes Zeugnis ablegt.

---

[107] Ebd.
[108] Novalis, Hymnen an die Nacht, S. 155.
[109] Novalis, Heinrich von Ofterdingen, S. 368.
[110] Ebd., S. 369.

Auferstehung und melancholische Erstarrung

Aufgelöst wird die Melancholie des Pilgrims erst durch eine erneute Vision, die Heinrich das Bild der Geliebten in der lebendigen Natur zeigt:

> Der Anblick war unendlich tröstend und erquickend und der Pilger lag noch lang in seliger Entzückung, als die Erscheinung wieder hinweggenommen war. Der heilige Strahl hatte alle Schmerzen und Bekümmernisse aus seinem Herzen gesogen, so daß sein Gemüth wieder rein und leicht und sein Geist wieder frey und fröhlich war, wie vordem. Nichts war übriggeblieben, als ein stilles inniges Sehnen und ein wehmüthiger Klang im Aller Innersten. Aber die wilden Qualen der Einsamkeit, die herbe Pein eines unsäglichen Verlustes, die trübe, entsetzliche Leere, die irrdische Ohnmacht war gewichen, und der Pilgrimm sah sich wieder in einer vollen, bedeutsamen Welt. Stimme und Sprache waren wieder lebendig bey ihm geworden und es dünkte ihm nunmehr alles viel bekannter und weissagender, als ehemals, so daß ihm der Tod, wie eine höhere Offenbarung des Lebens, erschien, und er sein eignes, schnellvorübergehendes Daseyn mit kindlicher, heitrer Rührung betrachtete.[111]

Der Blick auf das Bild der Geliebten, das ihm in einer mystischen Naturoffenbarung im Baum erscheint, hebt die melancholische Krise auf: Der »heilige Strahl«, der den Pilger beseelt, verleiht Heinrich die Stimme wieder. So gilt ihm der Tod nicht länger als Bedrohung, sondern als eine »höhere Offenbarung des Lebens«. Angesichts dieser inneren Stärkung macht sich der Pilger wieder auf den Weg. Wie das Gespräch mit dem Mädchen Zyane zeigt, führt ihn dieser wie Jung-Stillings Christian Ostenheim an den Ursprung des Christentums zurück: »Wo gehn wir denn hin? Immer nach Hause.«[112] Der Pilgerweg, der Heinrich zunächst »durch ein altes Thorweg«[113] zu dem Arzt Sylvester führt, öffnet sich zu einer allegorischen Landschaft, deren Konturen den Notizen zu entnehmen sind: »Im Heinrich ist zuletzt eine ausführliche Beschreibung der innern Verklärung des Gemüths. Er kommt in Sofieens Land – in die Natur, wie sie seyn könnte – in ein allegorisches Land.«[114] Die Jerusalemreise, die Novalis im *Heinrich von Ofterdingen* darstellt, soll abschließend den Zugang zum Land der Poesie ermöglichen, das im Motiv der blauen Blume zu Beginn des Romans angedeutet war: Mit »Allegorischen Szenen zur Verherrlichung der Poësie[115]« wollte Novalis den zweiten Teil seines unvollendet gebliebenen Romans beschließen. Mit der Ästhetisierung des Pilgerweges als Initiationsreise des Dichters Heinrich vollzieht er zugleich jene Vermittlung von Tod und Auferstehung,

---

[111] Ebd., S. 370.
[112] Ebd., S. 373.
[113] Ebd.
[114] Ebd., S. 389.
[115] Ebd., S. 395.

die seine Dichtung wie die Bunyans und Jung-Stillings von der Pilgerschaft fordert. Das Bild der Poesie, das Novalis im *Heinrich von Ofterdingen* entwirft, geht jedoch zugleich über Bunyan und Jung-Stilling hinaus: Der Rückgriff auf die narrative Allegorie des Pilgerweges gestaltet sich bei Novalis zwar als Bestätigung christlicher Heilsgewissheit, gleichzeitig aber als Geburt der Poesie aus der Verwindung des Todes. Teilt Novalis mit Moritz und Nietzsche die Tendenz zu einer Ästhetisierung der Wegmetapher im Kontext der nihilistischen Erfahrung von Tod, Resignation und Melancholie, so unterscheidet er sich von ihnen durch das Vertrauen in die allesüberwindende Macht des Glaubens, die sein Verständnis der Poesie bestimmt: »Unverbrennlich steht das Kreutz – eine Siegesfahne unsers Geschlechts.«[116] Daß die Siegesfahne des Christentums, die Novalis in den *Hymnen an die Nacht* wie im *Ofterdingen* über dem Grab der toten Geliebten hißt, und mit ihr das poetische Subjekt und seine Sprache einer Bewegung der melancholischen Erstarrung unterliegt – »Weh mir, wo nehm ich, wenn / Es Winter ist, die Blumen, und wo / Den Sonnenschein, / Und Schatten der Erde? / Die Mauern stehen / Sprachlos und kalt, im Winde / Klirren die Fahnen«[117], formuliert Hölderlin ernüchtert[118] –, ist die Erfahrung, die Moritz und Nietzsche teilen. Während ihnen der christliche Pilgerweg zum Ausdruck der melancholischen Verfallenheit des Menschen an den Tod wird, entfaltet sich in der Nachfolge von Oliver Goldsmiths Roman *The Vicar of Wakefield* in der deutschen Literatur des 18. Jahrhunderts das idyllische Bild des Pfarrhauses als erfolgreiches Alternativmodell zum allegorischen Pilgerroman.

---

[116] Novalis, Hymnen an die Nacht, S. 159.

[117] Hölderlin, Sämtliche Werke und Briefe. Erster Band, hrsg. von G. Mieth, München 1986, S. 345.

[118] Zur Bewegung des melancholischen Erstarrens als »Versteifen der Zeichen« bei Hölderlin vgl. A. Haverkamp, Laub voll Trauer. Hölderlins späte Allegorie, München 1991, S. 66 und 86.

2. Oliver Goldsmith und das Pfarrhausidyll in der Literatur des 18. Jahrhunderts

Während Jung-Stilling und Novalis sich vom Rückgriff auf Bunyans heilsgeschichtliche Allegorie leiten lassen, steht im Mittelpunkt des literarischen Interesses um 1800 nicht mehr die Tradition der allegorischen Darstellung des Pilgerweges, sondern das idyllische Bild des Pfarrhauses.[1] Eine Vorbildfunktion für die Pfarrhausidylle übernimmt nicht Bunyan, sondern Oliver Goldsmiths Roman *The Vicar of Wakefield*.

Die Bedeutung des Protestantismus für die Entwicklung der deutschen Literatur hat Robert Minder in seiner Untersuchung über *Das Bild des Pfarrhauses in der deutschen Literatur von Jean Paul bis Gottfried Benn* festgehalten. »Das Neuerwachen der schönen Literatur im protestantischen Deutschland fällt zusammen mit dem Wiedereintritt der Geistlichen in sie.«[2] Minder, der sogar von einer »Überfremdung der Literatur durch die Theologie«[3] spricht, faßt die Verbindung von Literatur und dem protestantischen Pfarrhaus im 18. Jahrhundert folgendermaßen zusammen:

> Der Pfarrerssohn wird zum Literaten. Der neue Typ schießt allerorten üppig ins Kraut. Schulpforta liefert einen der ersten darunter: Klopstock. Das Tübinger Stift wird noch fruchtbarer sein durch die Zeiten. Ob Süd, Nord- oder Mitteldeutschland, ob Wieland, Herder, Lessing: es wimmelt von Dichter-Theologen – großen, kleinen und noch kleineren.[4]

»Dichter-Theologen« lautet der Begriff, den Minder in Anspruch nimmt, um die Geburt der deutschen Dichtung aus dem Geist des Pfarrhauses darzustellen. Minders Einsicht in die enge Verknüpfung von Literatur und protestantischem Pfarrhaus ist von Albrecht Schöne bestätigt worden: »Weitaus die meisten

---

[1] Vgl. A. Schöne, Säkularisation als sprachbildende Kraft. Studien zur Dichtung deutscher Pfarrersöhne, Göttingen 1968.

[2] R. Minder, Das Bild des Pfarrhauses in der deutschen Literatur von Jean Paul bis Gottfried Benn. In: Ders.: Kultur und Literatur in Deutschland und Frankreich, Frankfurt/Main 1977, S. 48. Vgl. auch die Arbeit von L. Rösch, Der Einfluß des evangelischen Pfarrhauses auf die Literatur des 18. Jahrhunderts, Tübingen 1932.

[3] R. Minder, Das Bild des Pfarrhauses in der deutschen Literatur von Jean Paul bis Gottfried Benn, S. 47.

[4] Ebd., S. 48.

der schreibenden Pfarrersöhne haben sich der Dichtung zugewandt«[5], schreibt Schöne in seiner Untersuchung zur *Säkularisation als sprachbildende Kraft*: »seit der Mitte des 16. Jahrhunderts stammen von hundert deutschen Dichtern mehr als sechsundzwanzig aus dem Pfarrhaus.«[6] Die Verbindung, die das Pfarrhaus und die Dichtung eingehen, hat Jakob Michael Reinhold Lenz in seiner späten Erzählung *Der Landprediger* auf ironische Weise folgendermaßen skizziert:

> Vor alten Zeiten schrieben die Prediger Postillen; als der Postillen zu viel waren, ward darüber gelacht und gespottet, da setzten sie sich auf ihre Kirchhöfe (die mehrsten Male freilich nur in Gedanken) und lasen den unsterblichen Engländer, den erhabenen Young. Da erschienen Christen bei den Gräbern, Christen in der Einsamkeit, Christen am Morgen, Christen am Abend, Christen am Sonntage, Christen am Werktage, Christen zu allen Tagen und Zeiten des Jahrs. Die Buchhändler wollten deren auch nicht mehr, und warum sollte ein Prediger nicht auch durch Romanen und Schauspiele nützen können, wie durch Predigten und geistliche Lieder?[7]

Lenz, der selbst vor dem Gespenst des Pfarrhauses in den Schoß der Poesie zu fliehen versucht, beschreibt die Geschichte von der Geburt der Literatur aus dem Geist der Pfarre, die Schöne unter dem umstrittenen Stichwort »Säkularisation«[8] zusammengefaßt hat, mit deutlich kritischen Untertönen. Daß die christliche Form der Predigt und mit ihr das Bild des Geistlichen scheinbar bruchlos in die Literatur übergehen, das Pfarrhaus nach Schöne mithin zur »Schule der Poesie«[9] wird, weist für den Stürmer und Dränger Lenz allein auf die Beschränktheit der deutschen Literatur hin, die es mit den neuen Postulaten von Genie und Naturempfindung ein für allemal zu überwinden gilt.

---

[5] A. Schöne, Säkularisation als sprachbildende Kraft, S. 7.

[6] Ebd., S. 8.

[7] Zit. nach A. Schöne, Säkularisation als spachbildende Kraft, S. 15.

[8] Schöne schließt seine Studie mit den Worten: »über die Grenzen des Standes und der Konfession wie über die poetischen Gattungen und der literaturhistorischen Epochen hinweg wirkt in unserer Dichtung die Säkularisation als bedeutungsverleihende und formgebende, als fortzeugende, sprachbildende Kraft.« Ebd., S. 301. Zur Kritik an dem Begriff der Säkularisierung als »Kategorie des geschichtlichen Unrechts« vgl. dagegen Hans Blumenberg, Die Legitimität der Neuzeit, Erneuerte Ausgabe, Frankfurt/Main 1988, wo er das »Säkularisierungstheorem für einen Spezialfall von historischem Subtantialismus« hält. Ebd., S. 37. Dabei ist es insbesondere die scheinbare Linearität des durch die Säkularisierung bewirkten geschichtlichen Prozesses, die Blumenberg überzeugend kritisiert: »Als Erklärungsform geschichtlicher Vorgänge konnte ›Säkularisierung‹ überhaupt nur dadurch so plausibel erscheinen, daß vermeintlich verweltlichte Vorstellungen weitgehend auf eine Identität im geschichtlichen Prozeß zurückgeführt werden können. Diese Identität freilich ist nach der hier vertretenen These nicht eine solche der Inhalte, sondern der Funktionen.« Ebd., S. 74. Zum philosophischen Begriff der Säkularisierung vgl. K. Löwith, Weltgeschichte und Heilsgeschehen. Die theologischen Voraussetzungen der Geschichtsphilosophie, Stuttgart 1953.

[9] A. Schöne, Säkularisation als sprachbildende Kraft, S. 19.

Vor diesem Hintergrund gehen Pfarrhausidyll und Pilgerallegorie zunächst nicht nur auf unterschiedliche konfessionelle Traditionszusammenhänge zurück. Sie verkörpern zugleich zwei unterschiedliche narrative Formen, die auch unterschiedliche subjektive Erfahrungsmöglichkeiten vorstellen. So steht der zeitlichen Form der Erfahrung, die die allegorische Bildlichkeit des Weges bestimmt, mit dem Pfarrhaus die räumliche Geschlossenheit der häuslichen Idylle entgegen.

Renate Böschenstein-Schäfer hat das Bild räumlicher Geschlossenheit als den wichtigsten Grundzug antiker und moderner Idyllendichtung hervorgehoben. In ihrem Standardwerk zur *Idylle* diagnostiziert sie die »*Vorherrschaft des Räumlich-Zuständlichen*«[10] als Grund für den »Charakter des Abgeschirmten, Eingegrenzten, Geborgenen«[11], der die Idylle seit Theokrit kennzeichne. So stellt sich ihr »die literarische Gattung ›Idylle‹ als der Versuch dar, eine diesem Prinzip unterstehende Welt als autonome aufzubauen und somit absolut zu setzen, in der Form einer kleinen, von scheinhafter Handlung belebten epischen Schilderung.«[12] In diesem Sinne zeichnet sich auch die Pfarrhausidylle im 18. Jahrhundert durch die Tendenz aus, ein Bild räumlicher Geschlossenheit herzustellen, das die in ihr dargestellte Welt des Familiär-Häuslichen absolut zu setzen versucht. Namentlich Voss' *Luise* vollendet diese Tendenz in der idealistischen Verklärung der patriarchalischen Figur des Pfarrers zum freundlichen Spiegel bürgerlicher Wert- und Moralvorstellungen. In diesem Sinne versteht Renate Böschenstein-Schäfer die *Luise* als »Ausgangspunkt für die Ontologie des bürgerlichen 19. Jhs [...]. Zu ihr gehören der Kult der Häuslichkeit, die Überzeugung, gewissen Lebensaltern seien gewisse Verhaltensweisen angemessen, das Arbeitsethos, das patriarchalische Verhältnis zwischen Adel und Bürgertum einerseits, zwischen Bürgern und Dienstboten andererseits.«[13].

Dabei ist es nicht Bunyans Allegorie *The Pilgrim's Progress*, sondern Oliver Goldsmiths 1766 erschienener Roman *The Vicar of Wakefield*, der in Deutschland als literarisches Vorbild gewirkt hat. Der Einfluß Goldsmiths auf die deutsche Literatur des 18. Jahrhunderts geht zu wesentlichen Anteilen auf die

---

[10] R. Böschenstein-Schäfer, Idylle, Stuttgart 1967, S. 8.

[11] Ebd.

[12] Ebd., S. 13.

[13] Ebd., S. 74. Die verklärende Tendenz der *Luise* hat Helmut J. Schneider kritisch festgehalten: »Die soziale Aktualisierung des bei Geßner die Gegenwart abstrakt-innerlich negierenden Tugendbereiches birgt freilich die Gefahr, die durch die Nähe der *Erleichterten* zur *Luise* signalisiert wird: daß das detailliert und ›realistisch‹ veranschaulichte sinnliche Unterpfand der pädagogisch-emanzipatorischen Bestrebung schon als verwirklichtes Paradies dessen erscheint, der sie trägt; daß die Vermittlungsinstanz der Utopie sich nurmehr selbst verklärt.« H. J. Schneider, Johann Heinrich Voss. In: B. von Wiese (Hg.): Deutsche Dichter des 18. Jahrhunderts, Bonn 1977, S. 798.

Vermittlung Herders zurück. Wie Goethe im zehnten Buch seiner nicht immer zuverlässigen Autobiographie berichtet,[14] trägt Herder im Straßburger Kreis zum ersten Mal den *Vicar of Wakefield* vor. Herders Vortrag erscheint dabei als Verwirklichung seines Ideals der schlichten pathosfreien Rede:

> Seine Art zu lesen war ganz eigen; wer ihn predigen gehört hat, wird sich davon einen Begriff machen können. Er trug alles, und so auch diesen Roman, ernst und schlicht vor; völlig entfernt von aller dramatisch-mimischen Darstellung, vermied er sogar jene Mannigfaltigkeit, die bei einem epischen Vortrag nicht allein erlaubt ist, sondern wohl gefordert wird: eine geringe Abwechselung des Tons, wenn verschiedene Personen sprechen, wodurch das, was eine jede sagt, herausgehoben und der Handelnde von dem Erzählenden abgesondert wird. Ohne monoton zu sein, ließ Herder alles in einem Ton hinter einander folgen, eben als wenn nichts gegenwärtig, sondern alles nur historisch wäre, als wenn die Schatten dieser poetischen Wesen nicht lebhaft vor ihm wirkten, sondern nur sanft vorübergleiteten. Doch hatte diese Art des Vortrags, aus seinem Munde, einen unendlichen Reiz: denn weil er alles aufs tiefste empfand, und die Mannigfaltigkeit eines solchen Werks hochzuschätzen wußte, so trat das ganze Verdienst einer Produktion rein und um so deutlicher hervor, als man nicht durch scharf ausgesprochene Einzelheiten gestört und aus der Empfindung gerissen wurde, welche das Ganze gewähren sollte.[15]

Goethes retrospektive Darstellung der Goldsmith-Lesung bestätigt zunächst Herders theologische Kritik des rhetorischen Pathos der Rede: Das gesellige Vorlesen der Pfarrhausidylle im Straßburger Kreis erscheint als eine Predigt, aber als eine solche, die der Kunst der Rhetorik zugunsten der Wahrheit und Ganzheit der Empfindung abgeschworen hat. Zwar sind in Goethes Rückblick – wie in der gesamten Auseinandersetzung mit Herder in *Dichtung und Wahrheit* – auch deutlich kritische Untertöne spürbar, wenn Herder gegen den eigenen Anspruch nach lebendiger Auffassung des Poetischen eine bloß historische Vortragsart vorgeworfen wird, die nur »Schatten« zu erhaschen vermag. Insgesamt aber bestätigt Goethe Herders Urteil über Goldsmiths Pfarrhausroman in Hinsicht auf seine paradigmatische Funktion für die moderne Idyllendichtung: »Ein protestantischer Landgeistlicher ist vielleicht der schönste Gegenstand einer modernen Idylle«[16].

---

[14] Vgl. H. Düntzer, Die Zuverlässigkeit von Goethes Angaben über seine eigenen Werke in ›Dichtung und Wahrheit‹. In: Goethe-Jahrbuch 1 (1880), S. 140-154.
[15] Goethe, HA 9, S. 426f.
[16] Ebd., S. 427.

Goldsmith: The Vicar of Wakefield

In ähnlicher Weise wie Herder und Goethe hat Friedrich Schlegel den *Vicar of Wakefield* wahrgenommen: Der »Wakefield gibt uns einen tiefen Blick in die Weltansicht eines Landpredigers; ja dieser Roman wäre vielleicht, wenn Olivia ihre verlorene Unschuld am Ende wieder fände, der beste unter allen engländischen Romanen.«[17] Herder, Goethe und Schlegel schätzen Goldsmiths Roman als authentische literarische Darstellung des idyllischen Lebens eines Landpredigers. Den ironischen Unterton, der die Schilderung des Geistlichen im *Vicar of Wakefield* bestimmt und der bisweilen bis zur Karikatur ländlicher Pfarrhausidyllik gerinnt, haben sie dagegen kaum zur Kenntnis genommen.[18]

So stellt sich die Frage, wie *The Vicar of Wakefield* im 18. Jahrhundert in die Funktion eines Paradigmas moderner Romandichtung rücken konnte. Denn Goethes Urteil, das von Goldsmith dargestellte Bild des Landgeistlichen sei der schönste Gegenstand einer modernen Idylle, und Herders Bemerkung, *The Vicar of Wakefield* habe »in Deutschland Sekten gestiftet«[19], werfen mehr Fragen als Antworten auf. So erschöpft sich Goldsmiths Roman keineswegs in der Form der Idylle. Vielmehr verbindet er sie mit autobiographischen Momenten, Elementen der »sentimental journey«[20] und mit einer theologisch-philosophischen Fabel,[21] die zu großen Teilen der Geschichte Hiobs entlehnt ist. Vor diesem Hintergrund erscheint die begeisterte Aufnahme des *Vicar of Wakefield* in Deutschland in einem zwiespältigen Lichte.

---

[17] F. Schlegel, Kritische und theoretische Schriften, Stuttgart 1978, S. 211.

[18] Die Ironie des Romans ist von der Forschung häufig hervorgehoben worden. So beschließt Curtis Dahl seine Untersuchung zu dem Motiv der Verkleidung bei Goldsmith mit den folgenden Worten: »Yet underneath and sinewing the idyllic lies the ironic [...]. And indeed much of the strong unity and coherence of the *Vicar* inheres in the fact that skillful and ironic manipulation of ideas is disguised under the pleasant appearance of a rustique masque or country idyll.« C. Dahl, Patterns of Disguise in *The Vicar of Wakefield*. In: A Journal of English Literary History 25 (june 1958), S. 104.

[19] Herder, Sämtliche Werke. Band 18, hrsg. von B. Suphan, Hildesheim 1967, S. 208.

[20] Vgl. D. Durant, *The Vicar of Wakefield* and the Sentimental Novel. In: Studies in English Literature 1500-1900 17 (1977), S. 477-491.

[21] »The ›prose-idyll‹ so loved by Goethe soon becomes a far more interesting philosophical novel, after the manner of Voltaire and Johnson«, schreibt Clara M. Kirk, Oliver Goldsmith, New York 1967, S. 91. Sie hat zugleich darauf hingewiesen, daß insbesondere der Geschichte des ältesten Sohnes George autobiographische Momente zugrundeliegen: »George's adventures are, indeed, Goldsmith's own«. Ebd., S. 93.

Die Figur des Landpfarrers

Das Interesse, das Herders und Goethes Auseinandersetzung mit dem *Vicar of Wakefield* leitet, liegt zunächst einzig und allein in der paradigmatischen Figur des Landpfarrers Dr. Primrose begründet. Im Roman selbst wird Primrose einleitend in seiner Doppelfunktion als Priester und bürgerlicher Familienvater eingeführt: »he is a priest, an husbandman, and the father of a family.«[22] Wie Werner Pache in einem Aufsatz zur Goldsmith-Rezeption in der Goethezeit gezeigt hat, konnte gerade Herder die Darstellung des Schicksals des Landpredigers mit den persönlichen Erfahrungen verbinden, die er auf der mühseligen Suche nach der Verwirklichung des bürgerlichen Eheglücks mit Caroline Flachsland gemacht hatte.[23] Die zahlreichen Verstrickungen, denen die Familie Primrose im Verlauf der Erzählung zum Opfer fällt, werden so lesbar als Zeichen für die idealtypische Bewältigung der von Herder erfahrenen realen Gefährdung der Pfarrhausidylle, die sich im Roman vor allem anhand der Frage um die standesgemäße Verheiratung der Töchter Olivia und Sophia und des ältesten Sohnes George entzündet.

Die Spannung, die die Handlung des Romans bestimmt, entfaltet Goldsmith einleitend vor dem Hintergrund eines Bibelzitats. Als Primrose seinen Sohn in die Welt hinausschickt, gibt er ihm neben einem Pferd und einer bescheidenen Summe Geld vor allem ein Bibelwort mit auf den Weg: »*I have been young, and now am old; yet never saw I the righteous man forsaken, or his seed begging their bread.*«[24] Der erbauliche Psalm erweist sich im Fortgang der Erzählung als Prüfstein Primroses. Seine Gültigkeit wird durch eine ganze Folge von Katastrophen bestritten, die über die Familie hereinbricht und das Schicksal Primroses in den Kontext der Geschichte Hiobs stellt.

Bedrohte Idylle

Ganz im Sinne des von Herder und Goethe gerühmten Idylls beginnt *The Vicar of Wakefield* mit einer Schilderung des häuslichen Glücks der Familie Primrose. »There was in fact nothing that could make us angry with the world or each other. We had an elegant house, situated in a fine country, and a good neigh-

---

[22] Oliver Goldsmith, The Vicar of Wakefield, London 1982, S. 31.

[23] Vgl. W. Pache, Idylle und Utopie: Zur Rezeption Oliver Goldsmiths in der Goethezeit. In: K. Richter/J. Schönert (Hg.): Klassik und Moderne. Die Weimarer Klassik als historisches Ereignis und Herausforderung im kulturgeschichtlichen Prozeß, Stuttgart 1983, S. 135-159.

[24] O. Goldsmith, The Vicar of Wakefield, S. 45. In der deutschen Übersetzung lautet der Psalm: »Einst war ich jung, nun bin ich alt, nie sah ich einen Gerechten verlassen noch seine Kinder betteln um Brot.« Psalmen 37, 25.

bourhood.«[25] Das behagliche häusliche Inventar erweitert der Landpfarrer in den nächsten Sätzen um die rosigen Zukunftsaussichten der Kinder: »my sons hardy and active, my daughters beautiful and blooming.«[26] Die glänzenden Aussichten der Familie werden durch die bevorstehende Hochzeit des ältesten Sohnes George mit der wohlhabenden Miss Arabella Wilmot zunächst sogar noch gesteigert. Bereits zu Beginn der Erzählung werden die Hochzeitsvorbereitungen und die damit verbundene Familienidylle jedoch gestört. Primrose offenbart sich zum Mißfallen von Mr. Wilmot als ein strikter Monogamist, der meint, ein verwitweter Priester dürfe kein zweites Mal heiraten.[27] Sein obstinates Festhalten an dieser Maxime, das ihn sogar dazu bringt, ein Epitaph auf seine noch lebende Frau zu schreiben, weist nicht nur darauf hin, daß Dr. Primrose im Roman bereits einleitend keineswegs als Paradigma des idealen Landgeistlichen erscheint, sondern als verschrobener Sonderling mit bisweilen bizarren Schrullen. Primroses befremdliches Verhalten droht der bevorstehenden Hochzeit ein jähes Ende zu setzen und so das Familienglück der Lächerlichkeit preiszugeben.

Der Schritt von der einleitenden Einsetzung der Pfarrhausidylle bis zu ihrer anschließenden Demontage, die sich in der ironischen Schilderung des Landpfarrers bereits andeutet, erfolgt aufgrund des finanziellen Ruins der Familie durch einen Bankrotteur, dem sie ihr Geld anvertraut haben. Ohne finanzielle Ressourcen muß George der Neigung zu Miss Wilmot entsagen, um in London sein Glück zu versuchen, während die Familie Wakefield ihre Heimat verläßt, um mit der Aussicht auf ein bescheidenes Gehalt eine Pfarre im Landkreis des Squire Thornhill zu übernehmen. Das Pfarrhausidyll sieht sich damit schon zu Beginn des Romans in seinen Grundfesten erschüttert. Die einleitende Schilderung des Familienglücks, das den Landpfarrer umgibt, wird nach dem Vorbild der Hiobsgeschichte Schritt für Schritt demontiert und Primrose all seiner eingangs gepriesenen Errungenschaften, guter Nachbarschaft, Land, Haus und schließlich auch seiner Kinder, beraubt.

Goldsmith bleibt auch in der Darstellung der desaströsen Lebenssituation der Familie Primrose nach ihrem finanziellen Ruin der Geschichte Hiobs treu. Die Verzweiflung des Landpfarrers, dessen ältere Tochter vom Squire Thornhill verführt wird und der selbst auf dem Höhepunkt seiner Leidensgeschichte ins Ge-

---

[25] O. Goldsmith, The Vicar of Wakefield, S. 37.
[26] Ebd., S. 38. »The opening is a pastoral idyll, as innocent and happy as we could wish. The country parson has a good heart, a good familiy and a good income«, kommentiert S. Coote, Introduction. In: Oliver Goldsmith, The Vicar of Wakefield, S. 14.
[27] Zum Kontext der von Whiston lancierten Debatte um die Monogamie des Priesters vgl. E. Rothstein/H. Weinbrot, The Vicar of Wakefield, Mr. Wilmot and the ›Whistonean Controversy‹. In: The Philological Quarterly 55 (1976), S. 225-240.

fängnis geworfen wird, dient Goldsmith zugleich als Ausgangspunkt für die Wiedereinsetzung der Idylle. Nach dem Schema der den Roman bestimmenden »Patterns of Disguise«[28], die Curtis Dahl zur Grundlage seiner Untersuchung des *Vicar of Wakefield* genommen hat, verwandelt sich Mr. Burchell, ein scheinbar mittelloser Freund der Primroses, in den wohlhabenden und angesehenen Sir William Thornhill, der der Familie nach überstandenem Unglück den lang ersehnten materiellen Rückhalt sichert. »The poor Mr. Burchell was in reality a man of large fortune and great interest, to whom senates listened with applause, and whom party heard with conviction; who was the friend of his country, but loyal to the King.«[29] Vor dem Hintergrund des tragischen Verlaufs, der der Hiobsgeschichte des Romans zugrundeliegt, markiert das allen Gesetzen der Wahrscheinlichkeit entzogene Eingreifen von Mr. Burchell alias Sir William Thornhill, der Primrose aus dem Gefängnis befreit und darüber hinaus die jüngere Tochter Sophia zur Frau nimmt, den Umschlag der Handlung vom völligen Unglück in ein nicht minder vollständiges Glück.[30] Die beruhigende Aussicht auf eine Verbindung zwischen Sir William Thornhill und Sophia Primrose macht das eingangs versprochene Glück der Familie vollständig. Der Schluß des Romans zeigt den Pfarrer von Wakefield wie am Anfang im glücklichen Kreis der Familie.

> I requested that the table might be taken away, to have the pleasure of seeing all my family assembled once more by a chearful fireside. My two little ones sat upon each knee, the rest of the company by their partners. I had nothing on this side of the grave to wish for, all my cares were over, my pleasure was unspeakable. It now only remained that my gratitude in good fortune should exceed my former submission in adversity. [31]

Das Ende des Romans führt in einer großartigen Bestätigung der Pfarrhausidylle zum Anfang zurück. »The Vicar's tale, like Job's, ends with a happy restoration in this world. The concluding scene recalls the opening chapters, a family scene by the fireside over which the Vicar presides«[32], kommentiert Thomas R. Preston. So bestätigt sich zum Schluß des Romans das einleitend zitierte Psalmwort, daß der Gerechte nicht verlassen sei und seine Kinder nicht um ihr Brot betteln müssen.

---

[28] Vgl. C. Dahl, Patterns of Disguise in *The Vicar of Wakefield*, S. 90-104.

[29] O. Goldsmith, The Vicar of Wakefield, S. 194.

[30] Es blieb einer französischen Zeitgenössin Goldsmiths vorbehalten, dessen Verstoß gegen die Gesetze der »vraisemblance« zu kritisieren. Über Primrose schreibt sie: »C'est un homme qui va de malheurs en malheurs assez rapidement, et de bonheurs en bonheurs tout aussi vîte. Cela ne ressemble guère à la vie du monde.« M. Riccoboni, Letter to David Garrick on the plot of *The Vicar of Wakefield*, 11. September 1766. In: Goldsmith. The Critical Heritage, ed. by G. S. Rousseau, London and Boston 1974, S. 49.

[31] Ebd., S. 199.

[32] T. R. Preston, The Uses of Adversity in The Vicar of Wakefield. In: Studies in Philology 81 (1984), S. 249.

Misreadings

Gerade die allen Gesetzen der Wahrscheinlichkeit widersprechende Art und
Weise, in der die eingangs gepriesene Idylle zum Schluß des Romans bestätigt
wird, öffnet jedoch zugleich den Blick auf den ironischen Kontext der Geschichte. Daß Goldsmiths Roman nicht ohne Vorbehalte als Vorbild naiver
Pfarrhausidyllik zu lesen ist, hat bereits Walter Pache betont:

> In Goldsmiths Roman konstituiert sich also die Idylle nicht mit dem Ziel einer nai-
> ven Harmonisierung der Realität, sondern als Ort der Spannung zwischen Ideal
> und Wirklichkeit. Diese Spannung ist doppelbödig, da von einem realistischen
> Standpunkt Kritik an naiver Idyllentendenz geübt wird, aber doch die Funktion
> der Idylle als utopische Kritik der Realität nicht vollkommen getilgt wird.[33]

Wie Pache feststellt, ist es nicht die Aufhebung von Ideal und Wirklichkeit im
geschlossenen Raum der Idylle, sondern ihre unaufgelöste Spannung, die Goldsmiths Roman kennzeichnet. Herders Lob des *Vicar of Wakefield*, das auf dem
Gedanken beruht, in der Pfarrhausidylle seien alle Spannungen zwischen Ideal
und Wirklichkeit ausgetragen, erscheint als eine Lesart des Romans, die die ironischen Momente ausblendet, um am idyllischen Rahmen der Geschichte festhalten zu können. Nur in dieser Form eines für die Geschichte der deutschen
Literatur äußerst produktiven »misreading«[34] des Textes konnte das Bild des
Landpfarrers im 18. Jahrhundert in die Funktion eines literarischen Paradigmas
einrücken, das in der scheinbaren Geschlossenheit der Idylle die Möglichkeit
zu einer Selbstdarstellung des protestantischen Geistes eröffnet, die in der Folge
vor allem von Voss und Jean Paul genutzt wurde.[35]

Thümmel: Wilhelmine

Dabei verläuft der Einzug des Pfarrhauses in die deutsche Literatur zunächst noch
unabhängig von Goldsmith. Bereits 1764 entfaltet Moritz August von Thümmel
in seinem Kurzepos *Wilhelmine* ein ironisches Bild des Pfarrhauses, das sich wie
später das Werk Jean Pauls durch die Spannung von Idyll und Satire auszeichnet.[36]

---

[33] W. Pache, Idylle und Utopie: Zur Rezeption Oliver Goldsmiths in der Goethezeit,
S. 138.

[34] Vgl. Harold Blooms Begriff des »misreading« als Bedingung der Möglichkeit literarischer Rezeption in seinem Buch A map of misreadings, Oxford 1975.

[35] »Zwei Namen sind wesentlich für die zweite Hälfte des achtzehnten Jahrhunderts:
Voß und Jean Paul«, notiert R. Minder, Das Bild des Pfarrhauses in der deutschen Literatur von Jean Paul bis Gottfried Benn, S. 49.

[36] Zur Form des Kurzepos vgl. Ernest W. B. Hess-Lüttich: »Als Textsorte ist das ›komische Epos‹ Epiphänomen des ›heroischen Epos‹, dessen weltanschauliche, gattungs-

Im Mittelpunkt des prosaisch-komischen Gedichts, wie Thümmel sein Werk im Untertitel bezeichnet, steht die Vermählung des Dorfpredigers Sebaldus Nothanker[37] mit der Hofdame Wilhelmine. Pfarre und Hof repräsentieren die gegensätzlichen Welten, die Thümmel in seinem Gedicht aufeinandertreffen läßt: »Einen seltnen Sieg der Liebe sing‹ ich, den ein armer Dorfprediger über einen vornehmen Hofmarschall erhielt, der ihm seine Geliebte vier lange Jahre entfernte, doch endlich durch das Schicksal gezwungen wurde, sie ihm geputzt und artig wieder zurück zu bringen.«[38] Die einleitende Anrufung des Eros verweist die *Wilhelmine* zunächst ganz an den Geist des Rokoko.[39] Im Rahmen der ironischen Darstellung von Hof und Pfarrhaus ist es Thümmel mit dem Pfarrer jedoch nicht wirklich ernst. Wie Rolf Allerdissen bemerkt hat, verbirgt sich hinter dem scheinbaren Siegesgesang des Dorfpredigers, mit dem das Epos anhebt, vielmehr eine Kritik, die sich sowohl auf die Welt des Hofes als auch auf die der Pfarre richtet.

> Nur ein unkritischer Leser mag annehmen, eine alltäglich-oberflächliche Vermählungsgeschichte vor sich zu haben; wer schärfer hinblickt, erkennt sofort, was sich hinter dem scheinbar banalen Geschehen verbirgt: die umworbene Braut, die sich sehr schnell entschließt, als biedere Ehefrau des verliebten Pfarrers in dessen bescheiden-dörfliches Pfarrhaus einzuziehen, beendet damit in Wirklichkeit ein höchst bedenkliches Leben am Hof, wo sie als Geliebte des Hofmarschalls und anderer Kavaliere Karriere machte. Der ahnungslose Pfarrer erbittet die Braut von der Hand des seiner Liasion sowieso überdrüssigen Liebhabers, leistet ihm beim Anknüpfen des nächsten Verhältnisses Vorschub und ist letztlich der betrogene Einfaltspinsel, der als einziger nichts bemerkt, nichts versteht und so zur nachsichtig-schadenfrohen Belustigung seiner Hochzeitsgäste beiträgt.[40]

Kein Idealbild der Pfarre stellt Thümmel in der *Wilhelmine* vor, sondern eine Karikatur, die Hof und Pfarre gleichermaßen trifft. Die Satire, derer sich Thüm-

---

geschichtliche und literatursoziologische Prämissen es degradiert, nicht aber prinzipiell negiert.« E. W. B. Hess-Lüttich, Kommunikation als ästhetisches *Problem*. Vorlesungen zur Angewandten Textwissenschaft, Tübingen 1984, S. 245. Vgl. auch H. Heldmann, Moritz August von Thümmel. Sein Leben Sein Werk Seine Zeit, Neustadt/Aich 1964, S. 105f.

[37] In der ersten Auflage des Epos wird der Pfarrer noch ausdrücklich als »Pedant« vorgestellt. In der zweiten Auflage hat von Thümmel die Kritik an der Pfarre gemildert und Sebaldus Nothanker als ein bemitleidenswertes Bild der Naivität dargestellt. Vgl. zu dieser Entwicklung H. Heldmann, Moritz August von Thümmel, S. 164f.

[38] A. M. Thümmel, Wilhelmine. Sämtliche Werke. Siebenter Band, Leipzig 1856, S. 134.

[39] Vgl. in diesem Zusammenhang Alfred Angers Bestimmung des Kurzepos im Rokoko: »Das komische Epos der Rost, Zachariae, Dusch, Uz, Thümmel weigert sich aller ernsten Erhabenheit, allem Pathos und leidenschaftlichem Überschwang; es dient einzig dem Vergnügen und der Unterhaltung.« A. Anger, Literarisches Rokoko, Stuttgart 1968, S. 88. Anger unterschätzt allerdings das satirische Potential von von Thümmels Dichtung.

[40] R. Allerdissen, Moritz August von Thümmel. In: B. von Wiese (Hg.), Deutsche Dichter des 18. Jahrhunderts. Ihr Leben und Werk, Bonn 1977, S. 414.

mel in der *Wilhelmine* bedient, zeigt zwar, daß in seinem Kurzepos höfische Normen tendenziell außer Kraft gesetzt werden.[41] Das Pfarrhaus erscheint bei Thümmel jedoch noch nicht als Hort bürgerlicher Idyllik wie bei Nicolai oder Voss. Thümmel interessiert die Pfarre einzig als komisches Gegenbild des Hofes. So verbleibt das Bild des Pfarrhauses in der *Wilhelmine* auch zum Schluß in den Grenzen der Naivität, die über dem unbedarften Dorfprediger Sebaldus Nothanker schwebt.[42] Erst der Aufklärer Friedrich Nicolai verwandelt die komische Figur des Sebaldus Nothanker in einen positiven Helden, indem er dessen Einfalt neu wendet und als bürgerliche Ehrlichkeit des Charakters wertet.

Nicolai: Das Leben und die Meinungen des Herrn Magister Sebaldus Nothanker

Seine Fortsetzung gefunden hat Moritz August von Thümmels *Wilhelmine* in Friedrich Nicolais 1773-1776 in drei Teilen erschienenem Roman *Das Leben und die Meinungen des Herrn Magister Nothanker*. Nicolais äußerst erfolgreicher Roman,[43] der bereits im Titel eher an Sterne als an Thümmel erinnert, ist jedoch mehr als eine bloße Fortführung der *Wilhelmine*. Im Zuge von Nicolais Begriff der Aufklärung erfährt das satirische Gleichgewicht von Hof und Pfarre, das Thümmel in seiner *Wilhelmine* zeichnete, eine Kritik.

So besteht Nicolais erster Schritt darin, die Figur der Wilhelmine, die bei Thümmel noch ganz an den Bereich des Hofes gebunden ist, aus dem Roman zu entfernen. Nicolai beginnt mit der Schilderung einer unmittelbar auf die Trauung einsetzenden Ernüchterung. »Der Pastor Sebaldus und die schöne Wilhelmine

---

[41] Die Kritik der höfischen Gesellschaft bei von Thümmel hat vor allem Hess-Lüttich unterstrichen. »Thümmel zeichnet ein George-Grosz-Ensemble der Hofschranzen«, schreibt er. E. W. B. Hess-Lüttich, Kommunikation als ästhetisches *Problem*, S. 263.

[42] Über die satirische Intention des Kurzepos notiert Allerdissen: »Es hatte sich die Aufgabe gestellt, durch die betonte Diskrepanz von erhabener Form und trivialem Inhalt das überlieferte ernste Heldengedicht zu parodieren und in dieser satirischen Verspottung der Zeit und ihrer Gesellschaft einen Spiegel vorzuhalten.« R. Allerdissen, Moritz August von Thümmel, S. 414.

[43] Jochen Schulte-Sasse bemerkt hierzu: »Der *Nothanker* erreichte in wenigen Jahren vier Auflagen mit zusammen 12000 Exemplaren, ein für das 18. Jahrhundert höchst erstaunlicher Erfolg.« J. Schulte-Sasse, Friedrich Nicolai. In: B. von Wiese (Hg.), Deutsche Dichter des 18. Jahrhunderts, S. 331. Den Erfolg des Romans setzt Schulte-Sasse allerdings nicht mit seiner dichterischen Qualität gleich. »Daß der Roman zum Bestseller avancieren konnte, hängt nicht mit seiner künstlerischen Qualität, sondern mit der geschickten Kopplung interessierender Themen und aufklärerischer Prinzipien zusammen.« Ebd.

brachten die ersten Monate nach ihrer Verheiratung, welche sonst andern neuver-
ehelichten Paaren die Zeit einer girrenden Zärtlichkeit zu sein pflegen, vielmehr
in einer Art von Kälte und Verlegenheit zu.«[44] Als Grund für die Verlegenheit,
mit der die Ehe des ungleichen Paares einsetzt, gibt Nicolai den »Abstand zwischen seiner landmännischen Treuherzigkeit, und den feinen Hofmanieren seiner
vornehmen jungen Frau«[45] an. Erst die endgültige Verwandlung der vornehmen
Hofdame in eine biedere Pastorenfrau setzt dem im Roman ein Ende: »Von dieser Zeit an vergaß die schöne Wilhelmine völlig den Hof, und ward ganz Land-
wirthin.«[46] Nicolai reduziert das Bild Wilhelmines in seinem Roman auf das Bild
der biederen Pastorenfrau, das bei Thümmel allenfalls als Karikatur pfarrhäuslicher Naivität durchscheint.

Die vollständige Angleichung Wilhelmines an die Lebensumstände ihres
Mannes genügt Nicolai jedoch noch nicht. Der Ehe gewährt er nur ein kurzes
Glück. Zwar wird dem Paar schon bald ein Sohn geschenkt, der vom Hofmarschall, dem einstigen Geliebten Wilhelmines erzogen wird, sowie zwei Töchter
mit Namen Mariane und Charlotte. In Anknüpfung an Oliver Goldsmiths
Vicar of Wakefield läßt Nicolai jedoch bald ein Unglück über die Familie her-
einbrechen, das die Idylle schon zu Beginn der Erzählung zerstört.

Ausgelöst wird das Verhängnis durch eine vom patriotischen Geist seiner
Gattin beeinflußte Predigt Nothankers, in der er die kriegstauglichen Mitglieder
seiner Gemeinde dazu auffordert, in den Militärdienst einzutreten. Die plötzli-
che Beredsamkeit des Predigers ist für alle Beteiligten überraschend: »so hielt er
seine Predigt vom Tode fürs Vaterland in einem enthusiastischen Feuer, das seine
Gemeine sonst an ihm nicht gewohnt war.«[47] Die Wirkung von Nothankers Predigt läßt nicht lange auf sich warten. Einige Bauern lassen sich umgehend für den
Krieg anwerben. Der kriegsrührerische Geist seiner Predigt verkehrt sich jedoch
gegen Nothanker, als dieser erfährt, daß sein Sohn vor Schulden aus der Stadt ge-
flohen ist und sich unter einem anderen Namen freiwillig für den Kriegsdienst
gemeldet hat. Das Unglück der Familie vollendet sich in einer Anklage gegen den
Pfarrer, der nicht nur der Kriegshetze beschuldigt wird, sondern darüber hinaus
der Häresie, da er, darin ganz das Bild des Aufklärers Nicolai, die Lehre von der
Ewigkeit der Höllenstrafen leugnet.[48] Nothanker wird seines Amtes enthoben

---

[44] F. Nicolai, Das Leben und die Meinungen des Herrn Magister Sebaldus Nothanker.
Kritische Ausgabe, hrsg. von B. Witte, Stuttgart 1991, S. 11.

[45] Ebd.

[46] Ebd., S. 12.

[47] Ebd., S. 29.

[48] Daß die Diskussion um die Höllenstrafen, die im Roman angeführt wird, im Kontext
der Zeit keineswegs abwegig ist, sondern in das Herz zeitgenössischer Debatten traf,
hat Jochen Schulte-Sasse unterstrichen: »Das zentrale Thema der zahlreichen Diskussionen und Reflexionen des Romans, die Lehre von der Ewigkeit der Höllenstrafen,

und aus dem Haus vertrieben, Wilhelmine und die jüngere Tochter Charlotte finden daraufhin den Tod.

Beginnt Nicolai seinen Roman wie Goldsmith mit der Zerstörung häuslichen Glücks, so wendet er sich anders als sein englisches Vorbild damit jedoch endgültig von der Pfarre ab. Der Fortgang des Romans ist allein dem bürgerlichen Lebensweg Nothankers nach dem Auszug aus der Pfarre gewidmet. Ohne Frau und Familie unternimmt Sebaldus Nothanker auf der Suche nach einer gesicherten Stellung eine Reise, die ihn über Leipzig und Berlin nach Holland und wieder zurück nach Deutschland führt. Sein Wanderleben ist dabei vor allem durch zwei Momente bestimmt. Zum einen dient Nicolai die Darstellung der Ablehnung der Höllenstrafen durch Nothanker als Ansatzpunkt für eine aufklärerische Kritik des Pietismus und der Orthodoxie als zweier unterschiedlicher Formen religiöser Intoleranz.[49] Zum anderen führt Nicolai seinen Helden auf der Reise in die ihm wohlvertraute Welt des Buchwesens ein. In Leipzig übernimmt Nothanker die Stelle eines Korrektors in einer Druckerei, in Berlin verdingt er sich zunächst als Notenschreiber und später als Bibliothekar. In Holland wird er zunächst Hauslehrer, dann Übersetzer und schließlich Buchhändler und Verleger, nicht zuletzt mit der Absicht, eine eigene Arbeit über sein Steckenpferd, die Johannes-Offenbarung, zu veröffentlichen. Die doppelte Ausrichtung des *Sebaldus Nothanker* als satirische Kritik religiöser Intoleranz[50] und autobiographisch gefärbte Darstellung der Lebensgeschichte eines Verlegers läßt das Paradigma des Pfarrhauses, mit dem der Roman begonnen hatte, damit hinter die Schilderung des Selbstverständnisses bürgerlicher Aufklärung zurücktreten.

›Verhöhnung des Predigerstandes‹: Jung-Stilling und Hamann über Nicolai

Sein aufklärerisches Pathos hat Nicolai nicht nur Freunde eingebracht. Gerade die Abwendung von Thümmels Bild des Pfarrhauses im Roman war der zeitgenössischen Rezeption ein Stein des Anstoßes. So hat Jung-Stilling im *Sebaldus*

---

war, so verschroben es heute wirken mag, im 18. Jahrhundert in der Tat einer der wichtigsten Streitpunkte zwischen Orthodoxie und Heterodoxie.« J. Schulte-Sasse, Friedrich Nicolai, S. 332.

[49] »Gemeinsam ist den Pietisten und Orthodoxen in Nicolais Darstellung bei aller theologischen Verschiedenheit die religiöse Intoleranz«, bemerkt H. Möller, Aufklärung in Preussen. Der Verleger, Publizist und Geschichtsschreiber Friedrich Nicolai, Berlin 1974, S. 89.

[50] Wie Horst Möller festgehalten hat, stellt der *Sebaldus Nothanker* insgesamt den »Versuch dar, mittels der Satire Aufklärung zu betreiben. Das bedeutet bei Nicolai in diesem Fall, die Prinzipien der Aufklärung auf das Gebiet der Theologie und vor allem den Bereich ihrer alltäglichen Wirksamkeit, die Kirche, anzuwenden.« Ebd., S. 80f.

Nothanker eine »Verhöhnung des Predigerstandes«[51] erkennen wollen und in einer polemischen Streitschrift auf Nicolai geantwortet. Vorwürfe wurden Nicolai jedoch nicht allein aufgrund theologischer Differenzen zwischen Aufklärung und Pietismus gemacht. Hamann hat darüber hinaus Nicolais poetisches Verfahren im *Sebaldus Nothanker* angegriffen. »Beym Leben und Barte des heiligen Sebaldus! ich rieche faule Fische, und der ganze Handel geht nicht richtig zu!«[52] Hamanns altväterlicher Zorn richtet sich insbesondere auf die zu früh abgebrochene Geschichte Wilhelmines. So schlüpft er in seiner satirischen Rezension selbst in die Rolle Nicolais, um »für das Schicksal seiner zurück gebliebenen Familie, als ein irrdischer Pflegvater, zu sorgen, um selbige diesseits des Styx so glücklich zu machen, als die nunmehr verklärte Wilhelmine und ihre kleine Charlotte, durch einen zu frühzeitigen Märtyrertod meiner leidigen Einbildungskraft auf Dr. Stauzens und seines Schwagers Rechnung, schon jenseits des Styx geworden sind.«[53] Hamanns Kritik an Nicolais mangelnder dichterischer Einbildungskraft, die in einigen Zügen bereits auf die vernichtende Ablehnung Nicolais durch Schiller und Goethe in den *Xenien* vorausweist,[54] zeigt mit dem Hinweis auf das Schicksal Wilhelmines eines der Hauptprobleme des Romans auf. Indem Nicolai Wilhelmine einem frühen Märtyrertod anheimgibt, verfährt er Hamann zufolge nur nach den Maßstäben eigener poetischer Willkür. Damit verliert er jedoch den Blick für das Pfarrhausidyll aus den Augen, mit dem der Roman in Anknüpfung an Thümmel begonnen hatte. Indem Nicolai das Paradigma des Pfarrhauses verabschiedet und Nothanker auf eine Pilgerfahrt schickt, die in der ihm vertrauten Welt des Buchhandels endet, wendet er Thümmels Rokoko-Epos zwar zu einem »theologischen und sozialen, genauer: bürgerlichen, Roman«[55] um, wie Horst Möller bemerkt. Gerade der bürgerliche Geist, der Nicolais Roman auszeichnet, führt nach Hamanns Urteil, dem auch Herder

---

[51] Jung-Stilling hatte Nicolai mit einer Streitschrift mit dem Titel *Die Schleuder eines Hirtenknaben gegen den Hohnsprechenden Philister, den Verfasser des Sebaldus Nothanker* geantwortet. Zur Debatte zwischen Nicolai und Jung-Stilling vgl. R. Vinke, Jung-Stilling und die Aufklärung. Die polemischen Schriften Johann Heinrich Jung-Stillings gegen Friedrich Nicolai (1775/76), Stuttgart 1987.

[52] J. G. Hamann, Sämtliche Werke. Dritter Band. Schriften über Sprache/ Mysterien/ Vernunft. 1772-1788, hrsg. von J. Nadler, Wien 1951, S. 86.

[53] Ebd., S. 84.

[54] Zu der beispiellos scharfen Nicolai-Kritik Schillers und Goethes vgl. K. L. Berghahn, Maßlose Kritik. Friedrich Nicolai als Kritiker und Opfer der Weimarer Klassiker. In: Zeitschrift für Germanistik 8 (1987), S. 50-60. Berghahn fordert dort zu Recht, nicht länger mit den Weimaranern »Nicolai zu prügeln«, sondern »die Debatte literaturhistorisch als einen bedeutenden Paradigmenwechsel der Funktionsbestimmung von Literatur am Ende des 18. Jahrhunderts« zu begreifen. Ebd., S. 60.

[55] H. Möller, Aufklärung in Preussen, S. 83.

gefolgt ist,[56] jedoch zu einer tendenziell einseitigen Selbstdarstellung der Aufklärung. Daß Wilhelmine in Nicolais Händen auf dem Scheiterhaufen der Aufklärung, Sebaldus Nothanker aber als erfolgreicher Buchhändler und Autor
endet, wendet Hamann gegen den von Nicolai vertretenen Begriff der Aufklärung selbst. So zeichnet sich bereits in der zeitgenössischen Rezeption des
Sebaldus Nothanker durch Jung-Stilling, Hamann und Herder das kritische Bild
Nicolais ab, das Schiller und Goethe in den *Xenien* bis zum offenen Hohn über
den Berliner Aufklärer weitergeführt haben.

Voss: Luise

Ungleich gnädiger als mit Nicolai sind die Weimarer mit Voss verfahren.
Während Schiller Geßners Hirtendichtung als eine halbherzige Kunstform kritisiert, der es nicht gelinge, zwischen Poesie und Prosa das rechte Maß zu halten, lobt er Voss' *Luise* in seiner Abhandlung *Über naive und sentimentalische
Dichtung* als Musterbeispiel moderner Idyllik:

> Mit einem solchen Werke hat Herr Voß noch kürzlich in seiner ›Luise‹ unsre deut-
> sche Literatur nicht bloß bereichert, sondern auch wahrhaft erweitert. Diese Idy-
> lle, obgleich nicht durchaus von sentimentalischen Einflüssen frei, gehört ganz
> zum naiven Geschlecht und ringt durch individuelle Wahrheit und gediegene
> Natur den besten griechischen Mustern mit seltnem Erfolge nach. Sie kann daher,
> was ihr zu hohem Ruhm gereicht, mit keinem modernen Gedicht aus ihrem Fache,
> sondern muß mit griechischen Mustern verglichen werden, mit welchen sie auch
> den so seltenen Vorzug teilt, uns einen reinen, bestimmten und immer gleichen
> Genuß zu gewähren.[57]

Schillers Lob der *Luise* hat Hegel in seiner Ästhetik zu einer scharfen Kritik ge-
wendet. Dabei ist es gerade die von Schiller aufgeworfene geschichtsphilosophische Frage nach der Möglichkeit der Verknüpfung von Antike und Moderne, die
Hegel zum Anlaß seiner Kritik nimmt. Für Hegel markiert das epische Gedicht
in der Moderne im Vergleich zur antiken Idyllik einen Rückzug aus dem Bereich
des Welthistorischen in den des Privat-Häuslichen.

> Die epische Poesie hat sich deshalb aus den großen Völkerereignissen in die Be-
> schränktheit privater häuslicher Zustände auf dem Lande und in der kleinen Stadt
> geflüchtet, um hier die Stoffe aufzufinden, welche sich einer epischen Darstellung

---

[56] So verballhornt Herder Nicolais Nothanker in einem Brief vom 29. Juli 1774 zu »No-
thnagels Sandwüsten«. J. G. Herder, Briefe, hrsg. von G. Arnold/W. Dobbeck, Weimar 1978, S. 107.

[57] F. Schiller, Sämtliche Werke. Fünfter Band. Über naive und sentimentalische Dichtung,
hrsg. von G. Fricke/H. G. Göpfert, München 1959, S. 750f. (Anmerkung).

fügen könnten. Dadurch ist denn besonders bei uns Deutschen das Epos *idyllisch* geworden, nachdem sich die eigentliche Idylle in ihrer süßlichen Sentimentalität und Verwässerung zugrunde gerichtet hat. Als naheliegendes Beispiel eines idyllischen Epos will ich nur an die ›Luise‹ von *Voß* sowie vor allem an *Goethes* Meisterwerk, ›Hermann und Dorothea‹, erinnern.[58]

Daß Hegel Goethes *Hermann und Dorothea* über Voss' *Luise* stellt, entspricht der grundsätzlichen Tendenz seiner Ästhetik, die Vollendung der Kunst allein der Weimarer Klassik vorzubehalten.[59] Trotz aller Vorurteile gegenüber Voss trifft Hegel aber ein wesentliches Merkmal der *Luise*, wenn er auf einen inneren Widerspruch in dem »Charakter des Abgeschirmten, Eingegrenzten, Geborgenen«[60] hinweist, der die räumliche Form der Idylle auszeichnet.

Die räumliche Geschlossenheit der Idylle

So beschränkt sich Voss' Darstellung des Pfarrhauses im Unterschied zu Goldsmith, Thümmel oder Nicolai ganz auf den Bereich vertrauter, der Natur abgelesener Innerlichkeit. Von äußeren Bedrohungen scheinbar frei entfaltet Voss das Bild des Pfarrhauses in der *Luise* einleitend ganz im Sinne von Hegels Auslegung als Ausdruck räumlicher Geschlossenheit. »Draußen in dunkeler Kühle der zwo breitblättrigen Linden, / Welche, die tägliche Stub‹ an der Mittagsseite beschattend, / Über das mosige Dach hinsäuselten, schmauste behaglich / Im Schlafrocke der Pfarrer am steinernen Tisch auf dem Sessel«[61]. Als Urbild deutscher Behaglichkeit[62] erscheint der Pfarrer zu Beginn des Gedichtes: im Schlafrock, die Pfeife im Mund, umgeben von seiner Familie und von einigen Haustieren.

---

[58] Hegel, Ästhetik II, S. 468.

[59] Der Vergleich der *Luise* mit Goethes *Hermann und Dorothea* fällt bei Hegel und der gesamten Literaturkritik des 19. Jahrhunderts eindeutig zugunsten Goethes aus. Daß damit Voss tendenziell Unrecht geschieht, hat Friedrich Sengle unterstrichen. »Vossens ›Luise‹, eine der beliebtesten und geschätztesten Dichtungen vor der Inthronisierung Goethes als Klassiker (1848), hat fast überall nur die Funktion, eine dunkle Folie für Goethes glänzendes Epos zu finden.« F. Sengle, ›Luise‹ von Voss und Goethes ›Hermann und Dorothea‹. Didaktisch-epische Form und Funktion des Homerisierens. In: H. G. Rötzer/H. Walz (Hg.): Europäische Lehrdichtung. Festschrift für Walter Naumann zum 70. Geburtstag, Darmstadt 1981, S. 209.

[60] R. Böschenstein-Schäfer, Idylle, S. 8.

[61] J. H. Voss, Ausgewählte Werke, Luise. hrsg. von A. Hummel, Göttingen 1996, Erste Idylle, Vers 9-12.

[62] So stellt auch E. Theodor Voss »Vossens Wendung der Gattung ins bürgerliche Behäbige, beschränkt Beruhigte« fest. E. Th. Voss, Idylle und Aufklärung. In: W. Beutin/K. Lüders (Hg.), Freiheit durch Aufklärung: Johann Heinrich Voß (1751-1826), Frankfurt/Main 1993, S. 35.

Aufgeschreckt wird der intime Kreis der Familie durch die Frage nach Kaffee.
»Trinken wir jetzt noch / Kaffee hier? Vornehme genießen ihn gleich nach der
Mahlzeit.«[63] Der Kaffee erscheint im geschlossenen Raum des Idylls zunächst als
Zeichen aristokratischer Unsitte. Der feudalen Delikatesse Frankreichs stellt Voss
die bürgerliche Moral Deutschlands entgegen. »Machen sie Karl nicht roth. Gut
sein ist besser denn vornehm. / Säße bei solchem Mahle der Ländlichkeit selbst
auch der Kaiser, / Unter dem Schatten der Bäum‹, in so traulicher lieber Gesellschaft; / Und er sehnte sich ekel zur Kost der französischen Köche / Und zum
Gezier der Höflinge heim; so verdient‹ er hungern!«[64] Als überzeugter Befür-
worter der französischen Revolution versteckt Voss auch in seinem Idyll die Kritik der höfischen Gesellschaft nicht.[65] Kants ästhetischen Satz, das Schöne sei
nicht mit dem Angenehmen zu verwechseln, ergänzt Voss durch die moralische
Bemerkung, das Gute sei nicht mit dem Vornehmen gleichzusetzen. Aus seinen
Worten spricht ein national-bürgerlicher Geist, der sich von den Gesetzen des
französischen Geschmacks zu distanzieren sucht.[66]

Hegel und Voss

Gerade die einleitende Einführung des Kaffees ist für Hegels Kritik aber der eigentliche Stein des Anstoßes. Dem Kaffee stellt er den heimischen Rheinwein
entgegen: »Sie trinken in der Kühle ein heimisches Gewächs, Dreiundachtziger,
in den heimischen, nur für den Rheinwein passenden Gläsern; ›die Fluten des
Rheinstroms und sein liebliches Ufer‹ wird uns gleich darauf vor die Vorstellung
gebracht, und bald werden wir auch in die eigenen Weinberge hinter dem Hause
des Besitzers geführt, so daß hier nichts aus der eigentümlichen Sphäre eines in
sich behaglichen, seine Bedürfnisse innerhalb seiner sich gebenden Zustandes
hinausgeht.«[67] Während der Wein die innere Abgeschlossenheit der Idylle an-

---

[63] J. H. Voss, Luise. Erste Idylle, 66-67.
[64] Ebd., 70-74.
[65] Zum Verhältnis von politischer Überzeugung und literarischer Gestaltung bei Voss bemerkt Helmut J. Schneider. »Voss, der überzeugte Anhänger der Französischen Revolution, den auch der *terreur*, den er verurteilte, nicht an seiner grundsätzlich
positiven konstitutionalistischen Einstellung irre machte – Voss hat sich nie publizi-
stisch direkt zu politischen Fragen geäußert. Scharfe Gesellschaftskritik wird in seinen
Liedern, besonders der neunziger Jahre, und in seinen Idyllen laut.« H. J. Schneider,
Johann Heinrich Voss, S. 786.
[66] Zu den soziologischen Voraussetzungen, die in Kants Lehre des Geschmacks eingehen, vgl. P. Bourdieu, la distinction. critique sociale du jugement, Paris 1979, vor allem
S. 42f.
[67] Hegel, Ästhetik, S. 258.

zeige, deutet Hegel die Präsenz von Kaffee und Zucker im Haushalt des Pfarrers als Hinweis auf einen Bereich, der über die scheinbar autonome Häuslichkeit des Idylls hinausgeht.

> *Voß* in seiner bekannten ›Luise‹ schildert in idyllischer Weise das Leben und die Wirksamkeit in einem stillen und beschränkten, aber selbständigen Kreise. Der Landpastor, die Tabakspfeife, der Schlafrock, der Lehnsessel und dann der Kaffetopf spielen eine große Rolle. Kaffee und Zucker nun sind Produkte, welche in solchem Kreis nicht entstanden sein können und sogleich auf einen ganz anderen Zusammenhang, auf eine fremdartige Welt und deren mannigfache Vermittlungen des Handels, der Fabriken, überhaupt der modernen Industrie hinweisen. Jener ländliche Kreis daher ist nicht durchaus in sich geschlossen.[68]

Hegels Interpretation, die sich bewußt auf den Aspekt des Materiellen konzentriert, trägt ein modernes Moment in die antikisierende Dichtung Voss' ein. Die einleitende Erwähnung der Importprodukte Kaffee und Zucker deutet er als Anzeichen für die innere Gebrochenheit des idyllischen Raumes. Die Kritik, die Hegel äußert, richtet sich gegen den Rückzug ins Häusliche und Familiäre, der die Idylle auszeichnet, da dieser ihr zugleich Grenzen einschreibt, die zu überschreiten sie nicht in der Lage ist. Die Süße des heimischen Weins bleibt für Hegel vom bitteren Geschmack des Kaffees durchtränkt. So kommt Hegel zu dem kritischen Schluß, daß die naiv anmutende Darstellung der ländlichen Natur in der *Luise* sich dem modernen Hiatus von Naturideal und Kunst verdankt, der Voss' Dichtung gegen den eigenen Anspruch an den in sich gebrochenen sentimentalischen Geist der Moderne zurückverweise.[69]

Lenz: Der Landprediger

Aus einer dezidiert modernen Perspektive hat sich dagegen Jakob Michael Reinhold Lenz dem Pfarrhaus zugewandt. Von der Naivität, die Schiller Voss' *Luise* zuspricht, ist in seiner späten Erzählung *Der Landprediger* nichts zu spüren.

Bereits 1777, kurz nach seinem geheimnisumwitterten Weggang aus Weimar,[70] hat Jakob Michael Reinhold Lenz im Hause Georg Schlossers die stark

---

[68] Ebd., S. 257.

[69] So stellt Schneider fest: »Die Luise ist die literarische Kristallisation der kleinbürgerlichen Aufstiegsvita und, als deren Brennpunkt, des Wirkungsanspruchs aufgeklärter Intimität im bürgerlichen Dichterbund.« H. J. Schneider, Johann Heinrich Voss, S. 793.

[70] Über die Gründe von Lenz' durch Goethe veranlaßte Ausweisung schweigt sich die Forschung mangels genauerer Informationen aus. Hans-Gerd Winter betont in diesem Zusammenhang jedoch die machtpolitische Komponente von Goethes Entscheidung, die Lenz endgültig zum Außenseiter hat werden lassen: »Bei allen Gegensätzen im

autobiographisch gefärbte Erzählung *Der Landprediger* verfaßt. Obwohl Lenz
sich im Laufe der Erzählung explizit auf Goldsmith und auf Nicolai bezieht und
sich damit bewußt in die Tradition der bürgerlichen Pfarrhausidylle zu stellen
scheint,[71] führt er mit der Geschichte des Pfarrers Mannheim, in der die Forschung das Bild des Straßburger Predigers Oberlin bzw. das von Goethes
Schwager Schlosser hat erkennen wollen,[72] einen Konflikt in das Bild des Pfarrhauses ein, der die in der Aufklärung dominierende Darstellung bürgerlicher
Intimität zugunsten der subjektiven Künstlerproblematik aufbricht, die im
Sturm und Drang zunehmend an Bedeutung gewinnt.

  Bereits im ersten Satz des *Landpredigers* verknüpft Lenz das Bild des Pfarrhauses auf auffällige Weise mit dem der Dichtkunst. »Ich will die Geschichte
eines Menschen erzählen, der sich wohl unter allen möglichen Dingen dieses
zuletzt vorstellte, auf den Flügeln der Dichtkunst unter die Gestirne getragen
zu werden.«[73] Im Unterschied zur Hauptfigur der Erzählung, dem Pastoren-
sohn Johannes Mannheim, versteht sich das poetische Ich ausdrücklich als
Dichter, der den Nachruhm des Geistlichen zu sichern sucht. Damit läßt sich
Lenz bereits zu Beginn seiner autobiographischen Erzählung vom Konflikt
zwischen Pfarrhaus und Dichtung leiten, der sein eigenes Leben wie das seiner
Hauptfigur bestimmt.

Persönlichen und in den literarischen Konzepten – die Auseinandersetzung ist (Goethes Gang zum Herzog zeigt es sinnfällig) auch eine, in der Machtmittel eingesetzt
werden, ja in der es um Macht geht. Mag sein, daß Goethes Stellung bei Hofe oder zumindest sein Ansehen wirklich bedroht waren oder daß er überreagiert hat, den Kern
der Auseinandersetzung bilden einander ausschließende literarische Praxen und Le-
benspraxen. Nur eine kann Geltung beanspruchen, zumindest vor Ort (am Weimarer
Hof).« H.-G. Winter, ›Poeten als Kaufleute, von denen jeder seine Ware, wie natürlich,
am meisten anpreist‹. Überlegungen zur Konfrontation zwischen Lenz und Goethe.
In: Lenz-Jahrbuch. Sturm-und-Drang-Studien. Band 5 (1995), hrsg. von Ch. Weiße in
Verbindung mit M. Luserke, G. Sauder u. Reiner Wild, St. Ingbert 1995, S. 44.

[71] Vgl. J. M. R. Lenz, Werke und Briefe 2. Hg. von S. Damm, Frankfurt/Main 1982,
    S. 413.

[72] So meint Heinz Otto Burger, nicht Oberlin, sondern Schlosser sei das Vorbild Mann-
    heims: »Lenz hielt sich an das Idealbild des Landpredigers, wie es Schlosser in den *Ka-
    techismen für das Landvolk* geschildert hatte, und an Schlossers Person, sein
    Familienleben und sein Wirken als Oberamtmann.« H. O. Burger, Jakob M. R. Lenz
    innerhalb der Goethe-Schlosserschen Konstellation. In: R. Schönhaar (Hg.), Dialog.
    Literatur und Literaturwissenschaft im Zeichen deutsch-französischer Begegnung.
    Festgabe für Josef Kunz, Berlin 1973, S. 119. Vgl. auch J. Stötzer, Das vom Pathos der
    Zerrissenheit geprägte Subjekt. Frankfurt/Main 1992, S. 134. Werner Hermann Preuss
    meint dagegen, Mannheim ähnele Pestalozzi. W. H. Preuss, Selbstkastration oder Zeu-
    gung neuer Kreatur. Zum Problem der moralischen Freiheit in Leben und Werk von
    J. M. R. Lenz, Bonn 1983, S. 102.

[73] J. M. R. Lenz, Der Landprediger, S. 413.

Vater und Sohn

Die Spannung von Pfarrhaus und Dichtkunst, mit der die Erzählung anhebt, steht in einem engen Zusammenhang mit der für Lenz' Lebensweg als Dichter entscheidenden Problematik des Verhältnisses von Vater und Sohn.[74] Als Sohn eines Pfarrers steht Johannes Mannheim zu Beginn der Erzählung ganz unter dem Gesetz des Vaters: »Mannheim ward von seinem Vater, einem Geistlichen im Thüringischen, auf die Universität geschickt. Er hatte sich dem geistlichen Stande gewidmet, nicht sowohl um seinem Vater Freude zu machen, als weil er sich dazu geboren fühlte.«[75] Scheint die Entscheidung für das religiöse Amt zunächst durchaus einer inneren Berufung des Sohnes zu entspringen, so verweist sein Talent bereits zu Beginn der Erzählung weniger auf die Theologie als auf die Dichtung: »Seines Vaters Predigten schrieb er aus eigenem Trieb nach und hielt sie insgeheim bei verschlossenen Türen, nachdem er seines Vaters Perücke aufgesetzt und seinen Mantel umgetan, dem Perückenstock und Kleiderschrank wieder vor.«[76] In ironischer Absicht läßt Lenz das poetische Talent des Sohnes aus dem Geist der väterlichen Predigt entspringen: So wie Anton Reiser, der »sich oft schon im Geist als Prediger erblickte«[77], die Predigten eines von ihm verehrten Pastoren abschreibt und zu Hause mit wahrhaft niederschmetterndem Erfolg vor seinen Brüdern hält,[78] oder Goethe, der in *Dichtung und Wahrheit* schildert, wie er auf Aufforderung seines Vaters die Predigten des Pastors Plitt nachschreibt, bis »am Schlusse kaum etwas mehr als der Text, die Proposition und die Einteilung auf kleine Blätter verzeichnet wurden«,[79] dient Lenz die *memoria* der väterlichen Predigt zur Karikatur des Pfarrers als Dichter. Zwei Dinge sind entscheidend: daß sich hinter der Verkleidung des Sohnes der Wunsch verbirgt, an die Stelle des Vaters zu treten, und daß es die poetische Kunst der Nachahmung ist, die Mannheims Berufung zum Prediger eigentlich vorsteht. Das angestrebte Amt des Predigers ist für den poetisch begabten Sohn nur das Mittel, in Kon-

---

[74] Auf die Bedeutung des Vater-Sohn-Konfliktes in Lenz' Werk hat besonders Albrecht Schöne hingewiesen. Vgl. A. Schöne, Säkularisation als sprachbildende Kraft, S. 116.

[75] J. M. R. Lenz, Der Landprediger, S. 413.

[76] Ebd..

[77] K. Ph. Moritz, Werke. Erster Band. Autobiographische und poetische Schriften. Anton Reiser, hrsg. von Horst Günther, Frankfurt/Main 1981, S. 114.

[78] Moritz schildert, wie Reiser im Affekt der Predigt seine aus Stühlen zusammengebaute Kanzel zerstört, die Brüder verletzt und dafür vom Vater bestraft wird. Ebd., S. 109. Damit demontiert der *Anton Reiser* in ganz ähnlicher Weise wie *Der Landprediger* das Bild des Pfarrhauses vor dem Hintergrund einer kritischen Auseinandersetzung mit dem Vater.

[79] Goethe, HA 9, S. 145.

kurrenz zum Vater zu treten, die Predigt nur der Anfang der vom Vater befreienden Poesie, die Poesie wiederum nur Surrogat der väterlichen Predigt.

Traum und Wunscherfüllung

So löst Lenz die Spannung von Pfarrhaus und Dichtkunst in seiner Erzählung letztlich zugunsten der Dichtung auf. Zwar wird Johannes Mannheim wie sein Vater Pfarrer. Posthum werden ihm jedoch die Weihen des Schriftstellers verliehen: »Nichts desto weniger hat man nach dem Tode unsers Johannes Mannheim einige fürtreffliche Traktate gefunden«[80]. Erscheint die Frage nach der Vermittlungsmöglichkeit von theologischer und dichterischer Berufung als das Zentrum der Erzählung, so führt die vielfältig gebrochene Abwehr der literarischen Ambitionen Mannheims im *Landprediger* dabei zugleich zu einer bizarren Überzeichnung der Pfarrhausidylle, die ihre Vollendung in der Darstellung von Johannes Mannheims Tode findet. Als sein gleichnamiger Sohn durch seine großen Verdienste um das Vaterland, die er der liberalen Erziehung seiner Eltern verdankt, in den Freiherrenstand erhoben wird und mit der frohen Nachricht nach Hause zurückkehrt, findet er seine Eltern auf dem Sterbebett.

> Er erhielt Nachricht, seine Eltern wären krank; er kam und fand sie wirklich mit den heitersten Gesichtern einander gegenüber liegen und sich von Zeit zu Zeit noch mit den Händen winken und Küsse zuwerfen. Ihre Krankheit schien mehr die Ruhe zweier ermatteten Pilger, die beide unter der Last, die sie trugen, auf einem Wege niedergefallen. Schmerzen fühlten sie beide nicht; bisweilen ein wenig Angst und große Mattigkeit. Als sie ihren Sohn hereintreten sahen, nach dem sie beide oft heimlich geseufzet und, weil es hieß, er würde eine neue Gesandtschaft antreten, seine Gegenwart vor ihrem Tode nicht mehr vermutet hatten, lief ein feuriges Rot zu gleicher Zeit über die beiden blassen Gesichter. Er warf sich wechselsweise, bald dem einen, bald dem andern zu Füßen; sie konnten nicht sprechen, sondern legten beide nur die Hand auf das Köpfchen, durch das so viel gegangen war, und segneten ihn mit ihren Blicken. Ob es die Freude über sein Wiedersehen war, sie starben beide desselben Tages.[81]

Der Schluß, der die Erzählung an das Gleichnis vom verlorenen Sohn verweist,[82] schildert den Versuch einer Vermittlung von Pfarrhaus und Kunst im

---

[80] J. M. R. Lenz, Der Landprediger, S. 445.
[81] Ebd., S. 452f.
[82] Schöne überträgt das Gleichnis vom verlorenen Sohn, dessen Bedeutung er insbesondere am *Hofmeister* nachzuvollziehen versucht, in diesem Zusammenhang auf Lenz' eigene literarische Berufung. »Fortzugehen, sich von der Heimat zu trennen, den Vater zu verlassen – dieser Weg des Sohnes ist zugleich der Weg zur Dichtung, ist sein eigentlicher Auftrag, auch wenn er in den Untergang führt.« A. Schöne, Säkularisierung als sprachbildende Kraft, S. 125.

Zeichen einer Idylle, deren surreale Gestaltung bis ans Satirische grenzt. Die Heimkehr des Sohnes in die väterliche Welt des Pfarrhauses erscheint in einer wahrhaft bizarren Szenerie: Die Eltern liegen als ermattete »Pilger« auf dem Sterbebett, ihre heimlichen Seufzer, die den Sohn noch erreicht haben, weichen bald schon einem völligen Versagen der Sprache: »sie konnten nicht sprechen [...] und segneten ihn mit ihren Blicken«. Dem Prediger geht die Stimme, damit aber auch das Leben aus: Am Tage der Ankunft des Sohnes stirbt der Vater, als könnte er dessen stärkerem Sein nicht länger standhalten. Die Darstellung des Todes der Eltern, die gerade in ihren überdeutlich verklärten Zügen ambivalent bleibt, löst dabei nicht nur den Konflikt von Vater und Sohn auf, der die Erzählung bestimmt. Sie ebnet auch der Kunst ihren Weg. Der Sohn verwandelt das Totenfest zum Andenken seiner Eltern in eine große Feier des Geistes.

> An der Türe dieser kleinen Kapelle standen die beiden Büsten dieses unvergleichlichen Paars aus Marmor, die er schon bei ihrem Leben von einem der ersten Künstler des Landes hatte verfertigen lassen und die unverbesserlich ausgefallen waren. Bei dieser Kapelle erbauete er eine Art von Landhaus mit einem schönen Garten, wo er seine Tage im Frieden zuzubringen gedachte, wenn er der Welt müde wäre. Eine ganz besondere Art hatte er, den Todestag seiner Eltern zu feiern, auf die er sehr viel Kosten wendete. Alle drei Jahre war die große Feier; er lud zu dieser ein Vierteljahr vorher die berühmtesten Gelehrten, nicht allein seines Landes, sondern auch der benachbarten Provinzen ein, die er acht Tage lang auf die köstlichste Art bewirtete[83].

Das Andenken seiner Eltern stellt der junge Mannheim in den Kontext von Kunst und Gelehrsamkeit: Das Pfarrhausidyll wird in eine Totenkapelle verwandelt, die zugleich als ein von Marmorbüsten geschmückter Musentempel erscheint. Der Schluß der Erzählung verschiebt den Akzent von dem Paradigma des Pfarrhausidylls auf das der Künstlerbiographie: Posthum werden die Werke des Pfarrers Johannes Mannheim und seiner Frau Albertine von ihrem Sohn herausgegeben.

> Die nachgelassenen Schriften seines Vaters und einige herzliche Gedichte seiner Mutter, die er zu diesem Ende unter den Papieren seines Vaters mit großer Sorgfalt aufgehoben fand, ließ er, mit ihren Bildnissen geziert, und mit einer Lebensbeschreibung, auf die er einen ganzen Sommer, den er sich von seinem Landesherrn ausgebeten, um den Brunnen zu trinken, verwendet hat, und aus welcher diese kurze Erzählung zusammengezogen ist, zu Amsterdam in zwei Bänden groß 8vo mit saubern Lettern auf schönem Papier drucken, und so endigte sich die Geschichte des Lebens und der Taten Johannes Mannheim, Pfarrers von Grossendingen.[84]

---

[83] J. M. R. Lenz, Der Landprediger, S. 453f.
[84] Ebd., S. 456.

Am Ende der Geschichte des Pfarrers von Grossendingen steht nicht die Figur des Landpredigers, sondern die des Künstlers und Gelehrten. »Der Landprediger ist ein ausgestalteter Wunsch«[85], meint Werner Preuss. Auch Klaus Scherpe hält fest: »Die Erzählung der Lebensgeschichte des Landpredigers Joseph (sic!) Mannheim, der aus seinem Familienkreis heraus vorbildlich in die Gesellschaft wirkt, liest sich wie eine Wunschbiographie des Autors Lenz.«[86] Um eine Wunschbiographie handele es sich, da Lenz im Rahmen seiner Erzählung biographisches Scheitern in sein Gegenteil wende:

> Der Realitätsgehalt dieser Erzählung erschließt sich, wenn man die Glücksfälle und Erfolgserlebnisse des Joseph [sic!] Mannheim jeweils als positive Wendungen gegenüber Lenz' eigenen Fehlversuchen im praktischen Leben erkennt: seinem Zerwürfnis mit der Familie und der Auflehnung gegen die väterliche Autorität, seinen Liebesverwirrungen und erfolglosen Werbungen, seinen zum Scheitern verurteilten Reformprojekten und den nur in der Einbildung befriedigenden Ideen für eine ständeübergreifende Erziehung und Versittlichung. Ausgehend von den negativen Erfahrungen in der eigenen Lebenspraxis, schreibt Lenz die Geschichte eines bürgerlichen Lebens, wie es sein soll.[87]

Die Wunschphantasie, die Scherpe im *Landprediger* diagnostiziert, stellt sich in Lenz' Erzählung als ein literarisches Phantasma dar, welches das traditionelle Bild des Pfarrhauses in seinen Grundfesten erschüttert. Zwar nimmt Lenz in seiner Erzählung die Tradition des Pfarrhausromans von Goldsmith und Nicolai auf. Die idyllisch-räumliche Beschränktheit des Pfarrhauses bricht er jedoch durch die Einführung des Vater-Sohn-Konfliktes und der damit verbundenen Künstlerproblematik auf. Im *Landprediger* formuliert Lenz den in das idyllische Bild des Pfarrhauses eingeschriebenen Anspruch des Protestantismus auf literarische Selbstdarstellung, um ihn zugleich ironisch zu demontieren: Das Pfarrhausidyll wird in seiner Erzählung derart verzerrt, daß unentscheidbar bleibt, ob es sich beim *Landprediger* letztlich überhaupt noch um eine Idylle oder vielmehr um deren literarische Dekonstruktion handelt.[88] So zeichnet Lenz' Bild des Pfarrhauses jene Kritik an dessen idealistischer Verklärung aus, die Büchner in seiner Lenz-Novelle als gemeinsamen Beweggrund ihrer Dichtung festgehalten

---

85 W. H. Preuss, Selbstkastration, S. 100.
86 K. R. Scherpe, Dichterische Erkenntnis und ›Projektemacherei‹. Widersprüche im Werk von J. M. R. Lenz. In: Goethe-Jahrbuch 94 (1977), S. 211.
87 Ebd., S. 212.
88 Daß Lenz sich damit von den Vorgaben der Aufklärung löst, hat Hans-Gert Winter unterstrichen: »Damit profiliert sich Lenz in seinem dichterischen Werk nicht als ein Gegner der Aufklärung überhaupt, aber als ihr Kritiker. Er unternimmt einen Gang an den Grenzen der Rationalität entlang«. H. G. Winter, ›Denken heißt nicht vertauben.‹ Lenz als Kritiker der Aufklärung. In: D. Hill (Hg.), Jakob Michael Reinhold Lenz. Studien zum Gesamtwerk, Opladen 1994, S. 94.

hat: »Lenz widersprach heftig. Er sagte: Die Dichter, von denen man sage, sie geben die Wirklichkeit, hätten auch keine Ahnung davon, doch seien sie immer noch erträglicher, als die, welche die Wirklichkeit verklären wollten.«[89]

Dichtung und Wahrheit: Goethe in Sesenheim

In ähnlicher Weise wie Lenz hat Goethe auf das Pfarrhausidyll zurückgegriffen. »Selbst Goethe ist mit dem Pfarrhaus verknüpft. Durch ihn lebt Friederike Brion als Typ der ›guten‹ Pfarrerstochter weiter. Mit dem Blick auf Goldsmiths ›Landprediger von Wakefield‹ stilisiert, hat das Sesenheimer Idyll in ›Dichtung und Wahrheit‹ eines der archetypischen Bilder pfarrhäuslicher Geborgenheit gestiftet«[90], hält Robert Minder fest. Im Unterschied zu der idyllischen Darstellung des Pfarrhauses bei Goldsmith, Thümmel, Nicolai oder Voss ist Goethes Auseinandersetzung mit der Pfarre in *Dichtung und Wahrheit* dabei zugleich an die literarische Form der Autobiographie[91] als »Beschreibung des Lebens eines Einzelnen durch diesen selbst«[92] gebunden.

Im Mittelpunkt der symbolischen Selbstdarstellung Goethes in *Dichtung und Wahrheit* steht die von der Goethe-Forschung vielkommentierte Liebesgeschichte zwischen Goethe und der Pfarrerstochter Friederike Brion im zehnten und elften Buch. In die Literaturgeschichte ist Sesenheim als ein Ort des reizenden ländlichen Lebens eingegangen, das Goethe eine Zeit lang zu fesseln, nicht aber zu halten vermochte. Das idyllische Bild des Pfarrhauses, das Goethe in seiner Autobiographie entfaltet, ist dabei von Beginn an durch die auf Her-

---

[89] G. Büchner, Werke und Briefe, München 1980, S. 76.

[90] R. Minder, Das Bild des Pfarrhauses in der deutschen Literatur von Jean Paul bis Gottfried Benn, S. 48.

[91] Daß die literarische Form der Autobiographie im Vergleich zur religiösen Autobiographie, zur Gelehrtenvita und zur Reisebeschreibung dabei eine literarische Spätform ist, hat Klaus-Detlev Müller hervorgehoben: »die literarische Autobiographie ist eine nur unter ganz bestimmten Voraussetzungen mögliche Sonderentwicklung innerhalb der Gattungsentwicklung dieser Form.« K.-D. Müller, Formen- und Funktionswandel der Autobiographie, in: Aufklärung. Ein literaturwissenschaftliches Studienbuch, hrsg. von Hans-Friedrich Wessels, Frankfurt/Main 1984, S. 140. Zur Theorie der Autobiographie als Identität von Autor, Erzähler und Hauptfigur vgl. Philippe Lejeune, Le pacte autobiographique, Paris 1975, S. 15. Lejeunes Überlegung, daß der Eigenname im Zentrum der Autobiographie stehe, ist weitergeführt worden von P. de Man, Autobiography as De-facement. In: Ders.: The Rhetoric of Romanticism, New York 1984, S. 68. Das Thema des Eigennamens hat Susanne Craemer-Schröder im Anschluß an de Man explizit auf Goethes Autobiographie bezogen. Vgl. S. Craemer-Schroeder, Deklination des Autobiographischen. Goethe, Stendhal, Kierkegaard, Berlin 1993, S. 8.

[92] G. Misch, Geschichte der Autobiographie. Bd. I/1., Frankfurt/Main 1949, S. 7.

der zurückgehende Bekanntschaft mit dem *Vicar of Wakefield* vermittelt. »Nun kam Herder und brachte neben seinen großen Kenntnissen noch manche Hülfsmittel und überdies auch neuere Schriften mit. Unter diesen kündigte er uns den ›Landpriester von Wakefield‹ als ein fürtreffliches Werk an, von dem er uns die deutsche Übersetzung durch selbsteigne Vorlesung bekannt machen wolle.« (HA 9, 426) Durch Herder, so Goethes rückblickende, keineswegs den historischen Tatsachen entsprechende Darstellung,[93] macht er sich in Straßburg mit Goldsmiths Roman vertraut. Den *Vicar of Wakefield* rühmt er in diesem Zusammenhang als Paradigma der modernen Idyllendichtung.

> Ein protestantischer Landgeistlicher ist vielleicht der schönste Gegenstand einer modernen Idylle; er erscheint, wie Melchisedek, als Priester und König in einer Person. An den unschuldigsten Zustand, der sich auf Erden denken läßt, an den des Ackermanns, ist er meistens durch gleiche Beschäftigung, sowie durch gleiche Familienverhältnisse geknüpft; er ist Vater, Hausherr, Landmann und so vollkommen ein Glied der Gemeine. Auf diesem reinen, schönen, irdischen Grunde ruht sein höherer Beruf; ihm ist übergeben, die Menschen ins Leben zu führen, für ihre geistige Erziehung zu sorgen, sie bei allen Hauptepochen ihres Daseins zu segnen, sie zu belehren, zu kräftigen, zu trösten, und, wenn der Trost für die Gegenwart nicht ausreicht, die Hoffnung einer glücklicheren Zukunft heranzurufen und zu verbürgen. Denke man sich einen solchen Mann, mit rein menschlichen Gesinnungen, stark genug, um unter keinen Umständen davon zu weichen, und schon dadurch über die Menge erhaben, von der man Reinheit und Festigkeit nicht erwarten kann; gebe man ihm die zu seinem Amte nötigen Kenntnisse, sowie eine heitere, gleiche Tätigkeit, welche sogar leidenschaftlich ist, indem sie keinen Augenblick versäumt, das Gute zu wirken – und man wird ihn wohl ausgestattet haben. Zugleich aber füge man die nötige Beschränktheit hinzu, daß er nicht allein in einem kleinen Kreise verharren, sondern auch allenfalls in einen kleineren übergehen möge; man verleihe ihm Gutmütigkeit, Versöhnlichkeit, Standhaftigkeit und was sonst noch aus einem entschiedenen Charakter Löbliches hervorspringt, und über dies alles eine heitere Nachgiebigkeit und lächelnde Duldung eigner und fremder Fehler: so hat man das Bild unseres trefflichen Wakefield so ziemlich beisammen. (HA 9, 427)

Goethes Eloge hat neben Herders Parteinahme für Goldsmith entscheidend dazu beigetragen, daß *The Vicar of Wakefield* in Deutschland als Urbild der Pfarrhausidylle im Gedächtnis geblieben ist.[94] Sein Lob ist allerdings zwiespältiger Natur. Zwar stellt er den Roman zunächst poetologisch als Vorbild für die moderne Idy-

---

[93] Den Roman von Goldsmith hat Goethe nach übereinstimmender Meinung der Forschung erst nach Sesenheim kennengelernt. Zu Goethes häufigen Datierungsfehlern vgl. bereits H. Düntzer, Die Zuverlässigkeit von Goethes Angaben über seine eigenen Werke in *Dichtung und Wahrheit*. In: Goethe-Jahrbuch 1 (1880), S. 140-154. Im Falle von Sesenheim deutet Goethes falsche Angabe über den *Vicar of Wakefield* auf die bewußte Inszenierung des Pfarrhausidylls hin.

[94] Vgl. in diesem Zusammenhang den bereits zitierten Aufsatz von Walter Pache, Idylle und Utopie: Zur Rezeption Oliver Goldsmiths in der Goethezeit.

llendichtung dar. Zugleich unterstreicht er jedoch die »nötige Beschränktheit« der Pfarrhausidylle, die von einem kleinen Kreis »allenfalls in einen kleineren übergehen möge«. Damit weist er das Bild des Pfarrhauses bei Goldsmith in die Schranken des Kleinen und Unscheinbaren, letztlich sogar Unbedeutenden. In Goethes Lob des *Vicar of Wakefield* überwiegen durchgehend ambivalente Begriffe wie Beschränktheit, Gutmütigkeit, Versöhnlichkeit, Standhaftigkeit, heitere Nachgiebigkeit und lächelnde Duldung eigener und fremder Fehler. Widersprüchlich ist auch das Bild des Landpfarrers selbst, der als »Priester und König in einer Person« eingeführt, im nächsten Satz jedoch nur noch als »Ackermann« bezeichnet wird. Bei aller Sympathie mit der Pfarrhausidylle, die bei Goethe zunächst anklingt, erscheint die Pfarre zugleich als ein Ort der Beschränktheit und Enge. Die Ambivalenz, die das Bild des Pfarrhauses in *Dichtung und Wahrheit* auszeichnet, bestätigt die Begegnung mit Friederike Brion.

Goethes Verkleidungen

Das Bild der Familie Brion verwebt Goethe im zehnten Buch von *Dichtung und Wahrheit* von Beginn an mit dem der Familie Wakefield aus Goldsmiths Roman. »Meine Verwunderung war über allen Ausdruck, mich so ganz leibhaftig in der Wakefieldschen Familie zu finden.« (HA 9, 434) Auf die problematische Verknüpfung von Literatur und Leben, die dem Sesenheimerlebnis zugrundeliegt, hat Klaus-Detlev Müller hingewiesen. »Das Interesse am Sesenheimer Pfarrhaus wird zuerst – das ist von entscheidender Bedeutung – durch diesen literarischen Eindruck geweckt, wobei es darum geht, den als realitätsgerecht empfundenen literarischen Gegenstand als Realität wiederzufinden«[95]. Dem Wunsch nach wechselseitiger Durchdringung von Literatur und Wirklichkeit entsprechend gestaltet Goethe das Sesenheimer Pfarrhausidyll als scheinbar originalgetreues Abbild von Goldsmiths Roman.

> Hatte die ältere Tochter nicht die gerühmte Schönheit Oliviens, so war sie doch wohlgebaut, lebhaft und eher heftig; sie zeigte sich überall tätig und ging der Mutter in allem an Handen. Friederiken an die Stelle von Primrosens Sophie zu setzen, war nicht schwer: denn von jener ist wenig gesagt, man gibt nur zu, daß sie liebenswürdig sei; diese war es wirklich. Wie nun dasselbe Geschäft, derselbe Zustand überall, wo er vorkommen mag, ähnliche, wo nicht gleiche Wirkungen hervorbringt; so kam auch hier manches zur Sprache, es geschah gar manches, was in der Wakefieldschen Familie sich auch schon ereignet hatte. Als nun aber gar zuletzt ein längst angekündigter und von dem Vater mit Ungeduld erwarteter jüngerer Sohn ins Zim-

---

[95] K.-D. Müller, Autobiographie und Roman. Studien zur literarischen Autobiographie der Goethe-Zeit, Tübingen 1976, S. 303.

mer sprang und sich dreust zu uns setzte, indem er von den Gästen wenig Notiz nahm, so enthielt ich mich kaum auszurufen: ›Moses, bist du auch da!‹ (HA 9, 434f.)

Die Darstellung der Familie Brion in *Dichtung und Wahrheit* vollzieht eine symbolische Stellvertretung, die die Figur des Landpredigers von Wakefield und die des Pfarrers von Sesenheim vollständig ineinander fließen läßt. In dem von Goethe inszenierten Maskenspiel, das sich nicht in allen Details an die Familienverhältnisse hält, übernimmt die ältere Schwester die Rolle der Olivia, Friederike die der Sophie und ihr jüngerer Bruder die des Moses. Goethe treibt sein Spiel sogar so weit, daß er – mit der Ausnahme von Friederike – die Namen der Familie Primrose auf die übrigen Familienmitglieder überträgt.

Vor dem Hintergrund der Verknüpfung von Wakefield und Sesenheim stellt sich in *Dichtung und Wahrheit* zugleich die Frage nach Goethes eigener Rolle. Beantwortet wird sie durch seinen Freund Weyland, der ihn mit Mr. Burchell, dem Erlöser der Pfarrersfamilie von Wakefield, gleichsetzt. »›Führwahr!‹ rief er aus, ›das Märchen ist ganz beisammen. Diese Familie vergleicht sich jener sehr gut, und der verkappte Herr da mag sich die Ehre antun, für Herrn Burchell gelten zu wollen‹« (HA 9, 436). Weyland bezieht sich auf einen Umstand, der insbesondere von psychoanalytischen Deutungen häufig hervorgehoben wurde. Goethe folgt dem Muster des *Vicar of Wakefield* nicht nur, indem er die Eigennamen beider Familienmitglieder gleichsetzt. Nach dem Vorbild des englischen Romans führt er sich in einer Verkleidung als armer Landgeistlicher unter falschem Namen in Sesenheim ein. Wie Theodor Reik festgehalten hat, offenbart sich in der Verkleidung zugleich ein Zwiespalt, der Goethes Verhältnis zum Sesenheimer Idyll kennzeichnet.

> Wir vermuten also, daß die unbewußten (vorbewußten) Motive der Verkleidung in dem Wunsche lagen, sich bei dem Pfarrer beliebt zu machen, sowie in der Tendenz, sich über den Dorfpfarrer und seine Bewohner zu mokieren. Die Analyse würde sagen, in der unbewußten Motivierung der Verkleidung komme jene eigenartige, zwischen Zärtlichkeit und Feindseligkeit schwankende Einstellung zum Ausdruck, die als Ambivalenz bezeichnet wird.[96]

Reik zufolge entspringt Goethes Verkleidung einer Ambivalenz, die auf einen geheimen Vorbehalt dem Pfarrhaus gegenüber schließen läßt. Im Kontext der Auobiographie zeigt sich diese grundsätzliche Ambivalenz im besonderen an Goethes Abschied von Friederike.

---

[96] Th. Reik, Warum verließ Goethe Friederike?. In: Imago XV (1929), S. 426.

Abschied vom Pfarrhaus

Der schwierige Prozeß des Abschiednehmens von Friederike, der die Verkleidung des Dichters als Theologen, mit der die Friederike-Episode anhebt, endgültig aufhebt, steht in einem engen Zusammenhang mit Goethes Märchen *Die
Neue Melusine*, das er im Sesenheimer Kreis erzählt.[97] Während Goethe sich aufgrund der zu großen Ähnlichkeiten mit der Familie Brion zunächst geweigert
hatte, den *Vicar of Wakefield* im Pfarrhaus vorzulesen, stellt er sein Märchen dort
bereitwillig vor. Auf die Bedeutsamkeit seiner Wahl weist ihn wiederum sein
Freund Weyland hin. »›Es ist doch wunderlich‹, fing er an, ›daß du gerade auf
dieses Märchen verfallen bist. Hast du nicht bemerkt, daß es einen ganz besondern Eindruck machte?‹« (HA 9, 449) Wunderlich, wie Weyland bemerkt, ist die
Wahl Goethes vor allem, da das Märchen von der Neuen Melusine, das er in die
Wanderjahre aufgenommen hat, das von Goldsmith inspirierte Bild des Pfarrhauses konterkariert, indem es Friederikes Welt anhand der Darstellung der unglücklichen Liebesgeschichte zwischen dem Protagonisten Raymond und einer
Zwergenprinzessin einer auffälligen Bewegung der Verkleinerung unterzieht.

So läßt sich die Anspielung auf das Märchen von der Neuen Melusine im
Kontext der Auseinandersetzung mit Friederike und der von ihr vertretenen
Welt der Pfarre in *Dichtung und Wahrheit* zugleich als eine symbolische Abkehr
von der Pfarrhausidylle lesen. Indem Goethe im Sesenheimer Kreis ein selbst-
verfaßtes Märchen liest, löst er das literarische Paradigma der Pfarrhausidylle,
das sein Bild des Pfarrhauses in *Dichtung und Wahrheit* im Anschluß an Goldsmith bisher bestimmte, durch die eigene dichterische Produktion ab. Der Abschied von Sesenheim inszeniert zugleich die eigene literarische Autorschaft, mit
der *Dichtung und Wahrheit* nach der Sesenheim-Episode im zwölften Buch fort-
fährt. Daß sich das Märchen, das Goethe erzählt, auf seine eigene Rolle in Sesenheim übertragen läßt, hat bereits Helmut Pfotenhauer festgestellt. Über die
Neue Melusine notiert er:

> Denn spielt nicht auch der Erzähler dieser Geschichte in Sesenheim eine Rolle in
> seiner Zwergengestalt, welche er annimmt, um seiner geliebten Zwergenkönig-
> stochter gerecht zu werden? Und wird er dieses Spiels nicht überdrüssig und zer-
> feilt den Ring, der ihn klein hält, um wieder erwachsen zu werden? Der Autor
> reflektiert in der Erzählung – zusammengesehen mit den Geschehnissen in Sesen-
> heim – auf das Leben und die Literatur als verniedlichende Verkleidung und ge-

---

[97] Zur Neuen Melusine und dem Zwergenmotiv vgl. M. Schmitz-Emans, Vom Spiel mit
dem Mythos. Zu Goethes Märchen ›Die neue Melusine‹. In: Goethe-Jahrbuch 105
(1988), S. 316-332. Zur Form des Kunstmärchens bei Goethe vgl. H. Geulen, Goethes
Kunstmärchen *Der neue Paris* und *Die neue Melusine*. Ihre poetologischen Imaginationen und Spielformen. In: DVjs 59 (1985), S. 79-92.

langt damit darüber hinaus. Das Keimblatt im Knabenmärchen ist gewachsen; die Kunst treibt erste Blüten und läßt ihre späteren Früchte erahnen.[98]

Was Pfotenhauer als einen Reifeprozess des Künstlers deutet, enthüllt sich im Rahmen der Autobiographie zugleich als symbolische Ablösung vom literarischen Paradigma der Pfarrhausidylle zugunsten der Selbstinszenierung des Autors Goethe. So setzt das Märchen der Neuen Melusine das dem *Vicar of Wakefield* entlehnte Sesenheimer Idyll außer Kraft, indem es Friederike einer Verkleinerungsbewegung unterzieht, der diese nicht standhält. Auf die signifikante Tendenz einer Verkleinerung Friederikes hat bereits Klaus-Detlev Müller hingewiesen. »Es macht ausdrücklich Friederikes Charme aus, daß sie sich anmutig in einer ›kleinen Welt‹ bewegt, während Goethe sich gerade anschickt, in der Perspektive auf große Dichtung und praktische Tätigkeit seinen ohnehin sehr viel weiteren Lebenskreis nochmals zu öffnen: die an Voltaire gewonnene Vorstellung vom Dichterfürsten ist das genaue Gegenteil des Idyllischen.«[99] Der langwierige Prozeß der Loslösung von Friederike stellt sich in *Dichtung und Wahrheit* in eben der Begrifflichkeit der Verkleinerung dar, die das Thema des Zwergenreiches im Märchen von der Neuen Melusine bestimmt. Als Goethe mit Friederike vom ländlichen Sesenheim nach Straßburg reist, vergeht ihr Zauber. »Friedrike hingegen war in dieser Lage höchst merkwürdig. Eigentlich genommen paßte sie auch nicht hinein [...]. Sie schien mir keinen andern Vorzug zu geben, als den, daß sie ihr Begehren, ihre Wünsche eher an mich als an einen andern richtete und mich dadurch als ihren Diener anerkannte.« (HA 9, 469) Der Wechsel vom Pfarrhaus in die weitläufige Stadt läßt Friederike in einem anderen Licht erscheinen. Goethe fühlt sich nur noch als »Diener« Friederikes, deren Ziel die Selbsterhöhung durch den dichtenden Freund sei: sie »versagte sich, nach ihrer zierlichen Weise, den kleinen Stolz nicht, in mir und durch mich geglänzt zu haben« (HA 9, 470), bemerkt Goethe anläßlich einer von ihm gehaltenen Hamletlesung.[100] Der Herabsetzung vom Dichter zum Diener begegnet er mit einer Verniedlichung Friederikes, deren begrenztes Wesen er in der »zierlichen Weise« und dem »kleinen Stolz« der Pfarrerstochter zu erkennen glaubt. Die Absage, die Goethe Friederike und dem Pfarrhausidyll in seiner Autobiographie erteilt, vollzieht sich anhand einer symbolischen Verkleinerung der Frau, der die Selbsterhöhung des Dichterfürsten korrespondiert. Das zeigt sich besonders an der Schilderung des schwierigen Abschiednehmens von Friederike.

---

[98] H. Pfotenhauer, Literarische Anthropologie. Selbstbiographien und ihre Geschichte – am Leitfaden des Leibes, Stuttgart 1987, S. 156f.

[99] K.-D. Müller, Autobiographie und Roman, S. 305.

[100] Daß Goethe mit dem *Hamlet* zusätzlich noch auf die Figur der Ophelia anspielt und damit ein drittes literarisches Paradigma zur Geltung bringt, zeigt, wie komplex seine Inszenierung der Autorschaft in *Dichtung und Wahrheit* verfährt.

In solchem Drang und Verwirrung konnte ich doch nicht unterlassen, Friedriken noch einmal zu sehn. Es waren peinliche Tage, deren Erinnerung mir nicht geblieben ist. Als ich ihr die Hand noch vom Pferde reichte, standen ihr die Tränen in den Augen, und mir war sehr übel zu Mute. Nun ritt ich auf dem Fußpfade gegen Drusenheim, und da überfiel mich eine der sonderbarsten Ahndungen. Ich sah nämlich, nicht mit den Augen des Leibes, sondern des Geistes, mich mir selbst, denselben Weg, zu Pferde wieder entgegen kommen, und zwar in einem Kleide wie ich es nie getragen: es war hechtgrau mit etwas Gold. Sobald ich mich aus diesem Traum aufschüttelte, war die Gestalt ganz hinweg. Sonderbar ist es jedoch, daß ich nach acht Jahren, in dem Kleide, das mir geträumt hatte, und das ich nicht aus Wahl, sondern aus Zufall gerade trug, mich auf demselben Wege fand, um Friedriken noch einmal zu besuchen. (HA 9, 500)

Die Darstellung des Abschieds von Friederike ist von einem signifikanten Größenunterschied geprägt: Vom Pferd herab reicht Goethe seiner Geliebten die Hand. Die Loslösung von der Pfarrerstochter erfordert dabei zugleich eine Verdoppelung des sich erinnernden Subjekts,[101] das sich in einer prophetischen Schau selbst zu begegnen scheint: »mich mir selbst«, lautet die seltsame Formulierung Goethes, die Jacques Lacan als »dédoublement de la fonction personelle du sujet«[102] interpretiert hat, die Goethes autobiographisches Ich kennzeichne. Mit dem golddurchwirkten Kleid, in dem er sich zu Friederike zurückkehren sieht, entfaltet Goethe in seiner Selbstdarstellung abschließend das Bild eines Märchenprinzen, der sich auf dem Pferd seiner abgelebten Vergangenheit zuwendet. Den Konflikt zwischen der räumlichen Beschränktheit des Pfarrhauses und den literarischen Ambitionen, der Goethe und Lenz verbindet, entscheidet Goethe wie Lenz zugunsten der Dichtkunst.

Parallel zur symbolischen Darstellung der eigenen Autorwerdung in *Dichtung und Wahrheit* verabschiedet Goethe damit das idyllische Bild des Pfarrhauses aus der deutschen Literatur: »Der gläubige Pfarrer verschwindet zusehends aus der hohen Literatur in der zweiten Hälfte des 19. Jahrhunderts«[103], bemerkt Robert Minder. Das bedeutet zwar keineswegs, daß keine weiteren Pfarrhausidyllen mehr geschrieben werden. Dennoch hat die literarische Form der Pfarrhausidylle des 18. Jahrhunderts in ihrer Funktion als Spiegel des protestantisch-aufgeklärten Bürgertums ihren Höhepunkt überschritten. Allein dem Werk Jean Paul kommt es zu, dem Bild des Pfarrhauses eine literarische Relevanz zu sichern, die sich gerade aus der spannungsvollen Verschränkung der Idylle mit allegorischen Darstellungstechniken ergibt.

---

[101] Reik notiert in diesem Zusammenhang, »daß das Ich in der Halluzination als eigene, abgelöste Persönlichkeit auftritt«. T. Reik, Warum verließ Goethe Friederike?, S. 527.

[102] J. Lacan, Le mythe individuel du névrosé. In: Ornicar 17/18 (1979), S. 305.

[103] R. Minder, Das Bild des Pfarrhauses in der deutschen Literatur von Jean Paul bis Gottfried Benn, S. 57.

3. Zwischen Idylle und Allegorie: Jean Paul

Neben Voss hat Robert Minder Jean Paul als den zweiten Höhepunkt in der Geschichte der Pfarrhausdichtungen der deutschen Literatur des 18. und 19. Jahrhunderts genannt.[1] Vor dem Hintergrund der gegenläufigen Tendenzen von Pfarrhausidylle und allegorischem Pilgerroman kommt dem Werk Jean Pauls ein besonderer Stellenwert zu, da es beide Momente, Idyllik und Allegorik, miteinander verbindet.[2] Die Spannung, die die Idylle und die Allegorie bei Jean Paul zusammenhält, läßt sich exemplarisch anhand der Analyse des *Quintus Fixlein* (1796) und der *Rede des toten Christus* verfolgen. Zeichnet Jean Paul im *Quintus Fixlein* ein idyllisches Bild des Pfarrhauses, wie es in ähnlicher Form bereits bei Goldsmith und Voss begegnet ist, so entwirft er mit der ebenfalls 1796 erschienenen *Rede des toten Christus* eine allegorische Dichtung, die in ihrer eigentümlichen sprachlichen Gestalt auf Karl Philipp Moritz' Roman *Andreas Hartknopf* zurück- und auf Friedrich Nietzsches philosophische Dichtung *Also sprach Zarathustra* vorverweist.[3]

Das Leben des Quintus Fixlein

»Wenigstens eine kleine epische Gattung haben wir, nämlich die Idylle. Diese ist nämlich epische Darstellung des *Vollglücks* in der *Beschränkung*.« (SW 5, 258). Mit dieser Definition führt Jean Paul die Idylle in seiner *Vorschule der Ästhetik* ein. Als Beispiele solcher Idyllendichtung nennt er nicht allein Oliver Goldsmiths *Vicar of Wakefield*, dem er vorwirft, letztlich gegen die Gesetze der Gattung zu verstoßen,[4] sondern auch die eigenen Werke um die komischen Fi-

---

[1] Vgl. R. Minder, Das Bild des Pfarrhauses in der deutschen Literatur von Jean Paul bis Gottfried Benn, S. 49f.

[2] Vgl. U. Naumann, ›Denn ein Autor ist der Stadtpfarrer des Universums.‹ Zum Einfluß geistlicher Rede auf das Werk J. P. F. Richters. In: Jahrbuch der Jean-Paul-Gesellschaft 7 (1972), S. 7-39.

[3] Den Vergleich mit Nietzsche, insbesondere mit dem *Zarathustra*, hat bereits Max Kommerell gezogen. Vgl. M. Kommerell, Jean Paul, Frankfurt/Main 1957, S. 151f.

[4] »Der Landprediger von Wakefield ist so lange idyllisch, bis das Stadt-Unglück alle auf

guren Wutz, Fixlein und Fibel: »Das Schulmeisterlein Wutz des uns bekannten
Verfassers ist eine Idylle, aus welcher ich mehr machen würde als andere Kunst-
richter, wenn es sonst die Verhältnisse mit dem Verfasser erlaubten; dahin gehört
unstreitig auch desselben Mannes Fixlein und Fibel.« (SW 5, 259) Neben der
Buchstabenwelt des Schulmeisters Wutz und des Schulbuchverfassers Fibel verkörpert das Pfarrhaus des Quintus Fixlein den Ausgangspunkt der modernen
Idylle in Jean Pauls Werk.

Jean Pauls poetischer Umgang mit der Pfarrhausidylle ist allerdings eigen-
willig. Zwar beginnt der Roman, dessen Handlung ausschließlich an Sonntagen
spielt,[5] mit der Erwähnung der »Hundstagsferien«, die vom Erzähler eingangs
als willkommene Befreiung der Lehrer vom Joch der Arbeit dargestellt wird:
»Ich möchte noch den Totenkopf des guten Mannes streicheln, der die Hunds-
ferien erfand; ich kann nie in ihnen spazieren gehen, ohne zu denken: jetzt rich-
ten sich im Freien tausend gekrümmte Schulleute empor, und der harte Ranzen
liegt abgeschnallet zu ihren Füßen, und sie können doch suchen, was ihre Seele
lieb hat« (SW 4, 65). Jean Paul nutzt die Ferienidylle nicht zu einer Verklärung
der Schulwelt, sondern zu einer sozialkritischen Beschreibung der Leiden und
Freuden der Lehrerzunft.[6] Vor dem gleichen realistischen Hintergrund führt er
die Mutter Fixleins ein, zu der dieser am Sonntag zum Essen eilt.

> Es ärgert mich, daß es der guten Frau die Leserinnen übelnehmen, daß sie die
> Binde erst plätten will: sie müssen nicht wissen, daß sie keine Magd hat und daß
> sie heute das ganze Meisteressen – die Geldprästationen dazu hatte der Gast drei
> Tage vorher übermacht – allein, ohne eine Erbküchenmeisterin beschicken mußte.
> Und überhaupt trägt der dritte Stand (sie war eine Kunstgärtnerin) allemal wie ein
> Rebhuhn die Schalen des Werkeltags-Eies, aus dem er sich hackt, noch unter der
> Vormittagskirche am Steiße herum. (SW 4, 66)

Bereits zu Beginn der Erzählung hebt Jean Paul die bedrückende Lebenssituation seiner Hauptfigur hervor. Fixlein und seine Mutter verkörpern im Rahmen
der Idylle keine idealisierten Figuren mehr wie noch bei Voss, sie sind realisti-

---

einen Ton gestimmte Saiten der häuslichen Windharfe zu miß- und mehrtönigen hin-
aufspannt und durch das Ende den Anfang zerreißt.« (SW 5, 259).

[5] Vor diesem Hintergrund bemerkt Ursula Naumann: »Jean Paul überträgt diesen Le-
bensrhythmus auf seine poetischen Biographien. Das Kirchenjahr liegt als Ord-
nungsprinzip vielen Romanen und Idyllen zu Grunde, seine Feste markieren
Höhepunkte der Handlung, wie etwa Pfingsten im ›Hesperus‹, um nur ein Beispiel
herauszugreifen.« U. Naumann, ›Denn ein Autor ist der Stadtpfarrer des Universums.‹
Zum Einfluß geistlicher Rede auf das Werk J. P. F. Richters, S. 19.

[6] Vor diesem Hintergrund bemerkt Claude Girault: »On trouve dans Quintus Fixlein
un tableau peut-être incomplet, mais fort précis, des classes sociales avec lesquelles
l'auteur est entré en relations.« C. Girault, Réalité et magie dans ›Quintus Fixlein‹. In:
Etudes Germaniques 18 (1963), S. 30.

sche Repräsentanten des sozial in seinem Handlungsspielraum eng beschränkten Bürgers. Vor diesem Hintergrund erscheint der Wunsch Quintus Fixleins, das Schulamt gegen das Pfarrhaus einzutauschen, zunächst als vermessen:

> Ein Schulmann, der ein Professor werden will, sieht einen Pastor kaum an; einer aber, der selber ein Pfarrhaus zu seinem Werk- und Gebärhaus verlangt, weiß den Inwohner zu schätzen. Die neue Pfarrwohnung – gleichsam als wäre sie wie eine casa santa aus der Friederichsstraße oder aus Erlang aufgeflogen und in Hukelum niedergefallen – war für den Quintus ein Sonnentempel und der Senior der Sonnenpriester. Pfarrer da zu werden, war ein mit Lindenhonig überstrichner Gedanke, der in der Geschichte nur noch einmal vorkommt, nämlich in Hannibals Kopf, als er den hatte, über die Alpen zu schreiten, d. h. über Roms Türschwelle. (SW 4, 71)

Das »Vollglück in der Beschränkung«, das Jean Paul seiner Auffassung der Idylle zugrundelegt, beginnt im *Quintus Fixlein* mit der ironischen Aufhebung der in sich begrenzten Welt der Schule durch die weitere der Pfarre. Der Vergleich von Fixleins scheinbar unmäßigem Wunsch nach Erweiterung seiner Lebensgrundlage mit der Alpenüberquerung Hannibals dient dabei nicht nur dem Ziel, die Welt des Pfarrhauses in ihrer Beschränktheit satirisch bloßzustellen. Er läßt den Helden des Idylls zugleich in der ihm eigenen Kindlichkeit erscheinen, die nach Jean Paul dem naiven Geist der Idylle korrespondiert: »Ja ihr leihet dem idyllisch dargestellten Vollglück, das immer ein Widerschein eueres früheren kindlichen oder sonst sinnlich engen ist, jetzo zugleich die Zauber euerer Erinnerung und euerer höheren poetischen Ansicht.« (SW 5, 260)

Idylle und Kindheit

Im *Quintus Fixlein* ist das Motiv der Kindheit jedoch mehr als ein »Widerschein« früheren Menschenglücks. Denn das Leben des Quintus Fixlein ist nicht nur Reflex der Kindheit, der Held selbst ist ganz und gar Kind geblieben.[7] Daß Quintus Fixlein am Sonntag zu seiner Mutter in seinen Heimatort Hukelum eilt, versetzt das Idyll bereits zu Beginn des Romans in den Bereich einer prekären Familienkonstellation, die auf der engen Bindung von Mutter und Sohn und der gleichzeitigen Abwesenheit des Vaters beruht. Das kindliche Glück des Pfarrhauses, das sich Quintus Fixlein wünscht, wird so zwar ein-

---

[7] Auf die Bedeutung der Kindheit für Jean Pauls Idyllik hat Marianne Thalmann hingewiesen. »Woraus entsteht die Fabel dieser Idyllenwelt? Aus dem Kindsein und dem Kindbleiben.« M. Thalmann, Jean Pauls Schulmeister. In: Modern Language Notes, Volume LII (1937), S. 342.

gangs in den Vordergrund geschoben, zugleich aber bereits ironisch gebrochen.[8] Um so bemerkenswerter ist die Tatsache, daß sich Fixleins Wunsch trotz aller Hindernisse und Unwahrscheinlichkeiten erfüllt.

Die Erfüllung von Fixleins Verlangen ist dabei an ein Moment gebunden, das bereits auf den Schluß des Romans vorausverweist: auf die Anhäufung von Todesfällen, von denen der glückliche Sohn ungewollt profitiert.[9] Hatte sein Pate, der Rittmeister von Aufhammer, ihm aufgrund einer peinlichen Namensverwechslung noch seine Gunst und damit die Möglichkeit der Erlangung der Pfarrstelle versagt,[10] so wird er aufgrund einer glücklichen Intervention seiner Freundin Thienette von der Frau Rittmeisterin von Aufhammer in ihrem Testament bedacht. Versprochen wird ihm zwar nicht die Pfarre, wohl aber eine Stelle als Konrektor, die Fixlein neben einer bescheidenen Summe Geld auch erhält. Durch einen weiteren glücklichen Zufall fällt ihm jedoch bald schon die Pfarre zu. Nach der ganz im Geiste der Empfindsamkeit geschilderten Verlobung mit Thienette bittet er beim Rittmeister um die freigewordene Pfarrstelle in Hukelum. Er bekommt sie durch eine abermalige Namens- und Ämterverwechslung.

> Es war der bekannte Bediente des Rittmeisters, der die Vokation an den Subrektor *Füchslein* hatte. Zum letztern sollte der gute Mensch diesen Wildruf ins Pfarramt tragen; aber er distinguierte elend zwischen *Sub*- und *Kon*-Rektor und hatte überhaupt seine guten Gründe, warum er zu diesem kam (SW 4, 132f.).

---

[8] Vgl. B. Lindner, Satire und Allegorie in Jean Pauls Werk. Zur Konstitution des Allegorischen. In: Jahrbuch der Jean-Paul-Gesellschaft 5 (1970), S. 7-61.

[9] So bemerkt Waltraud Wiethölter: »obwohl nichts für die Erfüllung seines Wunsches spricht, im Gegenteil die Hindernisse unüberwindlich scheinen, gelingt dieser Aufstieg durch eine Reihe wunderbarer Zufälle, die man besser und richtiger als Todesfälle bezeichnet.« W. Wiethölter, Die krumme Linie: Jean Pauls humoristisches ABC. In: Jahrbuch für internationale Germanistik 18 (1986), S. 41.

[10] Diese erste Namensverwechslung, die in den Roman Eingang findet, deutet auf die sozialkritischen Untertöne der Dichtung hin. »Unser *Egidius* Fixlein war nämlich mit seinem Pudel, der wegen der französischen Unruhen mit andern Emigranten aus Nantes fortgelaufen war, nicht lange von Akademien zurück, als er und der Hund miteinander unglücklicherweise im Hukelumer Wäldchen spazieren gingen. Denn da der Quintus immer zu seinem Begleiter sagte: ›Kusch, Schill (couche Gilles)‹, so wirds wahrscheinlich der Teufel gewesen sein, der den von Aufhammer so wie Unkraut zwischen die Bäume eingesäet hatte, daß ihm die ganze Travestierung und Wipperei seines Namens – denn Gilles heißt Egidius – leichtlich in die Ohren fallen konnte. Fixlein konnte weder parlieren noch injuriieren, er wußte nicht ein Wort davon, was couche bedeute, das jetzt in Paris bürgerliche Hunde selber zu ihren Valets de chien sagen; aber von Aufhammer nahm drei Dinge nie zurück, seinen Irrtum, seinen Groll und sein Wort. Der Provokat setzte sich jetzt vor, den bürgerlichen Provokanten und Ehrendieb nicht mehr zu sehen und zu – beschenken.« (SW 4, 70f.) Zu dem dialektischen Verhältnis der Jean Paulschen Innerlichkeit zur Gesellschaftskritik vgl. P. Sprengel, Innerlichkeit. Jean Paul oder das Leiden an der Gesellschaft, München 1977.

Nicht dem Konrektor Quintus Fixlein, sondern dem Subrektor Hans von Füchslein war die Stelle eigentlich zugedacht. Nur dieser Namensverwechslung hat es Fixlein zu verdanken, daß er und nicht sein Konkurrent die Stelle bekommt: Das unverhoffte Glück, das mit dem Erlangen der Pfarre verbunden ist, geht auf eine Kette von glücklichen Umständen zurück, die den kindlichen Geist des Helden in seinen anfänglichen Hoffnungen bestätigt: Mit Thienette zieht Quintus Fixlein als der neue Pfarrer von Hukelum in das Pfarrhaus ein.

Traumallegorie und Todeserfahrung

Jean Paul nutzt die Darstellung der Pfarrhausidylle im *Quintus Fixlein* jedoch nicht zur idealistischen Verklärung seines Helden.[11] Vielmehr läßt er den Anspruch des Pfarrhausidylls an dem naiv-kindlichen Geist Fixleins beinahe scheitern. Wie alle Fixleins fürchtet Quintus den Tod, der nach dem Familiengesetz mit 32 Jahren eintreten soll. Seine Ängste um einen verfrühten Tod weiten sich bis zu einer handfesten Wahnvorstellung aus:

> Hier schlug es auf dem Turm zwölf Uhr; aber eine ausgebrochene Eisenzacke ließ die Gewichter in einem fort rollen und den Glockenhammer fortschlagen – und er hörte schauerlich die Drähte und die Räder rasseln, und ihm war, als ließe jetzt der Tod alle längere Stunden, die er noch zu leben gehabt, hintereinander ausschlagen – und nun wurd‹ ihm der Gottesacker beweglich und zitternd, das Mondslicht flackerte an den Kirchfenstern, und in der Kirche schossen Lichter herum, und im Gebeinhause fings an, sich zu regen. (SW 4, 178)

In einer Traumallegorie, die den idyllischen Geist der Dichtung kritisch unterläuft, nutzt Jean Paul die Metapher der Mitternacht zur Schilderung einer Geisterstunde, die in ihrer expressiven Symbolik an die *Rede des toten Christus* erinnert. Fixleins apokalyptische Vision führt ihn auf den »Gottesacker«, wo sich die Toten und mit ihnen der verstorbene Vater zu gespenstischem Leben erheben. Im Fiebertraum geht Fixlein das Bild des Todes und das des Vaters endgültig ineinander über:[12]

> Dann wurden endlich farbige Träume aus den durchsichtigen Gedanken, und es träumte ihn: er sehe aus seinem Fenster in den Gottesacker, und der Tod krieche klein wie ein Skorpion darauf herum und suche sich seine Glieder. Darauf fand der

---

[11] Zur kritischen Darstellung der Idylle bei Jean Paul vgl. E. H. Rockwell, Funktion und Destruktion des Idyllenbegriffs bei Jean Paul, Michigan 1982.

[12] »Ce motif de la mort prématurée parcourt toute l'oeuvre, mais il acquiert peu à peu une résonance tragique; il est étrange de constater avec quelle fréquence l'obsession de la mort revient dans cette idylle lumineuse.« C. Girault, Réalité et magie dans ›Quintus Fixlein‹, S. 41.

Tod Armröhren und Schienbeine auf den Gräbern und sagte: ›Es sind meine Ge-
beine‹, und er nahm ein Rückgrat und die Knochen und stand damit, und die zwei
Armröhren und griff damit, und fand am Grabe des Vaters von Fixlein einen To-
tenschädel und setzte ihn auf. – Alsdann hob er eine Grassichel neben dem Blu-
mengärtchen auf und rief: ›Fixlein, wo bist du? Mein Finger ist ein Eiszapfen und
kein Finger, und ich will damit an dein Herz tippen.‹ – Jetzt suchte das zusam-
mengestoppelte Gerippe den, der am Fenster stand und nicht weg konnte, und
trug statt der Sanduhr die ewig ausschlagende Turmuhr in der andern Hand und
hielt den Finger aus Eis weit in die Luft wie einen Dolch ... (SW 4, 179)

Der Blick des träumenden Kranken aus dem Fenster führt direkt auf den Friedhof. Personifiziert erscheint der Tod zunächst als Skorpion, dann als Knochen-
gerüst, das den Schädel von Fixleins Vater trägt. Als bedrohliches Monument,
welches das durch die »Sanduhr« allegorisierte Bild der menschlichen Endlichkeit durch die leere Ewigkeit einer immer ausschlagenden »Turmuhr« ersetzt,
ruft der Vater im Traum nach dem Sohn: in der einen Hand die Uhr, in der anderen einen »Finger aus Eis« als »Dolch«, um nach dem Herz Fixleins zu grei-
fen. Begann die Idylle im Zeichen einer symbiotischen Beziehung von Mutter
und Sohn am sonntäglichen Feiertag, so endet sie mit der Einführung der Vaterfigur als Inkarnation des Todes, der den Sohn auf den Friedhof holen will
und die Idylle so scheitern läßt.[13] Wie Waltraud Wiethölter betont, ist »die
ganze Geschichte, die bei allem Spaß und im schönsten Idyllenfrieden von
handfesten Fixierungen und einer folgenreichen Todesphobie zu berichten
weiß«[14], von einer Auseinandersetzung mit der ganz an das Bild des Vaters ge-
bundenen Instanz des Todes geprägt, die den *Quintus Fixlein* aus der inneren
Beschränktheit der Idylle tendenziell herauslöst. Die räumliche Geschlossenheit der Pfarrhausidylle führt Jean Paul mit der Frage nach der Zeitlichkeit der
menschlichen Existenz, die er in der *Rede des toten Christus* unter veränderten
Vorzeichen gestaltet, an ihre Grenzen.

Gefährdete Idylle

Dem Tod und damit dem Gesetz des Vaters entgeht Fixlein nur durch das Eintreten des Erzählers, der zur Taufe von Fixleins erstem Kind gekommen ist.
Zunächst vom Erzähler und Thienette in Übereinstimmung mit der »völlig un-

---

[13] Angesichts der Konfrontation mit dem Tod des Vaters bemerkt Wiethölter: »Auch
Fixlein macht da keine Ausnahme, vielmehr zeigt sich die Kehrseite seiner Wahnbil-
der in Gestalt einer phantastischen Autoaggression, der zunehmenden Angst nämlich,
einen fremden Tod, den Tod seiner Väter, sterben zu müssen.« W. Wiethölter, Die
krumme Linie: Jean Pauls humoristisches ABC, S. 44.
[14] Ebd., S. 41.

gebrochenen narzißtischen Konstellation«[15] Fixleins im Fiebertraum in die Kindheit zurückversetzt, dann durch seinen Vormund ermahnt, ob er »denn ein Pfarrer oder ein Narr« (SW 4, 184) sei, kehrt Fixlein allmählich ins Leben zurück.
Erst das Erwachen aus der Kindheit sichert den glücklichen Ausgang der Pfarrhausidylle. Durch die Intervention des Erzählers wird das bedrohliche Bild des
väterlichen Todes zurückgedrängt. Der Abschied von dem nunmehr von seinen
Kindereien geheilten Fixlein, mit dem der Roman schließt, gibt dem Erzähler zugleich die Möglichkeit, die apokalyptische Traumallegorie des Friedhofes durch
ein paradiesisches Bild zu ersetzen.

> Ich ging und sah, gleich dem Magnet, immer auf die Mitternachtsgegend hin, um
> das Herz an der nachglimmenden Abendröte zu stärken, an dieser heraufreichen-
> den Aurora eines Morgens unter unsern Füßen. Weiße Nachtschmetterlinge
> zogen, weiße Blüten flatterten, weiße Sterne fielen, und das lichte Schneegestöber
> stäubte silbern in dem hohen Schatten der Erde, der über den Mond steigt und der
> unsere Nacht ist. Da fing die Äols-Harfe der Schöpfung an zu zittern und zu klin-
> gen, von oben herunter angeweht, und meine unsterbliche Seele war eine Saite auf
> dieser Laute. (SW 4, 191)

»Folgendes ist nämlich noch zu wenig erwogen: wenn die Dichtkunst durch ihr
ästherisches Echo den Mißton des *Leidens* in Wohllaut umwandelt: warum soll
sie mit demselben ätherischen Nachhalle nicht die Musik des *Freuens* zärter und
höher zuführen?« (SW 5, 257), schreibt Jean Paul in der *Vorschule der Ästhetik*
über die Idylle. Unter diesen Vorzeichen verwandelt er das bedrohliche Bild des
väterlichen Todes zum Schluß seines Romans in das der mütterlichen Aurora:
So wie die Mitternacht auf dem Friedhof durch den Aufgang der inneren Sonne
des Menschen durchkreuzt wird, so verkehrt sich die narzißtische Todesverfallenheit Fixleins in die Bestätigung der Unsterblichkeit der Seele als Zeichen
einer spirituellen Neugeburt, die den Pfarrer aus der Kindheit entläßt.

Damit wird die Idylle zum Schluß des Romans zwar noch einmal bestätigt.
In ihren Grundfesten bleibt das Pfarrhausidyll bei Jean Paul jedoch erschüttert.
Ralph-Rainer Wuthenow hat die Gefährdetheit der Idylle bei Jean Paul folgen-
dermaßen zusammengefaßt:

> Die Idylle hat ihre Unbefangenheit verloren; unschuldig und glücklich sind die
> Helden der realistischen Idyllen Jean Pauls nicht mehr – oder doch nur mit einer
> Anstrengung, die ihren Zustand sofort wieder in Frage stellt. [...]
> Von der inhaltlich dürftigen, elegisch und feierlich gestimmten Landschaftsdarstel-
> lung mit kostümierten Rollenfiguren wendet Jean Paul sich ab und der Wiedergabe
> realer Lebensverhältnisse zu. In der idealen Geschichtslosigkeit ihrer Zustände ist
> die Gattung ihm offenbar – wie dann für Hegel – unglaubwürdig geworden.[16]

---

[15] Ebd., S. 43.
[16] R.-R- Wuthenow, Gefährdete Idylle. In: Jahrbuch der Jean-Paul-Gesellschaft 1 (1966),
S. 93.

Wuthenow sieht die idealistische Gestaltung der Idylle, wie sie noch bei Voss begegnet, im Werk Jean Pauls durch ein realistisches Erzählen gebrochen. Die Gefährdetheit der Jean Paulschen Idylle, die Wuthenow im Verweis auf Hegel konstatiert, weist zugleich darauf hin, daß ihre Funktion im 19. Jahrhundert fragwürdig geworden ist.[17] Wie bereits das ambivalente Bild des Pfarrhauses im *Leben des Quintus Fixlein* zeigt, wird die räumliche Geschlossenheit der Idylle durch die Frage nach der Zeitlichkeit und Todesverfallenheit des Menschen aufgelöst. Das Thema der menschlichen Endlichkeit, das im *Quintus Fixlein* die Idylle bedroht, hat Jean Paul in der nihilistischen Traumsymbolik der *Rede des toten Christus* in den Vordergrund gerückt.

Die Allegorie bei Jean Paul

Das bedrohliche Bild des Todes, das in der Traumsymbolik des *Quintus Fixlein* anklingt, hat Jean Paul in der *Rede des toten Christus vom Weltgebäude herab, daß kein Gott sei*, auf dem Boden der Allegorie neu entfaltet. So ist die Bedeutung der Allegorie in Jean Pauls Werk, die in der *Rede des toten Christus* ihre größte Verdichtung findet, von seiten der Forschung häufig hervorgehoben worden. Für Ernst Bloch ist Jean Paul »der letzte große Allegoriker«[18], und auch Walter Benjamin zählt die »Werke von Jean Paul, des größten Allegorikers unter den deutschen Poeten«[19], zu den Höhepunkten innerhalb der Geschichte der modernen narrativen Allegorik. Kurt Wölfel hat Jean Paul dagegen einen »Allegoriker prekärer Art«[20] genannt und damit auf die Widersprüchlichkeit von Jean Pauls Theorie und Praxis der Allegorie hingewiesen.[21]

---

[17] Waltraud Wiethölter ist zu einem ähnlichen Ergebnis über den Humor bei Jean Paul gekommen: »Der Ichspaltung bewußt abgerungen, zeigt sich der Humor im Namen Jean Pauls seinerseits als zwiespältiges Phänomen, eine Tollerei zwischen Aufbegehren und Bescheidung, Lust- und Realitätsprinzip.« W. Wiethölter, Die krumme Linie: Jean Pauls humoristisches ABC, S. 56.

[18] E. Bloch, Tübinger Einleitung in die Philosophie 2, Frankfurt/Main 1970, S. 141f.

[19] W. Benjamin, GS I, S. 364.

[20] K. Wölfel, Ein Echo, das sich selbst in das Unendliche nachhallt – Eine Betrachtung von Jean Pauls Poetik und Poesie. In: Jahrbuch der Jean Paul-Gesellschaft 1, Bayreuth 1966, S. 49.

[21] Auf die Bedeutung der Allegorie zusammen mit der Satire in Jean Pauls Werk hat Burkhardt Lindner aufmerksam gemacht. »Zwar macht sich auch hier bisher die Konkurrenzlast des Goetheschen Symbolbegriffs geltend, aber es läßt sich doch, so hoffe ich, ein Problemzusammenhang des Allegorischen aufdecken, der noch für Jean Pauls Werk konstitutiv ist.« B. Lindner, Satire und Allegorie in Jean Pauls Werk, S. 25.

Jean Paul selbst hat sich nicht immer positiv zur Allegorie geäußert. In der *Vorschule zur Ästhetik* bezeichnet er sie als »die leichteste Gattung des bildlichen Witzes, so wie die gefährlichste der bildlichen Phantasie.« (SW 5, 189) Im Anschluß an Herder zieht er ihr das Gleichnis vor.

> Ein neues, zumal witziges Gleichnis ist mehr wert und schwerer als hundert Allegorien; und dem geistreichen Musäus sind seine unübertrefflichen Allegorien doch leichter nachzuspielen als seine Gleichnisse. Die poetische Phantasie aber, deren Allegorie meistens eine Personifikation werden muß, darf sie mit mehr Ruhm wagen. (SW 5, 191)

Wie Hegel versteht auch Jean Paul die Funktion der Allegorie in der modernen Dichtung vor allem als Personifikation. Zwar stellt er das Gleichnis als die innovativere Form über die Tradition der Allegorie.[22] Mit dem Hinweis auf die »poetische Philosophie«, in der die Allegorie grundsätzlich ihr Recht behalte, gibt Jean Paul jedoch ein Stichwort, das neben seiner *Rede des toten Christus* auch auf Karl Philipp Moritz' Hartknopf-Roman und Friedrich Nietzsches *Zarathustra* zutrifft. Mit Moritz und Nietzsche teilt Jean Pauls Darstellung in der *Rede des toten Christus* nicht nur den allegorischen Charakter, sondern auch die damit verbundene philosophische Auseinandersetzung mit den Fragen nach Gott, Freiheit und Unsterblichkeit, die Kant in den Mittelpunkt der modernen Anthropologie gestellt hatte.[23]

Poetischer Nihilismus: Die Rede des toten Christus

So ist Jean Pauls *Rede des toten Christus* neben Tiecks *William Lovell*, Klingemanns *Nachtwachen*, Büchners *Lenz* und Nietzsches *Zarathustra* von der Forschung auch als Ausdruck eines »poetischen Nihilismus« gewertet worden, der die literarische Moderne zugleich als Absage an die theologischen Voraussetzungen erscheinen läßt, die noch im 17. und 18. Jahrhundert in der Dichtung Gültigkeit besaßen.[24] Im Unterschied zu Nietzsche läßt Jean Paul jedoch bereits

---

[22] Daß Jean Pauls Bevorzugung des Gleichnisses vor der Allegorie nicht unbedingt stichhaltig ist, hat bereits Ralph-Rainer Wuthenow gezeigt. »Daß aber Jean Paul selber allegorisierend verfährt, verschweigt er«, kommentiert Ruthenow, Das Allegorie-Problem bei Jean Paul, S. 64.

[23] Vgl. in diesem Zusammenhang die Kritik an Kants Theorie der unendlichen Vernunftideen zugunsten des Problems der Endlichkeit in der Moderne bei Michel Foucault, Les mots et les choses, Paris 1966, S. 254-256.

[24] So deutet Bruno Hillebrand Jean Pauls Dichtung als eine der Stationen auf dem Weg zu Nietzsche. Vgl. B. Hillebrand, Ästhetik des Nihilismus: von der Romantik zum Modernismus, Stuttgart 1991, S. 29-31. Zu einer differenzierteren Auffassung als Hillebrand, der sich in seinem Verständnis der Romantik einseitig an Nietzsche orientiert,

in den ersten Worten seiner Traumrede keinen Zweifel daran, daß er sich zu der atheistischen Weltauffassung, die er schildert, nicht selbst bekennt. »Ebenso erschrak ich über den giftigen Dampf, der dem Herzen dessen, der zum ersten Mal in das atheistische Lehrgebäude tritt, erstickend entgegenzieht.« (SW 2, 270) Die Metapher des giftigen Dampfs führt Jean Paul in der Folge weiter aus, um die zerstörerische Wirkung des Atheismus auf das Ich darzustellen: »das ganze geistige Universum wird durch die Hand des Atheismus zersprengt und zerschlagen in zahlenlose quecksilberne Punkte von Ichs, welche blinken, rinnen, irren, zusammen- und auseinanderfliehen, ohne Einheit und Bestand.« (SW 2, 270) Im Mittelpunkt von Jean Pauls Dichtung steht nicht die poetische und philosophische Zerschlagung der Theologie, wie sie bei Nietzsche in den Vordergrund rückt, sondern im Gegenteil die kritische Revision der Auflösung des Ich, die seiner Meinung nach aus dem modernen Atheismus resultiert. Dabei stellt Jean Paul die Auflösung des Ich in einer Metaphorik dar, die ihre Begriffe der Chemie entlehnt und das gottentfernte Ich durch den Vergleich mit dem Quecksilber ganz auf den Bestandteil der unbeseelten Materie reduziert. Im Zuge seiner poetischen Darstellung des Nihilismus betrauert Jean Paul in seiner Traumrede eingangs die Einsamkeit des Atheisten.

> Niemand ist im All so sehr allein als ein Gottesleugner – er trauert mit einem verwaiseten Herzen, das den größten Vater verloren, neben dem unermeßlichen Leichnam der Natur, den kein Weltgeist regt und zusammenhält, und der im Grabe wächset; und er trauert so lange, bis er sich selber abbröckelt von der Leiche. Die ganze Welt ruht vor ihm wie die große, halb im Sande liegende ägyptische Sphinx aus Stein; und das All ist die kalte eiserne Maske der gestaltlosen Ewigkeit. (SW 2, 270f.)

»Lenz mußte laut lachen, und mit dem Lachen griff der Atheismus in ihn und faßte ihn ganz sicher und ruhig und fest.«[25] Dem Lachen des Atheisten, einem Grundmotiv auch des späten Nietzsche, stellt Jean Paul die Trauer entgegen. Allegorisch deutet Jean Paul den Atheismus, der in das Herz des modernen Ich greift, als kalte Bewegung der Versteinerung der Natur. Der Einsamkeit des trauernden Ich korrespondiert in Jean Pauls kosmologischer Metaphorik der barocke Topos von der Welt als Grab und der leeren Ewigkeit als Ausdruck des unbeseelten Alls. Die Natur erscheint als »Leichnam«, die Welt als steinerne Sphinx, der Weltgeist nicht mehr als symbolische Beseelung der toten Natur, sondern als In-

---

vgl. S. Vietta, Die literarische Moderne. Eine problemgeschichtliche Darstellung der deutschsprachigen Literatur von Hölderlin bis Thomas Bernhard, Stuttgart 1992, S. 122f. Zum Problem des Nihilismus in der Romantik vgl. D. Arendt, Der poetische Nihilismus in der Romantik, Tübingen 1972.

[25] G. Büchner, Werke und Briefe, S. 82.

karnation der allegorischen Trauer um deren Entseelung.[26] In einer präzise durchgeführten Metaphorik entfaltet die *Rede des toten Christus* eine antithetische Darstellung zur erfüllten Welt des Glaubens, um die zerstörerische Wirkung von Atheismus und Materialismus auf die Seele des modernen Menschen aufzuzeigen.

Traum und Apokalypse

Jean Paul führt seine allegorische Vision des Nihilismus vor dem Hintergrund des klassischen Topos des Traums ein. »Ich lag einmal an einem Sommerabende vor der Sonne auf einem Berge und entschlief.« (SW 2, 272) Zeit und Ort, Sommerabend und Bergeshöhe, scheinen das Ich zwar zunächst in den Kontext der Erfahrung innerer Ruhe zu stellen. Die Metapher des Abends und der Topos des Entschlafens brechen diesen Eindruck jedoch zugleich auf. Sie deuten bereits auf die Gegenwart des Todes hin, die Jean Paul in der Folge am Bild des Friedhofs entfaltet, auf dem sich der Träumer wiederfindet.

> Da träumte mir, ich erwachte auf dem Gottesacker. Die abrollenden Räder der Turmuhr, die eilf Uhr schlug, hatten mich erweckt. Ich suchte im ausgeleerten Nachthimmel die Sonne, weil ich glaubte, eine Sonnenfinsternis verhülle sie mit dem Mond. Alle Gräber waren aufgetan, und die eisernen Türen des Gebeinhauses gingen unter unsichtbaren Händen auf und zu. An den Mauern flogen Schatten, die niemand warf, und andere Schatten gingen aufrecht in der bloßen Luft. In den offenen Särgen schlief nichts mehr als die Kinder. Am Himmel hing in großen Falten bloß ein grauer schwüler Nebel, den ein Riesenschatte wie ein Netz immer näher, enger und heißer hereinzog. Über mir hört‹ ich den fernen Fall der Lauwinen, unter mir den ersten Tritt eines unermeßlichen Erdbebens. Die Kirche schwankte auf und nieder von zwei unaufhörlichen Mißtönen, die in ihr miteinander kämpften und vergeblich zu einem Wohllaut zusammenfließen wollten. Zuweilen hüpfte an ihren Fenstern ein grauer Schimmer hinan, und unter dem Schimmer lief das Blei und Eisen zerschmolzen nieder. Das Netz des Nebels und die schwankende Erde rückten mich in den Tempel, vor dessen Tore in zwei Gift-Hecken zwei Basilisken funkelnd brüteten. Ich ging durch unbekannte Schatten, denen alte Jahrhunderte aufgedrückt waren. (SW 2, 272)

Wie im *Quintus Fixlein* führt Jean Paul den Leser im Traum auf die allegorische Landschaft des Friedhofes, um ein Bild universaler Zerstörung aufzuzeigen. Der Traum entfaltet eine apokalyptische Vision der Welt, in der Götz Müller

---

[26] Vor dem Hintergrund von Jean Pauls Vision der gestaltlosen Ewigkeit ließe sich Benjamins Analyse der Ruine, der allegorischen Zerstückelung und der Leiche als Emblem sowie insgesamt der Zusammenhang von Allegorie und Melancholie aus dem Trauerspielbuch auch auf die moderne Dichtung beziehen. Vgl. W. Benjamin, GS I, S. 337-409.

eine »Verkehrung des Evangeliums« und »Perversion der Heilsgeschichte«[27] erkannt hat. Eine radikale Antithese zur christlichen Heilsgeschichte stellt Jean
Pauls Traumallegorie dar, indem sie das träumende Ich vor das Bild einer fundamentalen Leere stellt: Dem Himmel fehlt die Sonne, die Gräber sind offen,
an die Stelle des Lebens treten tote Schatten. Die Auflösung des Ich hält Jean
Paul metaphorisch in der Bewegung einer Erhitzung der Erde fest, die die Bildlichkeit des Quecksilbers[28] aus der Einleitung wieder aufnimmt: Angesichts der
drückenden Schwüle, die über dem Friedhof lastet, schmelzen Blei und Eisen,
um das Ich herum bricht die Welt zusammen: Über ihm rollen Lawinen, unter
ihm ein gewaltiges Erdbeben. Vor dem Hintergrund dieser gewaltigen Entleerung von Welt und Ich erscheinen die Menschen nur noch als unbeseelte Schatten, die hilflos vor dem nutzlosen Altar stehen:

> Alle Schatten standen um den Altar, und allen zitterte und schlug statt des Her-
> zens die Brust. Nur ein Toter, der erst in die Kirche begraben worden, lag noch auf
> seinen Kissen ohne eine zitternde Brust, und auf seinem lächelnden Angesicht
> stand ein glücklicher Traum. Aber da ein Lebendiger hineintrat, erwachte er und
> lächelte nicht mehr, er schlug mühsam ziehend das schwere Augenlid auf, aber
> innen lag kein Auge, und in der schlagenden Brust war statt des Herzens eine
> Wunde. Er hob die Hände empor und faltete sie zu einem Gebete; aber die Arme
> verlängerten sich und lösen sich ab, und die Hände fielen gefaltet hinweg. Oben
> am Kirchengewölbe stand das Zifferblatt der *Ewigkeit*, auf dem keine Zahl er-
> schien und das sein eigner Zeiger war; nur ein schwarzer Finger zeigte darauf, und
> die Toten wollten die *Zeit* darauf sehen. (SW 2, 272f.)

In einer Metaphorik, deren Bildmaterial Hogarths Kupferstich *Tail piece* entnommen ist,[29] stellt Jean Paul die Erfahrung der Abwesenheit Gottes als absolute Verkehrung der Schöpfungsgeschichte dar. An die Stelle des menschlichen
Herzens tritt eine offene Wunde, das Augenlicht fehlt, die gefalteten Hände
lösen sich vom Körper. Den Ichzerfall, den Jean Paul eingangs als Resultat des
Atheismus beklagte, führt er nun im Rahmen einer Allegorik aus, die ihre Vollendung in dem Bild der leeren Ewigkeit findet: Wie in Nietzsches *Zarathustra*
liegt über der entseelten Welt der Schatten einer Ewigkeit, die keinen Gott mehr
kennt. Die allegorische Darstellung des Nihilismus gerinnt bei Jean Paul zu einer
verkehrten Metaphysik der Zeit, deren Bewegung durch das Eintreten einer
Ewigkeit stillgestellt wird, der keinerlei Erlösungs- oder Erfüllungsfunktion zu-

---

[27] G. Müller, Jean Pauls ›Rede des todten Christus vom Weltgebäude herab, daß kein
Gott sei‹. In: Ders., Jean Paul im Kontext, Würzburg 1996, S. 104
[28] Zum Bild des Teufels beim frühen Jean Paul vgl. W. Schmidt-Biggemann, Maschine
und Teufel. Jean Pauls Jugendsatiren nach ihrer Modellgeschichte, Freiburg 1975.
[29] Vgl. G. Müller, Jean Pauls ›Rede des todten Christus vom Weltgebäude herab, daß kein
Gott sei‹, S. 110.

kommt.[30] Die atheistische Auflösung des Ich, die Jean Paul beschreibt, bestätigt sich im Bild einer sich endlos wiederholenden Ewigkeit, das zugleich auf Nietzsches Philosophie der ewigen Wiederkehr vorausweist. Im Mittelpunkt des apokalyptischen Bildes von Welt und Ich bei Jean Paul und bei Nietzsche steht die nihilistische Grunderfahrung, daß kein Gott sei.

> Jetzo sank eine hohe edle Gestalt mit einem unvergänglichen Schmerz aus der Höhe auf den Altar hernieder, und alle Toten riefen: ›Christus! ist kein Gott?‹ Er antwortete: ›Es ist keiner.‹
> Der ganze Schatten jedes Toten erbebte, nicht bloß die Brust allein, und einer um den andern wurde durch das Zittern zertrennt.
> Christus fuhr fort: ›Ich ging durch die Welten, ich stieg in die Sonnen und flog mit den Milchstraßen durch die Wüsten des Himmels; aber es ist kein Gott. Ich stieg herab, soweit das Sein seine Schatten wirft, und schauete in den Abgrund und rief: ›Vater, wo bist du?‹ aber ich hörte nur den ewigen Sturm, den niemand regiert, und der schimmernde Regenbogen aus Wesen stand ohne eine Sonne, die ihn schuf, über dem Abgrunde und tropfte hinunter. Und als ich aufblickte zur unermeßlichen Welt nach dem göttlichen *Auge*, starrte sie mich mit einer leeren bodenlosen *Augenhöhle* an; und die Ewigkeit lag auf dem Chaos und zernagte es und wiederkäuete sich. – Schreiet fort, Mißtöne, zerschreiet die Schatten; denn Er ist nicht!‹ (SW 2,273)

In Jean Pauls Darstellung erscheint die Predigt Christi vor den Menschen als Ergebnis einer vergeblichen Pilgerfahrt, die in die absolute Leere der Gottentfernung als Zentrum des Nihilismus führt: Über die Welten und die Sonne bis in die »Wüsten des Himmels« ist Christus gereist, um als Sohn Gottes dessen Abwesenheit zu bestätigen. Jean Pauls poetische Beschreibung des Atheismus vollendet sich im paradoxen Bild einer Christusfigur, die den Tod des eigenen Vaters diagnostiziert.[31] Vor diesem Hintergrund hat Götz Müller darauf hingewiesen, daß Jean Paul mit der Einführung der Christusfigur eine bedeutende Steigerung der apokalyptischen Metaphorik seiner Rede gelungen sei:[32] »Den Widersacher Gottes durch einen sich selbst widerlegenden Christus zu ersetzen, ist in der Tat eine gewaltige theologische Rochade.«[33] Es handelt sich hier jedoch nicht nur

---

[30] Vor diesem Hintergrund erkennt Lindner bereits in den frühen Satiren Jean Pauls »die Tendenz zur metaphysischen Allegorie, der alle Menschen als Mumien ihres jenseitigen Lebens erscheinen.« B. Lindner, Satire und Allegorie in Jean Pauls Werk, S. 48.

[31] »In der ›Rede‹ *dekonstruiert* Christus sich selbst, indem er seine heilsgeschichtliche Nichtigkeit offenbart.« G. Müller, Jean Pauls ›Rede des todten Christus vom Weltgebäude herab, daß kein Gott sei‹, S. 111.

[32] Ursprünglich hatte Jean Paul die Rede Shakespeare halten lassen, dann jedoch das poetische Vorbild durch die Christusfigur ersetzt.

[33] Ebd., S. 105. Vgl. in diesem Zusammenhang auch Bernhard Blume: »Nicht in der Leugnung Gottes an sich schien mir die Provokation zu liegen, sondern in der Kühnheit, mit der die Erklärung, daß es keinen Gott gibt, Christus, dem Sohne Gottes, selber in

um einen klugen erzähltechnischen Schachzug Jean Pauls. Der Vergleich zum *Quintus Fixlein* verdeutlicht, daß es auch hier um eine Auseinandersetzung mit der Vaterfigur geht, die als symbolischer Ausdruck von Tod und Abwesenheit auftritt und damit droht, das Ich in seine Welt der Leere zu holen. Das Bild des toten Vaters, das Jean Paul im *Leben des Quintus Fixlein* der Idylle von Mutter und Sohn entgegengesetzt hat, radikalisiert die *Rede des toten Christus* zum Grundstein einer Erfahrung, die das Leben bis zum äußersten entwertet.

Allegorie und Ewigkeit

Greift Jean Paul mit dem Hinweis auf den Zusammenhang von Chaos und Ewigkeit auf die Metaphorik von Nietzsches *Zarathustra* voraus, so kommt er gleichwohl zu einer völlig entgegengesetzten Bewertung. Den Tod Gottes deutet er nicht als Befreiung des Menschen zu seinen eigenen Möglichkeiten, sondern als Grund für eine Kosmogonie und Psychologie des Nichts, die sich in der *Rede des toten Christus* im apokalyptischen Bild vom vollständigen Zusammensturz des Universums vollendet.

> Da kreischten die Mißtöne heftiger – die zitternden Tempelmauern rückten auseinander – und der Tempel und die Kinder sanken unter – und die ganze Erde und die Sonne sanken nach – und das ganze Weltgebäude sank mit seiner Unermeßlichkeit vor uns vorbei – und oben am Gipfel der unermeßlichen Natur stand Christus und schauete in das mit tausend Sonnen durchbrochne Weltgebäude herab, gleichsam in das in die ewige Nacht gewühlte Bergwerk, in dem die Sonnen wie Grubenlichter und die Milchstraßen wie Silberadern gehen. (SW 2, 273f.)

Die parataktische Gliederung der Vision, die stilistisch an den *Andreas Hartknopf* erinnert,[34] verdeutlicht den Zusammenhang von atheistischer Lehre und Weltuntergang: Der Sternenhimmel verwandelt sich in ein Bergwerk, das Himmlische wird durch das Tellurische ersetzt, die göttliche Vorsehung durch den Zufall:

---

den Mund gelegt wird.« B. Blume, Jesus, der Gottesleugner: Rilkes ›Der Ölbaum-Garten‹ und Jean Pauls ›Rede des toten Christus‹. In: G. Gillespie/E. Lohner (Hg.): Herkommen und Erneuerung. Essays für Oskar Seidlin, Tübingen 1976, S. 336.

[34] Zwar hat Jean Paul als einer der wenigen, der Moritz in seiner Zeit überhaupt als Erzähler wahrgenommen hat, den Andreas Hartknopf als eines seiner »Leib- und Magenbücher« bezeichnet. Allerdings hat auch er an Moritz nicht gerade das erzählerische Talent geschätzt. »Unter den Dichtern stehe den weiblichen Genies *Moritz* voran. Das wirkliche Leben nahm er mit poetischem Sinne auf; aber er konnte kein poetisches gestalten. Nur in seinem Anton Reiser und Hartknopf zieht sich, wenn nicht eine heitere *Aurora*, doch die *Mitternachtröte* der bedeckten Sonne über der bedeckten Erde hin; aber niemals geht sie bei ihm als heiterer Phöbus auf, zeigend den *Himmel* und die *Erde* zugleich in Pracht. « (SW 5, 54).

Christus hebt als »der höchste Endliche die Augen empor gegen das Nichts und gegen die leere Unermeßlichkeit und sagte: ›Starres, stummes Nichts! Kalte, ewige Notwendigkeit! Wahnsinniger Zufall! Kennt ihr das unter euch? Wann zerschlagt ihr das Gebäude und mich?‹« (SW 2, 274) In der elliptischen Darstellung von Chaos, Zufall, Notwendigkeit, die wiederum auf Nietzsches Begrifflichkeit im *Zarathustra* vorausdeutet, entfaltet Jean Paul das Bild der »ewigen Mitternacht« (SW 2, 275) als Ausdruck der absoluten Negation der göttlichen Welt.

> Und als ich niederfiel und ins leuchtende Weltgebäude blickte: sah ich die empor-gehobenen Ringe der Riesenschlange der Ewigkeit, die sich um das Welten-All ge-lagert hatte – und die Ringe fielen nieder, und sie umfaßte das All doppelt – dann wand sie sich tausendfach um die Natur – und quetschte die Welten aneinander – und drückte zermalmend den unendlichen Tempel zu einer Gottesacker-Kirche zusammen – und alles wurde eng, düster, bang – und ein unermeßlich ausgedehn-ter Glockenhammer sollte die letzte Stunde der Zeit schlagen und das Weltgebäude zersplittern .... als ich erwachte. (SW 2, 275)

In der *Rede des toten Christus* läßt Jean Paul die christliche Welt an dem Ring der Ewigkeit scheitern: Das Bild der Schlange, die sich um die Welt windet, mün-det in der erdrückenden Vision der Zerschlagung des Weltgebäudes. Die apoka-lyptische Traumallegorie löst Jean Paul durch den Topos des Erwachens jedoch abschließend wieder auf. Das Erwachen setzt die Vision außer Kraft. »Meine Seele weinte vor Freude, daß sie wieder Gott anbeten konnte – und die Freude und das Weinen und der Glaube an ihn waren das Gebet.« (SW 2, 275)

Allegorie und Idylle

Wie im *Quintus Fixlein* endet Jean Pauls Traumallegorie mit dem Erwachen aus der Umnachtung und einem Gebet, das die Anti-Theodizee in ein neues em-phatisches Glaubensbekenntnis verwandelt.[35] In einem zweiten Traum hebt Jean Paul die düstere Schilderung des Nihilismus auf:

> Mir träumte, ich stehe in der zweiten Welt: um mich war eine dunkelgrüne Aue, die in der Ferne in hellere Blumen überging und in hochrote Wälder und in durch-sichtige Berge voll Goldadern – hinter den krystallenen Gebirgen loderte Mor-genrot, von perlenden Regenbogen umhangen – auf den glimmenden Waldungen

---

[35] Vor diesem Hintergrund bemerkt Robert Minder: »Là où Jean Paul est profondément lui-même, cette langue lui a permis de peindre deux sentiments contradictoires, mais dont l'unité est à la base même du sentiment de l'existence chez lui: à savoir, l'angoisse de la damnation, l'horreur du néant [...]. En second lieu, la félicité des élus, une sorte de jubilation à la fois terrestre et religieuse«. R. Minder, Le problème de l'existence chez Jean Paul. In: Etudes Germaniques 18 (1963), S. 89.

lagen statt der Tautropfen niedergefallene Sonnen, und um die Blumen hingen, wie
fliegender Sommer, Nebelsterne ... Zuweilen schwankten die Auen, aber nicht von
Zephyrn, sondern von Seelen, die sie mit unsichtbaren Flügeln bestreiften. — Ich
war der zweiten Welt unsichtbar; unsere Hülle ist dort nur ein kleiner Leichen-
schleier, nur eine nicht ganz gefallene Nebelflocke. (SW 2, 276f.)

In seinem zweiten Traum, der den ersten Schritt für Schritt demontiert, er-
scheint die Welt als Inbegriff gotterfüllter Seligkeit.[36] Wie bereits im *Quintus
Fixlein* ist es das Bild der mütterlichen Aurora, letztlich sogar das der Jungfrau
Maria, das die bedrohliche Vision des Vaters zurückdrängt: An die Stelle der
metallischen Ordnung des Tellurischen, die die Metaphorik des Textes bisher
bestimmte, tritt die ätherische Bedeutung des Himmlischen, an die Stelle von
Feuer, Asche und Quecksilber die erlösende Bildlichkeit von Wasser und Tau.
Der Tod des Vaters weicht dem Zwiegespräch von Christus und Maria, die sich
von ihrem Sohn im »Traum im Traume« »die Liebe der Menschen« (SW 2, 277)
zeigen läßt. Die nihilistische Allegorik der *Rede des toten Christus* erscheint so
als ein Schreckgespenst, das durch die Intervention der jungfräulichen Mutter
noch einmal abgewehrt werden kann. Das Ineinandergreifen von Mutter- und
Vaterbild, das sowohl den *Quintus Fixlein* als auch die *Rede des toten Christus*
kennzeichnet, läßt sich in diesem Zusammenhang nicht nur psychoanalytisch
deuten.[37] Es betrifft auch das Verhältnis von Idylle und Allegorie bei Jean Paul.
Wie Robert Minder festgestellt hat, trägt Jean Pauls Bild der Idylle eine grundlegende Ambivalenz aus:

> Immer wieder schimmert durch das Lächeln Jean Pauls die Wehmut, brechen
> Angst, Entsetzen und wilde Bitterkeit daraus hervor. Das *eine* Erlebnis bei ihm
> ist die Brutwärme, die Nestbehaglichkeit, das ›geistige Nestmachen‹, wie er sel-
> ber es nennt, der ›Haus- und Winkelsinn‹, jener Rückzug aufs Innerste und
> Heimlichste, wo man, selig vor der Welt bewahrt, mit der Nabelschnur des Uni-
> versums verbunden bleibt. Das andere Erlebnis ist die Verstoßung, das Heraus-
> fallen aus dem Nest, das schreckhafte Aufwachen in einer versteinerten Welt, wo
> der tote Christus in den Ruinen einer Kirche toten Zuhörern predigt, daß Gott
> tot sei.[38]

---

[36] »Gerade die Unerträglichkeit der Vorstellung aber erzwingt dann den Umschlag: die
beklemmende Vision wird zum Traum erklärt; eine aus Traumangst befreite Seele
weint vor Freude, daß sie Gott wieder anbeten kann, und eine dem Untergang entris-
sene ländlich-idyllische Welt erfreut sich friedlich ihres Daseins«, kommentiert B.
Blume, Jesus, der Gottesleugner, S. 341.

[37] Die psychoanalytischen Grundlagen von Jean Pauls *Rede des toten Christus* hat Carl
Pietzcker ausführlich erörtert. Vgl. C. Pietzcker, Einführung in die Psychoanalyse des
literarischen Kunstwerks am Beispiel von Jean Pauls ›Rede des toten Christus‹, Würzburg 1983.

[38] R. Minder, Das Bild des Pfarrhauses in der deutschen Dichtung von Jean Paul bis
Gottfried Benn, S. 50.

Minder deutet die Ambivalenz des Idyllischen bei Jean Paul zunächst psycho-
logisch als wechselseitige Verschränkung von Lachen und Angst. Vor dem Hin-
Hintergrund des *Quintus Fixlein* und der *Rede des toten Christus* weist die
Gebrochenheit der Idylle bei Jean Paul zugleich auf ihre Supplementierung
durch das Allegorische hin. Bei Jean Paul treten Idylle und Allegorie in ein dia-
lektisches Verhältnis zueinander: Die allegorische Darstellung des väterlichen
Todesbildes bricht die Idylle auf, die idyllische Schilderung mütterlicher Geborgenheit hebt die Allegorie auf. Daß beide Formen, Idyllik wie Allegorik, in
Jean Pauls erzählerischem Werk nebeneinander bestehen, ist der Grund für die
Ausnahmestellung seiner Dichtung zwischen Pfarrhaus- und Pilgerroman. Auf
dem Weg von der Idylle zur Allegorie, den Moritz und Nietzsche beschreiten,
hält Jean Paul die Mitte.

4. Allegorie – Ästhetik – Melancholie:
Karl Philipp Moritz' *Andreas Hartknopf*

Die ästhetische Ablehnung der Allegorie, wie Karl Philipp Moritz sie in seinem Aufsatz *Über die Allegorie* formuliert, hat ihn nicht daran gehindert, mit dem *Andreas Hartknopf* einen Roman zu schreiben, der sich bereits durch den Untertitel ganz der allegorischen Form zu verpflichten scheint: *Andreas Hartknopf. Eine Allegorie*, unter diesem Titel erscheint 1786 der erste Teil von Moritz' in mehrfacher Hinsicht außergewöhnlichem Roman. Die gattungsspezifische Besonderheit des *Andreas Hartknopf*, dessen erzählerische Form in krassem Widerspruch zu Moritz' ästhetischer Theorie steht, ist von seiten der Forschung entsprechend häufig hervorgehoben worden. So spricht Hans-Joachim Schrimpf von der »Einzigartigkeit und Sonderstellung des allegorischen Romans im Schrifttum der Zeit«[1], und auch Claudia Kestenholz unterstreicht die offenkundige Diskrepanz zwischen ästhetischer Theorie und literarischer Praxis bei Moritz:

> In seltsamer Verkehrung gewinnt hier ausgerechnet diejenige ästhetische Symbolform poetische Dignität, die in den kunsttheoretischen Erörterungen (schon der italienischen Reise) durchweg dem Verdikt klassisch konzipierter Autonomie verfällt. In der expliziten – und gestalterisch streng befolgten – Gattungsbezeichnung der Allegorie reproduziert sich in zugespitzter Form die zunächst anstößige Diskrepanz zwischen ästhetischem Ideal und literarischer Praxis, die der ›Anton Reiser‹ als ›psychologischer Roman‹ zutage gefördert hatte.[2]

Das verständliche Befremden der Forschung angesichts der Eigenart von Moritz' Roman zeigt sich bereits in der zeitgenössischen Kritik. So heißt es im *Göttingischen Anzeiger von gelehrten Sachen* vom September 1790: »Man wandert durch Tropen, Bilder, Allegorien, Mystik eine Zeitlang fort... Wenn man aber mühsam Sinn sucht und gar keine deutliche Vorstellung abgewinnen kann, wenn man ganze Seiten ohne Verstand liest, nicht sieht, wie es zusammenhängt, oder zu deutlich sieht, daß es nicht zusammenhängt, daß es nichts als Gallimathias ist: so wird der gedultigste Leser verdrüßlich.«[3] Vor diesem Hintergrund kann es

---

[1] H.-J. Schrimpf, Vorwort. In: Karl Philipp Moritz, Andreas Hartknopf, hrsg. von H.-J. Schrimpf, Stuttgart 1968, S. 24.

[2] C. Kestenholz, Die Sicht der Dinge. Metaphorische Visualität und Subjektivitätsideal im Werk von Karl Philipp Moritz, München 1987, S. 131.

[3] Zit. nach: U. Hubert, Karl Philipp Moritz und die Anfänge der Romantik. Tieck –

nicht verwundern, daß der *Andreas Hartknopf* lange Zeit in Vergessenheit geriet und Moritz noch heute vor allem als Autor des *Anton Reiser* bekannt ist.[4] Den mangelnden Erfolg des Romans hat Ulrich Hubert auf die Enttäuschung des literarischen Erwartungshorizonts seiner Zeit zurückgeführt, die die allegorische Form des *Andreas Hartknopf* notwendig bedeute. »In dieser Rezension wird der Abstand erkennbar, der Moritz' Romankunst im ›Hartknopf‹ von dem literarischen Erwartungshorizont der noch geltenden offiziellen Aufklärungsästhetik trennt, nach deren Kriterien das Urteil nur negativ ausfallen kann.«[5]

Das negative Urteil über den Roman hat die Moritz-Forschung allerdings bereits seit geraumer Zeit zu revidieren versucht. Gerade die allegorische Form des Romans ist als Zeichen für die Modernität von Moritz gewertet worden.[6] So hat Albrecht Langen den *Andreas Hartknopf* als den ersten symbolischen Roman der deutschen Literatur der Psychologie des *Anton Reiser* an die Seite gestellt. »Hartknopf‹ ist der erste symbolische Roman der deutschen Literatur, wie ›Reiser‹ der erste psychologische war, ohne Vorbild, Seitenstück und Nachfolge«[7]. Auf Langen, der unter dem Symbolischen »alles Setzen eines sinnlichen Zeichens für ein Geistig-Seelisches«[8] versteht, hat Schrimpf kritisch geantwortet. »Vielleicht sollte man darum beim ›Andreas Hartknopf‹ lieber von einer sehr persönlichen Form allegorischer Symbolik sprechen.«[9] Schrimpfs Definitionsversuch verweist nicht nur auf die im ersten Teil der Arbeit verhandelte Fragwürdigkeit einer grundsätzlichen Unterscheidungsmöglichkeit zwischen dem Symbolischen und dem Allegorischen. Sie zeigt darüber hinaus, daß der Versuch, Moritz' Roman »ohne Vorbild, Seitenstück und Nachfolge« als bloßen Ausdruck einer sei es symboli-

---

Wackenroder – Jean Paul – Friedrich und August Wilhelm Schlegel, Frankfurt/Main 1980, S. 108.

[4] »Diesem zweiten Roman von Moritz ist es unvergleichlich schlechter gegangen als dem ›Anton Reiser‹«, schreibt H.-J. Schrimpf, Karl Philipp Moritz, Stuttgart 1980, S. 56. Auch Thomas B. Saine bemerkt: »Es ist besonders zu bedauern, daß die Hartknopf-Romane, deren berühmtester Bewunderer Jean Paul war, so wenig bekannt sind.« Th. B. Saine, Die ästhetische Theodizee. K. Ph. Moritz und die Philosophie des 18. Jahrhunderts, München 1971, S. 11.

[5] U. Hubert, Karl Philipp Moritz und die Anfänge der Romantik, S. 108.

[6] So stellt Schrimpf fest: »Der Grund dafür, daß Moritz in unserer Zeit auch außerhalb der gelehrten Forschung in zunehmendem Maße Beachtung findet, dürfte gerade in den disharmonischen Zügen seines Wesens […] zu suchen sein […]. Moritz' Existenzgefühl, wie wir es aus seinen Schriften und anderen Zeugnissen kennen, äußert sich in Symptomen der Zerrissenheit und des Unbehaustseins, die erschreckend modern anmuten und den Zeitgenossen unbegreiflich erschienen.« H.-J. Schrimpf, Andreas Hartknopf, S. 4.

[7] A. Langen, Karl Philipp Moritz' Weg zur symbolischen Dichtung. In: Zeitschrift für deutsche Philologie 81 (1962), S. 174.

[8] Ebd., S. 176.

[9] H.-J. Schrimpf, Vorwort, S. 23.

schen sei es allegorischen Gestaltungsform zu fassen, letztlich ergebnislos bleibt.[10] Aussagekräftiger scheint die bereits von Wolfgang Harms hervorgehobene Tatsache zu sein, daß Moritz in seinem Roman, dessen zweiter, 1790 veröffentlichter Teil den Titel *Andreas Hartknopfs Predigerjahre* trägt, die allegorische Form mit der Bildlichkeit des Pilgerweges verbindet.[11] Sicherlich stellt der *Andreas Hartknopf* in der Literatur seiner Zeit ein »gattungsgeschichtliches Unikum«[12] dar, wie Manfred Voges bemerkt. Das ändert jedoch nichts an der Tatsache, daß die Darstellung des Lebenswegs des Wanderpredigers Andreas Hartknopf als »kontrafaktorische, weltliche Christusallegorie [...], literarisch gestaltet in der Form eines säkularisierten Evangelienberichts«[13], an die Tradition der allegorischen Bildlichkeit des Pilgerweges anknüpft. Die besondere Stellung des *Andreas Hartknopf* in der Literatur seiner Zeit resultiert nicht allein aus der allegorischen Form des Romans, sondern aus der Verbindung der Allegorik mit dem Motiv des wandernden Pilgers, wie es auch bei Bunyan, Jung-Stilling und Novalis zur Geltung kommt.[14] Eine Sonderstellung in der Geschichte der Pilgerromane nimmt Moritz' Roman vor allem deswegen ein, da seine moderne Christusallegorie weder wie Jung-Stillings *Das Heimweh* als religiös inspirierter Widerstand gegen die Aufklärung gewertet werden kann noch die bürgerliche Pfarrhausidylle des 18. Jahrhunderts bestätigt, wie sie Goldsmith, Thümmel, Nicolai und Voss in ihren Schriften gestaltet haben.[15] Daß Moritz in der Spannung zwischen ästhetischer Theorie und literarischer Praxis die religiöse Funktion der Allegorie, die noch Bunyans und Jung-Stillings Werke bestimmt, auf eine spezifisch ästhetische Weise auflöst, stellt ihn vielmehr in den Kontext einer anthropologisch und sprachskeptisch fundierten Modernität, die er mit Nietzsche teilt.[16]

---

[10] Diesen Weg schlägt Christoph Brecht ein. Vgl. Ch. Brecht, Die Macht der Worte. Zur Problematik des Allegorischen in Karl Philipp Moritz' ›Hartknopf‹-Romanen. In: DVjs 64 (1990), S. 624-651.

[11] Harms geht in seiner Studie zur allegorischen Bildlichkeit des Weges abschließend eingehend auf Moritz' Hartknopf-Roman als Beispiel für eine moderne Gestaltung des Pilgerweges ein. Vgl. W. Harms, Homo viator in bivio, S. 289-292.

[12] M. Voges, Aufklärung und Geheimnis. Untersuchung zur Vermittlung von Literatur- und Sozialgeschichte am Beispiel der Aneignung des Geheimbundmaterials im Roman des späten 18. Jahrhunderts, Tübingen 1987, S. 472.

[13] H.-J. Schrimpf, Karl Philipp Moritz, S. 60.

[14] Auf Bunyan und Jung-Stilling als mögliche Vorbilder von Moritz verweist bereits A. Langen, Karl Philipp Moritz' Weg zur symbolischen Dichtung, S. 197.

[15] Das hat bereits Schrimpf betont. Vgl. H.-J. Schrimpf, Karl Philipp Moritz, S. 58.

[16] Vor diesem Hintergrund ist zu bedauern, daß der Vergleich von Moritz und Nietzsche von der Forschung bisher kaum berücksichtigt wurde. Die einzige Arbeit, die in diese Richtung weist, ist der Aufsatz von Annette Simonis, Sprache und Denken – Sprachreflexion bei Karl Philipp Moritz und Nietzsche. In: Lili 25 (1995), S. 124-133.

Allegorie und Pilgerschaft bei Moritz

Die Verbundenheit des *Andreas Hartknopf* mit der Tradition der allegorischen Bildlichkeit des Pilgerweges zeigt sich paradigmatisch in der Hauptfigur des Romans. Andreas Hartknopf wird einleitend als Wanderprediger eingeführt, wobei sein Lebensweg zugleich einen bestimmten ästhetischen Bildungsgang verkörpert.[17] Die Bedeutung des Wandermotivs im *Andreas Hartknopf* hat neben Langen[18] vor allem Manfred Voges unterstrichen. »Die Wanderung gilt ihm als beständige Suche, als Lebensform. Hartknopf ist wahrhaft ein peregrinus, wenngleich ohne proteische Gewalt.«[19] Das Motiv der Pilgerfahrt weist zugleich auf die Eigenart von Moritz' Roman hin. Zwar teilt der *Andreas Hartknopf* mit Bunyans *The Pilgrim's Progress*, Jung-Stillings *Das Heimweh* und Novalis' *Heinrich von Ofterdingen* den Rückgriff auf die allegorische Bildlichkeit des Weges. Zum christlichen Motiv der Pilgerreise, wie es Bunyan, Jung-Stilling und noch Novalis in ihren Romanen gestalten, bietet Hartknopfs Wanderung jedoch ein ironisch gebrochenes Gegenbild. Wie Schrimpf bemerkt hat, nutzt Moritz die narrative Form der Allegorie in seinem Roman für eine »tragische Märtyrerdichtung«[20], die ihren Helden in einer satirisch geformten Christusallegorie einem schicksalhaften Untergang entgegenführt.[21]

Das Motiv der Wanderung ist im *Andreas Hartknopf* eng mit dem der Sonne verbunden. So wird Hartknopfs Lebensweg im Roman vom Erzähler eingangs dem natürlichen Lauf der Sonne entgegengesetzt.

> Er kam aus dem Abend, und wanderte gerade gegen den Morgen zu; denn der Weg
> von Westen nach Osten hatte für ihn so etwas Reizendes und Anziehendes, das sich

---

[17] Langen hat das Thema der Wanderung als eines der zentralen Motive des Romans ausgewiesen und zugleich biographisch aus Moritz' Unruhe und ständiger Fluchtbereitschaft abzuleiten versucht. »Diesem Lebensgefühl entsprechend wird die Figur des Wanderers in seinen Romanen zu einem beherrschenden Symbol [...].« A. Langen, Karl Philipp Moritz' Weg zur symbolischen Dichtung, S. 196.

[18] Darüber hinaus verweist Langen auf den geschichtlich-symbolischen Hintergrund des Wanderermotivs. »Die symbolische Sinngebung dieser Motive des Wanderers ist uralt: der Mensch als Pilger und Fremdling auf Erden, das Leben als mühevolle Wanderschaft nach fernem, unbekanntem Ziel.« Ebd., S. 196.

[19] M. Voges, Aufklärung und Geheimnis, S. 502.

[20] H.-J. Schrimpf, Karl Philipp Moritz, S. 58.

[21] Mark Boulby erkennt im *Andreas Hartknopf* »a sacrilegious comedy«, im Priester »a transfiguration of Jesus«. Vgl. M. Boulby, Karl Philipp Moritz: At the Fringe of Genius, Toronto 1979, S. 231. Allerdings will er im Roman im Anschluß an Minder zugleich eine »symbolic autobiography« erkennen. Ebd., S. 228. Zu einem ähnlichen Urteil ist auch Saine gelangt. »Man darf auch meines Erachtens die Hartknopf-Romane durchwegs für Autobiographie halten und als solche analysieren, wie es Minder zu seinem Zweck tun muß.« Th. B. Saine, Die ästhetische Theodizee, S. 25.

zum Teil mit auf seine besondern Meinungen gründete. – Da er nun in Süden und Norden eben so wenig Schätze zu holen hatte, als in Osten und Westen, so nahm er seine Richtung immer nach Osten zu, und richtete es gemeiniglich so ein, daß er den ersten frühen Strahl der Sonne mit seinem Morgengebet begrüßen konnte.[22]

Mit der Metapher der Sonne, die auch in Nietzsches *Zarathustra* eine zentrale Rolle spielen wird, nimmt Moritz nicht nur, wie die Forschung häufig betont hat, ein Freimaurermotiv auf.[23] Sie dient ihm zugleich als Auseinandersetzung mit der philosophischen Aufklärung, die die Metapher der Sonne als natürliches Zeichen für die innere Vernunftbestimmtheit des Menschen gewertet hat.[24] Zwar wird Hartknopfs Lebensweg zunächst ganz an die durch die Sonne verkörperte Macht der Vernunft verwiesen. »Am heißen Mittage begegnete ihm dann die Sonne in ihrem Laufe, und schien ihm, als ihrem großen Nachahmer, Beifall zuzulächeln.« (AH, 410) Die Sonnenmetaphorik unterstellt Hartknopfs Lebensweg jedoch zugleich einer zweiten Bewegung, die dem aufklärerischen Vertrauen in die Macht der Vernunft entgegenwirkt. Wenn Hartknopf sich morgens mit der Sonne erhebt und diese ihm am Mittag auf ihrem höchsten Punkt Beifall zulächelt, so wäre zu schließen, daß er auch abends an ihrem tiefsten Punkt mit ihr untergeht. Und tatsächlich stellt der Roman den Lebensweg seines Helden als einen symbolträchtigen Untergang im Zeichen der Sonne dar. Moritz nutzt die Metapher der Sonne im *Andreas Hartknopf* nicht als Zeichen für die innere Vernunftbestimmtheit seines Helden, sondern als symbolische Antizipation seines Märtyrertodes, der durch die innere Konsequenz des dargestellten Lebensganges erzwungen wird und den Roman zugleich als Travestie der Christusgeschichte und kritische Revision der Vernunftgläubigkeit des 18. Jahrhunderts erscheinen läßt.

---

[22] K. Ph. Moritz, Andreas Hartknopf. In: Werke. Band 1. Autobiographische und poetische Schriften, hrsg. von H. Günther, Frankfurt/Main 1981, S. 409. Im folgenden im Text abgekürzt als AH.

[23] Vgl. H.-J. Schrimpf, Andreas Hartknopf, S. 43. Hartknopfs Schmiedehandwerk beinhaltet darüber hinaus wiederum eine Anspielung auf das Freimaurertum. »*Thubalkain* war sein großer Ahnherr – man fand diesen Namen in sein Petschaft eingegraben, und auf dem Taschenmesser stand er auch, das er sich selbst geschmiedet hatte – denn Messer konnte er auch schmieden.« (AH, 447)

[24] Vgl. in diesem Zusammenhang die Überlegungen von Hans Blumenberg zur Funktion der Metapher des Lichtes in der Philosophie. H. Blumenberg, Paradigmen zu einer Metaphorologie, Frankfurt/Main 1998, S. 15f.

Aporien

Dient die Metapher des Weges im *Andreas Hartknopf* nicht einer erneuten Ver-
sicherung der christlichen Heilsgewissheit, sondern als symbolisches Zeichen
für Hartknopfs tragisches Lebensschicksal, so stellt der Roman seinen Helden
eingangs entsprechend in einer inneren Krisensituation vor. In tiefer Nacht steht
Hartknopf vor einem Graben, über den kein Weg zu führen scheint.

> Hier will ich still stehen — sagte mein lieber *Andreas Hartknopf*, da er sich plötz-
> lich, auf seiner Wanderschaft an einem breiten Graben befand, und weder Weg
> noch Steg sahe, der ihn hinüberführen konnte; und doch war es schon beinahe
> dunkle Nacht, und der Wind wehte scharf aus Norden ihm einen feinen Staubre-
> gen ins Gesicht, der schon seine Kleider bis auf die Haut durchnetzt hatte — er
> hat nun ausgewandert, der gute *Hartknopf* — aber mir deucht, ich sehe ihn noch
> da stehen mit seinem langen Knotenstocke, den messingnen Kamm in sein dickes
> schwarzbraunes Haar geschlagen, und seinen Rock mit den steifen Schößen von
> oben bis unten zugeknöpft. (AH, 403)

Der Roman beginnt mit einer Aporie. Die ausweglose Situation des Helden wird
zunächst durch die bereits von Langen hervorgehobene Symbolik der Tages-
und Nachtzeiten unterstrichen.[25] Dem Leitmotiv der Sonne zufolge ist Hartknopf in tiefer Nacht an einem Tiefpunkt seiner Existenz angekommen. Die
Ausweglosigkeit seiner Situation wird darüber hinaus durch das symbolische
Bild des Grabens vor Augen geführt, das darauf hinweist, daß sich der Held bereits zu Beginn des Romans am Ende seines Weges befindet. Die düstere Schilderung von Hartknopfs Schicksal unterstreicht der Erzähler noch, indem er in
einer Parenthese auf Hartknopfs späteren Tod verweist: » — er hat nun ausge-
wandert, der gute *Hartknopf* —«. Schon zu Beginn des Romans unterstellt Moritz den Lebensweg seines Protagonisten einer Aporie, die im Unterschied zu
Novalis' zweitem Teil des *Heinrich von Ofterdingen* nicht aufgehoben, sondern
in der Folge vom Erzähler rückblickend bestätigt wird.

Philosophische Resignation

Die Eingangsepisode dient indessen nicht allein der Antizipation von Hartknopfs
Ende. Sie gibt darüber hinaus einen ersten Hinweis auf die Gründe seines Scheiterns. Obwohl sich Hartknopf zu Beginn des Romans in einer existentiellen Krisensituation zu befinden scheint, setzt er sich nicht dagegen zur Wehr. Vielmehr
sucht er seine Zuflucht in einem fatalistischen Gefühl der Resignation. »Hier will
ich still stehen! sagte er also« (AH, 404), und: »Hier will ich still stehen, sagte er

---

[25] Vgl. A. Langen, Karl Philipp Moritz' Weg zur symbolischen Dichtung, S. 403f.

noch einmal – weil ich nicht weiter kann – und das *will* sagte er mit einem gewissen Trotz, aber auch zugleich mit einer Erhabenheit der Seele, womit er dem Regen und dem Sturmwinde zu befehlen und über die Elemente zu herrschen schien.« (AH, 404) Die Ohnmacht, die das Bild des Grabens evoziert, deutet Hartknopf in eine Macht um, die ihn über die Elemente erheben soll. Erhabenheit erreicht er, indem er den Zwang, dem er unterliegt, als seinen eigenen Willen ausgibt. Der Kern von Hartknopfs Philosophie liegt im Geist einer fatalistischen Resignation. »*Ich will, was ich muß*, war sein Wahlspruch bis an den letzten Hauch seines Lebens – Es war seine höchste Weisheit, der er bis zum Tode getreu blieb – die ihn über die Dornenpfade seines Lebens sicher hinleitete, die ihm am Rande des Grabes noch einmal ihre freundschaftliche Rechte bot.« (AH, 404) Selbst den eigenen Tod deutet Hartknopf als Ausdruck seines freien Willens und letzte Erfüllung der Resignation, die seine Philosophie bestimmt. »Die Weisheit, welche *Hartknopf* seine Schüler lehrte, ist einzig und fest, und unerschütterlich; sie heißt: *Resignation.*« (AH, 470)

Vor diesem Hintergrund spricht Langen nicht ohne Evidenz von einem »heroischen Stoizismus«[26] Hartknopfs. Was ihm dabei allerdings entgeht, ist die eigentümliche Doppelbödigkeit der Hartknopfschen Heroik. Die innere Widersprüchlichkeit der stoischen Geisteshaltung als einer defizienten Form der Freiheit des Selbstbewußtseins hat Hegel in der *Phänomenologie des Geistes* festgehalten.

> Diese Freiheit des Selbstbewußtseins hat bekanntlich, indem sie als ihrer bewußte Erscheinung in der Geschichte des Geistes aufgetreten ist, *Stoizismus* geheißen. Sein Prinzip ist, daß das Bewußtsein denkendes Wesen ist und etwas nur Wesenheit für dasselbe hat, oder wahr und gut für es ist, als das Bewußtsein sich darin als denkendes Wesen verhält.[27]

Für Hegel beruht der Stoizismus auf der abstrakten Freiheit des Denkens, das sich allen Forderungen der äußeren Wirklichkeit gegenüber indifferent verhält und darauf beharrt, »wie auf dem Throne so in den Fesseln, in aller Abhängigkeit seines einzelnen Daseins frei zu sein«[28]. Der Stoizismus, so Hegels durchaus politisch gemeinte Kritik, deutet wirkliche Abhängigkeit in bloß gedankliche Freiheit um. »Die Freiheit im Gedanken hat nur den *reinen Gedanken* zu ihrer Wahrheit, die ohne die Erfüllung des Lebens ist; und ist also auch nur der Begriff der Freiheit, nicht die lebendige Freiheit selbst«[29]. Dieses Problem teilt Hartknopf mit dem Stoiker, wenn er hofft, durch die Umdeutung von fremdbe-

---

[26] Ebd., S. 195.
[27] Hegel, Phänomenologie des Geistes, Stuttgart 1956, S. 152.
[28] Ebd., S. 153.
[29] Ebd.

stimmtem Müssen in eigenes Wollen einen Grad der Freiheit zu erreichen, der sich letztlich auf den resignativen Rückzug in das eigene Ich beschränkt. »*Ich will, was ich muß!* war sein Wahlspruch, wenn er von außen her getrieben wurde, und *ich muß, was ich will*, wenn ihn etwas von innen trieb. Gefühl seiner Kraft, insbesondre der widerstrebenden, war seine höchste Glückseligkeit.« (AH, 406) Hinter der Verknüpfung von Müssen und Wollen, die der Erzähler als die höchste Weisheit Hartknopfs ausgibt, verbirgt sich nicht die Lösung des Problems, sondern dessen eigentlicher Kern: Die Transformation von äußerem Zwang in eigenes Wollen und die von eigenem Wollen in fremdbestimmtes Müssen verurteilt Hartknopf zu einer *amor fati*, die sich in seinem märtyrerhaften Untergang paradigmatisch bestätigt. Die Defizienz, die Hartknopfs Philosophie der Resignation eingeschrieben ist, hat Alo Allkemper herausgearbeitet.

> Schon eine einfache Reflexion auf die Lehre Hartknopfs, die Resignation, macht deutlich, daß Resignation keine Lösung der Widersprüche sein kann; die Resignation muß diese gerade voraussetzen, denn sonst wäre sie nicht nötig. Zu resignieren verlangt zwar eine Distanz zur Problemunmittelbarkeit, die Distanz verdankt sich aber nicht einer Überwindung der Widersprüche oder einer Lösung der Probleme, sondern einzig strenger Dezision. Resignation als Widerstand und Rückzug basiert auf einer voluntaristischen Entscheidung, die Probleme nachdrücklich herunterspielen muß, um ihren Druck möglichst gering zu halten. Die dadurch erreichbare Erhabenheit über die Probleme ist keine Leistung problemauflösenden Denkens, es ist nur eine Stärke der Widerstandskraft des Willens[30].

Wie Allkemper zeigt, ist Hartknopf dazu gezwungen, auf die Resignation zurückzugreifen, wo er über keine angemessene Problemlösung mehr verfügt. Ein letztes Refugium findet das von Fremdbestimmung bedrohte Subjekt im Rückzug ins Ich. »Der Resignation ist ihre eigene List immanent, sie rettet das, was sie der Notwendigkeit entgegensetzen will, dadurch, daß sie die Notwendigkeit da anerkennt, wo ihr keine andere Möglichkeit bleibt und ihr Widerstand auf ein sinnloses und unnützes Vergeuden der Kräfte hinausliefe.«[31] Entsprechend gelten Allkemper als die entscheidenden Momente der Resignation: »Mut, Trotz, Rückzug in das gepanzerte Selbst, Abhärtung.«[32] Die defensive Strategie von Hartknopfs Fatalismus erläutert der Erzähler in einer erneuten Wiederholung des obersten Glaubenssatzes seines Helden:

> *hier will ich still stehen bleiben!* Er fühlte dabei einen unwiderstehlichen Mut, womit er der Kälte, dem Regen, dem Winde, der Dunkelheit der Nacht, und der Ohnmacht der menschlichen Natur selbst Trotz bot – er zog sich in sich selbst

---

[30] A. Allkemper, Ästhetische Lösungen. Studien zu Karl Philipp Moritz, München 1990, S. 212.
[31] Ebd., S. 214.
[32] Ebd., S. 215.

zurück, wie der Igel in seine Stacheln, wie die Schildkröte in ihr felsenfestes Haus; seine Brust war mit ehernem Mute gestählt, sein Körper zum Leiden abgehärtet – die rauhen Elemente noch immer seine Freunde, denn sie behandelten ihn gütiger, wie die Menschen. (AH, 404)

Die Beispiele von Igel und Schildkröte verweisen deutlich auf die Tendenz zur schützenden Panzerung des Selbst, die Hartknopfs Philosophie zugrundeliegt. Moritz läßt Hartknopfs Resignation als einen Selbstschutz des bedrohten Ichs erscheinen, das sich aus seinen Bindungen löst und auf sich selbst zurückzieht, um eine Stabilität aufrechtzuerhalten, die es in anderer Form nicht länger garantieren kann. Trotz und Starre sind die Hauptmerkmale von Hartknopfs stoisch-erhabener Resignation, die die Ausweglosigkeit seiner Lage nicht aufhebt, sondern die Aporie seines Lebensweges bis zu dessen abschließender Erfüllung im Märtyrertod weiterführt.

Wahrheit und Schönheit: Die gerade und die krumme Linie

Verhindert Hartknopfs resignative Geisteshaltung eine wirkliche Befreiung aus der aporetischen Situation, mit der der Roman beginnt, so kann die Lösung nur durch einen äußeren Anstoß erfolgen. Von zwei nächtlichen Störenfrieden wird Hartknopf in den Graben gestoßen, vor dem er ohnmächtig verharrt.

> Die Menschenstimmen tönten wild in die Nacht – der Laut war wie von stammelnden Zungen, und ihr Ausruf war, wie der Ausruf derer, die voll süßen Weins sind. – Schon waren sie dicht heran, und es war doch schändlich! die Eulen und Fledermäuse hatten meinem *Hartknopf* zur Gesellschaft mitgewacht – und diese Unmenschen — es waren ihrer zwei – Heda, ! Landsmann, stammelte der eine, was wankt er hier noch so spät umher? – Ich kann nicht über den Graben — I Narr, so schwimm er durch, lachte jener laut auf, und stieß ihn in den Graben hinein – *Hartknopf* raffte sich im Fallen so gut er konnte zusammen, und siehe da, es war eine Grube, wie die, worin weiland Joseph von seinen mitleidigen Brüdern hinabgelassen wurde, es war ein Graben, worin kein Wasser war, und durch welchen er gleich anfangs trocknen Fußes hätte durchgehen können, wenn er statt seiner philosophischen Resignation, seine beiden Sinne Gesicht und Gefühl zusammengenommen hätte, um sich vermittelst seines Dornstockes und seiner gesunden Füße, erst einen Durchgang durch den Graben zu erproben (AH, 405).

In ähnlicher Weise wie im *Anton Reiser* geschieht die Auflösung der scheinbar ausweglosen Situation durch eine pädagogische Kritik am Protagonisten des Romans. Statt der philosophischen Resignation empfiehlt der Erzähler den Gebrauch der natürlichen Sinne. Das Problem, vor dem Hartknopf in stummer Resignation verharrt, erweist sich als selbstgeschaffener Schein. Mit der Auflösung der eingangs geschilderten Aporie kann der Wanderer seinen Weg fortsetzen. »Er verdoppelte seine Schritte, um sich warm zu gehen, und befand sich ungleich besser, da er wieder auf der Landstraße war, und mit Zweck und Absicht sich nach einer festern Richtung fortbewegen konnte, als vorher, da er gehen mußte um zu gehen, und immer wieder an denselben Fleck zurückkam« (AH, 406). Die Metapher des Weges nutzt Moritz zur Einbindung ästhetischer Überlegungen in den Roman. In Anknüpfung an die Tradition der bivium-Bildlichkeit stellt der Erzähler zwei unterschiedliche Wegformen gegenüber, die zwei Lebensentwürfe repräsentieren, zwischen denen sich Hartknopf entscheiden muß.[33] Dem Gehen im Kreis, das immer wieder an den gleichen Fleck zurückführt, steht der lineare Fortschritt gegenüber, der in eine bestimmte Richtung weiterführt. Die Alternative von linearer und zyklischer Bewegung führt der Text im Hinblick auf die Unterscheidung von krummer Schönheitslinie und gerader Wahrheitslinie aus, die Moritz in seinem Aufsatz *Die metaphysische Schönheitslinie* vorgenommen hat.

> Dies führte ihn zu tiefsinnigen Betrachtungen über die gerade und über die krumme Linie, und in wie fern die gerade Linie gleichsam das Bild des Zweckmäßigen in unsern Handlungen sei, indem die Tätigkeit der Seele den kürzesten Weg zu ihrem Ziele nimmt – die krumme Linie hingegen das Schöne, Tändelnde und Spielende, den Tanz, das Spazierengehen bezeichnet — indem waren die beiden besoffnen Kerl schon wieder hinter ihm, und faßten ihn brüderlich, der eine unter dem rechten, der andre unter dem linken Arm – der unter dem linken Arm hatte ihn in den Graben gestoßen, und war wie der böse Schächer zur Linken am Kreuze, die Tugend und Weisheit ging in der Mitten. (AH, 406f.)

»Diese krummen Linien wollen wir also die Schönheitslinien, und die in dem unermeßlichen Zirkel gerade scheinenden Linien die Wahrheitslinien nennen. Die Schönheit wäre also die Wahrheit im verjüngten Maaßstabe«[34], mit diesen Worten formuliert Moritz die Differenz von Wahrheit und Schönheit anhand der Unterscheidung von gerader und krummer Linie. Die ästhetischen Überlegungen über das Schöne nimmt er in seinem Roman zum Anlaß einer grundlegenden Reflexion über die Philosophie der Resignation, der sich Hartknopf verpflichtet. Für Moritz kennzeichnet die Tendenz zum Rückzug in sich selbst nicht nur den erhabenen Stoizismus seines Romanhelden, sie ist zugleich das Merkmal des Schönen. »Der Künstler muß suchen, den Zweck, der in der Natur

---

[33] Auf die Gegenüberstellung von geradem und krummem Weg als Wiederaufnahme der bivium-Situation hat bereits Harms hingewiesen. Zusammenfassend heißt es bei ihm: »In Bildlichkeit und umfassender Motivik bleibt bei Karl Philipp Moritz mehr konstant, als es auf den ersten Blick den Anschein hat, obwohl u. a. durch die Mystik Jakob Böhmes und durch die auf die Hieroglyphik bezogene Symbolik der Freimaurer alte Bedeutungtraditionen hier abgewandelt werden.« W. Harms, Homo viator in bivio, S. 292.

[34] K. Ph. Moritz, Die metaphysische Schönheitslinie. In: Ders.: Schriften zur Ästhetik und Poetik. Kritische Ausgabe, hg. von H.-J. Schrimpf, Tübingen 1962, S. 156.

immer außer dem Gegenstande liegt, in den Gegenstand selbst zurückzuwälzen, und ihn dadurch in sich vollendet zu machen.«[35] Moritz' Definition des Schönen verrät eine kaum zu übersehende Verwandtschaft zu Hartknopfs Philosophie der Resignation. Beiden gemeinsam ist der Schein ästhetischer Vollkommenheit, deren Grundlage »eine anscheinende krumme Linie bilde[t], die aber im Grunde nur aus lauter Bruchstücken besteht, und nicht in einem fortgeht.«[36] Das Hauptmerkmal des Schönen, die kreisförmige Anordnung von Bruchstücken zur Erzeugung des Scheins einer in sich geschlossenen Totalität, kennzeichnet Hartknopfs Lebensentwurf und stellt den resignativen Rückzug in sich selbst als den Versuch dar, das Leben als ästhetische Totalität zu konstruieren. Die Verbindung, die die ästhetische Autonomie des Schönen und die Philosophie der Resignation bei Moritz eingehen, hat Allkemper herausgearbeitet.

> Die Figur ästhetischer ›Insichselbstgeschlossenheit‹ ist der Figur des resignativen Rückzugs in sich selbst, des Einigelns im ›Stachelnest‹ der Denkkraft gleich und ungleich: gleich in Widerstand und Rettung, ungleich im verführerischen Schein der in sich gekrümmten und vollendeten ›Schönheitslinie‹; die Verführung liegt darin, die Kunst zu leben, sie zur Richtschnur seines Lebens zu machen, sie in die Wirklichkeit zu überführen, um die Härte der Resignation zu vermeiden.«[37]

Allkemper deutet Hartknopfs Philosophie der Resignation als den letztlich scheiternden Versuch einer »ästhetischen Lösung« des Daseins, dessen Kraft an die Verwirklichung der krummen Linie der Schönheit gebunden ist, die der Roman gestaltet. »Die ästhetische Konzeption Moritz' zeigt daher an sich selbst, daß ästhetische Lösungen keine sind: sie können die Widersprüche zwischen Ich und Wirklichkeit, Sein und Sollen nur lösen, indem sie sie bestätigen.«[38] So weist die Verbindung von Schönheit und Resignation im Roman vor allem auf die ästhetisch vermittelte Bestimmung von Hartknopfs Lebensmodell hin, zugleich aber auf deren Grenzen. Nimmt Moritz im *Andreas Hartknopf* die Metapher des Pilgerweges aus der Tradition der christlichen Literatur auf, so unterwandert er sie gleichzeitig, indem er seinen Helden mit dem krummen Weg des Schönen einem ästhetischen Paradigma unterstellt. Die Reflexion auf die ästhetische Bestimmtheit von Hartknopfs Lebensweg, die Moritz im Vergleich zu Bunyan und Jung-Stilling auszeichnet, dient ihm jedoch zu einer kritischen Darstellung, die nicht allein die theologische Tradition, sondern zugleich deren ästhetische Überwindung betrifft. Moritz' Interesse im *Andreas Hartknopf* gilt dem Nachweis der Grenzen, denen der ästhetische Lebensentwurf des Menschen am Leitbild der ganzheitlichen Geschlossenheit des Schönen un-

---

[35] Ebd., S. 153.
[36] Ebd., S. 155.
[37] A. Allkemper, Ästhetische Lösungen, S. 257.
[38] Ebd., S. 291.

terworfen bleibt. So verknüpft er die allegorische Bildlichkeit des Weges in seinem Roman mit dem Thema der ästhetischen Resignation, um zugleich die Grenzen der ästhetischen Autonomie aufzuzeigen: Was die Theorie des Schönen als Leitbild vorstellt, erweist sich im Roman als Trugbild.

Christusparodie

Der Fortgang des Romans, der Hartknopfs nächtlichen Einzug in seinen Geburtsort Gellenhausen schildert, ist von einer ironischen Wiederholung der Geschichte der Emmausjünger bestimmt.[39] Auf seinem Weg wird Hartknopf von den beiden Wanderern begleitet, die ihn in den Graben gestoßen haben: »der böse Schächer zur Linken am Kreuze, die Tugend und Weisheit ging in der Mitten« (AH, 407), mit dieser Gleichsetzung stellt der Erzähler Hartknopfs Einzug in seinen Geburtsort zugleich als eine satirische Imitation der Leidensgeschichte Christi dar.[40] Dabei scheint sich die Tugend und Weisheit zunächst gegen die Torheit durchzusetzen.

> Die Weisheit in der Mitte nahm ihren Dornenstock in die Hand, und schlug damit rechts und links um sich, und die Torheit taumelte an beiden Seiten von ihren wiederholten Schlägen zu Boden, und als mein *Hartknopf* die beiden Besoffnen nach Herzenslust durchgeprügelt hatte, so sagte er: Vater vergib ihnen, denn sie wissen nicht was sie tun!— (AH, 408)

Im Unterschied zu Bunyan und Jung-Stilling gestaltet Moritz die narrative Allegorie des Pilgerweges in seinem Hartknopf-Roman als eine Christus-Parodie.[41] »Hartknopf übernimmt die Christus-Rolle, aber auf einem Niveau, das sie zugleich blasphemisch persifliert und ihres Unernstes überführt«[42], stellt Allkemper angesichts des satirischen Geistes fest, der Moritz' Roman beseelt. In diesem Sinne hat sich Moritz auch in einem Brief an Goethe geäußert. »Wenn Ihnen der Andreas Hartknopf zu Gesichte kommen sollte, so bitte ich Sie, ihn

---

[39] Darauf hat bereits Bruno Preisendörfer hingewiesen. Vgl. B. Preisendörfer, Psychologische Ordnung – Groteske Passion. Opfer und Selbstbehauptung in den Romanen von Karl Philipp Moritz, St. Ingbert 1987, S. 115.

[40] »Die Kreuzigung Christi wird in ihrer Wiederholung verspottet, der Heilstatsache dieses Geschehens kommt keine Bedeutung mehr zu«, schreibt Allkemper, Ästhetische Lösungen, S. 241.

[41] Daß Parodie und Blasphemie wiederum als Formen sprachlicher Säkularisierung zu begreifen sind, hat Albrecht Schöne unterstrichen. »Parodie als Säkularisierungsform zielt auf Profanisierung des religiösen Modells und erscheint in ihrer radikalen Ausprägung als Instrument antichristlicher Polemik (wofür etwa Nietzsches Schriften einiges Material bieten).« A. Schöne, Säkularisation als sprachbildende Kraft, S. 270.

[42] A. Allkemper, Ästhetische Lösungen, S. 215.

doch einmal durchzublättern. – Es ist eine wilde Blasphemie gegen ein unbekanntes großes Etwas.«[43] In Moritz' blasphemischer Allegorie erscheint Hartknopf zwar zunächst als die Inkarnation von Weisheit und Tugend, die beiden
nächtlichen Gesellen hingegen als Verkörperung der Torheit. Wie der Fortgang
des Romans zeigt, setzt sich die Torheit der betrunkenen Wanderer jedoch letztlich gegen die Weisheit Hartknopfs durch.

Pädagogik

Den Streit von Tugend und Torheit konkretisiert der Roman am Beispiel der zeitgenössischen Pädagogik. Hinter den beiden Trunkenbolden, die Hartknopf auf
seiner Wanderung begleiten, verbergen sich der Weltreformator Hagebuck und
sein Freund Küster, die Anführer einer Kosmopolitenbande, die in Gellenhausen
die Erziehung der Jugend übernommen hat. Bei seiner Rückkehr muß Hartknopf
erkennen, daß seine Heimatstadt der Torheit der Weltreformatoren anheimgefallen ist. Zwar wird Gellenhausen in ähnlicher Weise wie die Städtebilder im *Anton
Reiser* zunächst durch die »hohe Turmspitze« (AH, 410) seiner Kirche eingeführt.[44] Die Turmspitze verweist Gellenhausen jedoch nicht an die Autorität der
Kirche, sondern an den verwirrten Geist Babels. Die Stadt steht ganz im Schatten der Kirche, die »mit ihrer Pracht alle übrigen Häuser, die in einem Klümp-
chen zusammen gedrängt da lagen, verdunkelte und beschämte.« (AH, 411) Der
Kirchturm, der die Stadt vollständig verdeckt, symbolisiert die hochgesteckten
pädagogischen Bemühungen der Weltreformatoren, denen sich die Bewohner der
Stadt widerstandslos ergeben haben. Gellenhausen erscheint als ein paradigmati-
scher Ort der pädagogischen Verirrung, mit der sich Hartknopf in seiner Funktion als Priester und religiöser Erzieher auseinandersetzen muß.

Im Anschluß an die kritische Darstellung der Theaterleidenschaft im *Anton
Reiser* ist der *Andreas Hartknopf* von einer grundsätzlichen Auseinandersetzung mit dem pädagogischen Diskurs seiner Zeit geprägt. Die Kosmopolitenbande um Hagebuck, die Moritz in Anspielung auf das Philantropum in Dessau
gestaltet hat, an dem er selbst eine Zeit lang lehrte, verkörpert die Verirrungen
der zeitgenössischen Pädagogik.[45] Dabei stellt Moritz die Verfehlungen, die in

---

[43] K. Ph. Moritz, Brief an Goethe vom 7. Juni 1788. In: K. Ph. Moritz, Werke, hg. von
H. Günther. Zweiter Band. Reisen. Schriften zur Kunst und Mythologie, Frank-
furt/Main 1981, S. 886.

[44] Zur Bedeutung der Kirchtürme im *Anton Reiser* und *Andreas Hartknopf* vgl. H. Pfotenhauer, Literarische Anthropologie, S. 109.

[45] Bei der Schilderung des ewig betrunkenen Hagebuck hat sich Moritz eines »Selbstge-
ständnisses des Herrn Basedow von seinem Charakter« bedient, daß der Leiter des

Gellenhausen regieren, geradezu als Weiterführung der Theaterleidenschaft dar, der Anton Reiser einen Großteil seines Unglücks zu verdanken hat: die »Theaterepoche, die sich nun auch allmählich ihrem Ende zuneigt« (AH, 411), wird im *Andreas Hartknopf* durch die der Pädagogik abgelöst.

Ästhetische Bildung

In seiner Kritik Hagebucks greift Moritz in ähnlicher Weise wie bereits im *Anton Reiser* auf die Allegorie des Handwerks zurück. So erscheinen Hagebuck und seine Kollegen durchweg als verfehlte Handwerker, die das Scheitern ihrer beruflichen Ambitionen in ihrer pädagogischen Berufung weiterführen. Hagebuck ist eigentlich ein Schuster, sein Freund Küster wirklich ein Küster, die anderen Mitglieder der Kosmopolitenbande ein ehemaliger Schneider und ein Friseur. Die allegorische Darstellung der verschiedenen Handwerker, die wiederum auf die Bedeutung der Freimaurersymbolik im Roman verweist,[46] dient vor allem der Kritik an der mangelnden Vermittlung zwischen körperlicher und geistiger Bildung des Menschen. Den Weltreformatoren um Hagebuck stellt Moritz mit seinem Protagonisten Andreas Hartknopf eine Figur gegenüber, die in ihrer doppelten Bestimmung als Grobschmied und Priester die körperliche und die geistige Seite des Menschen zu vereinigen scheint.

> So viel habe ich schon verraten, daß *Hartknopf* seines Handwerks ein Priester und ein Grobschmied war – seiner leiblichen Geburt nach war er nämlich ein Grobschmied – seiner geistlichen Geburt nach aber ein Priester, von Kindheit auf geweiht, kein Unheiliges anzurühren, um einst in Unschuld und Reinigkeit des Herzens in dem großen Tempel des Heiligen und Wahren als ein Priester Gottes zu dienen. (AH, 447)

Auf den ersten Blick verkörpert Hartknopf das Ideal einer doppelten Berufung: »er war seines Handwerks ein Grobschmied und ein Priester, und konnte sich also mit seiner Hände Arbeit sowohl, als vom Evangelium nähren, das er den Leuten gern verkündigte, die es hören wollten« (AH, 409).[47] Fallen in Hartknopf mit dem Grobschmied und dem Priester die beiden Momente von Körper und Geist auf idealtypische Weise zusammen, so nennt der doppelte Beruf

---

Dessauer Philantropums im *Magazin zur Erfahrungsseelenkunde* gegeben hat und in dem er einen unseligen Hang zum Wein eingesteht. Vgl. K. Ph. Moritz, Magazin zur Erfahrungsseelenkunde. Erster Band, Erstes bis Drittes Stück, hrsg. von U. Nettelbeck, Nördlingen 1986, S. 114-116.

[46] Vgl. H.-J. Schrimpf, Karl Philipp Moritz, S. 57f.

[47] Schrimpf erkennt daher in Jakob Böhme das eigentliche Vorbild Hartknopfs. Vgl. H.-J. Schrimpf, Vorwort, S. 59.

des Helden zugleich das eigentliche Ziel seiner pädagogischen Ambitionen: die ästhetische Bildung des Menschen. Bildung nennt im Roman das Gemeinsame von Schmiedehandwerk und Priesteramt. So wie Hartknopf als Schmied die Naturelemente formt, so besteht seine Aufgabe als Priester darin, die Menschen zu bilden. »Da er noch ein Kind war, lernten seine zarten Hände zuerst mit dem großen schweren Hammer spielen, den er kaum zu heben vermochte – aber sein Arm wurde früh nervig, und stark; bald mußte unter seinen wiederholten Schlägen der Ambos seufzen, und das glühende Eisen geschmeidig werden.« (AH, 447) In der Schilderung von Hartknopfs Arbeit als Schmied verleiht Moritz den Naturelementen menschliche Züge: Der Amboß seufzt, unter seinen Händen wird das Eisen geschmeidig. Damit wird das Schmiedehandwerk an den Auftrag einer geistigen Bildung des Menschen verwiesen, der sich in der Priesterschaft Hartknopfs vollenden soll. Verbunden sind die Fragen von körperlicher und geistiger Bildung des Menschen in der Metapher des Feuers. Dem natürlichen Feuer der Schmiede, in dem das Eisen geformt wird, entspricht im übertragenen Sinne das Feuer als Symbol des menschlichen Geistes, den Hartknopf in seiner Eigenschaft als Priester bilden will. In seiner Doppelfunktion als Schmied und Priester knüpft Hartknopf damit nicht an ein christliches Vorbild an, sondern an das heroische Beispiel von Herkules und den frevelnden Geist des Prometheus, den er in seiner *Götterlehre* ausgehend von Goethes Gedicht als Inkarnation des bildenden Künstlers gerühmt hat.[48] Mit dem Hinweis auf die prometheische Herkunft des Schmieds und Priesters Hartknopf verpflichtet Moritz seinen Protagonisten dem Auftrag einer ästhetischen Bildung, deren Erfüllung Hartknopf im Roman allerdings versagt bleibt.

Ästhetik des Augenblicks

Der Kosmopolitenbande um Hagebuck stellt Moritz in seinem Roman neben Hartknopf mit dem Rektor Emeritus und dem Gastwirt Knapp die Vertreter eines »Bundes der Weisheit und der Tugend« (AH, 423) entgegen, deren pädagogische Ziele sich von denen der Gellenhausener Weltreformatoren unterscheiden. Das Wiedersehen von Hartknopf und dem Rektor Emeritus gestaltet Moritz als Freimaurerritual, das zunächst die eingangs beschworene Metaphorik der Sonne aufnimmt: »– Es ist voll Mittag, sagte *Hartknopf* und – Es ist hoch

---

[48] »Prometheus ist daher auf den alten Kunstwerken ganz wie der bildende Künstler dargestellt«, schreibt Moritz in seiner *Götterlehre*, um dem neben dem vollständigen Zitat von Goethes Hymne hinzuzufügen: »Der bildende Künstler ist zum Schöpfer geworden; seine Bildungen werden ihm gleich.« K. Ph. Moritz, Werke. Zweiter Band. Reisen. Schriften zur Kunst und Mythologie, S. 626.

Mitternacht! antwortete der Greis.« (AH, 424) Die Begrüßung der beiden Freunde erinnert indes nicht allein an die Bedeutung der Freimaurersymbolik im Roman.[49] In dem Maße, in dem der Erzähler Hartknopfs Lebensgang eingangs metaphorisch an den Lauf der Sonne gebunden hat, verweist die Gleichsetzung von Mittag und Mitternacht auf einen Extrempunkt seiner Lebensbahn, an dem Tag und Nacht, Höhe und Tiefe zusammenfallen. Die metaphorische Ineinssetzung von Mittag und Mitternacht, die Nietzsche auf ähnliche Weise im *Zarathustra* vornimmt, antizipiert im Rahmen der Christusallegorie, die den Roman bestimmt, den Märtyrertod, den Hartknopf in Gellenhausen erleiden muß und stellt ihn zugleich als Vollendung eines tragischen Schicksals dar, das den Helden auf der Höhe seiner Lebensbahn zum Untergang bestimmt.

Beruht der Streit von Hartknopf und Hagebuck im Roman auf zwei unterschiedlichen Auffassungen von der erzieherischen Aufgabe der Bildung des Menschen, so erweist sich die Pädagogik, die Hartknopf und sein Bund von Weisheit und Tugend vertreten, entgegen dem ersten Anschein jedoch als nicht minder fragwürdig als die der Weltreformatoren. So beruht Knapps pädagogische Lehre, deren Versuchsobjekt der eigene Sohn ist, auf dem Gedanken von der Allgegenwart des Todes im Leben. »Er lehrte ihn bei jeder Gelegenheit die *Kürze* des Lebens empfinden, und machte ihn aufmerksam auf den Zeigerschlag – Er machte ihn allmählich mit dem Tode in der ganzen Natur bekannt« (AH, 444). Knapps Erziehungsprogramm ist ganz von der Idee des Todes bestimmt. Erst der Durchgang durch den Tod, so die philosophische Grundsatzentscheidung des Gastwirts, ermögliche ein glückendes Leben. »Der feste Gedanke an den Tod war es, der ihm den Genuß jeder Freude verdoppelte, und jeden Kummer ihm versüßte. – Der wollustreiche Gedanke des Aufhörens drängte seine ganze Lebenskraft immer in den gegenwärtigen Augenblick zusammen, und machte, daß er in einzelnen Tagen mehr, als andre Menschen in Jahren, lebte.« (AH, 445)

Wie aus Knapps Äußerungen deutlich wird, besteht die Funktion des memento mori in der Herstellung der zeitlichen Einheit des Augenblicks. Der Gedanke an das Ende des Lebens führt paradoxerweise zu einer Hinwendung zum »gegenwärtigen Augenblick« als Garant menschlicher Glückserfahrung. »Wer nicht den ganzen Nutzen von dem, was er gelernt, getan, gedacht, gelebt hat, in einen *Moment* zusammen ziehen kann, bei dem ist die neue Schöpfung noch nicht vorgegangen, und noch nicht alles so geordnet, wie es soll« (AH, 457). Knapp und Hartknopf predigen eine philosophische Lehre der Zeitlichkeit, die sich dem inneren Zusammenhang von Tod und Augenblick zu verpflichten sucht. »Der *Moment* ist und bleibt der letzte Punkt, wohin alle Weisheit der

---

[49] Den Zusammenhang zwischen der Sonnenmetaphorik und der Freimaurersymbolik hat bereits Schrimpf hervorgehoben. Vgl. H.-J. Schrimpf, Vorwort, S. 43.

Sterblichen streben kann und muß – alles andre ist Chimäre und Einbildung«
(AH, 457), heißt es im Gespräch von Knapp und Hartknopf. Ausdruck dieser
Zeit- und Todesbestimmtheit von Hartknopfs Pädagogik ist die »große Weisheit
des *Alles im Moment*«, die helfen soll, »zum neuen geistigen Leben geboren«
(AH, 456) zu werden. Die pädagogische Forderung, die der Roman anhand der
Lehre des *Alles im Moment* darstellt, ist die einer Erziehung zum Tode. »O
pflanzt den Gedanken an den Tod fest in die jungen Seelen, ihr Pädagogen uns-
rer Zeiten, und ihr werdet wieder Männer statt Knaben ziehen« (AH, 445).

Die Pädagogik des Todes, die Moritz im *Andreas Hartknopf* entwirft, offenbart aber eine grundlegende Defizienz des ästhetischen Bildungsprogramms
Hartknopfs. Die zeitliche Erfüllung, die der Augenblick schenken soll, verdankt
sich nicht dem Leben, sondern dem Tod. Moritz ersetzt die seit Platons *Timaios*
die Metaphysik der Zeit leitende Frage nach der Vermittlung von Augenblick und
Ewigkeit[50] durch die Verknüpfung von Augenblick und Tod, um mit dem Thema
von Tod und Vergänglichkeit auf die Grenzen von Hartknopfs und Knapps
pädagogischem Modell hinzuweisen. So verweist die Zeitlichkeit des Augenblicks im Roman wiederum auf die ästhetisch-resignative Bestimmtheit von
Hartknopfs Philosophie zurück. Dem Versuch, die Einheit des Ich im ästhetisch-
resignativen Rückzug auf sich selbst zu wahren, korrespondiert der Versuch, die
Folge der Zeit auf einen Augenblick zusammenzudrängen, um so eine ästhetische Fülle des Daseins in sich selber zu erreichen. Daß die Fülle, die durch den
zeitlichen Rückzug des Daseins in die Einheit des Augenblicks hergestellt werden soll, unter dem Zeichen des Todes steht, weist die Philosophie des »*Alles im
Moment*« jedoch als ein Modell pädagogischen Scheiterns aus, das den Verirrungen Hagebucks und seiner Kosmopolitenbande letztlich kaum überlegen ist.

Augenblick und Tod

Daß sich die Lehre vom *Alles im Moment* der Herrschaft des Todes verdankt,
zeigt sich im Roman anhand der fragwürdigen Konsequenzen von Knapps Er-
ziehungsmodell. Der Gastwirt erzieht seinen Sohn von Kind an im Sinne von
Hartknopfs Weisheit der Resignation: »er lehrte ihn früh die Notwendigkeit,
sich der *unvernünftigen Stärke* zu unterwerfen.« (AH, 446) Unterwerfung
unter die Macht, die man nicht bewältigen kann, so lautet der Kern von Knapps
Lehre. Damit verkehrt sich die Lehre vom *Alles im Moment*, die dem Menschen
Erfüllung im Augenblick verspricht, in ihr Gegenteil. Denn als Inkarnation der
unvernünftigen Stärke, der der Mensch sich unterwerfen muß, erscheint gerade

---

[50] Vgl. die Definition der Zeit als bewegliches Abbild der Ewigkeit in Platons Timaios,
37d-38b.

nicht die ästhetische Fülle des Daseins, sondern die absolute Leere des Todes, der zu einer Bedrohung wird, die das Leben des Menschen in jedem Moment bestimmt. Das wird an einem spirituellen Erweckungserlebnis deutlich, das der Erzähler im Rückblick auf seine Begegnung mit Hartknopf in einem Kartäuserkloster in Erfurt schildert, wo dieser ihm das »›memento mori‹ in die Seele rief« (AH, 462). Hartknopfs Predigt, die sich von der christlichen Verheißung eines überirdischen Lebens gründlich entfernt, besteht in der Erinnerung an die Sterblichkeit des Menschen. »Er fand diesen Ort zu einem wichtigen Fortschritt schicklich – er sagte mir mit einer so kalten, festen, und trockenen Miene, daß ich sterben – sterben müsse – wie es mir noch nie in meinem Leben gesagt war, wie ich es mir selbst noch nie gesagt hatte – es war, als hätte er mich mit diesem Blick von Haut und Fleisch entblößt -« (AH, 467). Daraufhin wird der Erzähler von dem Gedanken der »Verwesung« (AH, 467) ergriffen, der in einem nihilistischen Bekenntnis endet, das bereits den Ton der *Rede des toten Christus* von Jean Paul und den Schluß von *Bonaventuras Nachtwachen* anklingen läßt.[51]

> Hinweg mit dem täuschenden Schleier! Hier ist nicht der Jüngling mit der umgekehrten Fackel – hier ist schreckliche, schändliche Verwesung – das Meisterstück der Schöpfung liegt zertrümmert da, und der Wurm nagt an seinen Überresten – sind denn Augen, wodurch der Geist geblickt hat, weniger wert, als Augen von Glas geschliffen? daß diese modern, wenn jene dauern?
> Ist es möglich, daß dieser Körper, den ich an mir trage, der so nahe in mein Ich verwebt ist, einst ein Auswurf der Schöpfung werde? – Nicht nur möglich, sondern gewiß; so gewiß, daß es itzt schon wirklich ist – und ich sollte nicht vor mir selber zurückbeben? vor mir selber? (AH, 467)

Schrimpf spricht angesichts dieses verzweifelten Glaubensbekenntnisses zu Recht von dem »Gespenst eines lähmenden Nihilismus«[52], das im *Andreas Hartknopf* dargestellt werde. Nihilistisch ist der Gedanke an die Allgegenwart des Todes, da er die dem Dasein in der Lehre des *Alles im Moment* versprochene ästhetische Fülle in ihr Gegenteil verkehrt. Die Unterwerfung unter die unvernünftige Stärke des Todes fördert die uneingeschränkte Macht des Todes über den Menschen zutage. Im Unterschied zur religiösen Tradition wird die Einsicht in die Vergänglichkeit des Menschen bei Moritz durch keine Form der Transzendenz mehr aufgehoben, da die ästhetische und zeitliche Rückzugsbewegung,

---

[51] Klingemann beruft sich in seinen *Nachtwachen* nicht nur an einer Stelle explizit auf Moritz' *Magazin zur Erfahrungsseelenkunde*. Der Schluß der *Nachtwachen*, die programmatisch mit dem »Nichts« enden, ist ein ähnliches Beispiel für einen allegorischen Nihilismus wie Moritz' Hartknopf-Roman oder Jean Pauls *Rede des toten Christus*. Vgl. Bonaventura (E. A. F. Klingemann) Nachtwachen, hrsg. von W. Paulsen, Stuttgart 1990, S. 143.

[52] H.-J. Schrimpf, Karl Philipp Moritz, S. 4.

der sich das menschliche Dasein im Zeichen der Ästhetik der Resignation überantwortet, das Leben in einer reinen Immanenz beläßt, die nur noch vom Tod bestimmt wird. Zielt Hartknopfs Pädagogik auf eine ästhetische Bildung des Menschen, so wird sein Unterfangen im Roman von Beginn an als ein erzieherisches Scheitern dargestellt, das den Menschen nicht zur höheren Bildung führt, sondern seine Existenz zum bloßen »Auswurf der Schöpfung« abwertet.

Hartknopfs Ende

Die Todesbestimmtheit von Hartknopfs Philosophie, die seinen Lebensweg bestimmt, stellt Moritz in seinem Roman durch das Bild des Galgens dar. In einer Golgatha-Allegorie,[53] auf deren Bedeutung bereits Schrimpf hingewiesen hat, verknüpft er Hartknopfs Schicksal mit dem Gellenhausener Hohegericht. »Als *Hartknopf* am andern Morgen die Augen aufschlug, stand ein kleines Kammerfenster offen, und er konnte durch dasselbe in der Ferne einen Hügel sehen, worauf das Gellenhausische Hochgericht stand.« (AH, 424) Bereits der erste Blick Hartknopfs nach dem Erwachen in seiner Heimatstadt trifft auf den Galgen als emblematische Chiffre seines geistigen Schicksals.[54] Dabei verknüpft Moritz die Todesthematik abermals mit einer ästhetischen Bestimmung. Das Bild des Galgens löst bei Hartknopf nicht Schrecken, sondern die Empfindung ästhetischen Liebreizes aus. »Von diesem Hügel hatte man in der ganzen Gegend umher die reizendste Aussicht« (AH, 424), heißt es, und weiter: »Diese Eindrücke waren so fest bei ihm geworden, daß sich ihm, so oft er einen Galgen sahe, das Bild einer reizenden Gegend, und so oft er eine reizende Gegend sahe, das Bild eines Galgens unwillkürlich aufdrängte.« (AH, 424) Schrecken und Liebreiz verschlingen sich im Symbol des Galgens bis zur Ununterscheidbarkeit. Moritz verleiht der Todesverfallenheit von Hartknopfs Lebensweg den Anstrich des Reizenden, um abermals auf die ästhetische Komponente seines Lebens- und Bildungsganges hinzuweisen.

Das Bild des Galgens führt dabei zugleich in Hartknopfs Kindheit zurück. »Von diesem Galgenhügel hatte er zuerst in Gottes schöne Welt geblickt, und seinen Vater oft gefragt, was dieser offne Torweg unter freiem Himmel bedeuten sollte, und wozu man die Lumpen und schwarzen Knochen darin aufgehangen hätte?« (AH, 424) In ähnlicher Weise wie im *Anton Reiser* verknüpft Moritz die Darstellung von Hartknopfs geistiger Entwicklung mit Kindheitserinnerungen.

---

[53] H.-J. Schrimpf, Vorwort, S. 36.
[54] Auf die emblematische Bedeutung der Symbole Galgen und Brunnen im Roman hat bereits Pfotenhauer hingewiesen. Vgl. H. Pfotenhauer, Literarische Anthropologie, S. 110.

Als offener »Torweg«, durch den der Pilger wie in Novalis' *Heinrich von Ofterdingen* schreitet, markiert der Galgen den Knotenpunkt von Hartknopfs Schicksal, symbolisiert Anfang und Ende seines Lebensweges. In dieser bedeutungsvollen Form wird er mit der Metapher der Sonne verbunden, die Hartknopfs Lebensgang bestimmt.[55] »Endlich kam sie nun gerade hinter den Galgen zu stehen, der *Hartknopfen* wieder, so wie ehemals in seiner Kindheit, wie Simsons großes Tor vorkam, und eine Ehrenpforte zu sein schien, wodurch die majestätische Sonne ihren feierlichen Durchzug halten wollte.« (AH, 428) Als Nachahmer der Sonne wird Hartknopf ihrem Beispiel folgen. Das Bild des Gellenhausener Hohegerichts antizipiert Hartknopfs tragisches Ende und weist den Erzählerbericht darüber hinaus als Apologie des Märtyrertodes aus, den der Held »auf Satan *Hagebucks* Anstiften« (AH, 470) erleiden muß. Ganz in Übereinstimmung mit der Todesbestimmtheit von Hartknopfs ästhetischer Existenz endet der erste Teil des Romans mit den Worten: »Mors ultima linea rerum est.« (AH, 470)

Die Darstellung von Hartknopfs tragischem Lebensweg verweist den ersten Teil des Romans damit zwar an die Tradition der allegorischen Bildlichkeit des Pilgerweges zurück. Moritz' eigenwillige Gestaltung läßt den *Andreas Hartknopf* jedoch zugleich als Parodie eben des Heilsweges erscheinen, der noch Bunyan und Jung-Stilling im Rahmen der christlichen Tradition bewegte. Im Rückgriff auf die bivium-Bildlichkeit stellt Moritz seinen Helden vor die Entscheidung zwischen dem geraden Weg des Wahren und dem krummen Weg des Schönen, um ihn am Ideal einer ästhetischen Autonomie, die sich nicht allein auf die Kunst beschränkt, sondern auf das Leben erstreckt, scheitern zu lassen. Der Roman führt das ästhetisch motivierte Paradigma der »Fülle des Daseins in sich selber« auf die Figur eines resignativen Rückzugs zurück, der die Selbsterfahrung des endlichen Subjekts in der Spannung von Augenblicksgebundenheit und Todeserwartung bestimmt. Den Widerspruch von ästhetischer Theorie und literarischer Praxis, der Moritz' Auffassung der Allegorie kennzeichnet, nutzt der Roman nicht zu einer Apologie des Schönen, sondern zu einer Kritik des ästhetischen Bildungsideals, ohne freilich die religiösen Muster der Vergangenheit als Lösungsmöglichkeiten zu bemühen. Der zweite Teil des Romans erweitert diese Kritik um die Darstellung von Hartknopfs Scheitern als Priester vor seiner Gemeinde.

---

[55] In diesem Sinne versteht Schrimpf die Hinrichtungsstätte auf dem Galgenberg »als das Tor zur Sonne, sowohl Mittelpunkt wie Ziel des Hartknopfschen Lebensgangs.« H.-J. Schrimpf, Andreas Hartknopf, S. 41.

Hartknopfs Predigerjahre

Andreas Hartknopfs Predigerjahre, der 1790 veröffentlichte zweite Teil des Romans, schildert in einem Rückblick die Geschichte von Hartknopfs Predigeramt in der Gemeinde Ribbeckenau. Der zweite Teil stellt den Roman damit
zwar vordergründig in die Tradition der Pfarrhausidylle zurück. Das Pfarrhausidyll entpuppt sich jedoch schon bald als ein Trugbild, dem Hartknopf eine
Zeit lang erliegt, bevor er sich auf die im ersten Teil geschilderte Pilgerreise
macht, die mit seinem Märtyrertod zum Abschluß kommt.

Nach seiner Ausbildung als Priester wird Hartknopf durch die Vermittlung
des Herrn von G., in der die Forschung eine Versöhnung Moritz' mit dem Pietismus hat erkennen wollen,[56] auf die Pfarrstelle in Ribbeckenau berufen. Der
Ort erscheint von Anfang an in einem eigentümlichen Zwielicht. »Ribbeckenau«,
so die Überschrift des ersten Kapitels: »Klang schon *fatal* in Hartknopfs Ohren,
als er zum erstenmale diesen Namen hörte.« (AH, 473). Das kursiv gesetzte
»*fatal*« deutet bereits im ersten Satz des Romans auf die Schwierigkeiten hin, die
Hartknopf in Ribbeckenau erwarten. Die lakonische Erzählweise im zweiten Teil
des Romans, die diesen mit einem unvollständigen Satz beginnen läßt, stellt das
Pfarrhausidyll in Ribbeckenau von Beginn an in den Kontext der Ironie und Satire: An diesem Ort wird Hartknopf sein Glück nicht finden.

Hartknopfs paradigmatisches Scheitern als Prediger in Ribbeckenau führt
der Erzähler einleitend anhand der Antrittspredigt des neuen Pfarrers vor. »Als
Hartknopf die Kanzel bestieg, schwebte sein böser Genius über ihm.« (AH,
475) Personifiziert wird der böse Geist durch eine hölzerne Taube, die als Ver-
zierung über Hartknopfs Kanzel angebracht ist. »Ganz in seinen Gegenstand
vertieft, dachte er nicht an das, was über ihm war, und die Länge seines Körpers
war schuld, daß er mit der Stirne gerade gegen den einen Taubenflügel rannte,
und auf die Weise die schwebende Gestalt des heiligen Geistes zum Schrecken
der ganzen Gemeine herabstieß.« (AH, 475) In ähnlicher Weise wie im *Anton
Reiser*[57] greift Moritz auf die Darstellung eines Mißgeschicks zurück, um Hartknopfs Schwierigkeiten mit seiner Gemeinde symbolisch darzustellen.

Eine besondere Bedeutung gewinnt das Herunterstoßen der Taube, das zugleich an den Sturz Luzifers erinnert, vor dem Hintergrund der Sprachreflexion,
die den Roman begleitet. Hartknopfs Forderung, »er wollte den Buchstaben des
Worts erst töten, damit der Geist lebendig mache« (AH, 476), die zugleich das

---

[56] So z. B. H.-J. Schrimpf, Karl Philipp Moritz, S. 61f.
[57] Vgl. Reisers verunglückte Predigt in K. Ph. Moritz, Anton Reiser S. 109. Ein ähnliches
Malheur geschieht, als Reiser dem Rektor seiner Schule Bücher aufschneiden soll.
Ebd., S. 169. Vor diesem Hintergrund könnte geradezu von einer »Poetik des Mißgeschicks« bei Moritz gesprochen werden.

Motto des Romans »*Der Buchstabe tötet, aber der Geist macht lebendig*« (AH, 402) aufnimmt, verkehrt sich im Lauf der Predigt auf ironische Weise gegen ihn.

> Als er nun zum erstenmale das Wort *Geist* nannte, blickte die ganze Gemeine, als ob aller Augen sich verabredet hätten, auf einmal nach der leeren Stelle an der Decke über der Kanzel hin, wo die Abbildung des heiligen Geistes in Taubenge- stalt gewesen war. – Der grobe sinnliche Eindruck behielt von jetzt an auf einmal die Oberhand – der erste Schrecken war nun vorüber – und wie von einem bösen Dämon angehaucht, verzog sich jede Miene zu einem höhnischen schadenfrohen Lächeln – und die Herzen verschlossen sich auf immer. (AH, 476)

Hartknopfs Predigt vor der Gemeinde zeigt, daß der Buchstabe, der »grobe sinn- liche Eindruck«, über den Geist die Oberhand behält. Die Frage nach dem Ver- hältnis von Buchstabe und Geist nutzt Moritz in seinem Roman zu einer grundsätzlichen Reflexion über die Natur der Sprache, die den zweiten Teil des *Andreas Hartknopf* in der Weiterführung von Moritz' psychologischen Überle- gungen zur Sprache aus dem *Magazin zur Erfahrungsseelenkunde* auszeichnet.[58]

Sprachskepsis

Die Bedeutung der Sprachreflexion zeigt sich im Roman vor allem anhand von Hartknopfs eigenwilliger Auslegung des Johannesevangeliums. »Er hub nun sei- nen Spruch an: *im Anfang war das Wort, und das Wort war bei Gott, und Gott war das Wort.*« (AH, 475) Der erste Satz des Johannesevangeliums inspiriert Hart- knopf zu der Idee von der quasi-göttlichen Ursprungsmacht der Sprache. »Also: im *Anfang* war das Wort, und das Wort war selbst der Anfang.« (AH, 475) Nicht Gott, die Sprache erscheint in Hartknopfs Predigt als Dreh- und Angelpunkt des Evangeliums. Hartknopf setzt der christlichen Dreieinigkeit in seiner Predigt eine Viereinigkeit entgegen, die auf dem »allesverknüpfenden Wort« beruht.

> Während daß Hartknopf predigte, richteten seine Augenbrauen jeden Perioden, den er sagte, und brachen den Stab über ihm, so oft er das Wort, als die vierte Per- son in der Gottheit erwähnte – Hartknopf meinte nämlich, weil man sich doch die Dreieinigkeit, als eins dächte, so könnte auch das Vierte der Einheit nicht schaden – und der Lehrbegriff leide nicht darunter, wenn man sich den alleserhaltenden Vater, den allesbeherrschenden Sohn, den allesbelebenden Geist, und das allesver- knüpfende Wort, wie das ewig unveränderliche *Feststehende* – wie den uner- schütterlichen Kubus dächte, der in sich selber ruhend, die rollenden Sphären trägt. (AH, 477)

---

[58] Vgl. die Überlegungen zur »Sprache in psychologischer Rücksicht« von Moritz, die einen eigenständigen, meist am Schluß stehenden Teil des Magazins zur Erfahrungs- seelenkunde ausmachen.

»Geschrieben steht: ›Im Anfang war das Wort!‹ / Hier stock‹ ich schon! Wer hilft
mir weiter fort? / Ich kann das Wort so hoch unmöglich schätzen, / Ich muß es
anders übersetzen«[59], so hatte Goethes Faust den Anfang des Johannesevangeliums gedeutet, um in seiner Übersetzung vom Wort über den Sinn und die Kraft
schließlich zur Tat zu gelangen. Im Unterschied zu dem Tatmenschen Faust ist
Hartknopf ein Mann des Wortes. Die heilige Dreieinigkeit erweitert er um »das
allesverknüpfende Wort« zu einer Viereinigkeit, die von seiner abtrünnigen Gemeinde als Häresie ausgelegt wird. Dabei verknüpft Moritz die These von der
göttlichen Allmacht des Wortes wiederum mit ästhetischen Überlegungen: In
der Form des Kubus, »der in sich selber ruhend, die rollenden Sphären trägt«,
ist auch die Macht des allesverknüpfenden Wortes als ein Bild der ästhetischen
Vollendung gekennzeichnet.

Auf die sprachkritischen und ästhetischen Implikationen von Hartknopfs
Lehre der Viereinigkeit hat Christoph Brecht hingewiesen. Er erkennt in der Geschichte Hartknopfs »eine Erzählung von der Macht der Zeichen«[60] und darü-
ber hinaus »die allegorische Figur dieser Verstrickung des Individuellen ins
Buchstäbliche.«[61] Brecht deutet die kritische Sprachreflexion, die den *Andreas
Hartknopf* auszeichnet, als Ausdruck einer Allegorisierung der eigenen Sprach-
verwendung in einem »Text, der seine eigene Textualität zum Thema des Er-
zählens macht.«[62] Darin ist er sich mit Kestenholz einig. »Die Allegorie ›Andreas
Hartknopf‹ ist darin auch die Allegorisierung ihrer eigenen Konstituentien.«[63]
Die Interpretation des Romans als Allegorisierung der eigenen Form, die dem
dekonstruktiven Muster einer Allegorisierung der Allegorie entlehnt ist, wie es
Paul de Man formulierte,[64] kann allerdings nicht vollständig überzeugen. Von
einer Thematisierung der eigenen Textualität am Leitfaden der Allegorie kann
im Roman ernsthaft kaum die Rede sein. Vielmehr dient Moritz die Sprachreflexion als Grundlage einer anthropologischen Bestimmung des menschlichen
Daseins. Hartknopf hebt zunächst die schöpferische Macht der Sprache hervor.

> Das Wort ist das Kleid, das den Gedanken umhüllet – aber ohne das Wort wäre
> der Gedanke nichts – das Wort ist allmächtig – es war im Anfange, und war bei
> Gott, und Gott war das Wort, und durch das Wort ist alles gemacht, was gemacht
> ist – Lieber Vetter, unser ganzes Leben und Sein drängt sich in ein großes Wort zu-

---

[59] Goethe, Faust, Vers 1224-1227.
[60] Ch. Brecht, Die Macht der Worte. Zur Problematik des Allegorischen in Karl Philipp
Moritz' ›Hartknopf‹-Romanen, S. 641.
[61] Ebd., S. 651.
[62] Ebd., S. 629.
[63] C. Kestenholz, Die Sicht der Dinge, S. 146.
[64] Vgl. die kritische Darstellung von de Mans Theorie der Allegorie im ersten Teil der
vorliegenden Arbeit.

sammen, aber ich kann es nicht buchstabieren – dies Wort hat den Himmel gewölbet, es hat aus der dunkeln Mitternacht die Morgensterne hervorgerufen – Es
gehet aus vom Vater, Sohn, und Geist, so wie der Geist vom Vater und Sohn, und
der Sohn vom Vater allein ausgehet – Viere sind, die da zeugen im Himmel: der
Vater, der Sohn, der Geist, und das Wort, und diese viere sind eins (AH, 419).

Der Allmacht des Geistes stellt Hartknopf die des Wortes an die Seite. Der Sprache wird eine quasi-demiurgische Qualität zugesprochen: Das Wort hat »alles
gemacht, was gemacht ist«, »den Himmel gewölbet« und »die Morgensterne hervorgerufen«. In Moritz' Darstellung, die die heilige Trinität um ein viertes Element erweitert, wird das Wort zum eigentlichen Grund der Welt. Die Macht der
Sprache besitzt aber auch eine Kehrseite. Der Sinn des eigenen Daseins bleibt
dem Sprachwesen Mensch verborgen: »unser ganzes Leben und Sein drängt sich
in ein großes Wort zusammen, aber ich kann es nicht buchstabieren«, lautet die
kabbalistisch anmutende Bestimmung des Zusammenhangs zwischen Sein und
Sprache, die Moritz im *Andreas Hartknopf* formuliert. Die Lehre von der allesverknüpfenden Macht der Sprache verbindet Moritz mit einer pessimistischen
Bewertung des menschlichen Daseins. Sie läßt ihn zugleich als einen Vorläufer
moderner Sprachskepsis erscheinen. Vor diesem Hintergrund hat Annette Simonis auf die Verwandtschaft von Moritz und Nietzsche hingewiesen. »Es läßt
sich nämlich zeigen, daß in Moritz' Sprachphilosophie in nuce wichtige Gedanken vorgezeichnet sind bzw. antizipiert werden, die später für Nietzsches kritische Sprachanalyse konstitutiv sind.«[65]

Sprache bei Moritz und Nietzsche

Die Vergleichbarkeit der sprachtheoretischen Überlegungen von Moritz und
Nietzsche zeigt sich im Roman an dem Entwurf einer Sprache der Empfindungen. In ähnlicher Weise wie Nietzsches Begriff des Dionysischen führt Moritz die
Sprache der Empfindung als das »Gefühl der *erweiterten Ichheit*« (AH, 433) auf
die Musik zurück. »O es liegt ein großes Geheimnis in dem Fall dieser melodi-
schen Töne, die, so wie sie auf und absteigen, die Sprache der Empfindungen
reden, welche Worte nicht auszudrücken vermögen« (AH, 433). Moritz' Theorie
von der Sprache der Empfindungen, die in der Romantik ein breites Echo gefunden hat,[66] greift zugleich auf Nietzsches Philosophie des Dionysischen in der *Geburt der Tragödie* vor, die im dionysischen Melos ebenfalls eine naturgebundene

---

[65] A. Simonis, Sprache und Denken – Sprachreflexion bei Karl Philipp Moritz und Friedrich Nietzsche, S. 125.

[66] »A good deal of the passionate cult of music of the German Romantics is, as Minder
makes clear, preempted in this passage.« M. Boulby, At the Fringe of Genius, S. 237.

Form der Sprache erkennt, die der intellektuellen Reflexion vorausliegt.[67] So erscheint Hartknopf in Moritz' Roman als dionysischer Naturmensch, der mit
Hilfe der Musik vom Verstand zur Empfindung herabsteigt. »*Hartknopf* nahm
seine Flöte aus der Tasche, und begleitete das herrliche Rezitativ seiner Lehren,
mit angemeßnen Akkorden – er übersetzte, indem er phantasierte, die Sprache
des Verstandes in die Sprache der Empfindungen: denn dazu diente ihm *die
Musik*« (AH, 458).

Die sprachtheoretischen Überlegungen des *Andreas Hartknopf* erfüllen eine
doppelte Funktion. Zum einen dienen sie einer anthropologischen Bestimmung
des menschlichen Daseins im Spannungsfeld von Verstand und Empfindung,
wobei Sprache und Empfindung zwar als natürliche Grundlage des Menschen
erscheinen, diese dem Menschen jedoch entzogen bleibt. Die Naturanlage des
Menschen, so Moritz' skeptische Auffassung, kann von Reflexion und Verstand
nicht eingeholt werden, die allesverknüpfende Macht der Sprache führt auf ein
großes Wort zurück, das sich nicht entziffern läßt. Die Darstellung der Grenzen
von Ratio und Sprache verweist Moritz in den Kontext einer negativen Anthropologie, die dem aufklärerischen Glauben an die unbegrenzten Möglichkeiten
des Menschen entgegengesetzt ist.

Darüber hinaus führt die Sprachproblematik das Thema der Kommunikation
in den Roman ein. Die Antrittspredigt, in deren Verlauf Hartknopf die Lehre
vom allesverknüpfenden Wort formuliert, wird ironisch konterkariert durch die
Entzweiung, die zwischen dem Prediger und seiner Gemeinde einsetzt. Ganz im
Gegensatz zu seiner Philosophie des allesverknüpfenden Wortes gelingt es Hartknopf auf der Basis des predigenden Wortes nicht, die Adressaten seiner Rede
zu erreichen. Damit erweitert der zweite Teil des Romans die ästhetische Lehre
der Resignation um die Frage nach der kommunikativen Funktion der Sprache
und die Möglichkeiten der Mitteilung der Lehre an andere. Hartknopfs Antritts-
spredigt ist das Zeichen für ein sprachliches Mitteilungsproblem, dem der Prediger ausgesetzt ist, ohne es doch lösen zu können.

Idylle und Melancholie

Eine Lösung für Hartknopfs Mitteilungsproblem scheint sich jedoch in der
Nachbargemeinde »Ribbeckenäuchen« anzudeuten. »Ribbeckenau war die Mut-
terkirche, und Ribbeckenäuchen das Filial davon, wozu der Weg über ein Torfmoor führte.« (AH, 473) Zwar erscheint das verniedlichende »Ribbeckenäuchen«

---

[67] Vgl. Nietzsches Gleichsetzung des Dionysischen mit der Musik in der *Geburt der
Tragödie*. F. Nietzsche, KSA 1, S. 33 sowie S. 43ff.

zunächst als Rückgriff auf die Tradition der Pfarrhausidylle. Der Diminutiv läßt jedoch bereits anklingen, daß sich die scheinbare Lösung von Hartknopfs kommunikativem Scheitern einem trügerischen Idyll verdankt, in das sich der Prediger vergeblich zurückzuziehen versucht. Die idyllische Schilderung Ribbeckenäuchens wird im Roman durch die Melancholie gebrochen, die Hartknopfs Predigerexistenz bestimmt.

Die kritische Verknüpfung von Idyll und Melancholie läßt sich an der Landschaftsallegorie ablesen, die Moritz in seinem Roman entwirft. Mit der Topographie von Ribbeckenau, Ribbeckenäuchen und dem Torfmoor, das beide Orte verbindet, entfaltet Moritz eine deskriptive Allegorie, die als symbolische Seelenlandschaft Hartknopfs fungiert.

> Als er nun oben war, und in das Tal auf das Torfmoor hinunterblickte, so sahe er die beiden spitzen Türme von Ribbeckenau und Ribbeckenäuchen in fürchterlicher Nähe vor sich nebeneinander stehen.
> In diesem Bezirke lag nun sein Leben, seine Reisen, sein Wirkungskreis – hier endigte sich seine Laufbahn, und war wie auf einer Landkarte ihm vorgezeichnet. (AH, 517)

Auf die Bedeutung des Landschaftsmotivs hat bereits Manfred Voges hingewiesen. »Die *Predigerjahre* schließlich weiten den Ritualraum vollends aus zur allegorischen Landschaft. Die Topographie zwischen Ribbeckenau, Ribbeckenäuchen und Nesselrode, zwischen Torfmoor und Fichtenwald ist durchwegs sinnbildlich strukturiert.«[68] Die Topographie des Torfmoores übernimmt im Roman die Aufgabe einer allegorischen Darstellung von Hartknopfs Melancholie. Auf den Zusammenhang zwischen dem düsteren Bild des Torfmoores und Hartknopfs melancholischer Gemütslage hat Langen aufmerksam gemacht. »So ist die lastende Trauer dieses Landschaftsbildes zugleich ein Abbild von Hartknopfs Seelenstimmung und die Vordeutung künftigen Unheils […], eine Hieroglyphe für die Trauer des Wandernden«[69]. Die Schilderung der öden Landschaft steht in vollkommener Übereinstimmung mit dem melancholischen Seelenzustand des von seiner Gemeinde verstoßenen Predigers.

> Die ganze Gegend um ihn her lag schwarz und öde –
> In dem ganzen Bezirk, den das Auge sahe, war keine Furche gezogen – kein grünes Fleckchen schimmerte hervor. –
> Das Spiel der Sensen erklang auf diesem Boden nie – nie hielten frohe Schnitter hier ihr Mahl. –
> Die weidende Herde fand hier keine Nahrung – der Wanderer keinen sichern Pfad – denn täuschende Wassergraben durchschnitten allenthalben das lockere Moor. –
> Nichts Gebildetes sproßte auf diesem Boden hervor, der unfruchtbar und öde da lag, um selbst in kurzem zu Asche verbrannt zu werden. –

---

[68] M. Voges, Aufklärung und Geheimnis, S. 517.
[69] A. Langen, Karl Philipp Moritz' Weg zur symbolischen Dichtung, S. 417.

Der Himmel blickte trübe auf die verwaiste Szene herab – und mit schwerem Herzen ging Hartknopf seinen sauren Pfad. (AH, 479)

Die Landschaft, durch die Hartknopf wandert, gibt ein eindrucksvolles Bild der Melancholie, die von seiner Seele Besitz ergriffen hat.[70] Schwarz und öd liegt das Moor vor Hartknopf als Sinnbild seiner Verzweiflung. Die melancholische Erfahrung, die Hartknopf mit Anton Reiser teilt,[71] ist dabei vor allem durch zwei Momente gekennzeichnet. Zum einen erscheint das Torfmoor als ein Ort, der sich der menschlichen Bildung widersetzt. »Nichts Gebildetes sproßte auf diesem Boden hervor«, heißt es im Roman, der das Torfmoor und die menschliche Seele als ein Brachland erscheinen läßt, an dem Hartknopfs Bemühungen um ästhetische Bildung scheitern. Darüber hinaus ist die Melancholie mit einer spezifischen Erfahrung der Zeit verknüpft. »Unaufhaltsam lief der Sand im Stundenglase, und das Ziel war da, nichts war dazwischen als die einförmige Wiederkehr dessen, was schon da war. – Schrecklich eröffnete sich der Abgrund dicht vor den Füßen des Wanderers.« (AH, 518) Die Melancholie kennzeichnet Moritz im *Andreas Hartknopf* als »einförmige Wiederkehr dessen, was schon da war«, als einen schwarzen Abgrund, der sich vor den Füßen des Wanderers auftut. Moritz greift damit nicht nur auf Nietzsches Metaphorik der ewigen Wiederkehr im *Zarathustra* voraus, die in ähnlicher Weise von der melancholischen Erfahrung der Zeit als bloßer Wiederholung ihrer selbst geprägt ist. Er gibt im *Andreas Hartknopf* darüber hinaus eine pathologisch genaue Beschreibung der Melancholie als Leiden an der Zeit, die, so Michael Theunissen in einer Studie zum Zusammenhang von Melancholie, Zeit und Wiederkehr, als »ein leeres und homogenes Kontinuum«[72] erfahren wird. In ähnlicher Weise wie Anton Reiser erscheint die Figur des Andreas Hartknopf als Beispiel für die melancholische Verzweiflung des Selbst an der Wiederholung der Zeit, die sich leer im Kreis dreht.

Die Bedeutung der Melancholie in Moritz' Schriften ist häufig hervorgehoben worden. So hat Hans-Jürgen Schings in seiner Untersuchung *Melancholie und Aufklärung* darauf hingewiesen, daß die melancholische »Seelenlähmung in erster Linie ein von Moritz mit Bestürzung erfahrener Zusammenstoß mit den aktiven Idealen der Aufklärung«[73] ist, der insbesondere im *Anton Reiser* zur Geltung komme. Den *Andreas Hartknopf* wertet Schings übereinstimmend

---

[70] Vgl. hierzu auch A. Allkemper, Ästhetische Lösungen, S. 249.
[71] Zur Melancholie bei Moritz vgl. H.-J. Schings, Melancholie und Aufklärung. Melancholiker und ihre Kritiker in Erfahrungsseelenkunde und Literatur des 18. Jahrhunderts, Stuttgart 1977, sowie zum *Anton Reiser* Lothar Müller, Die kranke Seele und das Licht der Erkenntnis. Karl Philipp Moritz' *Anton Reiser*, Frankfurt/Main 1987.
[72] M. Theunissen, Negative Theologie der Zeit, Frankfurt/Main 1991, S. 226.
[73] H.-J. Schings, Melancholie und Aufklärung, S. 237.

mit Robert Minder und Thomas B. Saine dagegen als eine tendenzielle Überwindung der Reiserschen Melancholie. »Die Heilung Anton Reisers freilich erfolgt im Zeichen der ›Resignation‹ – so Hartknopfs Leitbegriff.«[74] Schings
optimistischer Einschätzung ist vor dem Hintergrund der Schilderung der Melancholie im *Andreas Hartknopf* allerdings zu widersprechen. Hartknopfs
ästhetische Resignation ist keine Heilung der Reiserschen Melancholie, sondern
deren Fortsetzung mit anderen Mitteln, nicht Aufklärung, sondern melancho-
lisches Verzweifeln am Ideal ästhetischer Bildung. Der ästhetisch-resignative
Rückzug in die Umgrenzung des eigenen Ichs, den der erste Teil des Romans
darstellt, bestätigt sich im zweiten Teil in der melancholischen Erfahrung der
Zeit als leerer Wiederholung ihrer selbst. Ganz im Gegensatz zu der Auffassung, der *Andreas Hartknopf* böte eine Lösung für die Probleme, die im *Anton
Reiser* verhandelt werden, zeigt der Fortgang des Romans, daß Hartknopfs Lebensweg im Schatten der Melancholie verbleibt.

Schönheit und Wiederholung

Die düstere Schilderung des Torfmoors wird durch die Ankunft in Ribbeckenäuchen zunächst gemildert. Verantwortlich für die Veränderung ist die
Begegnung mit dem Geschwisterpaar Heil. Moritz nutzt die Einführung des
Pächters Heil im Rahmen der Namensallegorik des Romans jedoch zugleich zu
einer Kritik Hartknopfs. Dem Pächter gelingt, was Hartknopf verwehrt bleibt:
die Bildung und Kultivierung des öden Landes. Heil »läßt Blumen auf dürrem
Boden wachsen; und wandelt den Krainberg, und das Torfmoor von Ribbeckenau, zu weinbekränzten Hügeln, und lachenden Fluren um.« (AH, 480)
Für Hartknopf verkörpert die Begegnung mit dem Pächter Heil daher zunächst
die Möglichkeit einer Überwindung seines melancholischen Leidens im idyllischen Rahmen Ribbeckenäuchens.

Den Kontrast zwischen Ribbeckenau und Ribbeckenäuchen, zwischen dem
Scheitern des Predigers und seinem Rückzug in die Idylle, entfaltet Moritz anhand einer Wiederholung von Hartknopfs Antrittspredigt vor der kleinen Gemeinde. »Hier wiederholte Hartknopf seine erste Predigt beinahe von Wort zu
Wort. – Er holte gleichsam jedes verlorne Wort, jeden verschwunden Gedanken wieder – was auf der Kanzel in Ribbeckenau von seinen Lippen verwe-
het war, fand sich hier in schönerer Ordnung wieder zusammen.« (AH, 482f.)
Hartknopfs zweite Predigt läßt die Wiederholung zunächst als ein Gelingen erscheinen. Allerdings läßt der Text berechtigte Zweifel daran zu, ob Hartknopfs

---

[74] Ebd., S. 254.

zweite Predigt das Scheitern der ersten wirklich zu kompensieren vermag. Vielmehr verweist gerade die Wiederholungsstruktur, die der Predigt in Ribbeckenäuchen zugrundeliegt, auf die melancholische Erfahrung der Zeit als einförmige Wiederkehr ihrer selbst zurück.

So stellt Moritz die Wiederholungsstruktur, die Hartknopfs zweite Predigt mit der Melancholie verklammert, wiederum in den Kontext einer ästhetischen Bestimmung. Hartknopf geht es in Ribbeckenäuchen um die »Wiederholung des Schönen« (AH, 483). Seine Predigt wird entsprechend vor allem als ein Bild ästhetischer Vollkommenheit gekennzeichnet. »So war Hartknopfs Antrittspredigt ein vollendetes unvergängliches Werk, daß in sich selber seinen Wert hatte, den kein Zufall ihm rauben konnte.« (AH, 483) Ihren Wert gewinnt Hartknopfs zweite Predigt nicht durch ihr kommunikatives Gelingen, sondern durch das ästhetische Prädikat der inneren Vollendetheit in sich. Die Wiederholungsstruktur, die dem Schönen zugewiesen wird, führt dabei jedoch zur Melancholie zurück. »Daß alles ein Ganzes ist, welches gleich dem belebenden Atemzuge, in jeder Zeile, mit jedem Gedanken, nur sich selbst wiederholet« (AH, 483), mache die Schönheit der Predigt aus. Es ist die paradoxe Struktur einer Wiederholung, die nichts anderes als sich selbst zum Gegenstand nimmt, die sowohl die ästhetische Vollkommenheit als auch die melancholische Verzweiflung kennzeichnet. Die Rückführung des Schönen auf die melancholische Erfahrung der sich ewig wiederholenden Zeit läßt die Idee ästhetischen Gelingens im Roman daher als fragwürdig erscheinen. Ästhetische Totalität, so Moritz' skeptische Einschätzung von Hartknopfs Lebensentwurf, ist nur um den Preis eines resignativen Rückzugs in das eigene Ich zu erreichen, der auf das melancholische Leiden an der leeren Zeit zurückgeht.

Familienidyll: Sophie Erdmuth

Folgerichtig stellt Moritz das scheinbare Gelingen von Hartknopfs zweiter Predigt in Ribbeckenäuchen als eine Selbsttäuschung des Protagonisten dar. Die Verbindung von Hartknopf und der Schwester des Pächters Heil, Sophie Erdmuth, unterstellt der Erzähler einem zwar geringen, aber doch spürbaren Mangel. »Denn der Spiegel verdoppelte die schöne Szene, und stellte sie wie in dem Hintergrunde eines Gemäldes dar, das drei vorzüglich charakteristische Köpfe in sich faßte, die durch ihre Stufenfolge einen Akkord bildeten, dem nur ein fast unmerkliches Etwas zur völligen Harmonie und Reinheit fehlte.« (AH, 485) Auch in der Darstellung des Verhältnisses von Hartknopf zu dem Geschwisterpaar Heil greift Moritz auf eine ästhetische Bestimmung zurück. Nur auf den ersten Blick scheinen die drei Köpfe von Hartknopf, Heil und Sophie Erdmuth harmonisch zusammenzuklingen. Der Hinweis auf »ein fast unmerkliches Etwas«, das den Gleichklang der Seelen stört, dient dem Roman als Vorwegnahme für das Scheitern der Ehe, die Hartknopf mit der Weisheit des wirklichen Lebens, mit Sophie Erdmuth, verbinden soll.

> Die Liebe welche bei dem Mahle herrschte, verdeckte dies Etwas, und knüpfte unvermerkt ein schönes täuschendes Band, zwischen diesen sich so nahe verwandt scheinenden Seelen, die in vertraulichen Gesprächen über die eigentlichen Lebenspunkte, und über das, was der Mensch in jedem Augenblick des Lebens zu seiner Glückseligkeit tun und nicht tun kann, sich immer näher aneinanderschlossen. (AH, 485)

Um der eigenen Melancholie zu entrinnen, vertraut sich Hartknopf der Idylle Ribbeckenäuchens an. Die Verbindung von Hartknopf und Sophie Erdmuth erscheint jedoch von Beginn an als ein Trugbild, als »ein schönes täuschendes Band«, dem sich der Prediger hingibt. Vor dem Hintergrund der Unterscheidung zwischen der krummen Schönheits- und der geraden Wahrheitslinie, die bereits im ersten Teil des Romans in der Wiederaufnahme der traditionellen bivium-Bildlichkeit thematisiert wurde, stellt Moritz seinen Helden in Ribbeckenäuchen vor eine Wegscheide, an der sich sein weiteres Schicksal entscheidet. »Die Straße ging durch das Dorf, ein Fußweg ging vorbei – sollte er die gerade Straße oder den krummen Fußweg gehen?« (AH, 501) Hartknopf entscheidet sich für den krummen Weg des Schönen. »Der Fußweg um das Dorf aber vollendete und verlor sich in sich selber – und Hartknopf fühlte durch diese sanfte Krümmung sich unwillkürlich angezogen, von der andern Seite in das Dorf wieder zurückzukehren.« (AH, 501) Die Entscheidung für den krummen Weg weist das ästhetische Bild des in sich selbst Vollendeten jedoch endgültig als ein bloßes Trugbild der Phantasie aus.

> Auf dem krummen Fußwege, der sich durch die grünen Saaten schlängelte, malte seine Phantasie, das in sich selbst vollendete ruhige Leben aus, das kein höher Ziel als sich selber kennt, und seinen schönen Kreislauf mit jedem kommenden Tage wiederholt.
> So wie hier der Weg in die Krümmung sich verlor – verlor sich seine Aussicht in das Leben im süßen Traum vom Erwachen zu frohen Tagen, vom Genuß des Lebens und der Gesundheit bei dem harmonischen Wechsel der Jahreszeiten. (AH, 501)

Hartknopfs Entscheidung für den krummen Weg des Schönen erscheint im Roman als Ausdruck einer fundamentalen Selbsttäuschung des Ich, das im ästhetischen Schein des Schönen zu sich zu kommen versucht und sich in der Melancholie selbst verliert. »Hier war es, wo seine Lebensbahn aus dem Gleise wich – auf diesem Fußwege um das Dorf bildete sich im Kleinen ab, was Jahre hindurch ihn quälen würde.« (AH, 501)

Tanatos

Der Schatten der Melancholie, der verhängnisvoll über Hartknopfs Lebensbahn schwebt, offenbart sich auf paradigmatische Weise in seiner Trauung mit Sophie Erdmuth. Symbolisiert seine Frau die Möglichkeit einer Verbindung Hartknopfs mit dem wirklichen Leben, so unterstellt Moritz das immanente Heilsversprechen, das Sophie Erdmuth verkörpert, dem Tod. Die Hochzeit »verrichtete der alte Superintendant Tanatos.« (AH, 513) »Die Trauung ist ein Szenarium der Melancholie: ausgeführt wird sie vom ›Superintendant‹ Tanatos, der nicht auf seine Gebühren verzichten will und nicht nur Tod heißt, sondern ihn versinnbildlicht,«[75] kommentiert Allkemper das düstere Szenarium. Keinen Segen spricht Tanatos dem Paar aus, vielmehr wiederholt er den Fluch Gottes bei der Vertreibung der Menschen aus dem Paradies. »Verflucht sei der Acker um deinetwillen. Dorn und Disteln soll er dir tragen und im Schweiß deines Angesichts sollst du dein Brot essen, bis daß du wieder zur Erden werdest, von der du genommen bist. Denn du bist Erde und sollst zur Erden werden.« (AH, 513) Die Hochzeitszeremonie verkehrt sich in ein Begräbnis. Die Trauung erscheint nicht als die Erlösung, die Hartknopf in der Ehe sucht, sondern als Antizipation seines endgültigen Versinkens im Schatten der Melancholie. »Die letzte entscheidende Frage wurde mit einem leisen Ja! beantwortet – die Ringe wurden gewechselt – das Band war geknüpft, und die furchtbare Zeremonie endigte sich mit der Gratulation des alten Superintendenten Tanatos, dessen Gesicht sich zu einem Lächeln verzog, womit er dem Brautpaare Glück wünschte, und Hartknopfen und Sophien die knöcherne Hand reichte.« (AH, 513) Das bürgerliche Glück der Ehe, das Hartknopf im idyllischen Rahmen Ribbeckenäuchens finden will, unterstellt Moritz in einer kaum zu überbietenden Deutlichkeit dem Tod: Es ist Tanatos selbst, der über das Paar regiert. Das kommunikative Scheitern vor seiner Gemeinde Ribbeckenau und die Darstellung seiner Trauung im Zeichen des Todes läßt *Andreas Hartknopfs Predigerjahre* als eine endgültige Absage an das Pfarrhausidyll erscheinen. »Hartknopf erweist sich als unfähig, die Idylle der Einschränkung zu ertragen«[76], kommentiert Allkemper, und auch Harms weist darauf hin, daß der Aufbruch aus dem Idyll, mit dem der zweite Teil des Romans endet, als »späte Korrektur der Entscheidung am Zweiweg vor Ribbeckenäuchen«[77] zu verstehen ist.

Die Korrektur der Entscheidung für den krummen Weg des Schönen stellt der Roman anhand von Hartknopfs Auszug aus Ribbeckenäuchen dar, der zugleich die Vorgeschichte seiner Wanderung nach Gellenhausen abschließt. »So-

---

[75] A. Allkemper, Ästhetische Lösungen, S. 248.
[76] Ebd., S. 249.
[77] W. Harms, Homo viator in bivio, S. 291.

phie Erdmuth, *an Kerstings Arm gelehnt*, und der Pächter Heil begleiteten ihn vor das Dorf hinaus.« (AH, 525) Das Pfarrhausidyll, das sich in der Schilderung der Ehe mit Sophie Erdmuth angedeutet hatte, wird im Roman abschließend zurückgewiesen. Der »Grobschmied und Prediger Hartknopf entkommt der Idylle durch die Wiederaufnahme der Pilgerschaft«[78], erklärt Harms. Wie der erste Teil des Romans gezeigt hat, mündet der Auszug aus der Idylle in eine Pilgerreise, die Hartknopf in die Heimat zurückführt und ihn zugleich dem Tod überantwortet, der bereits über sein Ribbeckenauer Predigeramt regierte. Im Schatten seines Freundes Kersting[79] verschwindet Hartknopf auf dem krummen Weg des Schönen, der sich als allegorisches Bild seiner Lebensbahn nur zu vollenden vermag, indem er sich in sich selbst verliert.

Ästhetische Lösungen: Von Moritz zu Nietzsche

Vor dem Hintergrund der Darstellung des Scheiterns Hartknopfs in Ribbeckenau und Gellenhausen erklärt sich die Sonderstellung des *Andreas Hartknopf* in der Literatur seiner Zeit auf doppelte Weise. Zum einen zeigt der Roman im Unterschied zu der in der Literatur des 18. Jahrhunderts äußerst populären Pfarrhausidylle wie Lenz' *Der Landprediger* und Goethes Autobiographie die Grenzen moderner Idyllik auf. Darüber hinaus knüpft er formal an die im 18. Jahrhundert zunehmend im Verschwinden befindliche allegorische Bildlichkeit des Pilgerweges an,[80] um die tragische Lebensbahn seines Protagonisten im Zeichen von ästhetischer Resignation und melancholischer Erfahrung der Zeit darzustellen. Die ästhetische Dimension von Moritz' Darstellung im *Andreas Hartknopf* hat Allkemper hervorgehoben:

> Moritz transformiert den ›philosophischen Diskurs der Moderne‹ in den ästhetischen. Der Totalitätsanspruch an die Vernunft überlebt als intransitives Symbol des

---

[78] Ebd.

[79] Vor diesem Hintergrund stellt der Schluß des Romans Kersting als positive Gegenfigur zu Hartknopf dar, »weil Kersting den Menschenarzt unter dem Pferdearzt und Grobschmied so fein zu verstecken wußte, daß ihn unter dieser groben Hülle niemand ahndete.« (AH, 505) Wenn es im *Andreas Hartknopf* im Vergleich zum *Anton Reiser* eine »Idealfigur« von Moritz gibt, wie Minder und Saine vermutet haben, dann ist es nicht Hartknopf selbst, sondern sein Freund Kersting. Vgl. R. Minder, Glaube, Skepsis und Rationalismus. Dargestellt anhand der autobiographischen Schriften von Karl Philipp Moritz, Frankfurt/Main 1974.

[80] Harms weist darauf hin, daß die bivium-Bildlichkeit »am Ende des 18. Jahrhunderts, in einer Zeit der Hinwendung zu den antiken Ursprüngen dieses Zeichens, zusammen mit dem System der mittelalterlichen Bildwelt an Überzeugungskraft verliert und in Vergessenheit gerät.« W. Harms, Homo viator in bivio, S. 34.

autonomen Kunstschönen; das ist nicht nur Kompensation, sondern vielmehr Verweis und Vorgriff. Moritz kann für sich das Recht beanspruchen, als erster versucht zu haben, die Dialektik der Aufklärung in einer Dialektik des Kunstschönen zu überbieten, die allerdings die Herrschaft restringierter Vernunft bestätigen muß.[81]

Daß Moritz den »philosophischen Diskurs der Moderne«, wie Allkemper im Anschluß an Habermas formuliert, in einen »ästhetischen« transformiert, bedeutet jedoch nicht, daß die zentrale Bedeutung des Ästhetischen für das Subjekt der Moderne im Roman unwidersprochen bleibt. Gerade der allegorische Rahmen des Romans fungiert vielmehr als Kritik an der ästhetischen Autonomie, deren Forderungen Hartknopf im Lauf seiner Pilgerfahrt vergeblich zu erfüllen sucht. Der *Andreas Hartknopf* fördert damit ein Paradox zutage, das nicht nur die Spannung von ästhetischer Theorie und literarischer Praxis in Moritz' Werk betrifft, sondern sich auf den ästhetischen Diskurs der Moderne insgesamt erstreckt. Indem Moritz den Bildungsgang seines Helden an die Verwirklichung eines ästhetischen Lebensentwurfes bindet, der uneingestanden auf Resignation und Melancholie gegründet ist, vollzieht er eine kritische Revision des Modells ästhetischer Bildung, das bei Kant und Schiller in positiver Weise als Grundlage der modernen Anthropologie zur Geltung kommt. Zwar transformiert Moritz das religiöse Paradigma des Pilgerweges in seinem Roman durch die Darstellung des krummen Wegs des Schönen, dem der Prediger Hartknopf sich anvertraut, in ein ästhetisches. Die ästhetische Dimension, die Moritz der Bildlichkeit des Pilgerweges zugrundelegt, inszeniert der Roman jedoch keineswegs im Sinne einer Wiederaufnahme des religiösen Heilsversprechens im Medium des Schönen. Im Gegenteil:[82] Auch der ästhetische Diskurs bleibt bei Moritz zwiespältig: Entwickelt er einerseits das Ideal der ästhetischen Autonomie im Rahmen einer Theorie der Kunst, die in dem Begriff des Schönen als des in sich Vollendeten kulminiert und gleichzeitig als Ansatz für eine Kritik der Allegorie dient, die Moritz mit Goethe teilt, so nutzt er die narrative Allegorie des Pilgerweges im *Andreas Hartknopf* andererseits zum Nachweis der Aporien, denen das Ideal der ästhetischen Autonomie unterworfen bleibt. Anhand der Figur des Predigers Andreas Hartknopf offenbart Moritz, daß das Bild des in sich vollkommenen Schönen auf einer melancholischen Erfahrung des Selbst beruht, das nur im resignativen Rückzug in sich selbst die Totalität er-

---

[81] A. Allkemper, Ästhetische Lösungen, S. 9.

[82] Wie Kestenholz hervorgehoben hat, vollzieht Moritz in seinem Roman im Rahmen der Allegorie eine Kritik der Aufklärung: »Der allegorische Roman wäre unter diesem Aspekt die skeptische Kehrseite des Ganzheitsoptimismus klassischer Ästhetik: das Ideal harmonischer Totalität würde in seiner abgehobenen Reinheit getragen von dem Eingeständnis seiner praktischen Wirkungslosigkeit, der poetischen Selbstbescheidung in die Struktur allegorischer Resignation.« C. Kestenholz, Die Sicht der Dinge, S. 136.

reicht, die ihm das Ideal ästhetischer Bildung verspricht. Moritz' Held scheitert auf doppelte Weise: an der Mitteilung seiner Lehre, die jenseits des beschränkten Kreises der Freunde keine Hörer findet, und an den selbstzerstörerischen Konsequenzen seiner Philosophie der Resignation, die ihn zum fatalistischen Märtyrertod führt. Moritz' narrative Allegorie des Pilgerweges transformiert damit nicht nur den philosophischen Diskurs der Moderne in einen ästhetischen. Mit dem Hinweis auf den inneren Zusammenhang von ästhetischer Selbsterfahrung und melancholischer Selbstverzweiflung zeigt sein »philosophischer Roman« – »Der *Andreas Hartknopf* ist ein philosophischer Roman, philosophischer Gehalt wird in ihm zunehmend narrativ vermittelt«[83], schreibt Manfred Voges über Moritz – zugleich eine der zentralen Aporien der ästhetischen Moderne auf: Daß der Versuch einer ästhetischen Theodizee des Daseins in die melancholische Selbstverzweiflung führt, ist die skeptische Grundaussage, die Moritz formuliert. Sie ist zugleich der Grund für die isolierte Stellung des *Andreas Hartknopf* in der noch vom Optimismus der Aufklärung geprägten Literatur des 18. Jahrhunderts.

Vor dem Hintergrund der philosophischen und literarischen Voraussetzungen von Moritz' Roman in der Spannung von Allegorie und Ästhetik ist es erstaunlich, daß die Forschung bisher kaum eine Verbindungslinie zwischen dem *Andreas Hartknopf* und Nietzsches *Zarathustra* gezogen hat. Die Gemeinsamkeit beider Romane liegt zunächst auf der formalen Ebene in der Wiederaufnahme der narrativen Allegorie des Pilgerweges begründet, die darüber hinaus in beiden Romanen zur Kritik christlicher Wertvorstellungen und zur Ästhetisierung der Metapher des Lebensweges führt. Im Rückgriff auf die Tradition der allegorischen Bildlichkeit des Pilgerweges formulieren Moritz und Nietzsche den Anspruch des modernen Subjekts auf ästhetische Autonomie, nachdem es aus der christlichen Heilsgewissheit entlassen worden ist. Daß der Weg von Bunyan zu Nietzsche von einer religiösen zu einer ästhetischen Theodizee des Daseins führt, kann dabei jedoch nicht verdecken, daß bei Nietzsche wie schon bei Moritz die Melancholie als selbstzerstörerisches Korrelat ästhetischer Bildungsentwürfe erscheint und damit der ästhetischen Bestimmtheit der Moderne Aporien eingeschrieben werden, die zu überschreiten sie nicht in der Lage ist.

---

[83] M. Voges, Aufklärung und Geheimnis, S. 481.

5. Das Ende des Pilgerweges: Friedrich Nietzsches *Also sprach Zarathustra*

In ähnlicher Weise wie Karl Philipp Moritz' Hartknopf-Roman ist Friedrich Nietzsches philosophische Dichtung *Also sprach Zarathustra* von der Forschung lange Zeit als ein gattungsgeschichtliches Unikum betrachtet worden, das sich in kein gängiges Muster der Philosophie- und Literaturgeschichte einordnen läßt. Der Grund für die Schwierigkeiten, die der *Zarathustra* der philosophischen wie der literaturwissenschaftlichen Deutung bietet, liegt nicht nur in seiner heterogenen literarischen Form, die narrative, dramatische und lyrische Elemente miteinander verbindet. Der Text wirft vielmehr auf grundsätzliche Weise das Problem der Unterscheidungsmöglichkeit von Philosophie und Dichtung auf.

Philosophie und Dichtung bei Nietzsche

So stellt Eugen Fink die Frage: »Was ist es? Ist es eine Philosophie im Gewande der Dichtung, oder eine Dichtung, die philosophiert«?[1] Finks Frage ist auf unterschiedliche Weise beantwortet worden. Karl Löwith erkennt im *Zarathustra* »die uralte Form des philosophischen Lehrgedichts«[2], Hans-Georg Gadamer dagegen ein »halbpoetisches Buch«[3]. Mazzino Montinari unterscheidet eine »epische Erzählung« und eine »philosophisch-symphonische Dichtung«[4], während Lothar Lambert eine »dramatic narration«[5] in das Zentrum des Textes stellt. Vor dem Hintergrund dieser divergierenden Urteile ist es nicht erstaunlich, daß die philosophische wie die literarische Bedeutung des *Zarathustra*, der in den letzten Jahren in der Nietzsche-Forschung auf auffällige Weise in den Hintergrund getreten ist,[6] meist äußerst kontrovers diskutiert wurde. Die Probleme, vor die

---

[1] E. Fink, Nietzsches Philosophie, Stuttgart 1960, S. 61.
[2] K. Löwith, Nietzsches Philosophie der ewigen Wiederkehr, Stuttgart 1956, S. 21.
[3] H.-G. Gadamer, Das Drama Zarathustras. In: Nietzsche-Studien 15 (1986), S. 5.
[4] M. Montinari, Nietzsche lesen, Berlin 1982, S. 84.
[5] L. Lambert, Nietzsche's Teaching. An Interpretation of Thus spoke Zarathustra, Yale University Press, New Haven and London 1986, S. 4.
[6] So bemerkt Josef Simon: »Auffällig ist auch das Zurücktreten des ›Hauptwerkes‹ Nietzsches, des Zarathustra und der Gedichte.« J. Simon, Das neue Nietzsche-Bild. In: Nietzsche-Studien 21 (1992), S. 1. Der Grund für dieses Zurücktreten liegt dabei

Nietzsches Dichtung zunächst die philosophische Interpretation stellt, hat Anke Bennholdt-Thomsen in einer literaturwissenschaftlichen Studie zum *Zarathustra* zusammengefaßt.

> Für den philosophischen Interpreten stellt der *Zarathustra* ein außergewöhnliches Phänomen in der Philosophiegeschichte – und auch im Rahmen der übrigen Werke Nietzsches – dar, insofern der genannte Hauptgedanke an keiner Stelle des Textes die Ebene begrifflicher Erörterung erreicht und überhaupt erst im dritten Teil zu Wort kommt, ohne daß die voraufgegangenen Lehrinhalte einen auf ihn deutlich hinführenden Charakter aufwiesen.[7]

Wie Bennholdt-Thomsen deutlich macht, hängt die außerordentliche und zugleich fragwürdige Stellung des *Zarathustra* in Nietzsches Werk eng mit dem zentralen Thema des Buches, dem Gedanken der ewigen Wiederkehr, zusammen. Das grundsätzliche Problem des Werkes besteht demzufolge darin, daß der Gedanke der ewigen Wiederkehr als verborgenes Zentrum von Zarathustras Lehre im Text nirgends zu einer begrifflich klaren Form der Darstellung kommt. An die Stelle logisch-philosophischer Begrifflichkeit tritt vielmehr ein metaphorischer Darstellungsprozeß, der den Gedanken der ewigen Wiederkehr in einer Rätselhaftigkeit beläßt, die es der Forschung bis heute erschwert hat, gerade im *Zarathustra* das Hauptwerk Nietzsches zu erkennen.[8]

Den metaphorischen Implikationen von Nietzsches Darstellungsbegriff im *Zarathustra* ist Bernard Pautrat nachgegangen. Wie Pautrat zeigt, fußt Nietzsches Philosophie einer »Umwertung aller Werte« auf einem Darstellungsmodell, dessen Funktion sich anhand der Bedeutung der Metapher der Sonne in seinem Werk paradigmatisch aufzeigen läßt. »Parce que la pensée de Nietzsche se matérialise dans un discours ou dans un texte, le ›renversement‹ ne peut-être ici que métaphorique: c'est pourquoi nous allons chercher à dessiner sa figure à partir du système métaphorique le plus construit, le plus puissant, le plus signifiant qui se puisse rencontrer dans les écrits de Nietzsche: le système *solaire*«[9].

---

wohl zu nicht geringen Teilen in dem Vorwurf des »Kitsches« an Nietzsche: Bereits 1972 spricht Hermann Wein in einem Aufsatz mit dem programmatischen Titel »Nietzsche ohne Zarathustra« daher von der Aufgabe einer »Entkitschung Nietzsches«. Vgl. H. Wein, Nietzsche ohne Zarathustra. Die Entkitschung Nietzsches: Der kritische Aufklärer. In: Nietzsche-Studien 1 (1972), S. 358.

[7] A. Bennholdt-Thomsen, Nietzsches ›Also sprach Zarathustra‹ als literarisches Phänomen. Eine Revision, Frankfurt/Main 1974, S. 3.

[8] Daß der *Zarathustra* auf einer Einlösung der frühen Metapherntheorie Nietzsches beruht, hat bereits Barbara Naumann unterstrichen. Vgl. B. Naumann, Nietzsches ›Sprache aus der Natur‹. Ansätze zu einer Sprachtheorie der frühen Schriften und ihre metaphorische Einlösung in ›Also sprach Zarathustra‹. In: Nietzsche-Studien 14 (1985), S. 126-163.

[9] B. Pautrat, Versions du soleil. Figures et système de Nietzsche, Paris 1971, S. 9f.

Pautrat kommt zu ähnlichen Ergebnissen wie Bennholdt-Thomsen. Ausgehend von der Metapher der Sonne deutet er Nietzsches *Zarathustra* als einen Text, der mit dem Gedanken der ewigen Wiederkehr um ein leeres Zentrum kreist, das in der Form eines »trou textuel«[10] den gesamten Darstellungsprozeß des Werkes bestimme.[11]

Mit der Frage nach der sprachlichen Darstellbarkeit der ewigen Wiederkehr lenkt Pautrats Lesart des *Zarathustra*, die ihre sprachtheoretischen Grundlagen Derridas Theorie der Metapher verdankt,[12] den Blick mehr auf die literarische als auf die philosophische Bedeutung des Textes. Daß der *Zarathustra* jedoch nicht nur der Philosophie, sondern auch der Literaturwissenschaft Probleme bereitet, hat wiederum Bennholdt-Thomsen unterstrichen.

> Für den literaturwissenschaftlichen Interpreten ist der *Zarathustra* insofern fragwürdig, als er aus dem Rahmen der Literatur des 19. Jahrhunderts und nicht nur dieser Epoche fällt. Es handelt sich stil- und gattungsgeschichtlich um einen besonderen Fall, weil das Werk als Summe epischer, dramatischer und lyrischer Partien keine eindeutige Zuweisung zuläßt.[13]

Die heterogene Form des *Zarathustra* erlaubt es demnach nicht, aus dem literarischen Charakter des Werkes einen eindeutigen Aufschluß über seinen philosophischen Gehalt zu gewinnen. Auch als literarisches Phänomen bleibt der *Zarathustra* vielmehr ein gattungsgeschichtliches Unikum, das keine Vorläufer zu kennen scheint und sich dem Zugriff der philosophischen und literaturwissenschaftlichen Deutungsversuche entzieht.

Handlung und Kommunikation im Zarathustra

Vor diesem Hintergrund hat Bennholdt-Thomsen zugleich auf die zentrale Bedeutung von Handlung und Erzählung im *Zarathustra* hingewiesen. Während die philosophische Nietzsche-Forschung zumeist die Ärmlichkeit des erzählerischen Gerüsts des Textes beklagt,[14] erkennt Bennholdt-Thomsen in der Hand-

---

[10] B. Pautrat, Nietzsche médusé. In: Nietzsche aujourd'hui? 1. Intensités, Paris 1973, S. 18.

[11] In ganz ähnlicher Weise betont Bernd Magnus, die ewige Wiederkehr werde »always presented in allegorical disguise.« B. Magnus, Nietzsche's Existential Imperative, Indiana 1978, S. 162.

[12] Vgl. J. Derrida, La mythologie blanche. In: Ders.: Marges de la philosophie, Paris 1972.

[13] A. Bennholdt-Thomsen, Nietzsches ›Also sprach Zarathustra‹ als literarisches Phänomen, S. 3.

[14] »Ganz äußerlich betrachtet ist der ›Zarathustra‹ eine von einer schwachen Fabel zusammengehaltene Kette von Gleichnisreden«, lautet das Urteil von Fink, Nietzsches Philosophie, S. 64. »Die Handlung ist äußerst dürftig«, schreibt auch R. Duhamel, Nietzsches Zarathustra, Mystiker des Nihilismus, Würzburg 1991, S. 7.

lung ein zentrales Moment des Werkes, über das sich auch der Zugang zu der philosophischen Thematik des Buches öffne.

> Es gibt vielmehr eine die vier Teile umgreifende und einen einheitlichen Zusammenhang bildende Handlung, in der die Fakten der Fabel motiviert und im Kontext jeweils begründet sind. [...]
> Die so verstandene Handlung ist die Geschichte der Erfahrung Zarathustras als Lehrer im Verhältnis zu seinen Hörern, zu seiner Lehre und zu seiner Mitteilung – kurz, es handelt sich um die Erfahrung Zarathustras mit der Kommunikation, die einen Erkenntnisprozeß bedingt. Der hier verwandte Kommunikationsbegriff ist terminiert durch die drei Aspekte der Rede: den Lehrgegenstand (res), den Hörer (auditor) und die Rede als solche (verba).[15]

Wie Bennholdt-Thomsen unterstreicht, deren Studie von der Nietzscheforschung kaum zur Kenntnis genommen worden ist,[16] zeichnet sich der *Zarathustra* durch einen einheitlichen Handlungszusammenhang aus, der die philosophische Thematik des Buches um den Gedanken der ewigen Wiederkehr mit der Frage nach dem Verhältnis von Kommunikation und Erkenntnis verknüpft.[17] Bennholdt-Thomsens Hinweis auf die zentrale Bedeutung der Handlung im *Zarathustra* läßt sich durch den vergleichenden Blick auf Karl Philipp Moritz' Hartknopf-Roman noch ergänzen. In ähnlicher Weise wie Moritz, dessen Roman er vermutlich nicht gekannt hat,[18] greift Nietzsche im *Zarathustra*

---

[15] A. Bennholdt-Thomsen, Nietzsches ›Also sprach Zarathustra‹ als literarisches Phänomen, S. 17f.

[16] Vgl. die kritische Rezension ihres Buches in den Nietzsche-Studien von Walter Gebhard, Nietzsche-Studien 8 (1979), S. 434-441.

[17] Auf die rhetorische Verfaßtheit von Nietzsches Philosophie, die Bennholdt-Thomsen ihrer Interpretation zugrundelegt, hat bereits Hans Blumenberg hingewiesen. »Rhetorik ist das Wesen der Philosophie Nietzsches«, schreibt Blumenberg in Arbeit am Mythos, Frankfurt/Main 1979, S. 272. Vgl. in diesem Zusammenhang auch die Monographie von J. Goth, Nietzsche und die Rhetorik, Tübingen 1970. Auch Peter Gasser spricht in seiner Arbeit zum *Zarathustra* mit dem Titel *Rhetorische Philosophie* von einer »Symbiose von Rhetorik und Philosophie« bei Nietzsche. P. Gasser. Rhetorische Philosophie. Leseversuche zum metaphorischen Diskurs in Nietzsches ›Also sprach Zarathustra‹, Frankfurt/Main 1992, S. 7. Im Anschluß an Paul de Man schlägt Roger Müller Farguell vor, Nietzsches »Rhetorik als bewegliche Tropologie« zu begreifen, wobei er die tropologische Operation der Bewegung mit dem Motiv des Tanzes in Nietzsches Philosophie in einen Zusammenhang stellt. Vgl. R. Müller Farguell, Tanz-Figuren. Zur metaphorischen Konstitution von Bewegung in Texten. Schiller, Kleist, Heine, Nietzsche, München 1995, S. 267. Zur Bedeutung der Rhetorik für die postmoderne Nietzsche-Rezeption vgl. P. de Man, Rhetoric of Tropes (Nietzsche). In: Allegories of Reading, S. 103-118 und Ph. Lacoue-Labarthe, Le Détour. In: Poétique 5 (1971), S. 53-76.

[18] Der Name Moritz läßt sich jedenfalls weder im Werk noch in den Briefen Nietzsches nachweisen. Angesichts der Vergessenheit des *Andreas Hartknopf* im 19. Jahrhundert

zur Entfaltung des Handlungsrahmens seines Romans auf die allegorische Bildlichkeit des Pilgerweges zurück,[19] um eine philosophische Lehre vorzustellen,
deren Gehalt nicht begrifflich-argumentativ, sondern metaphorisch-narrativ
entwickelt wird. Anhand der allegorischen Darstellung des Lebensweges des
Wanderpredigers Zarathustra entfaltet Nietzsche zugleich eine Auseinandersetzung mit dem verborgenen Zentrum des Buches, dem Gedanken der ewigen
Wiederkehr. Die vier Bücher, in die sich der *Zarathustra* gliedert, stellen mit den
vier thematischen Schwerpunkten Übermensch, Wille zur Macht, ewige Wiederkehr und Mitleid daher zugleich unterschiedliche Etappen auf dem Weg Zarathustras zu der Erkenntnis und Mitteilung seiner philosophischen Lehre dar.
Die Gemeinsamkeit von Nietzsches *Zarathustra* mit Moritz' *Andreas Hartknopf* ist eine doppelte: Zum einen entfaltet Nietzsche die Handlung seines philosophischen Romans wie bereits Moritz im Rahmen der narrativen Allegorie
des Weges, zum anderen greift er die sprachkritische Frage nach der grundsätzlichen Mitteilbarkeit philosophischer Lehre auf, die sich bei Moritz in der kritischen Darstellung von Hartknopfs Predigeramt in Ribbeckenau und seinem
pädagogischen Scheitern in Gellenhausen zeigte. So zeugen die vier Bücher des
Zarathustra in der Schritt für Schritt sich steigernden Auseinandersetzung mit
dem Gedanken der ewigen Wiederkehr zugleich von einer sie ständig beglei-
tenden Reflexion auf die sprachlichen Grundlagen des Wiederkehrproblems als
kritische Infragestellung der traditionellen Weisen der Vermittlung philosophischer Lehrmeinungen.[20]

– Moritz war allenfalls für seine Götterlehre bekannt – ist es mehr als wahrscheinlich,
daß Nietzsche das Buch nicht gekannt hat.

[19] Dabei ist es selbstverständlich, daß Nietzsches *Zarathustra* zu der christlichen Figur
des Predigers in einem Spannungsverhältnis steht. Zum Bild des Priesters bei Nietzsche vgl. W. Trillhaas, Nietzsches ›Priester‹. In: Nietzsche-Studien 12 (1983), S. 32-50.
Insbesondere der Einfluß der Bibelsprache auf den *Zarathustra* ist in diesem Zusammenhang jedoch nicht zu leugnen. Die außergewöhnliche Bedeutung der Predigt und
der Bibel für die Geschichte der Sprache in Deutschland hat Nietzsche in *Jenseits von
Gut und Böse* selbst hervorgehoben. »Das Meisterstück der deutschen Prosa ist deshalb billigerweise das Meisterstück ihres grössten Predigers: die Bibel war bisher das
beste deutsche Buch.« (KSA 5, 191)

[20] Vgl. in diesem Zusammenhang die Studie von Friedrich Kaulbach, Sprachen der ewigen Wiederkunft. Die Denksituationen des Philosophen Nietzsche und ihre Sprachstile, Würzburg 1985.

Aufstieg und Abstieg

Nietzsches philosophische Dichtung *Also sprach Zarathustra* ist in der Zeit von 1883 bis 1885 in vier Büchern entstanden. Zwar markiert die Auseinandersetzung mit der Lehre der ewigen Wiederkehr im dritten Buch unbestritten das Zentrum des Werks. Auch unabhängig von den sprach- und kommunikationstheoretischen Reflexionen Nietzsches, denen die Auseinandersetzung mit der Wiederkehr im *Zarathustra* unterworfen ist, lassen sich jedoch vier philosophische Hauptthemen unterscheiden, die im Laufe des Werkes erörtert werden. So widmet sich das erste Buch der Lehre des Übermenschen und das zweite dem Prinzip des Willens zur Macht. Steht die Lehre der ewigen Wiederkehr im Zentrum des dritten Buches, so diskutiert das vierte Buch das Problem des Mitleids. Zusammengehalten werden die vier Themenkomplexe von Übermensch, Wille zur Macht, Wiederkehr und Mitleid im *Zarathustra* nicht durch einen logischen Argumentationsaufbau, sondern durch den narrativen Handlungszusammenhang des Werkes. Vor diesem Hintergrund folgt die Untersuchung im wesentlichen dem Handlungszusammenhang des *Zarathustra*, um ausgehend von Nietzsches allegorischer Darstellung des Pilgerweges die philosophischen Grundthemen des Buches in den Blick zu nehmen.

    Nietzsches *Zarathustra* beginnt mit einer Anrufung der Sonne:

> Als Zarathustra dreissig Jahr alt war, verliess er seine Heimat und den See seiner Heimat und gieng in das Gebirge. Hier genoss er seines Geistes und seiner Einsamkeit und wurde dessen zehn Jahre nicht müde. Endlich aber verwandelte sich sein Herz, – und eines Morgens stand er mit der Morgenröthe auf, trat vor die Sonne hin und sprach zu ihr also:
> ›Du grosses Gestirn! Was wäre dein Glück, wenn du nicht Die hättest, welchen du leuchtest!
> Zehn Jahre kamst du hier herauf zu meiner Höhle: du würdest deines Lichtes und dieses Weges satt geworden sein, ohne mich, meinen Adler und meine Schlange.
> Aber wir warteten deiner an jedem Morgen, nahmen dir deinen Überfluss ab und segneten dich dafür.
> Siehe! Ich bin meiner Weisheit überdrüssig, wie die Biene, die des Honigs zu viel gesammelt hat, ich bedarf der Hände, die sich ausstrecken.
> Ich möchte verschenken und austheilen, bis die Weisen unter den Menschen wieder einmal ihrer Thorheit und die Armen wieder einmal ihres Reichthums froh geworden sind.
> Dazu muss ich in die Tiefe steigen: wie du des Abends thust, wenn du hinter das Meer gehst und noch der Unterwelt Licht bringst, du überreiches Gestirn!
> Ich muss, gleich dir, untergehen, wie die Menschen es nennen, zu denen ich hinab will. (KSA 4, 11f.)

»*Hartknopfs Seele* traf immer wie eine richtig gestellte Uhr mit dem Lauf der Sonne zusammen« (AH, 435), schreibt Moritz über seinen Romanhelden. In ähnlicher Weise stellt Nietzsche Zarathustras Lebensweg zu Beginn des Textes in eine Analogie zur Bewegung der Sonne. »Zarathustras ganzes Unternehmen, sein Lehren und sein Wandern, darf unter der bildlichen Analogie zur Leucht-kraft und Laufbahn der Sonne gesehen werden«[21], kommentiert Peter Gasser. Dabei ist es insbesondere die philosophische Aufgabe einer Erziehung der Men-schen, die einleitend anhand der Metapher des Sonnenuntergangs entfaltet wird: Wie die Sonne will Zarathustra, der sich zu Beginn des Buches im Gebirge be-findet, zu den Menschen hinabsteigen, um ihnen das Licht seiner Weisheit zu schenken.[22]

Die Sonnenmetaphorik, die den Beginn der Erzählung bestimmt, ist jedoch zugleich von einer doppelten Paradoxie gekennzeichnet, die auf Zarathustras Aufgabe als philosophischer Lehrer der Menschen ein eigentümliches Licht wirft. Zum einen unterstellt Zarathustra den Abstieg zu den Menschen einer ei-genwilligen Form der Dialektik von Geben und Nehmen, derzufolge der Schenkende der Nehmenden bedürftig und nicht vielmehr, wie zu vermuten wäre, der Nehmende auf ihn angewiesen sei: »Ich bin meiner Weisheit über-drüssig, wie die Biene, die des Honigs zu viel gesammelt hat, ich bedarf der Hände, die sich ausstrecken!« Bereits zu Beginn des Buches weist das paradoxe Verhältnis von Geben und Nehmen auf ein grundlegendes Mitteilungsproblem hin: Als Lehrer der Menschen ist er auf ihre Bereitschaft angewiesen, seine Lehre anzunehmen. Vor diesem Hintergrund zeigt der Fortgang der Handlung analog zu den enttäuschenden Erfahrungen, die Moritz' Figur des Andreas Hartknopf in seiner Gemeinde gemacht hat, das Scheitern der Predigten Zara-thustras vor seinen Hörern auf. Die Dialektik von Geben und Nehmen, die Nietzsche zu Beginn des Buches entfaltet, verknüpft die Frage nach der philo-sophischen Lehre Zarathustras mit der nach ihrer sprachlichen Darstellbarkeit, die nicht selbstverständlich gegeben ist, sondern sich in einem schwierigen Kommunikationsprozeß zwischen dem Wanderprediger Zarathustra und sei-nen Hörern erst herstellen muß.

Parallel zur paradoxen Verschränkung von Schenken und Nehmen verläuft die von Aufgang und Untergang. Auf die innere Widersprüchlichkeit des Ver-gleichs von Zarathustras Aufgabe mit der Bewegung der Sonne hat Roger Mül-ler Farguell hingewiesen. »Zunächst präsentiert sich die apostrophierende Rede vom Untergang Zarathustras als Mimesis der *unter*gehenden Sonne paradoxer-

---

[21] P. Gasser, Rhetorische Philosophie, S. 80.

[22] Zu Zarathustras Morgengebet an die Sonne als Anti-Liturgie bemerkt Martin von Koppenfels: »Es handelt sich um eine *Matutin*, um das Stundengebet vor Sonnenauf-gang, auf das die kaum verdeckten Psalmen-Zitate anspielen.« M. von Koppenfels, Einführung in den Tod. García Lorcas New Yorker Dichtung und die Trauer der mo-dernen Lyrik, Würzburg 1998, S. 67f.

weise angesichts der Morgenröte einer *auf*gehenden Sonne.«[23] Mit der metaphorischen Verklammerung der gegenläufigen Momente von Untergang und Aufgang scheint Nietzsche andeuten zu wollen, daß die Bewegung des Untergehens mit der des Aufgehens zusammenstimmen soll. Indem Zarathustra betont, er wolle »in die Tiefe steigen«, unterstellt er die Dialektik von Aufgang und Untergang, die den Text eingangs als Parodie von Platons Höhlengleichnis charakterisiert,[24] einer paradoxen räumlichen Bewegung, die den gesamten Handlungsrahmen der Erzählung bestimmt. Sie bindet Zarathustras Aufgabe an die Verknüpfung der gegensätzlichen Momente von Tiefe und Höhe, von Untergang und Aufgang.[25] Die metaphorische Verschränkung von Aufgang und Untergang offenbart in diesem Zusammenhang, daß Zarathustra mit dem geplanten Abstieg zu den Menschen ein mit den Mitteln der Logik unmöglich zu erreichendes Ziel verfolgt. Denn im Unterschied zur traditionellen bivium-Bildlichkeit, die den Menschen vor die Entscheidung zwischen zwei unterschiedlichen Wegformen stellt, will Zarathustra die zwei Wege des Aufstiegs und des Abstiegs miteinander vereinbaren. Die metaphorische Verschränkung von Aufstieg und Abstieg der Sonne im Text ist um so mehr von Bedeutung, als sie sich bereits auf die Lehre des Übermenschen beziehen läßt, die den ersten Teil des Buches bestimmt: Dem Beispiel der Sonne folgend soll Zarathustras Abstieg zu den Menschen zugleich ein Aufstieg zum Übermenschen sein, ohne daß an dieser Stelle des Textes bereits deutlich wäre, wie eine Vermittlung der beiden gegenläufigen Wege von Abstieg und Aufstieg überhaupt möglich ist.

Zarathustras Predigt

Den Abstieg zu den Menschen und Aufstieg zum Übermenschen verwirklicht Zarathustra zu Beginn des ersten Teils, indem er sich auf den Weg zur Stadt begibt, wo er vor dem Volk sprechen will. Auf seiner Wanderung durch das Gebirge trifft er zunächst auf den Heiligen im Wald. Die Begegnung endet mit dem Erstaunen Zarathustras, daß der Heilige noch nichts davon gehört habe, »dass Gott todt ist.« (KSA 4, 14) Die anschließende Rede vor dem Volk steht vor dem Hintergrund der

---

[23] R. Müller Farguell, Tanz-Figuren, S. 322.

[24] Vgl. L. Lambert, Nietzsche's teaching, S. 30. Den Vergleich zu Platon zieht auch A. Pieper, ›Ein Seil geknüpft zwischen Tier und Übermensch‹, Stuttgart 1990, S. 34f.

[25] Nietzsche scheint mit dieser paradoxen Dialektik einem Gedanken Heraklits zu folgen: »Das Widereinanderstehende zusammenstimmend und aus dem Unstimmigen die schönste Harmonie.« Heraklit, Fragmente. Griechisch und deutsch, hrsg. von B. Snell, Zürich 1995, S. 9. Zum immer wieder bemühten Einfluß von Heraklit auf Nietzsche vgl. E. Fink, Nietzsches Philosophie, S. 30f.

Grunderfahrung vom Tod Gottes[26] als Bedingung der Möglichkeit der philosophischen Lehre vom Übermenschen.

Zarathustras erster Versuch, Hörer für seine Lehre zu gewinnen, erfolgt innerhalb einer klassischen rhetorischen Redesituation, die der Öffentlichkeit der
griechischen *polis* abgelesen ist. Auf dem Marktplatz wendet Zarathustra sich
an die Bürger der Stadt. Gegenstand seiner Rede ist der Übermensch.

> Und Zarathustra sprach also zum Volke:
> Ich lehre euch den Übermenschen. Der Mensch ist Etwas, das überwunden wer-
> den soll. Was habt ihr gethan, ihn zu überwinden?
> Alle Wesen bisher schufen Etwas über sich hinaus: und ihr wollt die Ebbe dieser
> grossen Fluth sein und lieber noch zum Thiere zurückgehn, als den Menschen
> überwinden?
> Was ist der Affe für den Menschen? Ein Gelächter oder eine schmerzliche Scham.
> Und ebendas soll der Mensch für den Übermenschen sein: ein Gelächter oder eine
> schmerzliche Scham.
> Ihr habt den Weg vom Wurme zum Menschen gemacht, und Vieles ist in euch
> noch Wurm. Einst wart ihr Affen, und auch jetzt noch ist der Mensch mehr Affe,
> als irgend ein Affe.
> Wer aber der Weiseste von euch ist, der ist auch nur ein Zwiespalt und Zwitter von
> Pflanze und von Gespenst. Aber heisse ich euch zu Gespenstern oder Pflanzen
> werden?
> Seht, ich lehre euch den Übermenschen!
> Der Übermensch ist der Sinn der Erde. Euer Wille sage: der Übermensch sei der
> Sinn der Erde! (KSA 4, 14)

Zarathustras Rede, die rhetorisch dem *genus deliberativum* verpflichtet ist, da sie
die Entwicklung des Menschen zum Übermenschen anrät,[27] verbindet geschichtsphilosophische und biologistische Argumente miteinander. In geschichtsphilosophischer Hinsicht leitet Zarathustra aus der zuvor formulierten
Erfahrung vom Tod Gottes die praktische Möglichkeit der Selbstbestimmung des
Menschen ab, der sich sein Ziel auf der Erde nun frei gestalten könne. Die Metapher der »Erde« als Antwort auf die »überirdischen Hoffnungen« (KSA 4, 15)
des Christentums weist Zarathustras Lehre als eine Philosophie der reinen Imma-

---

[26] Heidegger zufolge nennt der Tod Gottes »die Formel für die Grunderfahrung eines
Ereignisses der abendländischen Geschichte«. M. Heidegger, Nietzsche I, Tübingen
1961, S. 183. Vgl. auch Deleuze, Nietzsche et la philosophie, Paris 1962, S. 39.

[27] Aristoteles hat das genus deliberativum folgendermaßen definiert: »Die Gattung der
Beratung hat Zuraten oder Abraten zur Aufgabe.« Aristoteles, Rhetorik, S. 21. Dabei
bezieht Aristoteles die Beratungsrede zeitlich auf die Dimension der Zukunft. Die
Zeitform sei »für den beratenden Redner die Zukunft – denn es ist Zukünftiges, wozu
er durch seine Beratungsrede raten oder wovon er abraten will.« Entsprechend sucht
Zarathustra die Menschen zu überreden, ihre Zukunft in Richtung auf den Übermenschen zu gestalten.

nenz aus, die sich in der Chiffre des Übermenschen als »Sinn der Erde« paradigmatisch verwirklichen soll.

Die Forderung, die Zukunft im Blick auf den Übermenschen zu gestalten, verknüpft Zarathustra mit der biologistischen These von der Entwicklung des Affen zum Menschen und der vom Menschen zum Übermenschen.[28] In einer Metaphorik, die in der Folge »Thiere«, »Affe«, »Wurme« und »Pflanze« ganz dem Bereich des Natürlich-Kreatürlichen entlehnt ist, versucht Zarathustra, das durch die Genesis legitimierte Schema von Tier, Mensch und Gott durch die neue Ordnung von Tier, Mensch und Übermensch zu ersetzen. Die Erfahrung, die Zarathustra eingangs als Lehrer der Menschen machen muß, ist jedoch enttäuschend. Seine Predigt wird vom Volk nicht angenommen.

> Als Zarathustra so gesprochen hatte, schrie Einer aus dem Volke: ›Wir hörten nun genug von dem Seiltänzer; nun lasst uns ihn auch sehen!‹ Und alles Volk lachte über Zarathustra. Der Seiltänzer aber, welcher glaubte, dass das Wort ihm gälte, machte sich an sein Werk. (KSA 4, 16)

In seinem Hartknopf-Roman demontiert Moritz das Predigeramt seines Helden, indem er dessen Antrittspredigt nicht als Annäherung, sondern als Entzweiung mit der Gemeinde darstellt. Die ironische Reaktion des Volkes im *Zarathustra* läßt erkennen, daß der Prediger Zarathustra in ähnlicher Weise wie Moritz' Andreas Hartknopf die Adressaten seiner Rede verfehlt. Sein Ziel, dem Menschen nach dem Tod Gottes die Entwicklung zum Übermenschen anzuraten, wird zum Gegenstand des Spottes.

Seil und Abgrund

Anders als für Hartknopf ergibt sich für Zarathustra jedoch die Möglichkeit zu einer Präzisierung der von ihm vertretenen Lehre. Vor dem Hintergrund des ironischen Vergleichs des Übermenschen mit dem angekündigten Seiltänzer setzt Zarathustra in einer ersten Korrektur seiner Sprechsituation zu einer zweiten Rede an.

> Zarathustra aber sahe das Volk an und wunderte sich. Dann sprach er also:
> Der Mensch ist ein Seil, geknüpft zwischen Thier und Übermensch, – ein Seil über einem Abgrunde.
> Ein gefährliches Hinüber, ein gefährliches Auf-dem-Wege, ein gefährliches Zurückblicken, ein gefährliches Schaudern und Stehenbleiben.

---

[28] Daß Nietzsches Philosophie des Übermenschen sich in diesem Kontext nicht einfach auf die Lehre Darwins zurückführen läßt, hat Günter Abel gezeigt. Vgl. G. Abel, Nietzsche. Die Dynamik der Willen zur Macht und die ewige Wiederkehr, Berlin/ New York 1984, S. 39-43.

> Was gross ist am Menschen, das ist, dass er eine Brücke und kein Zweck ist: was
> geliebt werden kann am Menschen, das ist, dass er ein Übergang und ein Unter-
> gang ist. (KSA 4, 16f.)

Mit seiner zweiten Rede nimmt Zarathustra die Thematik von Aufgang und Untergang wieder auf, die die Anrufung der Sonne zu Beginn des Buches kennzeichnete. Er verbindet sie mit der Metapher des Seils, um sie nun auf das
Verhältnis von Mensch und Übermensch zu applizieren. Die metaphorische Darstellung des Menschen als »Seil über einem Abgrunde«[29] drückt demnach nicht
nur die prekäre Situation des Menschen aus, der vor der Alternative steht, in den
Abgrund zu stürzen oder in Richtung auf den Übermenschen über diesen hinweg
zu schreiten.[30] Die Verknüpfung der eschatologischen Frage nach der heilsgeschichtlichen Zukunft des Menschen mit der Dialektik von Aufgang und Untergang, die die Metapher des Seils evoziert, nimmt vielmehr die paradoxe Bewegung
auf, die Zarathustra in seiner Anrufung der Sonne eingangs vorgeführt hatte:
Wenn Zarathustra in seiner zweiten Rede deutlich macht, daß er den Menschen
nur als Untergehenden zu schätzen vermag, dann stellt sich zugleich heraus, daß
Sturz und Brücke überhaupt keine Alternativen sind, sondern wechselseitig aufeinander verweisende Bedingungen der Möglichkeit für das Kommen des Übermenschen. Die widersprüchliche Bewegung, die Zarathustra dem Menschen mit
der Forderung nach dem Übermenschen abverlangt, ist die, zugleich unter- und
hinüberzugehen, zugleich Sturz in den Abgrund und Brücke zum Übermenschen
zu sein. Damit wird deutlich, daß Nietzsches Interesse an der bivium-Bildlichkeit
darin liegt, die ihr zugrundeliegende Darstellung der Alternative von zwei sich
wechselseitig ausschließenden Wegformen aufzulösen: An die Stelle der traditionellen Unterscheidung des guten und des schlechten Weges setzt Nietzsches Philosophie »Jenseits von Gut und Böse« die Möglichkeit einer Wegform, die mit der
metaphorischen Verknüpfung der gegenläufigen Momente von Aufstieg und Abstieg die Gesetze der Moral tendenziell außer Kraft setzt und so zu einem neuen
Begriff des Menschen als »Übermenschen« zu kommen versucht.

---

[29] Die Metapher des Seils und der Brücke als Ausdruck für die prekäre Lage des Menschen findet sich auch bei Kafka in der Erzählung *Die Brücke*: »Ich war steif und kalt,
ich war eine Brücke, über einem Abgrund lag ich.« F. Kafka, Sämtliche Erzählungen,
Frankfurt/Main 1970, S. 284.

[30] Auf die eschatologische Bedeutung dieser Variante der bivium-Bildlichkeit hat Wolfgang Harms hingewiesen. »Wo nicht die Vorstellungen von Bergwanderung, Aufstieg
und Sturz mit dem Y verbunden sind, fehlt einer literarischen Darstellung dieses Sig-
nums in der Regel der eschatologische Aspekt.« W. Harms, Homo viator in bivio,
S. 177.

Der letzte Mensch

Auch die zweite Rede Zarathustras findet beim Volk jedoch kein Gehör. »Als Zarathustra diese Worte gesprochen hatte, sahe er wieder das Volk an und schwieg. ›Da stehen sie‹, sprach er zu seinem Herzen, ›da lachen sie: sie verstehen mich nicht, ich bin nicht der Mund für diese Ohren.« (KSA 4, 18) Mit der Einsicht, er sei »nicht der Mund für diese Ohren«, formuliert Zarathustra zum ersten Mal explizit das Mitteilungsproblem, dem seine Lehre ausgesetzt ist. »Die Lehre des Übermenschen tritt hinter die Frage nach ihrer Mitteilbarkeit zurück«[31], kommentiert Gasser. Zarathustra macht daher einen dritten und letzten Versuch, das Volk von der geschichtlichen Notwendigkeit des Übermenschen zu überzeugen.

> ›So will ich ihnen vom Verächtlichsten sprechen: das aber ist der letzte Mensch.‹
> [...]
> ›Was ist Liebe? Was ist Schöpfung? Was ist Sehnsucht? Was ist Stern?‹ – so fragt der letzte Mensch und blinzelt.
> Die Erde ist dann klein geworden, und auf ihr hüpft der letzte Mensch, der Alles klein macht. Sein Geschlecht ist unaustilgbar, wie der Erdfloh; der letzte Mensch lebt am längsten.
> ›Wir haben das Glück erfunden‹ – sagen die letzten Menschen und blinzeln. (KSA 4, 19)

In der letzten Rede an das Volk ändert Zarathustra seine Strategie. Nicht mehr der Übermensch, der letzte Mensch ist nun der Gegenstand seiner Rede. Mit dem letzten Menschen als Inkarnation des Kleinen entwirft er eine Negativfolie, die die Menschen von der Größe des Übermenschen überzeugen soll. Angesichts der Tendenz zu einer Auflösung der traditionellen bivium-Bildlichkeit, die der metaphorischen Einführung des Übermenschen im Text als Aufhebung der Alternative von Aufstieg und Abstieg zugrundeliegt, ist der Vergleich von Übermensch und letztem Menschen zugleich ein Rückschritt: Parallel zu der von Zarathustra geforderten Entwicklung zum Übermenschen öffnet sich dem Menschen die alternative Wegform des letzten Menschen. Die Unterscheidung zwischen einem »guten« und einem »schlechten« Weg wird damit wiedereingeführt. Die Alternative zwischen dem guten Weg zum Übermenschen und dem schlechten Weg zum letzten Menschen, die Zarathustras dritte Rede bestimmt, verschärft sich noch anhand der Entscheidung des Volkes. In der endgültigen Enttäuschung seiner Erwartungshaltung muß Zarathustra erkennen, daß der letzte Mensch dem Volk näher ist als der Übermensch. »Gieb uns diesen letzten Menschen, oh Zarathustra, – so riefen sie – mache uns zu diesen letzten Menschen! So schenken wir dir den Übermenschen!‹ Und alles Volk jubelte und

---

[31] P. Gasser, Rhetorische Philosophie, S. 24.

schnalzte mit der Zunge.« (KSA 4, 20) Zarathustras dritte Rede vor dem Volk offenbart das vorläufige Scheitern seiner Lehre vom Übermenschen. Vor dem Hintergrund der Dialektik von Schenken und Nehmen, die der Prolog entwarf, zeigt seine Predigt vom Übermenschen, daß die Menschen seiner Weisheit nicht bedürfen. In ähnlicher Weise wie Andreas Hartknopf vor seiner Gemeinde in Ribbeckenau stößt Zarathustra in seiner Rede vor dem Volk auf taube Ohren.

Der Seiltänzer

Zarathustras Predigt vor dem Volk weist damit auf eine doppelte Schwierigkeit seiner Lehre hin. In Frage steht zum einen, wie die Bewegung des Untergehens, die Nietzsche als Bedingung der Möglichkeit des Übermenschens nennt, mit der des Übergehens zusammenfallen kann, zum anderen, wie es Zarathustra gelingen soll, seine Lehre auf adäquate Weise seinen Hörern zu vermitteln. Das eingangs geschilderte Scheitern Zarathustras angesichts dieser doppelten Schwierigkeit reflektiert Nietzsche im Text durch den unmittelbar an Zarathustras Rede anknüpfenden Auftritt eines Seiltänzers.

> Da aber geschah Etwas, das jeden Mund stumm und jedes Auge starr machte. Inzwischen nämlich hatte der Seiltänzer sein Werk begonnen: er war aus einer kleinen Thür hinausgetreten und gieng über das Seil, welches zwischen zwei Thürmen gespannt war, also, dass es über dem Markte und dem Volke hieng. Als er eben in der Mitte seines Weges war, öffnete sich die kleine Thür noch einmal, und ein bunter Gesell, einem Possenreisser gleich, sprang heraus und gieng mit schnellen Schritten dem Ersten nach. ›Vorwärts, Lahmfuss, rief seine fürchterliche Stimme, vorwärts Faulthier, Schleichhändler, Bleichgesicht! Dass ich dich nicht mit meiner Ferse kitzle! Was treibst du hier zwischen Thürmen? In den Thurm gehörst du, einsperren sollte man dich, einem Bessern, als du bist, sperrst du die freie Bahn!‹ – Und mit jedem Worte kam er ihm näher und näher: als er aber nur noch einen Schritt hinter ihm war, da geschah das Erschreckliche, das jeden Mund stumm und jedes Auge starr machte: – er stiess ein Geschrei aus wie ein Teufel und sprang über Den hinweg, der ihm im Wege war. Dieser aber, als er so seinen Nebenbuhler siegen sah, verlor dabei den Kopf und das Seil; er warf seine Stange weg und schoss schneller als diese, wie ein Wirbel von Armen und Beinen, in die Tiefe. (KSA 4, 21)

Vor dem Hintergrund der metaphorischen Bestimmungen des Menschen als »Seil über einem Abgrund«, die Zarathustras Rede eingangs kennzeichnete, bedeutet die Figur des Seiltänzers zunächst eine Verwirklichung der Metapher durch die allegorische Personifikation. Daß der Auftritt des Seiltänzers dabei zugleich eine Reflexion auf Zarathustras Lehre markiert, hat Müller Farguell betont. »An die Stelle des metaphorischen Diskurses über die Überwindbarkeit des ›Menschen‹ tritt nun der allegorische Diskurs eines Seiltänzers, dem die metaphorische Zuschreibung des Menschen als eines ›Seiles‹ bildhaft zugrunde liegt, wenn dieser sich dazu anschickt, über ein Seil, das zwischen zwei Türmen über der Volksmenge geknüpft ist, hinwegzutanzen.«[32] Der Auftritt des Seiltänzers verwirklicht damit nicht allein die metaphorische Bestimmung des Menschen als Seil über einem Abgrund. Er stellt darüber hinaus noch einmal das kommunikative Scheitern Zarathustras in der Stadt vor Augen: So wie der letzte Mensch in Zarathustras Rede den Übermenschen verdrängt hat, so läßt sich der Seiltänzer von einem Possenreißer verdrängen, der ihn in den Abgrund stürzt und damit den geforderten Übergang verhindert. Unterläuft der Possenreißer den von Zarathustra geforderten Übergang des Menschen zum Übermenschen, indem er den Seiltänzer einfach überspringt, so bestätigt sich mit dessen Tod neben dem Mitteilungsproblem Zarathustras, der sich mit einem »Leichnam« (KSA 4, 23) als erstem Jünger zufriedengeben muß, die grundlegende Schwierigkeit, dem Sturz des Menschen in die Tiefe die Brücke zu einer höheren Form des Seins zur Seite zu stellen.

Zarathustras Jünger

Das Scheitern seiner Predigt vor dem Volk zwingt Zarathustra daher zum Umdenken. Zunächst bestattet er den Seiltänzer in einem hohlen Baum. Die Reflexion auf seine enttäuschende Erfahrung in der Stadt führt ihn daraufhin dazu, den Adressatenkreis seiner Rede zu ändern. »Ein Licht gieng mir auf: nicht zum Volke rede Zarathustra, sondern zu Gefährten! Nicht soll Zarathustra einer Heerde Hirt und Hund werden!« (KSA 4, 25) Moritz hatte das Scheitern des Predigers Andreas Hartknopf vor seiner Gemeinde in Ribbeckenau durch den Rückzug in das Idyll Ribbeckenäuchen zu mildern versucht. Auch Zarathustra zieht die Konsequenzen aus seinem kommunikativen Scheitern vor dem Volk, indem er seinen Hörerkreis auf einige wenige Jünger reduziert. Die Änderung seines Adressatenkreises bedeutet zugleich eine erste Einschränkung seiner Lehrtätigkeit, die sich in den monologischen Partien des zweiten Teils noch weiter fortsetzt. Der Fortgang des ersten Teils ist jedoch zunächst von den Predigten Zarathustras vor seinen Jüngern bestimmt, die zugleich der Vorbereitung auf das Kommen des Übermenschen dienen. Der Handlungsrahmen des Romans wird so durch eine lockere Abfolge von Predigten und Legenden ersetzt, die Zarathustras Lehre vor dem Hintergrund der Forderung nach dem Kommen des Übermenschen zusammenfassen. Das erste Buch endet mit dem Abschied Zarathustras von seinen Jüngern und der Prophezeiung vom »grossen Mittage« (KSA 4, 102) als der Stunde, zu der sich der Weg des Menschen zum Übermenschen endgültig öffnen wird.

---

[32] R. Müller Farguell, Tanz-Figuren, S. 329.

Traum-Entstellung-Vollendung

Der topographischen Verklammerung von Aufstieg und Abstieg entsprechend, die der Text einleitend entfaltet, beginnt der zweite Teil mit der Rückkehr Zarathustras in das Gebirge. »Hierauf gieng Zarathustra wieder zurück in das Gebirge und in die Einsamkeit seiner Höhle und entzog sich den Menschen: wartend gleich einem Säemann, der seinen Samen ausgeworfen hat.« (KSA 4, 105) Nach dem Abschied von seinen Jüngern zieht sich Zarathustra für einige Jahre in die Einsamkeit zurück, um dort auf die Früchte seiner Lehre zu warten.

Zarathustras Einsamkeit im Gebirge wird jedoch bereits zu Beginn des zweiten Buches gestört. Im Traum offenbart sich ihm sein eigenes Gesicht in einer schrecklichen Verzerrung. »Aber als ich in den Spiegel schaute, da schrie ich auf, und mein Herz war erschüttert: denn nicht mich sahe ich darin, sondern eines Teufels Fratze und Hohnlachen.« (KSA 4, 105) Der Traum weist Zarathustra darauf hin, daß seine Lehre im Lauf der Zeit bis zur Unkenntlichkeit entstellt wurde. »Wahrlich, allzugut verstehe ich des Traumes Zeichen und Mahnung: meine Lehre ist in Gefahr, Unkraut will Weizen heissen!« (KSA 4, 105) Vor dem Hintergrund der drohenden Entstellung seiner Lehre entscheidet sich Zarathustra daher dazu, abermals zu den Menschen hinabzusteigen. Der äußeren Notwendigkeit seines Aufbruchs korrespondiert zugleich ein inneres Bedürfnis. Zarathustra ist seiner Einsamkeit müde geworden. »Zu meinen Freunden darf ich wieder hinab und auch zu meinen Feinden! Zarathustra darf wieder reden und schenken und Lieben das Liebste thun!« (KSA 4, 106) Der erneute Aufbruch zu den Menschen stellt Zarathustra zugleich vor eine veränderte Kommunikationssituation. Hatte er sich im ersten Teil nach dem Scheitern seiner Lehre vor dem Volk an seine Freunde und Jünger gewandt, so ist er angesichts der Gefahr, in der sich seine Lehre befindet, nun dazu gezwungen, zwischen Freunden und Feinden zu unterscheiden.[33]

Zarathustra entscheidet sich zunächst dafür, seine Freunde aufzusuchen, die sich seiner Auskunft zufolge auf den glückseligen Inseln befinden. »Wie ein Schrei und ein Jauchzen will ich über weite Meere hinfahren, bis ich die glückseligen Inseln finde, wo meine Freunde weilen« (KSA 4, 107). Der Suche nach den Freunden korrespondiert zugleich eine bestimmte Erwartungshaltung Zarathustras, die seinem Traum auf den ersten Blick zu widersprechen scheint. Im Rückgriff auf das biblische Bild des Feigenbaums drückt Zarathustra die Hoff-

---

[33] Den Wechsel des Adressatenkreises vom ersten zum zweiten Teil hat Bennholdt-Thomsen festgehalten. »Deshalb findet im zweiten Teil eine Auseinandersetzung mit den Feinden statt. Sie gewinnen als Adressaten seiner Reden neben den Freunden des ersten Teils an Bedeutung.« A. Bennholdt-Thomsen, Nietzsches ›Also sprach Zarathustra als literarisches Phänomen, S. 105.

nung aus, daß sich seine Lehre nun vollenden werde. »Die Feigen fallen von den Bäumen, sie sind gut und süss; und indem sie fallen, reisst ihnen die rothe Haut. Ein Nordwind bin ich reifen Feigen. Also, gleich Feigen, fallen euch diese Lehren zu, meine Freunde: nun trinkt ihren Saft und ihr süsses Fleisch!« (KSA 4, 109) Trotz der Gefahr der Entstellung seiner Lehre steht der zweite Teil des Zarathustra ganz unter dem Zeichen der Vollendung: »Vollenden will ich's: denn ein Schatten kam zu mir – aller Dinge Stillstes und Leichtestes kam einst zu mir! Des Übermenschen Schönheit kam zu mir als Schatten.« (KSA 4, 112) Mit Hilfe der Allegorie von Traum und Schatten formuliert das zweite Buch die Hoffnung auf eine Vollendung von Zarathustras Lehre durch das Kommen des Übermenschen. Schatten und Traum deuten in diesem Kontext jedoch bereits an, daß Zarathustras Hoffnungen sich als trügerisch erweisen werden. Wie der zweite Teil zeigt, werden Zarathustras Predigten durch ein lyrisches Moment der Selbstreflexion gebrochen, das eine Schwermut aufbrechen läßt, die darauf hinweist, daß der erhofften Vollendung größere Hindernisse entgegenstehen, als der Beginn des Buches es vermuten läßt.[34]

Melancholie I: Das Nachtlied

Zarathustras Aufenthalt auf den glückseligen Inseln ist zunächst von der Kontinuität seiner Lehrtätigkeit geprägt. In verschiedenen Predigten wendet er sich gegen seine Feinde, die der Vollendung seiner Lehre entgegenstehen. Die Predigten werden jedoch durch eine Folge von drei Liedern unterbrochen, die die Auseinandersetzung mit den Feinden im Gespräch mit den Freunden durch ein monologisches Sprechen ersetzen. Das erste Beispiel für den Umschlag der nach außen gerichteten Lehrtätigkeit in eine lyrische Selbstreflexion ist *Das Nachtlied*, das ein Selbstgespräch Zarathustras mit seiner Seele vor Augen führt. »Nacht ist es: nun reden lauter alle springenden Brunnen. Und auch meine Seele ist ein springender Brunnen.« (KSA 4, 136) Die Metapher des Brunnens, auf die bereits Moritz im *Andreas Hartknopf* zurückgegriffen hat,[35] stellt Zarathustras

---

[34] Den Zusammenhang von Melancholie und lyrischem Ausdruck hat Nietzsche im *Ecce Homo* herausgestellt. »Auch die tiefste Schwermuth eines solchen Dionysos wird noch Dithyrambus; ich nehme, zum Zeichen, das Nachtlied« (KSA 6, 345). Zum Zusammenhang zwischen Nietzsches Theorie des Dionysischen und der Melancholie in den frühen Schriften vgl. B. A. Kruse, Apollinisch-Dionysisch: moderne Melancholie und unia mystica, Frankfurt/Main 1987.

[35] In Moritz' Hartknopf-Roman fungiert der Brunnen als das mütterliche Gegenstück zum väterlichen Bild des Galgens. Vgl. dazu A. J. Bisanz, Die Ursprünge der ›Seelenkrankheit‹ bei Karl Philipp Moritz, Heidelberg 1970, S. 128.

Seele als eine Tiefe dar, aus der er seine Weisheit schöpft, in der er jedoch zugleich zu ertrinken droht. Als Metapher für den Abgrund der eigenen Seele symbolisiert der Brunnen zum einen den verborgenen Quellpunkt der philosophischen Lehre Zarathustras, zum anderen jedoch eine Krisenerfahrung, die die Mitteilbarkeit der Lehre betrifft: Zarathustras Seele ist ein »springender Brunnen«, insofern sie nach der Äußerung ihres Innersten drängt, ohne dem nachkommen zu können: »Ein Ungestilltes, Unstillbares ist in mir; das will laut werden. Eine Begierde nach Liebe ist in mir, die redet selber die Sprache der Liebe.« (KSA 4, 136) In seinem Selbstgespräch unterstellt sich Zarathustra der Verschränkung von Geben und Nehmen, die er zu Beginn des Textes im Vergleich mit der Sonne eingeführt hatte. Wie er nun feststellen muß, bleibt ihm als dem Gebenden das Nehmen verschlossen: »Ich kenne das Glück des Nehmenden nicht« (KSA 4, 136). Die unmittelbare Konsequenz der Verschränkung von Geben und Nehmen ist daher die, daß Zarathustra an der eigenen Fülle zugrundezugehen droht. »Aber ich lebe in meinem eignen Lichte, ich trinke die Flammen in mich zurück, die aus mir brechen.« (KSA 4, 136) Zarathustras Leiden an der eigenen Fülle und die daraus erwachsenden Konsequenzen für die Mitteilbarkeit seiner Lehre hat Bennholdt-Thomsen zusammengefaßt. »Das, was Zarathustra hier bekennt, ist die Bedingung seiner einzigen Möglichkeit als Lehrer: die derzeitige Unmöglichkeit einer wechselseitigen Kommunikation, die für ihn Liebe und Mitteilung als Empfangen einschlösse.«[36] Wie das *Nachtlied* zeigt, stößt Zarathustras Lehre mit der Frage nach ihrer Mitteilungsmöglichkeit auf eine innere Grenze, die erst durch ein verändertes Verhältnis von Geben und Nehmen aufgehoben werden könnte. Daß in seiner Seele ein »Ungestilltes, Unstillbares« verborgen liegt, deutet auf die verborgene Präsenz von etwas hin, das in ihm ruht, ohne doch artikuliert werden zu können. *Das Nachtlied* offenbart, daß in seiner Seele etwas mächtig ist und nach Mitteilung verlangt, ohne daß Zarathustra zu diesem Zeitpunkt seinem Verlangen nachkommen könnte. Die Begegnung mit dem Unstillbaren seiner Seele, die das *Nachtlied* markiert, ist vielmehr zugleich der Grund für die Melancholie, die sich Zarathustras zunehmend bemächtigt.[37]

---

[36] A. Bennholdt-Thomsen, Nietzsches ›Also sprach Zarathustra‹ als literarisches Phänomen, S. 112.

[37] Vgl. F. Masini, Rhythmisch-Metaphorische Bedeutungsfelder in ›Also sprach Zarathustra‹. In: Nietzsche-Studien 2 (1973), S. 289 und 301.

Melancholie II: Das Tanzlied

Die Melancholie, die sich im *Nachtlied* bereits andeutet, wird im *Tanzlied* noch verstärkt. Zarathustra, der Mädchen beim Tanzen im Wald überrascht, singt ihnen ein »Tanz- und Spottlied auf den Geist der Schwere, meinen allerhöchsten grossmächtigsten Teufel« (KSA 4, 140). Das Spottlied auf den Geist der Schwere, der an dieser Stelle als sein großer Feind eingeführt wird,[38] weist Zarathustra zugleich als den Fürsprecher des Lebens aus. »In dein Auge schaute ich jüngst, oh Leben! Und in's Unergründliche schien ich mir da zu sinken.« (KSA 4, 140) Das Lob des Lebens verknüpft *Das Tanzlied* mit dem der Weisheit. »So nämlich steht es zwischen uns Dreien. Von Grund aus liebe ich nur das Leben – und, wahrlich, am meisten dann, wenn ich es hasse! Dass ich aber der Weisheit gut bin und oft zu gut: das macht, sie erinnert mich gar sehr an das Leben!« (KSA 4, 140) In der Form der allegorischen Personifikation stellt Zarathustra Leben und Weisheit als Mächte dar, denen er sich wechselweise zuneigt, ohne sich für eine der beiden entscheiden zu können. Im Zwiegespräch mit Zarathustra fordert ihn das Leben daraufhin auf, von seiner Weisheit zu sprechen.

> Und als mich einmal das Leben fragte: Wer ist denn das, die Weisheit? – da sagte ich eifrig: ›Ach ja! die Weisheit!
> [...]
> Aber nun sprich doch auch von deiner Weisheit!
> Ach, und nun machtest du wieder dein Auge auf, oh geliebtes Leben! Und in's Unergründliche schien ich mir wieder zu sinken. (KSA 4, 141)

Wie Zarathustras Allegorie von Leben und Weisheit zeigt, herrscht noch kein Gleichgewicht zwischen beiden Kräften: Das Zwiegespräch mit dem Leben offenbart vielmehr Zarathustras grundlegende Schwierigkeit, seine Weisheit sprachlich mitzuteilen. Die Metapher des Brunnens, die das *Nachtlied* eingeführt hatte, führt das *Tanzlied* im Blick auf das »Unergründliche« des Lebens aus, in das Zarathustra nun zu sinken droht. Die scheiternde Mitteilung seiner Weisheit verkehrt das Loblied auf die Unergründlichkeit des Lebens in ein allmähliches Versinken Zarathustras in die Tiefen der Melancholie.

> Als aber der Tanz zu Ende und die Mädchen fortgegangen waren, wurde er traurig. ›Die Sonne ist lange schon hinunter, sagte er endlich; die Wiese ist feucht, von den Wäldern her kommt Kühle.

---

[38] Die Auseinandersetzung mit dem Geist der Schwere läßt sich zugleich auf Nietzsches Verhältnis zu Wagner beziehen. Inwiefern der *Zarathustra* und seine Philosophie des »Rings der Wiederkehr« in seinen vier Teilen überhaupt als Parodie von Wagners Ring-Oper zu verstehen ist, bleibt in der Nietzsche-Forschung trotz der vielfach aufgeworfenen Frage des Verhältnisses Nietzsche-Wagner bisher eine ungeklärte Frage.

> Ein Unbekanntes ist um mich und blickt nachdenklich. Was! Du lebst noch,
> Zarathustra?
> Warum? Wofür? Wodurch? Wohin? Wo? Wie? Ist es nicht Thorheit, noch zu
> leben?-
> Ach, meine Freunde, der Abend ist es, der so aus mir fragt. Vergebt mir meine
> Traurigkeit!
> Abend ward es: vergebt mir, dass es Abend ward!‹ (KSA 4, 141)

Die Metapher des Abends, Topos für das Abschiednehmen vom Leben, weist
auf die akute Krise hin, in der sich Zarathustra befindet. Der Grund für seine
Melancholie liegt in der Unmöglichkeit, Leben und Weisheit in Einklang zu
bringen. Daß Zarathustra es nicht vermag, seine Weisheit zum Ausdruck zu
bringen, betrifft letztendlich auch das Leben, das nun grundsätzlich in Frage
gestellt wird: »Ist es nicht Thorheit, noch zu leben?« Die melancholische Stimmung, die sich im *Nachtlied* bereits andeutete, verstärkt das *Tanzlied* noch,
indem es Zarathustra im Zwiegespräch mit dem Leben mit einer Form der Weisheit konfrontiert, die ihm ein »Unbekanntes« bleibt, das sich der sprachlichen
Mitteilung entzieht und in dieser Form einen Schatten auf sein Leben wirft.

Melancholie III: Das Grablied

Die lyrische Selbstreflexion, die Zarathustra immer tiefer in die Melancholie
versinken läßt, erreicht ihren Höhepunkt im dritten Lied, dem *Grablied*. In
einem Rückblick läßt Zarathustra sein Leben an sich vorbeiziehen. Er muß erkennen, daß sich seine früheren Hoffnungen nicht erfüllt haben. »Dort ist die
Gräberinsel, die schweigsame; dort sind auch die Gräber meiner Jugend.« (KSA
4, 142) Die Metapher des Grabes, die die vergangenen und gegenwärtigen Enttäuschungen Zarathustras symbolisiert,[39] stellt zugleich die Frage, wie er sie hat
verwinden können.

> Ungeredet und unerlöst blieb mir die höchste Hoffnung! Und es starben mir alle
> Gesichte und Tröstungen meiner Jugend!
> Wie ertrug ich's nur? Wie verwand und überwand ich solche Wunden? Wie erstand
> meine Seele wieder aus diesen Gräbern?
> Ja, ein Unverwundbares, Unbegrabbares ist an mir, ein Felsensprengendes: das heisst
> mein Wille. Schweigsam schreitet es und unverändert durch die Jahre. (KSA 4, 144f.)

Als Grund für die Überwindung seiner Enttäuschung gibt Zarathustra den Willen an. Wie Eugen Fink betont, führt dieser damit einen Schlüsselbegriff seiner

---

[39] Damit klingt ein deutlich autobiographisches Moment an, das Zarathustras Rückschau
auf sein Leben bestimmt. Vor diesem Hintergrund wäre der *Zarathustra* auch als
Rückblick Nietzsches auf seine geistige Entwicklung zu werten.

Philosophie ein: Der Begriff des Willens, der im Grablied anklingt, wird im folgenden Kapitel *Von der Selbst-Ueberwindung* explizit als »Wille zur Macht« ausgewiesen.[40] »Nur wo Leben ist, da ist auch Wille; aber nicht Wille zum Leben, sondern – so lehre ich's dich – Wille zur Macht!« (KSA 4, 149) Als Reaktion auf die Krisenerfahrung, die ihn bedroht, führt Zarathustra das Prinzip des Willens zur Macht ein. Der Wille zur Macht nennt das metaphysische Grundprinzip einer unaufhörlichen Bewegung der Selbstüberwindung, die Zarathustras Leben bestimmen soll:[41] »Und diess Geheimnis redete das Leben selber zu mir: ›Siehe, sprach es, ich bin das, was sich immer selber überwinden muss.« (KSA 4, 148). An die Stelle des Stillstands und des Todes, die in der Folge der drei Lieder aufscheint, tritt die Forderung nach einer durch den Willen bewirkten Überwindung des Leidens Zarathustras. Die Forderung nach einer unaufhörlichen Selbstüberwindung des Lebens, die der Wille zur Macht verkörpert, konfrontiert Zarathustra jedoch wiederum mit einem Problem. Denn Zarathustras Melancholie erscheint gerade als Resultat seiner Unfähigkeit, eine letzte Selbstüberwindung vorzunehmen, die zugleich das in der Tiefe seiner Seele verborgene Unbekannte zutage fördern würde. Daß Zarathustra die Überwindung seiner Schwermut durch den Willen nicht gelingt, bestätigt seine Begegnung mit dem Wahrsager.

Melancholie und Nihilismus

Auf das problematische Verhältnis zu den Voraussetzungen der eigenen Lehre reflektiert das Kapitel *Von grossen Ereignissen*. Nahe der glückseligen Inseln erblicken Schiffsleute Zarathustras Schatten, der ausruft: »es ist Zeit! Es ist die höchste Zeit!« (KSA 4, 167) Der Ruf des Schattens, der auf die Frage nach der Vollendung der Lehre zu Anfang des zweiten Buches zurückverweist, stellt Zarathustra vor ein Problem. »›Warum schrie denn das Gespenst: es ist Zeit! Es ist die höchste Zeit! Wozu ist es denn – höchste Zeit?« (KSA 4, 171) Die Metapher des Schattens nimmt an dieser Stelle die Problematik des Seiltanzes wieder auf: So wie der Seiltänzer von einem Possenreißer verdrängt worden ist, so droht Zarathustra nun hinter seinem Schatten zu verschwinden. Als sein »Gespenst« verdeutlicht der Schatten darüber hinaus, daß Zarathustra sich über die letzten

---

[40] Wie Fink betont, läßt Nietzsche »den Grundgedanken anklingen, der den zweiten Teil des ›Zarathustra‹ beherrscht: den Gedanken vom ›Willen zur Macht‹.« E. Fink, Nietzsches Philosophie, S. 73.

[41] Der Begriff des Willens zur Macht ist in der Nietzscheforschung umstritten. Zu seiner Bedeutung vgl. W. Müller-Lauter, Nietzsche. Seine Philosophie der Gegensätze und die Gegensätze seiner Philosophie, Berlin/New York 1971, S. 33f.

Konsequenzen seiner Lehre noch nicht in Klaren ist.[42] Die Unsicherheit Zarathustras seiner eigenen Bestimmung gegenüber nutzt der Wahrsager zur Verkündigung einer »grossen Traurigkeit«, die endgültig zu Zarathustras Abstieg
in die Abgründe der Melancholie führt.

> ‹– und ich sahe eine grosse Traurigkeit über die Menschen kommen. Die Besten
> wurden ihrer Werke müde.
> Eine Lehre ergieng, ein Glauben lief neben ihr: ›Alles ist leer, Alles ist gleich, Alles
> war!‹
> Und von allen Hügeln klang es wieder: ›Alles ist leer, Alles ist gleich, Alles war!‹
> [...]
> Alle Brunnen versiegten uns, auch das Meer wich zurück. Aller Grund will reis-
> sen, aber die Tiefe will nicht schlingen!
> ›Ach, wo ist noch ein Meer, in dem man ertrinken könnte‹: so klingt unsre Klage
> – hinweg über flache Sümpfe.
> Wahrlich, zum Sterben wurden wir schon zu müde; nun wachen wir noch und
> leben fort – in Grabkammern!‹ –
> (KSA 4, 172)

Die Lehre des Wahrsagers, die stilistisch an Jean Pauls *Rede des toten Christus* erinnert,[43] führt zugleich das Thema des Nihilismus in den *Zarathustra* ein: »Alles
ist leer, Alles ist gleich, Alles war«. Der Brunnen, Metapher für die Tiefe von
Zarathustras Seele, scheint nun versiegt zu sein. An die Stelle des Übermenschen
setzt der Wahrsager die Erfahrung einer großen Leere.[44] Hatte Karl Löwith im
Zarathustra die Forderung nach einer »Selbstüberwindung des extremen Nihilismus«[45] gesehen, so zeigt sich im zweiten Buch, daß Zarathustra zu dieser
Überwindung nicht in der Lage ist. Vielmehr ergibt er sich selbst der großen Traurigkeit, die der Wahrsager predigt: »Also hörte Zarathustra einen Wahrsager
reden; und seine Weissagung gieng ihm zu Herzen und verwandelte ihn. Traurig
gieng er umher und müde; und er wurde Denen gleich, von welchen der Wahrsager geredet hatte.« (KSA 4, 172f.) Die Begegnung mit dem Wahrsager markiert
den Höhepunkt von Zarathustras innerer Krisenerfahrung: An die Stelle der ge-

---

[42] Bennholdt-Thomsen bezieht den Ruf des Schattens auf die Lehre der ewigen Wiederkehr, deren Bedeutung Zarathustra zu diesem Zeitpunkt noch nicht erkannt habe. Zeit,
so wäre zu schließen, wäre es für die Auseinandersetzung mit der Lehre der ewigen
Wiederkehr, die Zarathustra an dieser Stelle noch nicht leisten kann. Vgl. A. Bennholdt-
Thomsen, Nietzsches ›Also sprach Zarathustra‹ als literarisches Phänomen, S. 73.

[43] Daß Nietzsche Jean Paul für ein »Verhängniss im Schlafrock« (KSA 2, 596) hielt, wie
es in *Menschliches, Allzumenschliches* heißt, hat ihn anscheinend nicht daran gehindert, die allegorische Darstellungsweise der *Rede des toten Christus* im *Zarathustra*
aufzunehmen.

[44] Zum Nihilismus als »Grundbewegung der Geschichte« bei Nietzsche vgl. Heidegger,
Nietzsche II, S. 115, ebenso G. Deleuze, Nietzsche et la philosophie, Paris 1964, S. 39.

[45] K. Löwith, Nietzsches Philosophie der ewigen Wiederkehr, S. 28.

forderten Selbstüberwindung des Lebens durch den Willen zur Macht tritt der Zusammenhang von Melancholie und Nihilismus, der Zarathustras Leben bedroht. Statt der erhofften Vollendung seiner Lehre findet sich Zarathustra zum Schluß des zweiten Buches in einer tiefen Krise, deren Ausmaß ein Traum umreißt, der die deprimierende Verkündigung des Wahrsagers von einem Leben in »Grabkammern« allegorisch realisiert:

> Allem Leben hatte ich abgesagt, so träumte mir. Zum Nacht- und Grabwächter war ich worden, dort auf der einsamen Berg-Burg des Todes.
> Droben hütete ich seine Särge: voll standen die dumpfen Gewölbe von solchen Siegeszeichen. Aus gläsernen Särgen blickte mich überwundenes Leben an. [...]
> Da riss ein brausender Wind seine Flügel auseinander: pfeifend, schrillend und schneidend warf er mir einen schwarzen Sarg zu:
> Und im Brausen und Pfeifen und Schrillen zerbarst der Sarg und spie tausendfältiges Gelächter aus.
> Und aus tausend Fratzen von Kindern, Engeln, Eulen, Narren und kindergrossen Schmetterlingen lachte und höhnte und brauste es wider mich.
> Grässlich erschrak ich darob: es warf mich nieder. Und ich schrie vor Grausen, wie nie ich schrie. (KSA 4, 173f.)

Zarathustras rätselhafte Traumallegorie, in der Bennholdt-Thomsen die späte Wirksamkeit von Kindheitserinnerungen Nietzsches erkannt hat,[46] bestätigt die nihilistische Predigt von der Verzweiflung des Menschen am Leben. Dem Leben, als dessen Fürsprecher er zu Beginn noch aufgetreten war, scheint Zarathustra nun abgesagt zu haben: Er ist zum Hüter von Särgen geworden, aus denen ihn nur noch »überwundenes Leben« anschaut. Vor dem Hintergrund der Frage nach dem Verhältnis von Nihilismus und Willen zur Macht weist der Traum wiederum darauf hin, daß Zarathustra der Forderung nach einer Selbstüberwindung des Lebens durch den Willen nicht nachkommen kann. In der Verkehrung des »grossen Mittags«, mit dessen Verheißung der erste Teil geendet hatte, zeigt die gespensterhafte »Helle der Mitternacht« (KSA 4, 175) vielmehr den äußersten Tiefpunkt von Zarathustras Selbstverständnis als Lehrer der Menschen.[47]

---

[46] Bennholdt-Thomsen deutet den Traum zugleich als Ausdruck für Zarathustras Unsicherheit gegenüber seiner Lehre der Wiederkunft. »Das Traumphänomen als solches sowie das mit seiner Hilfe aufgeschlüsselte psychische Problem führen überzeugend vor Augen, daß sich Zarathustra über sich selbst als Lehrer der ewigen Wiederkunft nicht im klaren ist.« A. Bennholdt-Thomsen, Nietzsches ›Also sprach Zarathustra‹ als literarisches Phänomen, S. 79.

[47] Lambert bringt den Traum dabei in einen Zusammenhang mit dem Problem der Melancholie. Vgl. L. Lambert, Nietzsche's Teaching, S. 136.

Wille und Zeit

Bestätigt wird diese Krise von Zarathustras anschließender Begegnung mit dem Krüppel, dem Bettler und dem Bucklichten, die er zum Anlaß einer erneuten Predigt von der Selbstüberwindung des Lebens nimmt.

> Die Vergangnen zu erlösen und alles ›Es war‹ umzuschaffen in ein ›So wollte ich es!‹ – das hiesse mir erst Erlösung!
> Wille – so heisst der Befreier und Freudebringer: also lehrte ich euch, meine Freunde! Und nun lernt diess hinzu: der Wille selber ist noch ein Gefangener.
> Wollen befreit: aber wie heisst Das, was auch den Befreier noch in Ketten schlägt? ›Es war‹: also heisst des Willens Zähneknirschen und einsamste Trübsal. Ohnmächtig gegen Das, was gethan ist – ist er allem Vergangenen ein böser Zuschauer.
> Nicht zurück kann der Wille wollen; dass er die Zeit nicht brechen kann und der Zeit Begierde, – das ist des Willens einsamste Trübsal. (KSA 4, 179f.)

Mit dem »Es war« führt Zarathustra das Gegenprinzip zum Willen zur Macht ein. Als Zeichen der ungebrochenen Macht des Vergangenen schlägt das »Es war« das Prinzip der Selbstüberwindung des Willens als Grund des Lebens in Ketten. Die Faktizität des Vergangenen scheint die Befreiung des Lebens durch den Willen unmöglich zu machen. »Dass die Zeit nicht zurückläuft, das ist sein Ingrimm; ›Das, was war‹ – so heisst der Stein, den er nicht wälzen kann.« (KSA 4, 180) Damit spricht Zarathustra zum ersten Mal einen Zusammenhang zwischen Nihilismus, Willen und Zeit an:[48] Die Selbstüberwindung des Lebens durch den Willen führt demnach zu einer Befreiung von der Last der Vergangenheit, ihr Scheitern aber zu der melancholischen Verkettung des menschlichen Daseins an die Macht der Vergangenheit, die die Perspektive des Menschen für die Zukunft und damit den Weg zum Übermenschen versperrt. Vor den letzten Konsequenzen seiner Rede über Zeit und Willen schreckt Zarathustra allerdings noch zurück.

> Aber an dieser Stelle seiner Rede geschah es, dass Zarathustra plötzlich innehielt und ganz einem Solchen gleich sah, der auf das Äusserste erschrickt. Mit erschrecktem Auge blickte er auf seine Jünger; sein Auge durchbohrte wie mit Pfeilen ihre Gedanken und Hintergedanken. (KSA 4, 181f.)

Zarathustras Erschrecken und sein daraus resultierendes Schweigen verdeutlichen zum Schluß des zweiten Buches, daß er sich über die eigene Lehre nicht im Klaren ist. Vielmehr erkennt er »Hintergedanken« in seinen Schülern, die es als fraglich erscheinen lassen, ob die Vermittlung der von ihm vertretenen Lehre

---

[48] Der Zusammenhang zwischen dem Willen zur Macht und der ewigen Wiederkehr hat Heideggers Interpretation geleitet, die im Willen zur Macht die Antwort auf die Frage nach dem Sein des Seienden (essentia), in der ewigen Wiederkehr dagegen die nach dem Sinn von Sein (existentia) erkennt. Vgl. Heidegger, Nietzsche I, Tübingen 1961, S. 26-33.

nun besser als zu Beginn seines Abstiegs zum Menschen gelungen sei. Zarathustras Kommunikationsproblem, das sich im Vergleich zum ersten Teil nicht mehr auf die Frage nach der Mitteilung seiner Lehre an andere bezieht, sondern zunehmend seine Verständigung mit sich selbst betrifft, spricht der Bucklichte explizit an. »›Gut, sagte der Bucklichte; und mit Schülern darf man schon aus der Schule schwätzen. Aber warum redet Zarathustra anders zu seinen Schülern – als zu sich selber?‹ –« (KSA 4, 182) Indem er die Differenz aufzeigt, die zwischen der Rede Zarathustras zu seinen Jüngern und der zu sich selbst besteht, deutet der Bucklichte auf das Mitteilungsproblem hin, das Zarathustras Lehre auch im zweiten Buch beeinträchtigt. Angesichts der eingangs gestellten Forderung nach einer Erlösung des Willens von der Vergangenheit zeigt sich die Ohnmacht Zarathustras vor der Aufgabe einer letzten Selbstüberwindung abschließend wiederum in einem gleichnishaften Traum.

> Gestern, zur stillsten Stunde, wich mir der Boden: der Traum begann.
> Der Zeiger rückte, die Uhr meines Lebens holte Athem –, nie hörte ich solche Stille um mich: also dass mein Herz erschrak.
> Dann sprach es ohne Stimme zu mir: ›Du weisst es, Zarathustra?‹ -
> Und ich schrie vor Schrecken bei diesem Flüstern, und das Blut wich aus meinem Gesichte: aber ich schwieg.
> Da sprach es abermals ohne Stimme zu mir: ›Du weisst es, Zarathustra, aber du redest es nicht!‹ -
> Und ich antwortete endlich gleich einem Trotzigen: ›Ja, ich weiss es, aber ich will es nicht reden!‹
> Da sprach es wieder ohne Stimme zu mir: ›Du willst nicht, Zarathustra? Ist diess auch wahr? Verstecke dich nicht in deinen Trotz!‹ -
> Und ich weinte und zitterte wie ein Kind und sprach: ›Ach, ich wollte schon, aber wie kann ich es! Erlass mir diess nur! Es ist über meine Kraft!‹
> Da sprach es wieder ohne Stimme zu mir: ›Was liegt an dir, Zarathustra! Sprich dein Wort und zerbrich!‹-
> Und ich antwortete: ›Ach, ist es mein Wort? Wer bin ich? Ich warte des Würdigeren; ich bin nicht werth, an ihm auch nur zu zerbrechen.‹ (KSA 4, 187f.)

Das Gleichnis verdeutlicht, daß Zarathustra über ein Wissen verfügt, das er nicht auszudrücken vermag. Das Oxymoron, daß etwas »ohne Stimme« zu ihm spricht, weist darauf hin, daß sich der verborgene Grund seiner Lehre der sprachlichen Darstellung entzieht. Im Text wird das erlösende Wort, das Zarathustra aussprechen soll, daher nur in der unbestimmten Form des »es« thematisiert. Mit dem Verweis auf die Undarstellbarkeit dessen, was in ihm nach Ausdruck ringt, nimmt Nietzsche zugleich das Problem der indirekten Darstellung auf, das Kant in der *Kritik der Urteilskraft* gestellt hatte. Vor dem Hintergrund von Kants Unterscheidung von schematischer und symbolischer Darstellung zeigt sich an Zarathustras Sprachproblem, daß sich der in ihm verborgene Gegenstand seiner Lehre der direkten Darstellung entzieht und nur negativ, als Undarstellbares, im

Text zur Geltung kommt. So kreist der metaphorische Diskurs des *Zarathustra* um eine sprachliche Leerstelle, die erst in der Auseinandersetzung mit der ewigen Wiederkehr im dritten Buch als solche in den Blick rückt.

Der Schluß des zweiten Teils bestätigt damit zugleich, daß Zarathustra seine anfängliche Hoffnung auf eine Vollendung seiner Lehre aus eigener Kraft nicht erfüllen kann. »›Oh Zarathustra, deine Früchte sind reif, aber du bist nicht reif für deine Früchte!‹« (KSA 4, 189) Im Vergleich zum ersten Teil hat sich Zarathustras Mitteilungsproblem erheblich verschärft: Nicht nur seine Hörer, er selbst scheint die eigene Lehre nicht annehmen zu können. Vor diesem Hintergrund besteht die Aufgabe des dritten Teils darin, die Auseinandersetzung mit dem verborgenen Grund von Zarathustras Lehre in der Darstellung des Gedankens der ewigen Wiederkehr explizit zu machen.

Der Abgrund der Wiederkehr

Vor dem Hintergrund der erst im dritten Teil des *Zarathustra* einsetzenden ausführlichen Auseinandersetzung mit der ewigen Wiederkehr hat die Forschung in ihm das eigentliche Zentrum des Werkes erkannt. Die besondere Stellung des dritten Teils hat Fink hervorgehoben.

> Der dritte Teil des ›Zarathustra‹ ist das Herzstück des Werkes, seine ›Mitte‹; und dies nicht in dem äußerlichen Sinne nur der Komposition; gewiß läuft die Fabel in einer bewußten Steigerung auf den dritten Teil zu. Nach der Verkündigung der Lehre auf dem Markt mit dem Grundthema des Übermenschen und nach der Lehre an die Gefährten, die den Tod Gottes und den Willen zur Macht zum Gegenstand hat, enthält dieser dritte Teil keine eigentliche Lehr-Situation.[49]

Nach dem Übermenschen im ersten und dem Willen zur Macht im zweiten Teil tritt mit der ewigen Wiederkehr im dritten Buch das eigentliche Zentrum von Zarathustras Lehre in den Mittelpunkt. Vor diesem Hintergrund konstatiert Fink, daß sich der dritte Teil im Zeichen der ewigen Wiederkehr durch eine neue Darstellungsform von den bisherigen Teilen unterscheide: »Vom Übermenschen spricht Zarathustra zu *Allen*, vom Tod Gottes und vom Willen zur Macht zu *Wenigen*, und von der Ewigen Wiederkunft des Gleichen eigentlich nur zu *sich selbst*.«[50] Auf die besondere sprachliche Form der Auseinandersetzung mit der ewigen Wiederkehr hat auch Bennholdt-Thomsen hingewiesen. »In Rücksicht auf den Wiederkunftsgedanken dagegen ergibt sich eine Kommunikationsproblematik, die – neben auditor und verba – zunächst und vor allem die res selbst

---

[49] E. Fink, Nietzsches Philosophie, S. 82. Zur zentralen Stellung des dritten Teils vgl. auch L. Lambert, Nietzsche's Teaching, S. 155.
[50] E. Fink, Nietzsches Philosophie, S. 83.

betrifft. Diese res steht Zarathustra nicht zur Verfügung, er muß, um ihrer habhaft zu werden, eine Verwandlung des Geistes durchmachen«.[51] Vor dem Hintergrund der Kommunikationsproblematik im *Zarathustra* erkennt Bennholdt-Thomsen in dem dritten Teil nicht nur den Höhe-, sondern auch den äußersten Krisenpunkt des Werkes. Das Kommunikationsproblem, das sich eingangs an der Predigt vor dem Volk in der Stadt gezeigt hat, hat sich verschärft: Als Lehrer der ewigen Wiederkehr, so die paradoxe Ausgangssituation des dritten Teils, steht Zarathustra die eigene Lehre zunächst nicht zur Verfügung. Wie Pautrat betont hat, erscheint die ewige Wiederkehr daher auch an keiner Stelle des Buches als der eigentliche Gegenstand von Zarathustras Lehre. »L'éternel retour ne fait ainsi dire *jamais* l'objet d'un enseignement explicite ou exotérique de la part du Zarathustra.«[52] Pautrat zufolge hat das Darstellungsproblem, das die ewige Wiederkehr betrifft, unmittelbare Konsequenzen für die Form von Nietzsches Text: Nur als verborgener, der sprachlichen Mitteilung entzogener Grund mache die ewige Wiederkehr das Zentrum von Zarathustras Lehre aus. Die rätselhafte Erfahrung, die der ewigen Wiederkehr zugrundeliegt und ihre direkte Darstellung verhindert, thematisiert der dritte Teil zunächst anhand einer allegorischen Landschaftsdarstellung, die die Wegmetapher von Aufstieg und Abstieg aus dem Anfang des Textes in veränderter Form wiederaufnimmt.

Melancholie und Seelenlandschaft

Der dritte Teil beginnt mit der abermaligen Rückkehr Zarathustras ins Gebirge. »Um Mitternacht war es, da nahm Zarathustra seinen Weg über den Rücken der Insel« (KSA 4, 193). Im Rahmen der eingangs geschilderten Analogie von Zarathustras Lebensgang und der Bahn der Sonne deutet die Metapher der Mitternacht als Gegensatz zum großen Mittag an, daß sich Zarathustra zu Beginn des dritten Teils in einer existentiellen Krise befindet. Verdeutlicht wird diese Krisenerfahrung durch den Blick vom Bergrücken hinunter auf das Meer.

> Und als er auf die Höhe des Bergrückens kam, siehe, da lag das andere Meer vor ihm ausgebreitet: und er stand still und schwieg lange. Die Nacht aber war kalt in dieser Höhe und klar und hellgestirnt.
> Ich erkenne mein Loos, sagte er endlich mit Trauer. Wohlan! Ich bin bereit. Eben begann meine letzte Einsamkeit.
> Ach, diese schwarze traurige See unter mir! Ach, diese schwangere nächtliche Verdrossenheit! Ach, Schicksal und See! Zu euch muss ich nun hinab steigen!

---

[51] A. Bennholdt-Thomsen, Nietzsches ›Also sprach Zarathustra‹ als literarisches Phänomen, S. 58.

[52] B. Pautrat, Versions du soleil, S. 352.

> Vor meinem höchsten Berge stehe ich und vor meiner längsten Wanderung: darum
> muss ich erst tiefer hinab als ich jemals stieg:
> - tiefer hinab in den Schmerz als ich jemals stieg, bis hinein in seine schwärzeste
> Fluth! So will es mein Schicksal: Wohlan! Ich bin bereit.
> Woher kommen die höchsten Berge? so fragte ich einst. Da lernte ich, dass sie aus
> dem Meere kommen.
> Diess Zeugniss ist in ihr Gestein geschrieben und in die Wände ihrer Gipfel. Aus
> dem Tiefsten muss das Höchste zu seiner Höhe kommen. – (KSA 4, 195)

Nach dem Scheitern seiner Antrittspredigt in Ribbeckenau führte Moritz seinen Helden auf dem Weg zur scheinbaren Idylle Ribbeckenäuchens durch das
Torfmoor als deskriptive Allegorie von Hartknopfs Melancholie. In ähnlicher
Weise wie Moritz greift Nietzsche im *Zarathustra* auf die allegorische Darstellung des Landschaftsbildes als Zeichen für die melancholische Verfaßtheit seines Protagonisten zurück. Die Funktion des Torfmoores im Hartknopf-Roman
übernimmt bei Nietzsche das Bild der nächtlichen See. Der Topos der Schwärze
und Traurigkeit, der die See als Spiegelbild seiner Seele kennzeichnet, versinnbildlicht die Melancholie, der Zarathustra nach den Enttäuschungen des zweiten Teils und der ausbleibenden Vollendung seiner Lehre anheimgefallen ist.

Gipfel und Abgrund

Die allegorische Darstellung von Zarathustras Seelenzustand unterstellt seine
Wanderung darüber hinaus wiederum der paradoxen Verschränkung von Abstieg und Aufstieg, die bereits den Handlungsrahmen des ersten und zweiten
Buches bestimmte. Sie wird nun konkret in den Gegensatz von Meer und Gebirge gefaßt. Die Bedeutung von Meer und Gebirge im *Zarathustra* hat bereits
Heidegger hervorgehoben. »Mit dieser Erzählung vom Aufstieg rücken zwei
unterschiedliche Bildbereiche zusammen, in denen Nietzsches Versinnlichung
des Denkens sich immer wieder bewegt: das Meer und das Hochgebirge.«[53]
Meer und Hochgebirge ergänzen einander jedoch nicht nur. Analog zum Gegensatzpaar Mittag-Mitternacht werden sie als tiefster und höchster Punkt von
Zarathustras Wanderung metaphorisch enggeführt. Die Wanderung über den
Meerrücken verrät, daß Zarathustra vor einer strenggenommen unlösbaren
Aufgabe steht, insofern er eine Bewegung vollziehen will, die ihn in die Tiefe
und zugleich in die Höhe führen soll: »Vor meinem höchsten Berge stehe ich
und vor meiner längsten Wanderung: darum muss ich erst tiefer hinab als ich jemals stieg«. Der Abstieg in die Tiefe der eigenen Seele, die durch die Metapher
der See angezeigt wird, erscheint nicht nur als Bedingung der Höhe, die Zara-

---

[53] M. Heidegger, Nietzsche I, S. 292.

thustra in der Überwindung seiner Melancholie zu erreichen hofft. Seine Wanderung will zugleich Abstieg zum Tiefsten und Aufstieg zum Höchsten sein.

Der Metaphorik von Meer und Gebirge korrespondiert im Text die von Abgrund und Gipfel. »Gipfel und Abgrund – das ist jetzt in Eins beschlossen!« (KSA 4, 194) Auf die »Einheit von Abgrund und Gipfel«[54] hat Fink hingewiesen. »Zarathustras Aufstieg zu seinem letzten Gipfel aber ist zugleich paradoxerweise der Abstieg in das Tiefste.«[55] Die metaphorische Verkreuzung von Gipfel und Abgrund, die zugleich eine Aufhebung der traditionellen bivium-Bildlichkeit bedeutet, erscheint im Text dabei buchstäblich als Aporie, als ein Weg der Unmöglichkeit. »Du gehst deinen Weg der Grösse; hier soll dir Keiner nachschleichen! Dein Fuss selber löschte hinter dir den Weg aus, und über ihm steht geschrieben: Unmöglichkeit.« (KSA 4, 194) Als Übersetzung der aporetischen Situation, in der sich Zarathustra zu Beginn des dritten Teils befindet, weist das Paradigma der »Unmöglichkeit« darauf hin, daß die von ihm geforderte Vollendung in der widersprüchlichen Aufgabe besteht, die gegenläufigen Momente von Tiefe und Höhe, von Meer und Gebirge, Abgrund und Gipfel, Mittag und Mitternacht, miteinander in Einklang zu bringen. Vor diesem Hintergrund stellt sich die Frage, inwiefern die Lehre der ewigen Wiederkehr Zarathustra die Möglichkeit bietet, die Aporie seines Lebensweges aufzulösen.

Acedia: Der Geist der Schwere

Wie bereits der Titel des Kapitels verrät, bleibt die Darstellung der ewigen Wiederkehr in *Vom Gesicht und Räthsel* auf doppelte Weise allegorisch verschlüsselt: Zarathustra kleidet sie in einen Traum ein, den er zugleich als »Räthsel« (KSA 4, 197) bezeichnet.[56] Dabei schreibt sich die Schilderung der ewigen Wiederkehr zunächst in die Bewegung des Aufsteigens ein, die Zarathustras Wanderung an dieser Stelle bestimmt.

> Düster gieng ich jüngst durch leichenfarbne Dämmerung, – düster und hart, mit gepressten Lippen. Nicht nur Eine Sonne war mir untergegangen.
> Ein Pfad, der trotzig durch Geröll stieg, ein boshafter, einsamer, dem nicht Kraut, nicht Strauch mehr zusprach: ein Berg-Pfad knirschte unter dem Trotz meines Fusses.
> Stumm über höhnischem Geklirr von Kieseln schreitend, den Stein zertretend, der ihn gleiten liess: also zwang mein Fuss sich aufwärts.

---

[54] K. Löwith, Nietzsches Philosophie der ewigen Wiederkehr des Gleichen, S. 76.
[55] E. Fink, Nietzsches Philosophie, S. 85.
[56] Zum Rätselcharakter der ewigen Wiederkehr vgl. L. Lambert, Nietzsche's Teaching, S. 160, sowie G. Vattimo, Friedrich Nietzsche, Stuttgart 1992, S. 35.

Aufwärts: – dem Geiste zum Trotz, der ihn abwärts zog, abgrundwärts zog, dem Geiste der Schwere, meinem Teufel und Erzfeinde.

Aufwärts: – obwohl er auf mir sass, halb Zwerg, halb Maulwurf; lahm; lähmend; Blei durch mein Ohr, Bleitropfen-Gedanken in mein Hirn träufelnd.

›Oh Zarathustra, raunte er höhnisch Silb‹ um Silbe, du Stein der Weisheit! Du warfst dich hoch, aber jeder geworfene Stein muss – fallen!

Oh Zarathustra, du Stein der Weisheit, du Schleuderstein, du Stern-Zertrümmerer! Dich selber warfst du so hoch, – aber jeder geworfene Stein – muss fallen! Verurtheilt zu dir selber und zur eignen Steinigung: oh Zarathustra, weit warfst du ja den Stein, – aber auf dich wird er zurückfallen!‹

Drauf schwieg der Zwerg; und das währte lange. Sein Schweigen aber drückte mich; und solchermaassen zu Zwein ist man wahrlich einsamer als zu Einem!

Ich stieg, ich stieg, ich träumte, ich dachte, – aber Alles drückte mich. Einem Kranken glich ich, den seine schlimme Marter müde macht, und den wieder ein schlimmerer Traum aus dem Einschlafen weckt. – (KSA 4, 198)

Im Rahmen der bivium-Bildlichkeit von Aufstieg und Abstieg schildert der Text Zarathustras Aufstieg im Gebirge. Im Mittelpunkt der Szene steht die Auseinandersetzung mit dem Geist der Schwere, der ihn an seinem Aufstieg zu hindern versucht. Vor dem Hintergrund der melancholischen Selbsterfahrung, die bereits Zarathustras Wanderung über den Meerrücken bestimmte, erscheint der Geist der Schwere zugleich als Verkörperung der melancholischen Acedia, die den Wanderer auf seinem Weg bedroht. Daß die allegorische Figur des Geistes der Schwere auf die mittelalterliche Tradition der Acedia verweist, hat Michael Theunissen hervorgehoben:

> Vom Geist der Schwere sind die beherrscht, die der Schwerkraft der Erde nachgeben und sich nach unten ziehen lassen. Nietzsche zeichnet hier das Bild nach, das sich die Renaissance von der Acedia gemacht hat: Niedergedrückt im buchstäblichen Sinne, sinkt der im Herzen Träge gewissermaßen in sich zusammen.[57]

Als Inkarnation der christlichen Acedia, der Trägheit des Herzens, die den Pilger auf seinem Weg lähmt, nennt der Geist der Schwere das Gegenprinzip zu Zarathustras Versuch des Aufschwungs in die Höhe.[58] Auf doppelte Weise ist der Dämon der Schwere Zarathustra entgegengesetzt. Zum einen versucht er, ihn abwärts zu ziehen, indem er ihm »Bleitropfen-Gedanken« in das Hirn träufelt. Zudem widerspricht der Dämon, »halb Zwerg, halb Maulwurf«, Zarathustras Streben nach dem, was groß ist am Menschen, insbesondere also seiner Suche nach dem Übermenschen. Der Grund für die bleierne Müdigkeit, die Zarathu-

---

[57] M. Theunissen, Vorentwürfe von Moderne. Antike Melancholie und die Acedia des Mittelalters, Berlin/New York 1996, S. 42.

[58] Daß das Motiv des Aufschwungs, das Zarathustras Weg bestimmt, auf die griechische Tradition des Enthusiasmus und des Erhabenen zurückverweist, habe ich an anderer Stelle zu zeigen versucht. Vgl. A. Geisenhanslüke, Le sublime chez Nietzsche, Paris 2000.

stra in Anspielung auf das saturnische Leiden der Melancholie[59] sogar als einen »Kranken« erscheinen läßt, liegt in dem Gedanken, der den Geist der Schwere erst als einen Geist des Abstiegs kennzeichnet: Alles, was aufsteigt, muß auch wieder fallen, lautet der Einwand des Dämon gegen Zarathustras Bestrebung, sich durch den Willen zur Selbstüberwindung in die Höhe zu schwingen. Aus dieser bedrohlichen Situation rettet ihn zunächst sein Mut.

> Muth ist der beste Todtschläger: der Muth schlägt auch das Mitleiden todt. Mitleiden aber ist der tiefste Abgrund: so tief der Mensch in das Leben sieht, so tief sieht er auch in das Leiden.
> Muth aber ist der beste Todtschläger, Muth, der angreift: der schlägt noch den Tod todt, denn er spricht: »War das das Leben? Wohlan! Noch Ein Mal!« (KSA 4, 199)

Die Konfrontation mit dem Geist der Schwere zwingt Zarathustra zu der Auseinandersetzung mit dem in ihm verborgenen Wissen, der er bisher ausgewichen ist. Die Antwort auf den Geist der Schwere gibt zugleich einen ersten Hinweis auf die Lehre der ewigen Wiederkehr. Zarathustra stellt sie in den Umkreis des Mitleids. Mitleid erscheint im Text als »der tiefste Abgrund« und mithin als Gefahr Zarathustras, endgültig in die Tiefe der Melancholie zu sinken. Der Gefahr des Abstiegs stellt er mit seinem Mut den Satz »»War das das Leben? Wohlan! Noch Ein Mal!‹« das Motiv der Wiederholung entgegen, das den Gedanken der ewigen Wiederkehr zu motivieren scheint. Zarathustras Mut tritt daraufhin eine List zur Seite.

> ›Halt! Zwerg! sprach ich. Ich! Oder du! Ich aber bin der Stärkere von uns Beiden –: du kennst meinen abgründlichen Gedanken nicht! Den – könntest du nicht tragen!‹ –
> Da geschah, was mich leichter machte: denn der Zwerg sprang mir von der Schulter, der Neugierige! Und er hockte sich auf einen Stein vor mich hin. Es war aber gerade da ein Thorweg, wo wir hielten.
> ›Siehe diesen Thorweg! Zwerg! sprach ich weiter: der hat zwei Gesichter. Zwei Wege kommen hier zusammen: die gieng noch Niemand zu Ende.
> Diese lange Gasse zurück: die währt eine Ewigkeit. Und jene lange Gasse hinaus – das ist eine andre Ewigkeit.
> Sie widersprechen sich, diese Wege; sie stossen sich gerade vor den Kopf: – und hier, an diesem Thorwege, ist es, wo sie zusammen kommen. Der Name des Thorwegs steht oben geschrieben: ›Augenblick‹.
> Aber wer Einen von ihnen weiter gienge – und immer weiter und immer ferner: glaubst du, Zwerg, dass diese Wege sich ewig widersprechen?‹ – (KSA 4, 199f.)

Die Metapher des Abgrundes, die seine Auseinandersetzung mit dem Geist der Schwere bestimmt, führt Zarathustra nun explizit im Hinblick auf die ewige Wie-

---

[59] Zum Zusammenhang von Saturn, Melancholie und Blei vgl. R. Klibansky/E. Panofsky/ F. Saxl, Saturn und Melancholie. Studien zur Geschichte der Naturphilosophie und Medizin, der Religion und der Kunst, Frankfurt/Main 1992, S. 224.

derkehr als seinen »abgründlichen Gedanken« aus. Die Rede von der Abgründlichkeit der ewigen Wiederkehr weist diese zum einen als Zarathustras Tiefe aus, als das, was noch unerkannt und ungesagt in ihm schlummert. Zugleich läßt sie seinen Gedanken als das erscheinen, was er auf seinem Weg in die Höhe mit sich zu tragen versucht. Die List Zarathustras gelingt und der Zwerg springt von seiner Schulter. Die Ankündigung der Lehre der ewigen Wiederkehr scheint Zarathustra zunächst vom Geist der Schwere und der damit verbundenen Trägheit des Herzens zu befreien.

Die Wege der Zeit

Der Gedanke der ewigen Wiederkehr bleibt darüber hinaus jedoch relativ unbestimmt.[60] Zwar führt Zarathustra mit der Unterscheidung der beiden Gassen Vergangenheit und Zukunft, die im »Thorwege«[61] zusammentreffen, zunächst das Problem der Zeit, das im zweiten Teil anhand der Auseinandersetzung mit dem Prinzip des Willens bereits angeklungen war, nun vor dem Hintergrund der traditionellen bivium-Bildlichkeit ein: Vor Zarathustra und dem Zwerg öffnen sich zwei Wege, die in die Vergangenheit und in die Zukunft führen. Unklar bleibt jedoch zum einen, wie das Verhältnis von Gegenwart, Vergangenheit und Zukunft zueinander zu bestimmen ist, zum anderen, wie die Zeitlichkeit des Augenblicks mit dem Attribut der Ewigkeit zusammenhängt, das die beiden Wege des Vergangenen und des Zukünftigen kennzeichnet. Eine erste Antwort, die mit dem Versuch einer Aufhebung des Gegensatzes von Aufstieg und Abstieg übereinzustimmen scheint, liegt in Zarathustras Hinweis, daß sich die beiden Gassen nicht wechselseitig ausschließen: Im Unterschied zur traditionellen bivium-Bildlichkeit sind die beiden Wege von Vergangenheit und Zukunft, die sich vor dem Wanderer auftun, nicht als Gegensätze konzipiert. Vielmehr geht es im Text um die Frage nach einer möglichen Vermittlung der beiden Wege von Vergangenheit und Zukunft. Der Zwerg legt Zarathustras Rätsel dabei im Blick auf den Kreischarakter der Zeit aus.

> ›Alles Gerade lügt, murmelte verächtlich der Zwerg. Alle Wahrheit ist krumm, die Zeit selber ist ein Kreis.‹

---

[60] Das gilt nach Fink für den *Zarathustra* überhaupt. »Die Lehre von der Ewigen Wiederkunft des Gleichen kommt im ›Zarathustra‹ nicht über eine dürftige Entwicklung der Grundbegriffe hinaus.« E. Fink, Nietzsches Philosophie, S. 101.

[61] Das Bild des Torwegs scheint Nietzsche Parmenides entlehnt zu haben, der in seinem Lehrgedicht über das Sein von dem »Tor der Bahnen von Nacht und Tag« spricht, das der Dike unterstellt sei. Vgl. Parmenides, Über das Sein, hrsg. von H. von Steuben, Stuttgart 1981, S. 5.

›Du Geist der Schwere! sprach ich zürnend, mache dir es nicht zu leicht! Oder ich lasse dich hocken, wo du hockst, Lahmfuss, – und ich trug dich hoch!

Siehe, sprach ich weiter, diesen Augenblick! Von diesem Thorwege Augenblick läuft eine lange ewige Gasse rückwärts: hinter uns liegt eine Ewigkeit.

Muss nicht, was laufen kann von allen Dingen, schon einmal diese Gasse gelaufen sein? Muss nicht, was geschehn kann von allen Dingen, schon einmal geschehn, gethan, vorübergelaufen sein?

Und wenn Alles schon dagewesen ist: was hältst du Zwerg von diesem Augenblick? Muss auch dieser Thorweg nicht schon – dagewesen sein?

Und sind nicht solchermaassen fest alle Dinge verknotet, dass dieser Augenblick alle kommenden Dinge nach sich zieht? Also - - sich selber noch?

Denn, was laufen kann von allen Dingen: auch in dieser langen Gasse hinaus – muss es einmal noch laufen! -

Und diese langsame Spinne, die im Mondscheine kriecht, und dieser Mondschein selber, und ich und du im Thorwege, zusammen flüsternd, von ewigen Dingen flüsternd – müssen wir nicht Alle schon dagewesen sein?

- und wiederkommen und in jener anderen Gasse laufen, hinaus, vor uns, in dieser langen schaurigen Gasse – müssen wir nicht ewig wiederkommen? -‹ (KSA 4, 200)

Obwohl sich das Bild des Kreises als Ausdruck für die Vermittlung der beiden Gassen Vergangenheit und Zukunft aufdrängt, kann die erste Antwort des Zwerges Zarathustra nicht befriedigen.[62] Einer zyklischen Interpretation der ewigen Wiederkehr scheint Nietzsche damit widersprechen zu wollen. Die unzureichende Antwort des Zwerges stellt jedoch zugleich die Frage, was die ewige Wiederkehr jenseits einer zyklischen Auffassung der Zeit eigentlich meinen kann. Vor diesem Hintergrund hat die Nietzsche-Forschung zumeist zwei unterschiedliche Dimensionen des Wiederkunftsgedanken unterschieden. Bernd Magnus zufolge gilt die ewige Wiederkehr in Nietzsches Werk »einerseits als Kosmologie, andererseits als ethischer Imperativ«[63]. Eine kosmologische Bedeutung läßt sich dem Wiederkunftsgedanken unter Einbeziehung der Nachlaßnotizen von Nietzsche zusprechen, insofern dieser aus der Unendlichkeit der Zeit und der Endlichkeit von Raum und Kraft zu folgern scheint, daß sich nur eine endliche Serie von Kräfteverhältnissen im Laufe der Zeit entwickeln kann, die sich demzufolge immer wiederholen muß.[64] Steht die kosmologische Dimension von Nietzsches Wiederkunftslehre zugleich in einem engen Zusammenhang mit den physikalischen Erkenntnissen seiner Zeit – wie Paolo D'Iorio gezeigt hat insbesondere mit der

---

[62] Zu den antiken Grundlagen von Nietzsches Philosophie der Wiederkehr im Zeichen des kreisförmigen Bildes der zyklischen Zeit vgl. H. Cancik, Nietzsches Antike. Vorlesung, Stuttgart/Weimar 1995, S. 107-121.

[63] B. Magnus, Nietzsches äternalistischer Gegenmythos. In: J. Salaquarda (Hg.), Nietzsche. Wege der Forschung, Darmstadt 1980, S. 219.

[64] Ebd., S. 220.

Theorie der Thermodynamik[65] –, so kommt ihm andererseits eine ethische Funktion zu, die darin zu bestehen scheint, daß die Wiederkehr dazu auffordert, das Leben durch den Wunsch, es immer wieder zu leben, zu verewigen.[66]

Angesichts der zweifelhaften naturwissenschaftlichen Voraussetzungen, die Nietzsches kosmologische Interpretation von Raum, Zeit und Kraft bestimmen,[67] erscheint Magnus die ethische Interpretation der ewigen Wiederkehr im Sinne eines »existenziellen Imperativs«[68] zwar zunächst als die plausiblere. Auch die Auffassung der ewigen Wiederkehr als Aufforderung, das Leben so zu leben, als würde es sich immer wieder wiederholen, läßt aber im Unklaren, wie die beiden zentralen Probleme des Wiederkunftgedankens, die Vermittlung von Gegenwart, Vergangenheit und Zukunft und das Verhältnis von Augenblick und Ewigkeit, zu denken sind.[69] Einen ersten Aufschluß über die spezifische Struktur der Zeitlichkeit, die der ewigen Wiederkehr jenseits einer zyklischen Interpretation der Zeit zugrundeliegen könnte, kann die Kritik an der Auffassung des Zwerges im *Zarathustra* geben.

Zarathustras Replik auf die Antwort des Zwerges radikalisiert das Problem der Wiederkehr zunächst, indem es das Attribut der Ewigkeit nicht nur auf Vergangenheit und Zukunft, sondern darüber hinaus auch auf den Augenblick selbst bezieht:[70] Nicht nur die Vergangenheit kehrt ewig wieder, sondern auch der gegenwärtige Augenblick, der »alle kommenden Dinge nach sich zieht« (KSA 4, 200). Damit rückt das Verhältnis von Augenblick und Ewigkeit in den Mittelpunkt der Darstellung. Die Frage nach einer möglichen Versöhnung der sich widersprechenden Instanzen von Augenblick und Ewigkeit, die in ähnlicher Weise bei Kierkegaard thematisiert wird,[71] bleibt zugleich jedoch auf das

---

[65] Vgl. P. D'Iorio, Cosmologie de l'éternel retour. In: Nietzsche-Studien 24 (1995), S. 62-123.

[66] Vgl. B. Magnus, Nietzsches äternalistischer Gegenmythos, S. 222f.

[67] Den Versuch einer Vermittlung zwischen kosmologischer und moralischer Interpretation und der damit verbundenen Rechtfertigung der theoretischen Grundlagen des Wiederkunftgedankens unternimmt Günter Abel, Nietzsche. Die Dynamik der Willen zur Macht und die ewige Wiederkehr, S. 187ff.

[68] Vgl. B. Magnus, Nietzsche's Existential Imperative, S. 71 und 159.

[69] Auf eine der Schwierigkeiten, vor die der Gedanke der ewigen Wiederkehr stellt, hat Blumenberg hingewiesen: »Selbst in Nietzsches Formalisierung der ewigen Wiederkunft war offen geblieben, ob die Gegenwart nur über die Zukunft oder auch noch über die Vergangenheit der Welten entscheidet; täte sie letzteres nicht, wäre sie selbst als Wiederholung schon determiniert.« H. Blumenberg, Arbeit am Mythos, S. 112.

[70] Den Zusammenhang zwischen Augenblick und Ewigkeit im *Zarathustra* hat Heidegger erörtert. Vgl. M. Heidegger, Nietzsche I, S. 312.

[71] Vgl. S. Kierkegaard, Der Begriff Angst, Gütersloh 1983, S. 83f. Den Vergleich zu Kierkegaard zieht bereits Jaspers, Nietzsche. Einführung in das Verständnis seines Philosophierens, Berlin/New York 1974, S. 362.

Problem der Vergangenheit bezogen, deren Bedeutung bereits in der Auseinandersetzung des Willens mit dem »Es war« angeklungen war. »Muss nicht, was laufen kann von allen Dingen, schon einmal diese Gasse gelaufen sein? Muss nicht, was geschehn kann von allen Dingen, schon einmal geschehn, gethan, vorübergelaufen sein?« Die ewige Wiederkehr scheint den Augenblick nicht unter das Zeichen der Ewigkeit, sondern zunächst unter das einer ewigen Vergangenheit zu stellen, die als »das größte Schwergewicht«, wie Nietzsche in der *Fröhlichen Wissenschaft* formuliert,[72] auf ihm liegt. Erst die Befreiung des Augenblicks von diesem Gewicht kommt der Selbstüberwindung des Lebens gleich, die Zarathustra im zweiten Buch vergeblich zu vollziehen versucht hatte. Dabei steht wiederum nicht die Erlösung des Willens, sondern die Schwierigkeit, zu einer Überwindung der Zeit zu gelangen, im Mittelpunkt der Darstellung: Der Wunsch nach einer Verewigung des Augenblicks durch den Willen trifft mit der Last der Vergangenheit auf eine Hürde, die er nicht zu bewältigen vermag.[73] Vielmehr verweist er die ewige Wiederkehr an die melancholische Erfahrung einer sich endlos wiederholenden Zeit der Vergangenheit zurück: Die zeitlichen Dimensionen der Gegenwart und der Zukunft drohen durch die Last der Vergangenheit vollständig erdrückt zu werden.[74] Wird Zarathustras Weg in die Höhe von der melancholischen Trägheit des Herzens bedroht, die ihn in die Tiefe zieht, so erscheint die unbewältigte Macht der Vergangenheit im Kontext von Nietzsches Zeitphilosophie zugleich als Inkarnation der Melancholie, die Zarathustras Wunsch nach einer Befreiung von der Last der Vergangenheit hemmt. Indem die ewige Wiederkehr das Prinzip der Wiederholung der Vergangenheit in sich aufzunehmen versucht, scheint sie zwar selbst in der Tradition der melancholischen Erfahrung der sich wiederholenden Zeit zu stehen. Indem sie den linearen Lauf der Zeit zum erfüllten Augenblick zu runden versucht, bricht sie jedoch zugleich aus dem Kontinuum der Zeit aus, um eine neue Zeit- und Geschichtsordnung – die des Übermenschen – zu ermöglichen. Das Problem der ewigen Wiederkehr steht im *Zarathustra* damit in ähnlicher Weise wie die Lehre des »Alles im Moment« im *Hartknopf* in der unaufgelösten Ambivalenz von melancholischer Verzweiflung an der Zeit und der Überwindung der Melancholie im ästhetisch erfüllten Augenblick.

---

[72] Vgl. KSA 3, S. 570. Zu Nietzsches Aphorismus vgl. J. Salaquarda, Der ungeheure Augenblick. In: Nietzsche-Studien 18 (1989), S. 317-337.

[73] Daß hier ein Bezug des *Zarathustra* zu Nietzsches zweiter Unzeitgemässer Betrachtung über den »Nutzen und Nachteil der Historie für das Leben« vorliegt, hat Abel gezeigt. Vgl. G. Abel, Nietzsche. Die Dynamik der Willen zur Macht und die ewige Wiederkehr, S. 349f.

[74] Zum Zusammenhang von Melancholie und Wiederkehr vgl. M. Theunissen, Negative Theologie der Zeit, Frankfurt/Main 1991, S. 218-281.

Hirte und Schlange

Die widersprüchlichen Konsequenzen, die die Darstellung der Lehre der ewigen Wiederkehr in der Spannung zwischen der Bindung an die Vergangenheit
und dem Versuch ihrer Überwindung mit sich führt, löst bei Zarathustra ein
Unbehagen aus, von dem er sich auch zu Beginn des dritten Buches nicht frei-
zumachen vermag.

> Also redete ich, und immer leiser: denn ich fürchtete mich vor meinen eignen Ge-
> danken und Hintergedanken. Da, plötzlich, hörte ich einen Hund nahe heulen.
> Hörte ich jemals einen Hund so heulen? Mein Gedanke lief zurück. Ja! Als ich
> Kind war, in fernster Kindheit:
> - da hörte ich einen Hund so heulen. Und sah ihn auch, gesträubt, den Kopf nach
> Oben, zitternd, in stillster Mitternacht, wo auch Hunde an Gespenster glauben: […]
> Wohin war jetzt Zwerg? und Thorweg? Und Spinne? Und alles Flüstern? Träume
> ich denn? Wachte ich auf? Zwischen wilden Klippen stand ich mit Einem Male, al-
> lein, öde, im ödesten Mondscheine.
> Aber da lag ein Mensch! Und da! Der Hund, springend, gesträubt, winselnd, –
> jetzt sah er mich kommen – da heulte er wieder, da schrie er: – hörte ich je einen
> Hund so Hülfe schrein?
> Und wahrlich, was ich sah, desgleichen sah ich nie. Einen jungen Hirten sah ich,
> sich windend, würgend, zuckend, verzerrten Antlitzes, dem eine schwarze schwere
> Schlange aus dem Munde hieng.
> Sah ich je so viel Ekel und bleiches Grauen auf Einem Antlitze? Er hatte wohl ge-
> schlafen? Da kroch ihm die Schlange in den Schlund – da biss sie sich fest.
> Meine Hand riss die Schlange und riss: – umsonst! sie riss die Schlange nicht aus
> dem Schlunde. Da schrie es aus mir: ›Beiss zu! Beiss zu!
> Den Kopf ab! Beiss zu!‹ – so schrie es aus mir, mein Grauen, mein Hass, mein
> Ekel, mein Erbarmen, all mein Gutes und Schlimmes schrie mit Einem Schrei aus
> mir. – (KSA 4, 200ff.)

In Zarathustra melden sich wiederum »Hintergedanken«, die seine Lehre be-
einträchtigen und ihn allmählich zum Verstummen bringen. Zugleich ändert
sich die Szenerie. An die Stelle der Gebirgslandschaft tritt das Bild eines jungen
Hirten, in dessen Schlund eine »schwarze schwere Schlange« gekrochen ist. Der
Hinweis auf die Schwärze und die Schwere belegt die Schlange nicht nur mit
den Attributen, die die bisherige Auseinandersetzung Zarathustras mit seinem
»abgründlichen Gedanken« bestimmten. Er läßt die Schlange gleichzeitig als Inkarnation der schwarzen Melancholie erscheinen, mit der sich Zarathustra auch
weiterhin auseinanderzusetzen gezwungen sieht. Dem Bild der Schlange als Abbild der ewigen Wiederkehr und der damit erfolgenden Aufforderung, die melancholische Erfahrung der sich ewig wiederholenden Zeit[75] aufzubrechen, liegt

---

[75] Eine Notiz Nietzsches aus der Zeit des *Zarathustra* deutet darüber hinaus auf den Zusammenhang von Wiederkehr und dem Problem der Moral hin. »Zarathustra: So lange

der verzweifelte Aufruf zugrunde, die Vergangenheit, das »Es war«, das den Willen in Ketten legt, in einem heroischen Akt zu überwinden. Das Ziel der ewigen Wiederkehr ist die Befreiung des Willens von der Last der Vergangenheit in einem Akt der Selbstüberwindung, den Zarathustra am Bild des Hirten abliest, ohne ihn bereits selbst vollziehen zu können.

Das Rätsel der Wiederkehr

Vor diesem Hintergrund wird das Rätsel der ewigen Wiederkehr auch zu Beginn des dritten Teils noch nicht aufgelöst. Vielmehr ergeht abschließend die Aufforderung an die Zuhörer, zur Lösung des Rätsels beizutragen:

> So rathet mir doch das Räthsel, das ich damals schaute, so deutet mir doch das Gesicht des Einsamsten!
> Denn ein Gesicht war's und ein Vorhersehn: – was sah ich damals im Gleichnisse?
> Und wer ist, der einst noch kommen muss?
> Wer ist der Hirt, dem also die Schlange in den Schlund kroch? Wer ist der Mensch, dem also alles Schwerste, Schwärzeste in den Schlund kriechen wird?
> - Der Hirt aber biss, wie mein Schrei ihm rieth; er biss mit gutem Bisse! Weit weg spie er den Kopf der Schlange -: und sprang empor. -
> Nicht mehr Hirt, nicht mehr Mensch, – ein Verwandelter, ein Umleuchteter, welcher lachte! Niemals noch auf Erden lachte je ein Mensch, wie er lachte!
> Oh meine Brüder, ich hörte ein Lachen, das keines Menschen Lachen war, – – und nun frisst ein Durst an mir, eine Sehnsucht, die nimmer stille wird.
> Meine Sehnsucht nach diesem Lachen frisst an mir: oh wie ertrage ich noch zu leben! Und wie ertrüge ich's, jetzt zu sterben! – (KSA 4, 202)

Das Rätsel der ewigen Wiederkehr endet mit der Vision von der Verwandlung des Hirten zum Übermenschen. Als Metapher für die Befreiung des Willens von seinem melancholischen Leiden an der Vergangenheit dient im Text das »Lachen«. Zugleich wird jedoch deutlich, daß Zarathustra die Bewegung der Selbstüberwindung, die die Auseinandersetzung mit der ewigen Wiederkehr von ihm fordert, noch nicht zu leisten vermag. Die Zeit für die ewige Wiederkehr ist noch immer nicht gekommen.

> Also rief mir Alles in Zeichen zu: ›es ist Zeit!‹ – Aber ich – hörte nicht: bis endlich mein Abgrund sich rührte und mein Gedanke mich biss.
> Ach, abgründlicher Gedanke, der du mein Gedanke bist! Wann finde ich die Stärke, dich graben zu hören und nicht mehr zu zittern?
> Bis zur Kehle hinauf klopft mir das Herz, wenn ich dich graben höre! Dein Schweigen noch will mich würgen, du abgründlich Schweigender!

---

eure Moral über mir hieng, athmete ich wie ein Erstickender. Und so erwürgte ich diese Schlange. Ich wollte leben, deshalb mußte sie sterben.« (KSA 10, 207)

> Noch wagte ich niemals, dich herauf zu rufen: genug schon, dass ich dich mit mir
> – trug! Noch war ich nicht stark genug zum letzten Löwen-Übermuthe und -
> Muthwillen. (KSA 4, 205)

Zarathustra, der die Metaphorik des Abgrunds an dieser Stelle wieder aufnimmt
und nun ausdrücklich auf den Gedanken der ewigen Wiederkehr bezieht, gesteht
sich ein, daß er noch nicht dazu in der Lage ist, seinen Abgrund nach oben zu
rufen. Den Schwierigkeiten, vor die ihn die Auseinandersetzung mit der ewigen
Wiederkehr stellt, korrespondiert sprachlich das »Schweigen« des Abgrunds, der
in ihm schlummert. »In deine Höhe mich zu werfen – das ist meine Tiefe!« (KSA
4, 207), mit diesen Worten kommentiert Zarathustra abschließend noch einmal
die Widersprüchlichkeit seiner Aufgabe. Die Metaphorik des Textes zeigt damit
nicht nur die Schwierigkeiten auf, denen die sprachliche Mitteilung der ewigen
Wiederkehr im Text unterworfen bleibt. Sie weist zudem darauf hin, daß die beiden Aufgaben der ewigen Wiederkehr, die Vermittlung der drei Dimensionen
der Zeit miteinander und die Versöhnung der gegenläufigen Instanzen von Augenblick und Ewigkeit, an dieser Stelle des Textes keine zureichende Lösung erfahren.[76] Vielmehr scheint der Gedanke der ewigen Wiederkehr in ähnlicher
Weise wie die Lehre des »Alles im Moment« im *Andreas Hartknopf* mit der
ästhetischen Aufwertung des Augenblicks zugleich die melancholische Verfallenheit des menschlichen Daseins an die Vergangenheit zu bestätigen. Wie die
Hinwendung zu Ewigkeit und Augenblick die Befreiung des Willens von der
Last des Vergangenen bewirken soll, bleibt dagegen offen.

Ekel

Angesichts der ersten Auseinandersetzung mit der ewigen Wiederkehr unternimmt Zarathustra erst nach seiner Rückkehr ins Gebirge einen zweiten Versuch, sich seinem Abgrund zu stellen. Nachdem er das Meer überquert hat, setzt
er seine Wanderung in Richtung des Gebirges fort. Sein Heimweg ist verbunden
mit der Frage nach der gegenwärtigen Entwicklung des Menschen. Vor dem
Hintergrund der einleitenden Unterscheidung von Übermensch und letztem
Menschen muß Zarathustra nun jedoch erkennen, daß der Mensch kleiner geworden ist und sich dem Ideal des letzten Menschen angeglichen hat. »Und Zarathustra blieb stehn und dachte nach. Endlich sagte er betrübt: ›Es ist Alles
kleiner geworden!‹« (KSA 4, 211) Der »Mittelmässigkeit« (KSA 4, 215), die er

---

[76] Zur Kritik an Nietzsches Philosophie der Wiederkehr vgl. A. Danto, Nietzsche als
Philosoph, München 1998, S. 247-257. Danto erkennt im Gedanken der Wiederkehr
zwar ein »Plädoyer für Authentizität« (S. 257), ansonsten aber nur eine »Melange aus
metaphysischen und wissenschaftlichen Theoremen« (S. 252).

allerorts konstatiert, setzt er abermals die Verheißung vom großen Mittag entgegen, an dem sich seine Lehre erfüllen soll. »Er kommt, er ist nahe, der grosse Mittag!« (KSA 4, 217)

Während Zarathustras Heimweg von einer Rekapitulation seiner philosophischen Lehre bestimmt ist, wagt er es erst in der Einsamkeit des Gebirges, sich erneut mit der ewigen Wiederkehr auseinanderzusetzen. Die Konfrontation mit dem Abgrund seiner Seele bedeutet eine erneute Krise für ihn.

> Herauf, abgründlicher Gedanke, aus meiner Tiefe! Ich bin dein Hahn und Morgen-Grauen, verschlafener Wurm: auf! auf! Meine Stimme soll dich schon wach krähen! [...]
> Ich, Zarathustra, der Fürsprecher des Lebens, der Fürsprecher des Leidens, der Fürsprecher des Kreises – dich rufe ich, meinen abgründlichsten Gedanken!
> Heil mir! Heran! Gieb die Hand – - ha! lass! Haha! – Ekel, Ekel, Ekel – - - wehe mir! (KSA 4, 270f.)

In einem letzten Akt der Selbstüberwindung will Zarathustra seinen abgründlichen Gedanken zu sich heraufrufen. Die Auseinandersetzung mit der ewigen Wiederkehr verlegt der Text wiederum ganz in den Bereich des Sprachlichen. Zarathustras »Stimme«, die er mit der des »Donners« (KSA 4, 270) vergleicht, will den abgründlichen Gedanken, der in ihm schlummert, »wach krähen.« Der Antwort der ewigen Wiederkehr, die daraufhin das Wort ergreift, scheint Zarathustra jedoch nicht gewachsen zu sein. Als sein Abgrund wirklich zu ihm heraufsteigt, bricht die Rede abrupt ab: »ha! Lass! Haha! – Ekel, Ekel, Ekel – - – wehe mir!« Die endgültige Konfrontation mit dem Gedanken der ewigen Wiederkehr, die Nietzsche als Ekelanfall Zarathustras schildert,[77] läßt diesen in eine tiefe Ohnmacht fallen. »Kaum aber hatte Zarathustra diese Worte gesprochen, da stürzte er nieder gleich einem Todten und blieb lange wie ein Todter.« (KSA 4, 271) Als er aufwacht, enthält er sich zunächst sieben Tage aller Speise. Auf sein Schweigen hin nehmen erst seine Tiere das Gespräch um die ewige Wiederkehr neu auf.

Genesung

So ist es nicht Zarathustra selbst, es sind seine Tiere, die versuchen, den Gedanken der ewigen Wiederkehr erneut zu formulieren: »Alles geht, Alles kommt zurück; ewig rollt das Rad des Seins. Alles stirbt, Alles blüht wieder auf, ewig läuft das Jahr des Seins.« (KSA 4, 272) Die Erklärung der ewigen Wiederkehr durch die Tiere scheint im Vergleich zu den Bestimmungen aus dem Kapitel *Vom Gesicht und Räthsel* nichts wesentlich Neues zu bringen. Die Veränderung, die der

---

[77] Zum Zusammenhang von ewiger Wiederkehr und Ekel vgl. W. Menninghaus, Ekel. Theorie und Geschichte einer starken Empfindung, Frankfurt/Main 1999, S. 248.

Gedanke der ewigen Wiederkehr mit sich bringt, thematisiert Zarathustra in der
Antwort auf die Auslegung der Tiere.

> - Oh ihr Schalks-Narren und Drehorgeln! antwortete Zarathustra und lächelte
> wieder, wie gut wisst ihr, was sich in sieben Tagen erfüllen musste: -
> - und wie jenes Unthier mir in den Schlund kroch und mich würgte! Aber ich biss
> ihm den Kopf ab und spie ihn weg von mir.
> Und ihr, – ihr machtet schon ein Leier-Lied daraus? (KSA 4, 273)

In seiner Rede nimmt Zarathustra nun für sich in Anspruch, was in *Vom Gesicht
und Räthsel* noch auf den Hirten bezogen war: Er selbst sei der Hirte geworden,
der die schwarze Schlange der Ewigkeit überwunden habe. Die Genesung, die
in ähnlicher Weise wie Orests Heilschlaf in Goethes *Iphigenie auf Tauris* im Unklaren läßt, was in der Zeit der Ohnmacht eigentlich vorgegangen ist,[78] nutzt Zarathustra dabei zu einer Erklärung des Ekels, der ihn angesichts der ewigen
Wiederkehr befallen hatte.

> Der grosse Überdruss am Menschen – der würgte mich und war mir in den
> Schlund gekrochen: und was der Wahrsager wahrsagte: ›Alles ist gleich, es lohnt
> sich Nichts, Wissen würgt.‹
> Eine lange Dämmerung hinkte vor mir her, eine todesmüde, todestrunkene Trau-
> rigkeit, welche mit gähnendem Munde redete.
> ›Ewig kehrt er wieder, der Mensch, dess du müde bist, der kleine Mensch‹ – so
> gähnte meine Traurigkeit und schleppte den Fuss und konnte nicht einschlafen.
> (KSA 4, 274)

In Anspielung auf den Nihilismus und die Melancholie, die ihn in der Begeg-
nung mit dem Wahrsager befallen hatte, führt Zarathustra seinen Ekel auf die
Vorstellung zurück, daß auch das Kleinste ewig wiederkehren müsse. Erst die
Überwindung dieses Gedankens scheint ihn endgültig dazu zu befähigen, zum
Lehrer der ewigen Wiederkehr zu werden.

> Denn deine Thiere wissen es wohl, oh Zarathustra, wer du bist und werden musst:
> siehe, du bist der Lehrer der ewigen Wiederkunft –, das ist nun dein Schicksal!
> (KSA 4, 275)

Zwar weisen die Tiere Zarathustra nun explizit als den Lehrer der ewigen Wiederkehr aus. Die Vollendung seiner Lehre, die damit angezeigt wird, bleibt jedoch weiterhin problematisch, da Zarathustras Ohnmacht und die Äußerungen
der Tiere im Unklaren belassen, was die ewige Wiederkehr eigentlich besagt.
Daran ändert auch ein erneutes Gespräch mit dem Leben nichts, das in dem Kapitel *Das andere Tanzlied* auf Zarathustras Melancholie aus dem *Tanzlied* ant-
wortet.

---

[78] Vgl. Goethe, HA 5, Vers 1258ff. Zu Orests Heilschlaf vgl. A. Geisenhanslüke, Goethe.
Iphigenie auf Tauris. Interpretation (Oldenbourg), München 1997, S. 49f.

›Ja, antwortete ich zögernd, aber du weisst es auch -‹ Und ich sagte ihr Etwas in's Ohr, mitten hinein zwischen ihre verwirrten gelben thörichten Haar-Zotteln. Du *weisst Das, oh Zarathustra?* Das weiss Niemand. — (KSA 4, 285)

Zarathustras Gespräch mit dem Leben läßt zwar vermuten, daß er ihm die Lehre der ewigen Wiederkehr ins Ohr flüstert.[79] Sein Flüstern, das den Gegenstand seines Wissens in der unbestimmten Weise des »Etwas« beläßt, verbirgt den Gedanken jedoch zugleich. Der Gedanke der ewigen Wiederkehr bleibt damit weiterhin der direkten Darstellung entzogen. Zwar endet der dritte Teil des *Zarathustra* mit einem Loblied auf die Ewigkeit: »Doch alle Lust will Ewigkeit« (KSA 4, 286), lautet der Kanon, den Zarathustra im Kapitel *Die sieben Siegel* in der Form »Denn ich liebe dich, oh Ewigkeit« (KSA 4, 287f.) anstimmt. Auch das Loblied auf die Ewigkeit kann jedoch keinen Aufschluß über die endgültige Bedeutung der ewigen Wiederkehr des Gleichen geben. Daß Zarathustras Schweigen und die damit verbundene indirekte Darstellung der ewigen Wiederkehr der Reflexion auf die grundsätzliche Mitteilbarkeit seiner philosophischen Lehre entspringt, zeigt der vierte Teil, der Zarathustras Versuchung durch das Mitleid schildert.

Zarathustras Reife

Während die Forschung im dritten Teil das Zentrum des Werkes erblickt hat, ist der vierte Teil des *Zarathustra* in seiner Bedeutung umstritten. So kommt Fink zu dem Schluß: »der vierte Teil bedeutet einen starken Abfall, das Überhandnehmen einer Allegorik und einer legendenhaften Darstellungsweise, die mitunter peinlich berührt.«[80] Die weitverbreitete Auffassung von der Minderwertigkeit des vierten Teils, die gerade auf der Zuschreibung des »Allegorischen« beruht, hat Bennholdt-Thomsen zu widerlegen gesucht. Ihrer Meinung nach löst sich das zentrale Mitteilungsproblem, das Zarathustras Lehre betrifft, erst im vierten Teil des Werkes endgültig auf.[81] Die Darstellung der kommunikativen Erfüllung von Zarathustras Lehre stellt der vierte Teil, der nach der tragödienhaften Auseinan-

---

[79] Vgl. M. Platt, What does Zarathustra whisper in Life's Ear? In: Nietzsche-Studien 17 (1988), S. 179-194.

[80] E. Fink, Nietzsches Philosophie, S. 64.

[81] »Der vierte Teil ermöglicht Zarathustra somit Kommunikation.« A. Bennholdt-Thomsen, Nietzsches ›Also sprach Zarathustra‹ als literarisches Phänomen, S. 135. Auf die zentrale Bedeutung des vierten Teils hat auch Wolfgang Taraba hingewiesen. »Vom Gesamtwerk her gesehen, ist somit der Vierte Teil zum Verständnis des Themas ›die Gesellschaft und der schöpferische Einzelne‹ unerläßlich.« W. Taraba, Der schöpferische Einzelne und die Gesellschaft in Nietzsches ›Zarathustra‹. In: H. J. Schrimpf (Hg.), Literatur und Gesellschaft. Vom neunzehnten ins zwanzigste Jahrhundert, Bonn 1963, S. 224.

dersetzung mit dem Gedanken der Wiederkehr an ein Satyrspiel erinnert,[82] dabei in den Kontext seiner Versuchung durch das Mitleid.

Der vierte Teil zeigt Zarathustra gealtert, zugleich jedoch gereift: »Wie mir geschieht, so geht es allen Früchten, die reif werden. Es ist der Honig in meinen Adern, der mein Blut dicker und auch meine Seele stiller macht.« (KSA 4, 295f.) Die Metapher des Honigs, die die Sonnenmetaphorik des ersten Teils wiederaufnimmt, läßt Zarathustras Altern zu Beginn des vierten Teils als einen Reifeprozeß erscheinen, der nun seinen Abschluß finden soll.

> - Und wieder liefen Monde und Jahre über Zarathustra's Seele, und er achtete dessen nicht; sein Haar aber wurde weiss. Eines Tages, als er auf einem Steine vor seiner Höhle sass und still hinausschaute, – man schaut aber dort auf das Meer hinaus, und hinweg über gewundene Abgründe – da giengen seine Thiere nachdenklich um ihn herum und stellten sich endlich vor ihn hin. (KSA 4, 295)

Das Meer, das im dritten Teil noch in unruhigem Schlaf lag und in dieser Form als Allegorie für Zarathustras Leiden an der Melancholie diente, hat sich nun beruhigt. Der erhöhte Blick vom Gebirge auf das Meer deutet an, daß Zarathustra seinen Abgrund überwunden hat und nun im Einklang mit seiner Lehre steht. Vor dem Hintergrund der Frage nach der Vollendung seiner Lehre, die bereits der zweite Teil zum Problem machte, deutet die Reife Zarathustras auf die unmittelbar bevorstehende Erfüllung seiner Philosophie hin. Daß die Vollendung seiner philosophischen Lehre noch immer aussteht, weist jedoch zugleich darauf hin, daß Zarathustra in der Auseinandersetzung mit der ewigen Wiederkehr im dritten Buch die erhoffte Selbstüberwindung noch nicht geleistet hat. Zwar hat er selbst sich den Gedanken der ewigen Wiederkehr angeeignet. In Frage steht aber weiterhin die Möglichkeit der Mitteilbarkeit seiner Lehre an andere.

Die höheren Menschen

Der Reife Zarathustras entspricht eine grundlegende Veränderung der Mitteilungsproblematik. Zarathustra will zu Beginn des vierten Teils nicht mehr zu den Menschen herab-, vielmehr sollen diese zu ihm heraufsteigen. »Also mögen nunmehr die Menschen zu mir hinauf kommen: denn noch warte ich der Zeichen, dass es Zeit sei zu meinem Niedergange, noch gehe ich selber nicht unter, wie ich muss, unter Menschen.« (KSA 4, 297) Zarathustras Warten, das zugleich die Möglichkeit des eigenen Todes anspricht, erfüllt sich in der Begegnung mit den höheren Menschen, die durch das erneute Auftreten des Wahrsagers eingeleitet wird, der ihn auf einen Schrei aufmerksam macht.

---

[82] Vgl. dazu W. Menninghaus, Ekel, S. 266.

›Aber du weisst es ja, antwortete der Wahrsager heftig, was verbirgst du dich? Der höhere Mensch ist es, der nach dir schreit!'
›Der höhere Mensch? schrie Zarathustra von Grausen erfasst: was will der? Was will der? Der höhere Mensch! Was will der hier?‹ – und seine Haut bedeckte sich mit Schweiss. (KSA 4, 302)

Die Versuchung zum Mitleid, die Zarathustra im vierten Teil kennzeichnet, besteht in der Begegnung mit den höheren Menschen. Um eine Versuchung handelt es sich, da sie Zarathustra vom Weg zum Übermenschen abzubringen droht: Während das Bild des letzten Menschen aus dem ersten Teil nur als schlechte Alternative zum Übermenschen in Frage kommt, besteht die Gefahr der höheren Menschen im vierten Teil des Werkes für Zarathustra darin, durch das Mitleid am Menschen festzuhalten und so die Überwindung zum Übermenschen zu versäumen.

Die Darstellung von Zarathustras Versuchung durch das Mitleid knüpft zugleich an die melancholischen Erfahrungen des zweiten Teils an. So wiederholt der Wahrsager seine Lehre des Nihilismus, die Zarathustra vor der Auseinandersetzung mit dem Gedanken der ewigen Wiederkehr in den Bann schlug. »Aber alles ist gleich, es lohnt sich Nichts, es hilft kein Suchen, es giebt auch keine glückseligen Inseln mehr!« (KSA 4, 302) Gegen die Predigt des Wahrsagers weiß sich Zarathustra dieses Mal jedoch zu wehren. »Das weiss ich besser! Es giebt noch glückselige Inseln! Stille davon, du seufzender Trauersack!« (KSA 4, 303) Daraufhin offenbart der Wahrsager den eigentlichen Grund seines Kommens: »– ›Mitleiden! antwortete der Wahrsager aus einem überströmenden Herzen und hob beide Hände empor – oh Zarathustra, ich komme, dass ich dich zu deiner letzten Sünde verführe!‹ –« (KSA 4, 301) Im vierten Teil übernimmt das Problem des Mitleids die Funktion einer Prüfung von Zarathustras Lehre: Über die Gültigkeit des Gedankens der ewigen Wiederkehr entscheidet die Frage, ob sich Zarathustra durch das Mitleid mit den höheren Menschen verführen läßt oder ob er am Übermenschen festhält.[83] Vor dem Hintergrund dieser Frage trifft Zarathustra auf die zwei Könige, den Gewissenhaften des Geistes, den Büßer des Geistes, den letzten Papst, den hässlichsten Menschen, den freiwilligen Bettler und schließlich auch auf den eigenen Schatten.[84] Mit ihnen scheint er zugleich die Hörer gefunden zu haben, die ihm im ersten Teil verwehrt blieben.[85]

---

[83] Vor diesem Hintergrund deutet die Problematik des Mitleids nicht allein auf Nietzsches Kritik des Christentums hin, sondern auch auf seine Abkehr von Schopenhauer, der das Mitleid in das Zentrum seiner Ethik stellt.

[84] Zu einer detaillierten Interpretation der einzelnen Figuren des vierten Teils vgl. G. Deleuze, Nietzsche. Ein Lesebuch, Berlin 1979, S. 45f.

[85] Darauf hat bereits Bennholdt-Thomsen hingewiesen. »Daß die höheren Menschen, die von Zarathustra gehört haben, zu ihm kommen, um von ihm Hilfe zu erbitten, von ihm die Selbstüberwindung zu lernen, die Tatsache also, daß Zarathustra Hörer über

Mittags

Ihre Vollendung findet Zarathustras Lehre im Text allerdings nicht in der Begegnung mit den höheren Menschen, sondern im Kapitel *Mittags*. Vor dem Hintergrund der Sonnenmetaphorik, die Zarathustras Lebensweg im Text allegorisch bestimmt, markiert das Kapitel bereits durch seinen Titel einen Höhepunkt: Als höchster Punkt der Sonne markiert der Mittag auch den Zenit von Zarathustras Lebensbahn, der metaphorischen Verklammerung von Aufstieg und Abstieg, von Mittag und Mitternacht im Text zufolge jedoch zugleich den Punkt, an dem Auf- und Untergang von Zarathustras Sonne zusammenfallen.[86]

Im Rahmen der Erzählung fungiert das Kapitel dabei einerseits als Scharnier zwischen Zarathustras Suche nach den höheren Menschen und seiner Rückkehr in die Höhle, wo er ihnen ein Fest bereiten will. Andererseits dient es in der Verwirklichung der »stillsten Stunde«[87] der symbolischen Darstellung einer Epiphanie des Augenblicks, der sich im Zeichen der Ewigkeit erfüllt.

> Um die Stunde des Mittags aber, als die Sonne gerade über Zarathustra's Haupte stand, kam er an einem alten krummen und knorrichten Baume vorbei, der von der reichen Liebe eines Weinstocks rings umarmt und vor sich selber verborgen war: von dem hiengen gelbe Trauben in Fülle dem Wandernden entgegen. Da gelüstete ihn, einen kleinen Durst zu löschen und sich eine Traube abzubrechen; als er aber schon den Arm dazu ausstreckte, da gelüstete ihn etwas Anderes noch mehr: nämlich sich neben den Baum niederzulegen, um die Stunde des vollkommnen Mittags, und zu schlafen. (KSA 4, 342)

Bennholdt-Thomsen hat die mittägliche Szene als eine Dionysos-Epiphanie ausgewiesen, die durch die Allegorie des Weinstocks aufgerufen wird.[88] Unter dem Signum des Dionysischen markiert Zarathustras Schlaf zugleich ein Einstehen der Zeit, das ihm die Vollkommenheit schenkt, auf die er wartet: »Still! Still! Ward die Welt nicht eben vollkommen? Was geschieht mir doch?« (KSA 4, 342), mit diesen Worten leitet Zarathustra das allegorische Bild der vollendeten Zeit ein.

---

den engeren Kreis der Jünger hinaus findet, ist ein Lehrerfolg, der ihn, der um seine Hörer gekämpft hat, erfreuen muß.« A. Bennholdt-Thomsen, Nietzsches ›Also sprach Zarathustra‹ als literarisches Phänomen, S. 133.

[86] »Mittag und Ewigkeit. Entwurf einer heroischen Philosophie« (KSA 10, 31), lauten Notizen und erste Titel für das Werk aus der Entstehungszeit des *Zarathustra*, die darauf hinweisen, daß der Mittag als Verwirklichung der von Zarathustra gepriesenen Ewigkeit gewertet werden kann.

[87] Vgl. in diesem Zusammenhang das Kapitel *Die stillste Stunde*, KSA 4, 187f., mit dem der zweite Teil schließt.

[88] Vgl. A. Bennholdt-Thomsen, Nietzsches ›Also sprach Zarathustra‹ als literarisches Phänomen, S. 184.

- Was geschah mir: Horch! Flog die Zeit wohl davon? Falle ich nicht? Fiel ich nicht
– horch! in den Brunnen der Ewigkeit?
- Was geschieht mir? Still! Es sticht mich – wehe – in's Herz? In's Herz! Oh zerbrich, zerbrich, Herz, nach solchem Glücke, nach solchem Stiche!
- Wie? Ward die Welt nicht eben vollkommen? Rund und reif? Oh des goldenen
runden Reifs – wohin fliegt er wohl? Laufe ich ihm nach! Husch! (KSA 4, 344)

Vor dem Hintergrund der Frage nach der Vermittlung von Augenblickserfahrung und Ewigkeit, die sich im dritten Teil im Zusammenhang mit der Lehre der
ewigen Wiederkehr stellte, symbolisiert die Darstellung der Dionysos-Epiphanie durch die Metapher des Mittags die Vollendung der Zeit im Zusammenfallen
von Augenblick und Ewigkeit. Das Bild des »goldenen runden Reifs«, von dem
Zarathustra spricht, läßt die Vollendung der Zeit im Augenblick dabei zugleich
als eine Form der ästhetischen Vervollkommnung des Schönen im Sinne von
Moritz erscheinen: Die Ewigkeit prägt sich in den Augenblick ein und rundet
die unterschiedlichen Wege der Zeit zu einem Bild kreisförmiger Geschlossenheit.[89] Im Torweg des Augenblicks schließen sich Vergangenheit und Zukunft
durch das Eintreten der Ewigkeit in die Zeit zu dem »goldenen runden Reif«,
der Zarathustras Lehre der ewigen Wiederkehr in der Form eines ästhetischen
Stillstands der Zeit bestätigt.[90]

Dabei erkennt Zarathustra in der Erfüllung des Augenblicks durch das Eintreten der Ewigkeit in die Zeit zugleich eine Aufforderung zum eigenen
Untergang: »wann, Brunnen der Ewigkeit! du heiterer schauerlicher Mittags-
Abgrund! wann trinkst du meine Seele in dich zurück?« (KSA 4, 345) Der romantische Wunsch, in der höchsten Stunde des Daseins zu sterben, bestätigt die
metaphorische Verklammerung der gegenläufigen Momente von Auf- und Untergang: Die ästhetische Erfüllung der Zeit im Augenblick deutet Zarathustra
als Zeichen für die Vollendung seiner Lehre und damit zugleich als Rechtfertigung des eigenen Untergangs als Übergang zum Übermenschen, mit dessen
Verkündigung seine Lehrtätigkeit begonnen hatte.

Erfüllung in der Mitteilung

Die endgültige Bestätigung seiner Lehre erfährt Zarathustra jedoch weder im
Einstehen der Zeit im Mittag der Ewigkeit noch im damit verbundenen eigenen
Untergang. Bei seiner Rückkehr muß er vielmehr zunächst feststellen, daß die
höheren Menschen wieder dem Wahrsagen anheimgefallen sind, der abermals

---

[89] Zur Metaphorik des Rings im Zarathustra vgl. B. Pautrat, Versions du soleil, S. 11-17.
[90] Auf den »Stillstand der Zeit«, der der ewigen Wiederkehr zugrundezuliegen scheint,
hat bereits Löwith hingewiesen. Vgl. K. Löwith, Nietzsches Philosophie der ewigen
Wiederkehr des Gleichen, S. 67.

den »Geist der Schwermuth« (KSA 4, 370) predigt: »– euch Allen, die ihr am
grossen Ekel leidet gleich mir, denen der alte Gott starb und noch kein neuer
Gott in Wiegen und Windeln liegt, – euch Allen ist mein böser Geist und Zau-
ber-Teufel hold.« (KSA 4, 370) Allein der häßlichste Mensch läßt sich vom Wahrsager nicht verführen.

> Da aber geschah Das, was an jenem erstaunlichen langen Tage das Erstaunlichste
> war: der hässlichste Mensch begann noch ein Mal und zum letzten Mal zu gurgeln
> und zu schnauben, und als er es bis zu Worten gebracht hatte, siehe, da sprang eine
> Frage rund und reinlich aus seinem Munde, eine gute tiefe klare Frage, welche
> Allen, die ihm zuhörten, das Herz im Leibe bewegte.
> ›Meine Freunde insgesammt, sprach der hässlichste Mensch, was dünket euch? Um
> dieses Tags Willen – ich bin's zum ersten Male zufrieden, dass ich das ganze Leben
> lebte.
> Und dass ich so viel bezeuge, ist mir noch nicht genug. Es lohnt sich auf der Erde
> zu leben: Ein Tag, Ein Fest mit Zarathustra lehrte mich die Erde lieben.
> ›War Das – das Leben?‹ will ich zum Tode sprechen. ›Wohlan! Noch Ein Mal!'
> Meine Freunde, was dünket euch? Wollt ihr nicht gleich mir zum Tode sprechen:
> War Das – das Leben? Um Zarathustra's Willen, wohlan! Noch Ein Mal!«
> (KSA 4, 395f.)

Mit dem »Wohlan! Noch Ein Mal« nimmt der häßlichste Mensch die Worte auf,
mit denen Zarathustra die Lehre der ewigen Wiederkehr eingeführt hatte. Als
Ausdruck der überströmenden Macht des Lebens findet Zarathustras Lehre ihre
erste Bestätigung von seiten eines Hörers. Zarathustra erkennt in der Rede entsprechend ein Zeichen dafür, daß sich seine Lehre nun auch bei den Adressaten
seiner Predigten durchzusetzen beginnt. Er kann die Antwort des häßlichsten
Menschen um so mehr als einen Erfolg werten, als sie die paradoxe Dialektik von
Schenken und Nehmen auflöst, unter deren Bedingung er seine Lehre eingangs
gestellt hatte: Im Gebirge ist es nicht mehr Zarathustra, der seine Weisheit aus-
teilt und zu den Menschen bringt, es sind die Menschen, die zu ihm kommen.
Vom Gebenden, der an der eigenen Fülle zugrundezugehen drohte, verwandelt
er sich in einen Nehmenden, der aus dem Mund des häßlichsten Menschen die
eigene Lehre empfängt. Damit löst der vierte Teil das Mitteilungsproblem, von
dem Zarathustra als Lehrer der ewigen Wiederkehr betroffen war, endgültig auf:
Hatte der dritte Teil die prinzipielle Auseinandersetzung Zarathustras mit dem
Gedanken der ewigen Wiederkehr nachgezeichnet, so zeigt der vierte Teil die
Aufhebung des Scheiterns, das Zarathustra vor dem Volk in der Stadt im ersten
Buch erfahren hatte, und die beginnende Verbreitung des Gedankens der ewi-
gen Wiederkehr unter den Menschen.[91] Der negativen Darstellung der ewigen

---

[91] Vgl. dazu B. Pautrat, Brief an den Narren. Über einen ungeheuren Augenblick. In: A.
   Guzzoni (Hg.): 100 Jahre philosophische Nietzscherezeption, Frankfurt/Main 1991,
   S. 167-189.

Wiederkehr, die im Text nie direkt zur Darstellung oder begrifflichen Klärung kommt, korrespondiert auf der kommunikationstheoretischen Ebene das Verschweigen der eigenen Lehre zugunsten ihrer Mitteilung durch andere. Vor diesem Hintergrund deutet der Schluß des *Zarathustra* die Vollendung seiner Lehre, die sich in der Rede des häßlichsten Menschen abzeichnet, als Absage an das Mitleid und als Bestätigung des großen Mittags, der den Übermenschen bringen soll. Durch das wunderbare Erscheinen von Tauben und Löwen werden die höheren Menschen vertrieben und der Weg für den Übermenschen freigemacht.

> Wohlan! Der Löwe kam, meine Kinder sind nahe, Zarathustra ward reif, meine Stunde kam: -
> Dies ist mein Morgen, mein Tag hebt an: herauf nun, herauf, du grosser Mittag!« – –
> Also sprach Zarahustra und verliess seine Höhle, glühend und stark, wie eine Morgensonne, die aus dunklen Bergen kommt. (KSA 4, 408)

Der Schluß des *Zarathustra* nimmt die Sonnenmetaphorik des Beginns wieder auf. In der Übereinstimmung mit dem Gang der Sonne erscheint Zarathustras Lehre der ewigen Wiederkehr durch das Bild des sich schließenden Kreises als Ausdruck einer ästhetischen Vollendung des Daseins, die sich im Rahmen einer grundsätzlichen Abkehr vom Mitleid mit den höheren Menschen vollzieht.[92] In der Nachahmung der Sonne, die dem Text auf der metaphorischen Ebene zugrundeliegt, kehrt das Ende des *Zarathustra* zum Anfang zurück, um so das Kommen des Übermenschen im Zeichen der ewigen Wiederkehr des Gleichen abschließend zu bestätigen.

Nietzsche und das Ende der Pilgerallegorie

Die Interpretation des *Zarathustra* am Leitfaden des allegorischen Handlungsrahmens der Erzählung kann sicherlich nicht beanspruchen, die problematische Bedeutung des Textes im Spannungsfeld von Dichtung und Philosophie vollständig zu klären. Im Kontext der Frage nach den Veränderungen, die die allegorische Bildlichkeit des Pilgerweges von Bunyan über Moritz bis zu Nietzsche erfahren hat, zeigt sich jedoch, daß Nietzsches *Zarathustra* mit der paradigmatischen Verabschiedung des Christentums durch die Erfahrung vom Tode Gottes einen kaum mehr zu überschreitenden Endpunkt innerhalb der Geschichte der

---

[92] Zum Zusammenhang von Übermensch, Wille zur Macht und Wiederkehr vgl. Müller-Lauter, Nietzsche, S. 130. Er kommt zu dem Schluß: »Das Jasagen zur ewigen Wiederkehr konstituiert das In-der-Welt-sein des Übermenschen.« W. Müller-Lauter, Nietzsche. Seine Philosophie der Gegensätze und die Gegensätze seiner Philosophie, S. 159.

religiös konnotierten bivium-Bildlichkeit markiert. Daß Nietzsche im *Zarathustra*, in dem Walter Gebhard zu Recht die »Überbietung biblischer Gleichnissprache durch deren ästhetische Radikalisierung«[93] erkannt hat, die nihilistische Erfahrung vom Tod Gottes metaphorisch im Rückgriff auf die Bildlichkeit des Weges darstellt, bestätigt dabei keineswegs die verborgene Wirksamkeit christlicher Motive in seiner Philosophie. Als Travestie der Bibel löst Nietzsches blasphemischer Text[94] die traditionelle bivium-Bildlichkeit vielmehr auf doppelte Weise auf, indem er zum einen den von ihm geforderten Weg des Menschen zum Übermenschen zugleich als Auf- und Untergang darstellt und zum anderen die lineare Entfaltung der Zeit in den Dimensionen des Vergangenen, Gegenwärtigen und Zukünftigen durch den Gedanken der ewigen Wiederkehr in eine Form der kreisförmigen ästhetischen Geschlossenheit zu transformieren versucht, die sich in der Metapher des runden goldenen Reifs der Ewigkeit vollendet. Die paradoxe Verschränkung der unterschiedlichen Wege von Aufstieg und Abstieg, die Nietzsche im Text anhand der unterschiedlichen Bildbereiche von Meer und Gebirge, Abgrund und Gipfel, Mitternacht und Mittag entfaltet, erfüllt sich in der Aufhebung der unterschiedlichen Dimensionen der Zeit in der ewigen Wiederkehr des Gleichen als Zentrum der philosophischen Lehre Zarathustras, die zugleich das Kommen des Übermenschen ermöglichen soll. So bestimmt die Auflösung der traditionellen bivium-Bildlichkeit zugleich Nietzsches philosophische Intention einer Überwindung der christlichen Metaphysik durch die wechselseitige Forderung von Übermensch und ewiger Wiederkehr als Antwort auf den Tod Gottes.[95]

Dabei zeigt sich jedoch zugleich, daß die ästhetische Subversion theologischer Heilsvorstellungen, die Nietzsches *Zarathustra* mit Moritz' *Hartknopf* teilt, nicht nur neue Lösungen bietet, sondern auch in neue Aporien führt. Die metaphorische Umsetzung der ästhetischen Theodizee des Daseins, die Nietzsche in der *Geburt der Tragödie* mit dem berühmten Satz »denn nur als aesthetisches Phänomen ist das Dasein und die Welt ewig gerechtfertigt« (KSA 1, 47) fordert und im *Zarathustra* realisiert, führt mit der Verwirklichung des Ideals ästhetischer Autonomie zu einer melancholischen Erfahrung des Selbst, das sich einer Struktur der Wiederholung überantwortet, die zwischen Ewigkeit und Augen-

---

[93] W. Gebhard, Zur Gleichnissprache Nietzsches. In: Nietzsche-Studien 9 (1980), S. 90.

[94] Vgl. S. L. Gilman, The Parodic Sermon in European Perspective. Aspects of liturgical Parody from the Middle Age to the Twentieth Century, Wiesbaden 1974, S. 111-116.

[95] Vgl. in diesem Kontext Müller-Lauter: »Auf diese Weise gehören Übermenschentum und Wollen der ewigen Wiederkehr als das Äußerste, in dem sich Nietzsches Philosophieren ausspricht, zusammen. Sie fordern sich wechselseitig.« W. Müller-Lauter, Nietzsche. Seine Philosophie der Gegensätze und die Gegensätze seiner Philosophie, S. 143.

blick zu vermitteln sucht, indem sie in der Umkehrung der christlichen Metaphysik die Ewigkeit im Augenblick aufzuheben sucht. So steht bei Nietzsche wie bereits bei Moritz im Unterschied zu Bunyan nicht der Übergang der zeitlichen Existenz des Menschen in die Ewigkeit am Ende des Pilgerweges, sondern der ästhetisch fundierte Eingang der Ewigkeit in den Augenblick: Im »Ring der Ewigkeit« soll sich die melancholische Erfahrung des Selbst zu einem Bild ästhetischer Geschlossenheit runden, das Nietzsches Philosophie der Wiederkehr im *Zarathustra* wie Moritz' Lehre des »Alles im Moment« im Hartknopf-Roman bestimmt. Gerade der Zusammenhang von allegorischer Darstellung und ästhetischer Melancholie[96] im Hartknopf-Roman und im *Zarathustra* weist aber auf einen Problemzusammenhang hin, den Moritz und Nietzsche teilen. Offenbart Moritz anhand der Geschichte des Wanderpredigers Andreas Hartknopf, daß das Bild des in sich vollkommenen Schönen auf einer melancholischen Erfahrung des Selbst beruht, das nur im resignativen Rückzug in sich selbst jene Totalität erreicht, die ihm die Autonomie des Ästhetischen verspricht, so schreibt sich auch in Zarathustras Lehre die Melancholie wieder ein, die zu überwinden der Gedanke der ewigen Wiederkehr ursprünglich angetreten war: Resignativ ist auch Zarathustras Philosophie der Wiederkehr, da sie durch das unbeschränkte Ja-Sagen zum Leben die melancholische Verzweiflung des Selbst abwehren will, ästhetische Resignation, da sie die nihilistische Leere von Welt und Dasein in die Fülle des Augenblicks zu verwandeln sucht. Daß dem Gedanken der ewigen Wiederkehr zwischen Augenblickserfahrung und Ewigkeitspathos »als verborgene Figur die Vergeblichkeit eingeschrieben«[97] ist, wie Walter Benjamin im Passagen-Werk feststellt, verweist Nietzsches ästhetische Theodizee des Daseins damit zwar nicht an den Abgrund des Christentums, wohl aber an den der Melancholie zurück. Zwar wird die geschichtliche Erfahrung vom Tod Gottes, die Nietzsches Philosophie des Übermenschen und der ewigen Wiederkehr zugrundeliegt, durch die ästhetische Theodizee des Daseins aufgehoben. Wie die Werke von Moritz und Nietzsche zeigen, wandert die Melancholie als Schatten der ästhetischen Autonomie jedoch unaufhebbar mit.

---

[96] Zum Zusammenhang von ewiger Wiederkehr, Trauer und Melancholie vgl. K.-H. Bohrer, Der Abschied. Theorie der Trauer: Baudelaire, Goethe, Nietzsche, Benjamin, Frankfurt/Main 1996, S.472f.

[97] W. Benjamin, GS V, S. 178.

Schluß

Allegorie und Moderne

»Die Figur des ›Modernen‹ und die der ›Allegorie‹ müssen auf einander bezogen werden« (GS V.1, 311), schreibt Walter Benjamin in seinen Notizen zu Baudelaire im *Passagen-Werk*. Einen Beleg für seine Beobachtung der wechselseitigen Durchdringung von Allegorie und Moderne findet er in der Kategorie des »Neuen«, die Baudelaire in dem Abschlußgedicht der *Fleurs du mal* unter dem Titel *Le Voyage* zur Geltung bringt:

> Ô Mort, vieux capitaine, il est temps! levons l'ancre!
> Ce pays nous ennuie, ô Mort! Appareillons!
> Si le ciel et la mer sont noirs comme de l'encre,
> Nos coeurs que tu connais sont remplis de rayons!
> Verse-nous ton poison pour qu'il nous reconforte!
> Nous voulons, tant ce feu nous brûle le cerveau,
> Plonger au fond du gouffre, Enfer ou Ciel, qu'importe?
> Au fond de l'Inconnu pour trouver le *nouveau*![1]

Die Aufeinanderbezogenheit von Allegorie und Moderne, die Benjamin im *Passagen-Werk* am Beispiel Baudelaires diagnostiziert, erfolgt zum Schluß der *Fleurs du mal* unter dem Diktat des Todes. Der Aufbruch aus dieser Welt, der in den Versen »Ce pays nous ennuie« im Anklang an das Leitmotiv der Langeweile noch einmal die Melancholie als zentrale Erfahrung des lyrischen Ichs zur Geltung bringt, geschieht im Rahmen einer doppelten Apostrophe des allegorisch als »vieux capitaine« vorgestellten Todes, die den ersten Satz vom »Ô Mort!«, mit dem er beginnt, bis zum »ô mort!«, mit dem er endet, zusammenschließt. Wie bei Nietzsche öffnet sich auch bei Baudelaire die Zeit, deren Macht in der Zeile »il est temps« einleitend aufgerufen wird, keiner Form der Transzendenz mehr, die über das diesseitige Leben hinausführen könnte. Im Zeichen der Melancholie bleiben der Himmel und das Meer vielmehr schwarz wie die Tinte, mit deren Hilfe der Dichter den Sprung in den Abgrund des

---

[1] Ch. Baudelaire, Les Fleurs du Mal. In: Ders.: Oeuvres Complètes I. Texte établi, présenté et annoté par C. Pichois, Paris: Bibliothèque de la Pléiade 1975, S. 134.

Todes wagt.[2] Ihre Vollendung findet die in den *Fleurs du mal* sorgfältig berei-
tete Initiation in den Tod[3] in der Metapher des »gouffre«, der Baudelaires allegorisches Bild der Melancholie in den *Fleurs du mal* mit Nietzsches Darstellung
von Zarathustras »abgründlicher« Lehre der Wiederkehr verbindet.[4] Auch die
unter der geschichtsphilosophischen Last der »Modernität« fast schon zum Kli-
schee erstarrte Geistesverwandtschaft von Baudelaire und Nietzsche hat Benjamin hervorgehoben:

> Die heroische Haltung von Baudelaire ist der von Nietzsche verwandt. Wenn Bau-
> delaire den Katholizismus auch gern zitiert, so ist doch seine geschichtliche
> Erfahrung die, welche Nietzsche in den Satz faßt: Gott ist tot. Bei Nietzsche pro-
> jiziert sich diese Erfahrung kosmologisch in der These: es kommt nichts neues
> mehr. Bei Nietzsche liegt der Akzent auf der ewigen Wiederkunft, der der Mensch
> mit heroischer Fassung entgegensieht. Baudelaire geht es vielmehr um das ›Neue‹,
> das mit heroischer Anstrengung dem Immerwiedergleichen abzuringen ist.
> (GS V, 424f.)

Mit der Frage nach ihrem ästhetischen Heroismus legt Benjamin Baudelaire und
Nietzsche eine Gemeinsamkeit zugrunde, um ihr zugleich eine Differenz zu
entlocken, die für seine Konstruktion der Moderne entscheidend ist: Während
Nietzsche mit dem »Immerwiedergleichen« der ewigen Wiederkehr das mythische Denken vollendet, scheint Baudelaire mit der Kategorie des »Neuen« den
Rahmen der mythischen Wiederholung des Gleichen zu sprengen. Ob das »In-
connu«, das große Unbekannte, das Baudelaire in seinem Sprung in den Abgrund
zu finden hofft, dem mythischen Kontinuum wirklich zu entrinnen versucht, wie
Benjamin meint, muß an dieser Stelle nicht entschieden werden. Von Bedeutung
ist jedoch, daß Baudelaire und Nietzsche mit dem Tod Gottes und der daraus re-
sultierenden Revolte gegen das Christentum ihre heroische Haltung in einer
Form der »Artisten-Metaphysik«[5] begründen, die sowohl die literarische als auch
die philosophische Moderne nicht moralisch, sondern ästhetisch bestimmt.[6]

---

[2] Zur Melancholie bei Baudelaire vgl. J. Starobinski, La mélancolie au miroir. Trois lectures de Baudelaire, Paris 1989.

[3] Vgl. Martin von Koppenfels: »So stellt beispielsweise der Katechismus der modernen
Lyrik, Baudelaires *Fleurs du mal*, eine gestaffelte Hinführung auf den Tod dar: diese glie-
dert sich in sechs Sektionen von abnehmender Länge, deren Anordnung einen rituellen
Richtungssinn zumindest suggeriert.« M. von Koppenfels, Einführung in den Tod, S. 5.

[4] Zum Zusammenhang von »gouffre« bei Baudelaire und dem Motiv des Abgrunds bei
Nietzsche vgl. Benjamin GS V, S. 467.

[5] Zum Begriff der Artisten-Metaphysik vgl. den »Versuch einer Selbstkritik« in der *Geburt der Tragödie*, Nietzsche, KSA 1, S. 17. Nietzsche rechnet es sich dort hoch an,
daß sich seine frühe Artisten-Metaphysik gegen die »moralische Auslegung und Bedeutsamkeit des Daseins zur Wehre« (KSA 1, 17) setzt.

[6] Vor diesem Hintergrund bleibt Jürgen Habermas' Nietzsche-Referat in *Der philosophische Diskurs der Moderne* insbesondere deswegen unbefriedigend, weil er dort im

Von Bunyan zu Nietzsche

Nietzsches ästhetische Philosophie nimmt damit ein Moment auf, das bereits
Kants Systemdenken leitete. Hatte Kant die Autonomie des modernen Subjekts
an eine Form der Vernunft gebunden, die ihren Absolutheitsanspruch jenseits
des christlichen Offenbarungsglaubens nur auf dem Boden der Moral rechtfertigen kann, so entsteht mit der *Kritik der Urteilskraft* ein Entwurf, der durch das
Diktum vom »Schönen als Symbol der Sittlichkeit« den Geltungsbereich der
Moral auf die Kunst auszuweiten sucht und mit der Verknüpfung von ästhetischer und teleologischer Urteilskraft zugleich den Weg zu einer Ästhetisierung
der Vernunft weist, die bei Nietzsche ihre geschichtliche Vollendung findet.[7]

Die scheinbare Linearität der philosophiegeschichtlichen Entwicklung von
Kants »sittlicher« zu Nietzsches »ästhetischer« Vernunft kann jedoch nicht vergessen machen, daß sich bereits die Begründung der Ästhetik in der *Kritik der
Urteilskraft* einer problematischen diskursiven Strategie verdankte, die die Autonomie des Ästhetischen nur durch die Ausgrenzung der Rhetorik aufrechter-
halten konnte. Als neuralgischer Punkt, an dem sich der Streit um Ästhetik und
Rhetorik bei Kant, Schelling, Hegel und Goethe im 18. und bei Benjamin, Gadamer und de Man im 20. Jahrhundert entzündete, erwies sich die Allegorie. Kants
Vermittlung von Schönheit und Sittlichkeit durch das Symbol hat Goethe poetologisch umzusetzen versucht, indem er in der kritischen Auseinandersetzung
mit Schiller den Vorrang des Symbolischen vor der Allegorie behauptet. Mit der
schematischen Einführung des Gegensatzpaares Allegorie-Symbol hat Goethe
jedoch zugleich die Grundlage zu einer Dekonstruktion des Symbolischen durch
das Allegorische gelegt, die in Paul de Mans Theorie der Literatur ihre Vollendung findet. De Mans These, daß sich hinter jedem Symbol eine Allegorie ver-
stecke, stellt Kants und Goethes Poetik auf den Kopf, um die Rhetorik wieder
über die Ästhetik zu stellen und an die Seite der Dichtung zu rücken.

Vor dem Hintergrund der wechselhaften Geschichte der Allegorie erschien
es daher sinnvoll, die strikte Entgegensetzung von Symbol und Allegorie, die
bei Kant zu der Herrschaft der Ästhetik über die Rhetorik und bei de Man zu
der der Rhetorik über die Ästhetik führt, aufzugeben, um unabhängig vom
Ballast des Symbolischen nach Form und Funktion der Allegorie in der Literatur des 18. und 19. Jahrhunderts fragen zu können. Im Kontext der Veranke-

---

Kontext der Frage nach der Modernität auf Baudelaire eingeht, aber keine Verbindung
zu Nietzsche zieht. Vgl. J. Habermas, Der philosophische Diskurs der Moderne,
Frankfurt/Main 1988, S. 16f.

[7] Nietzsche hat eine Zeit lang eine Dissertation über Kants Teleologie der Urteilskraft
erwogen. Vgl. dazu J.-L. Nancy, La thèse de Nietzsche sur la téléologie. In: Nietzsche
aujourd'hui? I. Intensités, Paris 1973, S. 57-80.

rung der Allegorie im christlichen Wertesystem trat an den beiden gegenläufigen literarischen Formen von Pfarrhausidylle und Pilgerallegorie eine Spannung hervor, die es zugleich erlauben sollte, die Verknüpfung von Allegorie, Ästhetik und Theologie von Herder bis zu Nietzsche aufzuzeigen.

Dabei zeigte die Auseinandersetzung mit der literarischen Form der Allegorie zweierlei. Schränkte der Blick auf die Allegorie des Pilgerweges bei Bunyan, Jung-Stilling, Novalis, Moritz, Jean Paul und Nietzsche die These vom Verschwinden der Allegorie zugunsten des Symbolischen seit Goethe in ihrem Recht ein, so erwies sich die Kontinuität der allegorischen Form von Bunyan zu Nietzsche zugleich als eine Diskontinuität ihrer Funktion. »It may seem a long step from Bunyan to Nietzsche; but the difference between their conclusions is merely formal [...]: all this, expressed by Bunyan in the terms of a thinker's theology, is what Nietzsche has expressed in terms of post-Darwin, post Schopenhauer philosophy«[8]. Mit diesen Worten kommentiert George Bernard Shaw die geschichtliche Entwicklung, die von *The Pilgrim's Progress* bis zum *Zarathustra* geführt hat. Sein Urteil, das die Kontinuität der allegorischen Form von Bunyan zu Nietzsche auch als Kontinuität ihrer Funktion deutet, geht über die Veränderungen, die die Allegorie des Pilgerweges von Bunyan zu Nietzsche erfahren hat, wortlos hinweg. Entscheidend ist in diesem Zusammenhang jedoch nicht allein die Transformation christlicher Heilsgewißheit, die noch Bunyans Pilgerallegorie bestimmt, in den Versuch einer ästhetischen Theodizee des Daseins, der Moritz' *Andreas Hartknopf* und Nietzsches *Zarathustra* verbindet. Vielmehr erweist sich die Funktion der Allegorie von Moritz bis Nietzsche auch in Beziehung auf das Ästhetische als eine kritische: Hatte die philosophische Begründung der Autonomie des Ästhetischen bei Kant die Kritik der Allegorie als einer minderwertigen Form der Darstellung zur Folge, so impliziert die literarische Form der narrativen Allegorie bei Moritz die Kritik eben jener Autonomievorstellung, die die Allegorie aus dem Gebiet der Ästhetik verdrängt. So überholt das Ästhetische die Allegorie nicht nur geschichtlich. Wie das Beispiel von Moritz zeigt, scheitert es auch an ihr: Als einer der wesentlichen Wegbereiter der ästhetischen Philosophie der Moderne leistet Moritz im *Andreas Hartknopf* eine Subversion des Autonomie-Postulats des Ästhetischen, indem er das Bild des in sich vollendeten Schönen in der allegorischen Form seines Romans in eine Aporie führt, derzufolge der ästhetische Reiz des Schönen auf einer melancholischen Erfahrung des Selbst beruht, das nur im resignativen Rückzug in sich selbst jene Totalität erreicht, die ihm der Entwurf der ästhetischen Vollkommenheit verspricht. Damit deutet sich bei Moritz der Zusammenhang von

---

[8] G. B. Shaw, Man and Superman. Zit. nach: Bunyan. The Pilgrim's Progress. Ed. By R. Sharrock, S. 117.

Nihilismus und Melancholie an, der sich bei Baudelaire und Nietzsche durchsetzt und den ästhetischen Diskurs der Moderne zu immer neuen Lösungsversuchen für die selbstgeschaffene Aporie der Autonomie herausfordert, ihn jenseits idyllischer Versöhnungsangebote jedoch immer wieder am Abgrund von Allegorie und Melancholie scheitern läßt.

Literaturverzeichnis

I. Quellen

1. Verzeichnis der durch Siglen abgekürzten Quellen

AH: Moritz, Karl Philipp: Andreas Hartknopf. In: Ders.: Werke, hg. von Horst Günther. Erster Band, Autobiographische und poetische Schriften, Frankfurt/Main 1981.

GS: Benjamin, Walter: Gesammelte Schriften, hg. von Rolf Tiedemann/Hermann Schweppenhäuser, Frankfurt/Main 1980.

HA: Goethe, Johann Wolfgang: Hamburger Ausgabe in 14 Bänden, hg. von Erich Trunz, Hamburg 1948-1969.

KSA: Nietzsche, Friedrich: Sämtliche Werke. Kritische Studienausgabe in 15 Bänden, hg. von Giorgi Colli/Mazzino Montinari, Berlin/New York 1967-1977.

KU: Kant, Immanuel: Kritik der Urteilskraft. In: Ders.: Werkausgabe, hg. von Wilhelm Weischedel. Band 10. Kritik der Urteilskraft, Frankfurt/Main 1974.

SW: Jean Paul, Sämtliche Werke, hg. von Norbert Miller, München 1963.

2. Weitere Quellen

Aristoteles: Poetik. Übers. und hg. von Manfred Fuhrmann, Stuttgart 1982.
Ders.: Rhetorik. Übers., mit einer Bibliographie, Erläuterungen und einem Nachwort von Franz G. Sieveke, München 1980.

Baudelaire, Charles: Oeuvres Complètes I. Texte établi, présenté et annoté par Claude Pichois, Paris: Bibliothèque de la Pléiade 1975.
Baumgarten, Alexander: Theoretische Ästhetik: die grundlegenden Abschnitte aus der ›Aesthetica‹ (1750/58). Übers. und hg. von Hans Rudolf Schweizer, Hamburg 1988.
Bonaventura (Klingemann, E.A.F.): Nachtwachen, hg. von Wolfgang Paulsen, Stuttgart 1990.
Büchner, Georg: Werke und Briefe, München 1980.
Bunyan, John: The Pilgrim's Progress, ed. Richard Sharrock, London 1965.

Cicero: De Oratore. Über den Redner. Übers. und hg. von Harald Merklin, Stuttgart 1976.

Dante: La Divina Commedia, a cura di Tomasio Di Salvo, Bologna 1985.
Ders.: Die göttliche Komödie. Deutsch von Karl Vossler, München 1986.

Goldsmith, Oliver: The Vicar of Wakefield, London 1982.

Hamann, Johann Georg: Sokratische Denkwürdigkeiten Aesthetica in nuce, Stuttgart 1968.
Ders.: An die Hexe zu Kadmondor. In: Ders.: Sämtliche Werke, Dritter Band. Schriften über Sprache/Mysterien/Vernunft. 1772-1788, hg. von Josef Nadler, Wien 1951.
Hegel, Georg Wilhelm Friedrich: Phänomenologie des Geistes, Stuttgart 1956.
Ders.: Ästhetik, Berlin und Weimar 1985.
Heraklit: Fragmente. Griechisch und deutsch, hg. von Bruno Snell, Zürich 1995.
Herder, Johann Gottlieb: Der Redner Gottes. In: Theologische Schriften, hg. von Christoph Bultmann/Thomas Zippert, Frankfurt/Main 1994.
Ders.: Paramythien. In: Ders.: Volkslieder Übertragungen Dichtungen, hg. von Ulrich Gaier, Frankfurt/Main 1994.
Ders.: Sämtliche Werke. Band 18, hg. von Bernd Suphan, Hildesheim 1967.
Ders.: Briefe. Hg. von Wilhelm Dobbeck, Weimar 1978.
Hesiod: Werke und Tage. Übers. und hg. von Otto Schönberger, Stuttgart 1996.
Hölderlin, Friedrich: Sämtliche Werke und Briefe. Hg. von Günter Mieth, München 1986.

Jung-Stilling, Johann Heinrich: Das Heimweh, Leck 1994.

Kafka, Franz: Sämtliche Erzählungen, Frankfurt/Main 1970.
Kant, Immanuel: Kritik der reinen Vernunft. Werkausgabe, hg. von Wilhelm Weischedel. Band 3. Kritik der reinen Vernunft, Frankfurt/Main 1974.
Ders.: Prolegomena zu einer jeden künftigen Metaphysik. Werkausgabe, hg. von Wilhelm Weischedel. Band 5. Schriften zur Metaphysik und Logik I, Frankfurt/Main 1977.
Ders.: Grundlegung zur Metaphysik der Sitten. Werkausgabe, hg. von Wilhelm Weischedel. Band 7. Kritik der praktischen Vernunft, Frankfurt/Main 1974.
Ders.: Kant's gesammelte Schriften. Band X [Akademieausgabe]. Kants Briefwechsel. Band I, Berlin und Leipzig 1922.
Kierkegaard, Søren: Die Wiederholung, Düsseldorf und Köln 1955.
Ders.: Der Begriff Angst, Gütersloh 1983.

Lenz, Jakob Michael Reinhold: Werke in drei Bänden. Hg. von Sigrid Damm, Frankfurt/Main 1982.
Longin: Vom Erhabenen. Übers. und hg. von Otto Schönberger, Stuttgart 1988.

Moritz, Karl Philipp: Werke, hg. von Horst Günther, Frankfurt/Main 1981.
Ders.: Magazin zur Erfahrungsseelenkunde, hg. von Petra und Uwe Nettelbeck, Nördlingen 1986.
Ders.: Über die Allegorie. In: Beiträge zur Ästhetik, hg. von Hans-Joachim Schrimpf/Horst Adler, Kempten 1989.
Ders.: Die metaphysische Schönheitslinie. In: Schriften zur Ästhetik und Poetik. Kritische Ausgabe, hg. von Hans-Joachim Schrimpf, Tübingen 1962.

Nicolai, Friedrich: Das Leben und die Meinungen des Herrn Magister Sebaldus Nothanker. Kritische Ausgabe, hg. von Bernd Witte, Stuttgart 1991.
Novalis: Werke, Tagebücher und Briefe Friedrich von Hardenbergs, hg. von Hans-Joachim Mähl/Richard Samuel, München 1978.

Parmenides: Über das Sein, hg. von Hans von Steuben, Stuttgart 1981.
Platon: Phaidros. In: Ders.: Sämtliche Werke, Band 4, Hamburg 1958.
Ders.: Timaios. In: Ders.: Sämtliche Werke, Band 5, Hamburg 1959.

Quintilian: Ausbildung des Redners. Übers. und hg. von Helmut Rahn, Darmstadt 1972-75

Schelling, Friedrich Wilhelm Joseph: Philosophie der Kunst. In: Ders.: Ausgewähle Schriften. Band 2. Schriften 1802-1803, Frankfurt/Main 1985.
Schiller, Friedrich: Über naive und sentimentalische Dichtung. In: Ders.: Sämtliche Werke, Fünfter Band. Erzählungen/Theoretische Schriften, hg. von Gerhard Fricke/Herbert G. Göpfert, München 1959.
Schlegel, Friedrich: Kritische und theoretische Schriften, Stuttgart 1978.

Thümmel, Moritz August von: Wilhelmine. In: Ders.: Sämtliche Werke. Siebenter Band, Leipzig 1856.

Voss, Johann Heinrich: Ausgewählte Werke. Hg. von Adrian Hummel, Göttingen 1996.

Winckelmann, Johann Joachim: Kunsttheoretische Schriften I. Gedanken über die Nachahmung der griechischen Werke, Baden-Baden/Strasbourg 1962.
Ders.: Kunsttheoretische Schriften IV. Versuch einer Allegorie, besonders für die Kunst, Baden-Baden/Strasbourg 1964.

II. Forschungsliteratur

Abel, Günter: Nietzsche. Die Dynamik der Willen zur Macht und die ewige Wiederkehr, Berlin/New York 1984.
Allerdissen, Rolf: Moritz August von Thümmel. In: Benno von Wiese (Hg.): Deutsche Dichter des 18. Jahrhunderts. Ihr Leben und Werk, Bonn 1977, S. 413-428.
Allkemper, Alo: Ästhetische Lösungen. Studien zu Karl Philipp Moritz, München 1990.
Alt, Peter-André: Begriffsbilder. Studien zur literarischen Form der Allegorie zwischen Opitz und Schiller, Tübingen 1995.
Ders.: Die Funktionen der Allegorie in deutscher Anakreontik und Lehrdichtung des 18. Jahrhunderts. In: DVjs 66 (1992), S. 252-282.
Anger, Alfred: Literarisches Rokoko, Stuttgart 1968.
Arendt, Dieter: Der poetische Nihilismus in der Romantik, Tübingen 1972.

Baeumler, Alfred: Das Irrationalitätsprinzip in der Ästhetik und Logik des 18. Jahrhunderts, Halle 1923.
Barner, Wilfried: Goethes Bild von der deutschen Literatur der Aufklärung. Zum Siebenten Buch von Dichtung und Wahrheit. In: Wolfgang Frühwald/Klaus Heydemann (Hg.): Zwischen Restauration und Aufklärung. Sozialer Wandel in der deutschen Literatur (1700-1848). Festschrift für Wolfgang Martens, Tübingen 1989, S. 283-305.
Barthes, Roland: L'aventure sémiologique, Paris 1985.
Becker, Jochen: Ursprung so wie Zerstörung: Sinnbild und Sinngebung bei Warburg und

Benjamin. In: Wilhelm van Reijen (Hg.): Allegorie und Melancholie, Frankfurt/Main 1992, S. 64-122.

Bender, Wolfgang: Rhetorische Tradition und Ästhetik im 18. Jahrhundert. Baumgarten, Meier und Breitinger. In: Zeitschrift für deutsche Philologie 99 (1980), S. 481-506.

Bennholdt-Thomsen, Anke: Nietzsches ›Also sprach Zarathustra‹ als literarisches Phänomen. Eine Revision, Frankfurt/Main 1974.

Berghahn, Klaus L.: Maßlose Kritik. Friedrich Nicolai als Kritiker und Opfer der Weimarer Klassik. In: Zeitschrift für Germanistik 8 (1987), S. 50-60.

Bezzola, Tobia: Die Rhetorik bei Kant, Fichte und Hegel, Tübingen 1993.

Birkner, Gerd: Heilsgewissheit und Literatur. Metapher, Allegorie und Autobiographie im Puritanismus, München 1972.

Bisanz, Adam Johann: Die Ursprünge der ›Seelenkrankheit‹ bei Karl Philipp Moritz, Heidelberg 1970.

Bloch, Ernst: Tübinger Einleitung in die Philosophie 2, Frankfurt/Main 1970.

Bloom, Harold: A map of misreading, Oxford 1975.

Blume, Bernhard: Jesus der Gottesleugner: Rilkes Ölbaum-Garten und Jean Pauls Rede des toten Christus. In: Gerald Gillespie (Hg.): Herkommen und Erneuerung. Essays für O. Seidlin, Tübingen 1976, S. 336-364.

Blumenberg, Hans: Die Legitimität der Neuzeit. Erneuerte Auflage, Frankfurt/Main 1988.

Ders.: Paradigmen zu einer Metaphorologie, Frankfurt/Main 1998.

Ders.: Arbeit am Mythos, Frankfurt/Main 1979.

Bohrer, Karl-Heinz: Der Abschied. Theorie der Trauer: Baudelaire, Goethe, Nietzsche, Benjamin, Frankfurt/Main 1996.

Böschenstein-Schäfer, Renate: Idylle, Stuttgart 1967.

Bornscheuer, Lothar: Rhetorische Paradoxien im anthropologiegeschichtlichen Paradigmenwechsel. In: Rhetorik. Ein internationales Jahrbuch 8 (1989), S. 13-42.

Boulby, Mark: Karl Philipp Moritz: At the Fringe of Genius, Toronto 1979.

Bourdieu, Pierre: la distinction. critique sociale du jugement, Paris 1979.

Brecht, Christoph: Die Macht der Worte. Zur Problematik des Allegorischen in Karl Philipp Moritz' ›Hartknopf‹-Romanen. In: DVjs 64 (1990), S. 624-651.

Brummack, Jürgen: Herders Theorie der Fabel. In: Gerhard Sauder (Hg.): Johann Gottlieb Herder 1744-1803, Hamburg 1987, S. 251-266.

Cancik, Hubert: Nietzsches Antike. Vorlesung, Stuttgart/Weimar 1995.

Cebulla, Manfred: Authentizität und Wahrheit. Zur Entwicklung der Literaturtheorie de Mans, Stuttgart 1992.

Coote, Stephen: Introduction. In: Oliver Goldsmith, The Vicar of Wakefield, London 1982, S. 7-24.

Craemer-Schröder, Susanne: Deklination des Autobiographischen. Goethe, Stendhal, Kierkegaard, Berlin 1993.

Crawford, Donald: Kant's Aesthetic Theory, Wisconsin 1973.

Crowther, Paul: The Kantian Sublime. From art to morality, Oxford 1989.

Dahl, Curtis: Patterns of Disguise in *The Vicar of Wakefield*. In: A Journal of English Literary History 25 (juin 1958), S. 90-104.

Danto, Arthur: Nietzsche als Philosoph, München 1998.

Deleuze, Gilles: Nietzsche et la philosophie, Paris 1962.

Derrida, Jacques: La voix et le phénomène, Paris 1967.

Ders.: Le signe, la structure et le jeu. In: Ders.: L'écriture et la différence, Paris 1967, S. 409-428.

Ders.: La mythologie blanche. In: Ders.: Marges de la Philosophie, Paris 1972, S. 247-324.

Ders.: La vérité en peinture, Paris 1978.

Ders.: Mémoires pour Paul de Man, Paris 1988.

Diez, Max: Novalis und das allegorische Märchen. In: Gert Schulz (Hg.): Novalis. Beiträge zu Werk und Persönlichkeit Friedrich von Hardenbergs, Darmstadt 1970, S. 131-159.

D'Iorio, Paolo: Cosmologie de l'éternel retour. In: Nietzsche-Studien 24 (1995), S. 62-123.

Dockhorn, Klaus: Macht und Wirkung der Rhetorik. Vier Aufsätze zur Ideengeschichte der Vormoderne, Bad Homburg/Basel/Zürich 1968.

Drügh, Heinz J.: Anders-Rede. Zur Struktur und historischen Systematik des Allegorischen, Freiburg im Breisgau 2000.

Düntzer, Heinrich: Die Zuverlässigkeit von Goethes Angaben über seine eigenen Werke in *Dichtung und Wahrheit*. In: Goethe-Jahrbuch 1 (1880), S. 140-154.

Duhamel, Roland: Nietzsches Zarathustra. Mystiker des Nihilismus, Würzburg 1991.

Durant, David: *The Vicar of Wakefield* and the Sentimental Novel. In: Studies in English Literature 1500-1900 17 (1977), S. 477-491.

Dyck, Joachim/Sandstede, Jutta: Quellenbibliographie zur Rhetorik, Homiletik und Epistolographie des 18. Jahrhunderts im deutschsprachigen Raum, Stuttgart/Bad Cannstatt 1996, S. IX-XXVII.

Ellrich, Lutz/Wegmann, Nikolaus: Eine Fallgeschichte: Paul de Man. In: DVjs 64 (1990), S. 467-513.

Faber, Richard: Novalis: Die Phantasie an die Macht, Stuttgart 1970.

Fink, Eugen: Nietzsches Philosophie, Stuttgart 1960.

Fischer, Bernhard: Kunstautonomie und Ende der Ikonographie. Zur historischen Problematik von ›Allegorie‹ und ›Symbol‹ in Winckelmanns, Moritz' und Goethes Kunsttheorie. In: DVjs 64 (1990), S. 247-277.

Fletcher, Angus: Allegory. The Theory of a Symbolic Mode, Ithaca and London 1964.

Fohrmann, Jürgen: Misreadings revisited. Eine Kritik des Konzepts von Paul de Man. In: Karl-Heinz Bohrer (Hg.): Ästhetik und Rhetorik. Lektüren zu Paul de Man, Frankfurt/Main 1993, S. 79-97.

Foucault, Michel: Les mots et les choses, Paris 1966.

Ders.: Introduction. In: Ders.: Dits et Ecrits I. 1954-1969, Paris 1994, S. 65-119.

Fränkel, Hermann: Dichtung und Philosophie des frühen Griechentums, München 1962.

Freytag, Wibke: Allegorie, Allegorese. In: Gert Ueding (Hg.): Historisches Wörterbuch der Rhetorik, Band 1, Tübingen 1992, S. 330-393.

Fuhrmann, Manfred: Obscuritas (Das Problem der Dunkelheit in der rhetorischen und literarästhetischen Theorie der Antike). In: Wolfgang Iser (Hg.): Immanente Ästhetik Ästhetische Reflexion. Lyrik als Paradigma der Moderne (Poetik und Hermeneutik 2), München 1966, S. 47-72.

Gadamer, Hans-Georg: Wahrheit und Methode, Tübingen 1960.

Ders.: Rhetorik und Hermeneutik. In: Ders.: Gesammelte Werke. Band 2. Hermeneutik II. Wahrheit und Methode, Tübingen 1986.

Ders.: Die Aktualität des Schönen, Stuttgart 1977.

Ders.: Das Drama Zarathustras. In: Nietzsche-Studien 15 (1986), S. 1-15.

Gasché, Rodolphe: Darstellungen zum Begriff der Hypotypose bei Kant. In: Christian L. Nibbig (Hg.): Was heißt ›Darstellen'?, Frankfurt/Main 1994, S. 152-174.

Gasser, Peter: Rhetorische Philosophie. Leseversuche zum metaphorischen Diskurs in Nietzsches ›Also sprach Zarathustra‹, Frankfurt/Main 1992.

Gebhard, Walter: Nietzsches Totalismus. Philosophie der Natur zwischen Verklärung und Verhängnis, Berlin/New York 1984.

Ders.: Zur Gleichnissprache Nietzsches. Probleme der Bildlichkeit und Wissenschaftlichkeit. In: Nietzsche-Studien 9 (1980), S. 61-90.

Ders.: Rezension zu: Anke Bennholdt-Thomsen, Nietzsches ALSO SPRACH ZARATHUSTRA als literarisches Phänomen. Eine Revision. In: Nietzsche-Studien 8 (1979), S. 434-441.

Geiger, Max: Aufklärung und Erweckung. Beiträge zur Erforschung Jung-Stillings und der Erweckungstheologie, Zürich 1963.

Geisenhanslüke, Achim: Foucault und die Literatur. Eine diskurskritische Untersuchung, Opladen 1997.

Ders.: Goethe. Iphigenie auf Tauris. Interpretation (Oldenbourg), München 1997.

Ders.: Le sublime chez Nietzsche, Paris 2000.

Ders.: Henri Meschonnic und die Poetik der Moderne. In: Kodikas/Code. Ars Semeiotica. Volume 20 (1997), S. 325-332.

Geulen, Hans: Goethes Kunstmärchen *Der neue Paris* und *Die neue Melusine*. Ihre poetologischen Imaginationen und Spielformen. In: DVjs 59 (1985), S. 79-92.

Geyer-Ryan, Helga: Fables of Desire. Studies in the Ethics of Art and Gender, Polity Press 1994.

Gilman, Sander L.: The Parodic Sermon. Aspects of liturgical Parody from the Middle Ages to the Twentieth Century, Wiesbaden 1974.

Girault, Claude: Réalité et magie dans ›Quintus Fixlein‹. In: Etudes Germaniques 18 (1963), S. 26-45.

Goebel, Eckart: Konstellation und Existenz. Kritik der Geschichte um 1930: Studien zu Heidegger, Benjamin, Jahnn und Musil, Tübingen 1996.

Goth, Joachim: Nietzsche und die Rhetorik, Tübingen 1970.

Grimm, Gunter E.: Letternkultur: Wissenschaftskritik und antigelehrtes Dichten in Deutschland von der Renaissance bis zum Sturm und Drang, Tübingen 1998.

Guyer, Paul: Kant and the claims of taste, Harvard 1979.

Ders.: The perfections of art. In: Ders.: Kant and the experience of freedom, Cambridge 1993, S. 131-158.

Habermas, Jürgen: Der philosophische Diskurs der Moderne, Frankfurt/Main 1988.

Haferkamp, Berta: Bunyan als Künstler, Tübingen 1963.

Hahn, Otto W.: Jung-Stilling zwischen Pietismus und Aufklärung. Sein Leben und literarisches Werk 1778-1787, Frankfurt/Main 1988.

Hamacher, Werner: Unlesbarkeit. In: Paul de Man, Allegorien des Lesens, Frankfurt/Main 1988.

Harms, Wolfgang: Homo viator in bivio. Studien zur Bildlichkeit des Weges, München 1970.

Haverkamp, Anselm: Laub voll Trauer. Hölderlins späte Allegorie, München 1991.

Ders.: Kryptische Subjektivität – Archäologie des Lyrisch-Individuellen. In: Manfred Frank/Anselm Haverkamp (Hg.): Individualität (Poetik und Hermeneutik XIII), München 1988, S. 347-383.

Ders.: Allegorie, Ironie und Wiederholung (Zur zweiten Lektüre). In: Manfred Frank/Hans Robert Jauss/Wolfgang Pannenberg (Hg.): Text und Applikation. Theologie, Jurisprudenz und Literaturwissenschaft im hermeneutischen Gespräch (Poetik und Hermeneutik IX), München 1981, S. 561-565.

Ders.: Kritik der Gewalt und die Möglichkeit von Gerechtigkeit: Benjamin in Deconstruction. In: Ders. (Hg.): Gewalt und Gerechtigkeit, Frankfurt/Main 1995, S. 7-50.

Haverkamp, Anselm/Menke, Bettine: Allegorie. In: Ästhetische Grundbegriffe. Hg. von Karlheinz Barck/Martin Fontius/Dieter Schlenstedt/Burckhardt Steinwachs/Friedrich Wolfzettel. Band 1. Absenz bis Darstellung, Stuttgart/Weimar 2000, S. 49-104.

Heidegger, Martin: Kant und das Problem der Metaphysik, Frankfurt/Main 1991.

Ders.: Nietzsche, Tübingen 1961.

Heldmann, Horst: Moritz August von Thümmel. Sein Leben. Sein Werk. Seine Zeit, Neustadt/Aich 1962.

Hess-Lüttich, Ernest W.B.: Kommunikation als ästhetisches Problem. Vorlesungen zur Angewandten Textwissenschaft, Tübingen 1984.

Hillebrand, Bruno: Ästhetik des Nihilismus: von der Romantik zum Modernismus, Stuttgart 1991.

Hubert, Ulrich: Karl Philipp Moritz und die Anfänge der Romantik. Tieck – Wackenroder – Jean Paul – Friedrich und August Wilhelm Schlegel, Frankfurt/Main 1980.

Husserl, Edmund: Logische Untersuchungen, Tübingen 1980.

Iser, Wolfgang: Bunyans Pilgrim's Progress. In: Ders.: Der implizite Leser. Kommunikationsformen des Romans von Bunyan bis Beckett, München 1972, S. 13-56.

Jaspers, Karl: Nietzsche. Einführung in das Verständnis seines Philosophierens, Berlin 1947.

Jauss, Hans Robert: Form und Auffassung der Allegorie in der Tradition der Psychomachia. In: Ders./Dieter Schaller (Hg.): Medium Aevum Vivum. Festschrift für Walter Bulst, Heidelberg 1960, S. 179-207.

Ders.: Allegorese, Remythisierung und neuer Mythos. Bemerkungen zur christlichen Gefangenschaft der Mythologie im Mittelalter. In: Manfred Fuhrmann (Hg.): Terror und Spiel. Probleme der Mythenrezeption (Poetik und Hermeneutik IV), München 1971, S. 187-211.

Kahl, Michael: Der Begriff der Allegorie in Benjamins Trauerspielbuch und im Werk Paul de Mans. In: Wilhelm van Reijen (Hg.): Allegorie und Melancholie, Frankfurt/Main 1992, S. 292-317.

Kaulbach, Friedrich: Sprachen der ewigen Wiederkunft. Die Denksituationen des Philosophen Nietzsche und ihre Sprachstile, Würzburg 1985.

Kestenholz, Claudia: Die Sicht der Dinge. Metaphorische Visualität und Subjektivitätsideal im Werk von Karl Philipp Moritz, München 1987.

Kienitz, Eva Maria: Der Pilger als dichterische Gestalt im 19. Jahrhundert, Münster 1953.

Kirk, Clara M.: Oliver Goldsmith, New York 1967.

Kittler, Friedrich A.: Die Irrwege des Eros und die ›absolute Familie‹. Psychoanalytischer und diskursanalytischer Kommentar zu Klingsohrs Märchen in Novalis' Heinrich von Ofterdingen. In: Gert Schulz (Hg.): Novalis. Beiträge zu Werk und Persönlichkeit Friedrich von Hardenbergs, Darmstadt 1970, S. 421-470.

Klibansky, Raymond/Panofsky, Erwin/Saxl, Fritz: Saturn und Melancholie. Studien zur Geschichte der Naturphilosophie und Medizin, der Religion und der Kunst, Frankfurt/Main 1992.

Kommerell, Max: Jean Paul, Frankfurt/Main 1957.

Koppenfels, Martin von: Einführung in den Tod. Garcia Lorcas New Yorker Dichtung und die Trauer der modernen Lyrik, Würzburg 1998.

Kruse, Bernd Arnold: Apollinisch-dionysisch: moderne Melancholie und unia mystica, Frankfurt/Main 1987.

Kulenkampff, Jens: Kants Logik des ästhetischen Urteils, Frankfurt/Main 1978.

Kurz, Gerhard: Metapher, Allegorie, Symbol, Göttingen 1982.

Ders.: Zu einer Hermeneutik der literarischen Allegorie. In: Walter Haug (Hg.): Formen und Funktionen der Allegorie, Stuttgart 1979, S. 12-24.

Lacan, Jacques: Ecrits, Paris 1966.

Ders.: Le mythe individuel du névrosé. In: Ornicar 17/18 (1979), S. 291-307.

Lacoue-Labarthe, Philippe: Le détour. In: Poétique 5 (1971), S. 53-76.

Lambert, Lothar: Nietzsche's Teaching. An Interpretation of Thus spoke Zarathustra, Yale, New Haven and London 1986.

Langen, August: Karl Philipp Moritz' Weg zur symbolischen Dichtung. In: Zeitschrift für deutsche Philologie 81 (1962), S. 169-218 und 402-440.

Lausberg, Heinrich: Handwörterbuch der literarischen Rhetorik, München 1960.

Lejeune, Philippe: Le pacte autobiographique, Paris 1975.

Lindner, Burkhardt: Satire und Allegorie in Jean Pauls Werk. Zur Konstitution des Allegorischen. In: Jahrbuch der Jean-Paul-Gesellschaft 5 (1970), S. 7-84.

Link, Jürgen: Die Struktur des literarischen Symbols. Theoretische Beiträge am Beispiel der späten Lyrik Brechts, München 1975.

Linn, Marie-Luise: A. G. Baumgartens ›Aesthetica‹ und die antike Rhetorik. In: Helmut Schanze (Hg.): Rhetorik. Beiträge zu ihrer Geschichte in Deutschland vom 16.-20. Jahrhundert, Frankfurt/Main 1974, S. 105-125.

Löwith, Karl: Nietzsches Philosophie der ewigen Wiederkehr, Stuttgart 1956.

Ders.: Von Hegel zu Nietzsche. Der revolutionäre Bruch im Denken des achtzehnten Jahrhunderts, Hamburg 1995.

Ders.: Weltgeschichte und Heilsgeschehen. Die theologischen Voraussetzungen der Geschichtsphilosophie, Stuttgart 1953.

Lyotard, Jean-François: Le différend, Paris 1983.

Ders.: L'intérêt du sublime. In: Jean-Jacques Courtine (Hg.): Du sublime, Paris 1988, S. 149-177.

Ders.: L'enthousiasme. La critique kantienne de l'histoire, Paris 1986.

Magnus, Bernd: Nietzsche's Existential Imperative, Indiana 1978.

Ders.: Nietzsches äternalistischer Gegenmythos. In: Jörg Salaquarda (Hg.): Nietzsche. Wege der Forschung, Darmstadt 1980, S. 219-233.

De Man, Paul: Blindness & Insight. Essays in the Rhetoric of Contemporary Criticism, Second Edition, Minnesota 1983.

Ders.: The Rhetoric of Romanticism, New York 1984.

Ders.: The Resistance To Theory, Minneapolis 1986.

Ders.: Romanticism and Contemporary Criticism. The Gauss Seminar and other Papers, Baltimore/London 1993.

Ders.: Allegories of Reading. Figural Language in Rousseau, Nietzsche, Rilke and Proust, Yale University 1979.

Ders.: Phenomenality and Materiality in Kant. In: Gary Shapiro/Alan Sica (Hg.): Hermeneutics. Questions and Prospects, Minnesota 1984, S. 121-144.

Ders.: Sign and Symbol in Hegel's Aesthetics. In: Critical Inquiry, Bd. 8, Heft 4, Sommer 1982, S. 761-775.

Ders.: Hegel on the Sublime. In: Mark Krupnik (Hg.): Displacement: Derrida and after, Indiana 1983, S. 139-153.

Marquard, Odo: Kant und die Wende zur Ästhetik. In: Peter Heintel/Ludwig Nagl (Hg.): Wege der Forschung. Zur Kantforschung der Gegenwart, Darmstadt 1981, S. 237-270.

Masini, Ferruccio: Rhythmisch-Metaphorische Bedeutungsfelder in ›Also sprach Zarathustra‹. In: Nietzsche-Studien 2 (1973), S. 277-307.

Mattenklott, Gert/Scherpe, Klaus (Hg.): Ästhetik als Geschichtsphilosophie. Die Theorie der Kunstautonomie in den Schriften Karl Philipp Moritzens. In. Westberliner Projekt. Grundkurs 18. Jahrhundert, Kronberg 1974.

Menke, Bettine: Sprachfiguren. Name, Allegorie, Bild nach Benjamin, München 1991.

Dies.: De Mans ›Prosopopöie‹ der Lektüre. Die Entleerung des Monuments. In: Karl-Heinz Bohrer (Hg.): Ästhetik und Rhetorik. Lektüren zu Paul de Man, Frankfurt/Main 1993, S. 34-78.

Menke, Christoph: Tragödie im Sittlichen. Gerechtigkeit und Freiheit nach Hegel, Frankfurt/Main 1996.

Ders.: ›Unglückliches Bewußtsein.‹ Literatur und Kritik bei Paul de Man. In: Paul de Man, Die Ideologie des Ästhetischen, Frankfurt/Main 1993, S. 265-299.

Menninghaus, Winfried: Walter Benjamins Theorie der Sprachmagie, Frankfurt/Main 1980.

Ders.: Ekel. Theorie und Geschichte einer starken Empfindung. Frankfurt/Main 1999.

Ders.: Zwischen Überwältigung und Widerstand. Macht und Gewalt in Longins und Kants Theorien des Erhabenen. In: Poetica 23 (1991), S. 1-19.

Minder, Robert: Glaube, Skepsis und Rationalismus. Dargestellt anhand der autobiographischen Schriften von Karl Philipp Moritz, Frankfurt/Main 1974.

Ders.: Das Bild des Pfarrhauses in der deutschen Literatur von Jean Paul bis Gottfried Benn. In: Ders.: Kultur und Literatur in Deutschland und Frankreich, Frankfurt/Main 1977, S. 46-75.

Ders.: Le problème de l'existence chez Jean Paul. In: Etudes Germaniques 18 (1963). S. 74-89.

Misch, Georg: Geschichte der Autobiographie. Bd. I/1., Frankfurt/Main 1949.

Möller, Horst: Vernunft und Kritik. Deutsche Aufklärung im 17. und 18. Jahrhundert, Frankfurt/Main 1986.

Ders.: Aufklärung in Preussen. Der Verleger, Publizist und Geschichtsschreiber Friedrich Nicolai, Berlin 1974.

Montinari, Mazzino: Nietzsche lesen, Berlin 1982.

Müller, Götz: Jean Pauls ›Rede des toten Christus vom Weltgebäude herab, daß kein Gott sei‹. In: Ders.: Jean Paul im Kontext, Würzburg 1996, S. 104-124.

Müller, Harro: Einige Notizen zu Diskurstheorie und Werkbegriff. In: Jürgen Fohrmann/Harro Müller (Hg.): Diskurstheorien und Literaturwissenschaft, Frankfurt/Main 1988, S. 235-243.

Ders.: Kleist, Paul de Man und Deconstruction. Argumentative Nachstellungen. In: Jürgen Fohrmann/Harro Müller (Hg.): Diskurstheorien und Literaturwissenschaft, Frankfurt/Main 1988, S. 81-92.

Müller, Klaus-Detlev: Autobiographie und Roman. Studien zur literarischen Autobiographie der Goethe-Zeit, Tübingen 1976.

Ders.: Formen- und Funktionswandel der Autobiographie. In: Hans-Friedrich Wessels (Hg.): Aufklärung. Ein literaturwissenschaftliches Studienbuch, Frankfurt/Main 1984, S. 137-160.

Müller, Lothar: Die kranke Seele und das Licht der Erkenntnis. Karl Philipp Moritz' *Anton Reiser*, Frankfurt/Main 1987.

Müller Farguell, Roger W.: Tanz-Figuren. Zur metaphorischen Konstitution von Bewegung in Texten. Schiller, Kleist, Heine, Nietzsche, München 1995.

Müller-Lauter, Wolfgang: Nietzsche. Seine Philosophie der Gegensätze und die Gegensätze seiner Philosophie, Berlin/New York 1971.

Namowicz, Tadeusz: Der Aufklärer Herder, seine Predigten und Schulreden. In: Gerhard Sauder (Hg.): Johann Gottlieb Herder 1744-1803, Hamburg 1987, S. 23-34.

Nancy, Jean-Luc: La thèse de Nietzsche sur la téléologie. In: Nietzsche aujourd'hui? I. Intensités, Paris 1973, S. 57-80.

Naumann, Barbara: Nietzsches Sprache ›Aus der Natur‹. Ansätze zu einer Sprachtheorie der frühen Schriften und ihre metaphorische Einlösung in ›Also sprach Zarathustra‹. In: Nietzsche-Studien 14 (1985), S. 126-163.

Naumann, Ursula: ›Denn ein Autor ist der Stadtpfarrer des Universums.‹ Zum Einfluß geistlicher Rede auf das Werk J. P. F. Richters. In: Jahrbuch der Jean-Paul-Gesellschaft 7 (1972), S. 7-39.

Oesterreich, Peter L.: Das Verhältnis von ästhetischer Theorie und Rhetorik in Kants Kritik der Urteilskraft. In: Kantstudien 83 (1992), S. 324-335.

Pache, Walter: Idylle und Utopie: Zur Rezeption Oliver Goldsmiths in der Goethezeit. In: Karl Richter/Jörg Schönert (Hg.): Klassik und Moderne. Die Weimarer Klassik als historisches Ereignis und Herausforderung im kulturgeschichtlichen Prozeß, Stuttgart 1983, S. 135-159.

Pautrat, Bernard: Versions du soleil. Figures et systèmes de Nietzsche, Paris 1971.

Ders.: Nietzsche médusé. In: Nietzsche aujourd'hui? I. Intensités, Paris 1973, S. 9-30.

Ders.: Brief an den Narren. Über einen ungeheuren Augenblick. In: Alfred Guzzoni (Hg.): 100 Jahre philosophische Nietzsche-Rezeption, Frankfurt/Main 1991, S. 167-189.

Pfeiffer, Karl Ludwig: Struktur- und Funktionsprobleme der Allegorie. In: DVjs 51 (1977), S. 575-606.

Pfotenhauer, Helmut: Literarische Anthropologie. Selbstbiographien und ihre Geschichte – am Leitfaden des Leibes, Stuttgart 1987.

Pietzcker, Carl: Einführung in die Psychoanalyse des literarischen Kunstwerks am Beispiel von Jean Pauls ›Rede des toten Christus‹, Würzburg 1983.

Platt, Michael: What does Zarathustra whisper in Life's ear? In: Nietzsche-Studien 17 (1988), S. 179-194.

Preisendörfer, Bruno: Psychologische Ordnung – Groteske Passion. Opfer und Selbstbehauptung in den Romanen von Karl Philipp Moritz, St. Ingbert 1987.

Preston, Thomas R.: The Uses of Adversity in The Vicar of Wakefield. In: Studies in Philology 81 (1984), S. 229-251.

Preuss, Werner Hermann: Selbstkastration oder Zeugung neuer Kreatur. Zum Problem der moralischen Freiheit in Leben und Werk von J. M. R. Lenz, Bonn 1983.

Price, Lawrence Marsden: The Pilgrim's Journage of Bunyan and Heinrich Jung-Stilling. In: Comparative Literature 12 (1960), S. 14-18.

Raulet, Gérard: Von der Allegorie zur Geschichte. Säkularisierung und Ornament im 18. Jahrhundert. In: Ders. (Hg.): Von der Rhetorik zur Ästhetik. Studien zur Entstehung der modernen Ästhetik im 18. Jahrhundert, Rennes 1995, S. 151-172.

Ders.: Allegorie und Moderne. In: Klaus Garber/Ludger Rehm (Hg.): global benjamin. Internationaler Walter-Benjamin-Kongreß 1992, München 1999, S. 203-219.

Reik, Theodor: Warum verließ Goethe Friederike? In: Imago XV (1929), S. 400-537.

Riccoboni, Mme: Letter to David Garrick on the plot of The Vicar of Wakefield, 11. September 1766. In: Goldsmith. The Critical Heritage, ed. by G. S. Rousseau, London and Boston 1974, S. 48-50.

Ritter, Heinz: Novalis Hymnen an die Nacht. Ihre Deutung nach Inhalt und Aufbau auf textkritischer Grundlage, Heidelberg 1930, 2. Aufl. 1974.

Rockwell, E. H.: Funktion und Destruktion des Idyllenbegriffs bei Jean Paul, Michigan 1982.

Rösch, Ludwig: Der Einfluß des evangelischen Pfarrhauses auf die Literatur des 18. Jahrhunderts, Tübingen 1932.

Rothstein, Eric/Weinbrot, H.: The Vicar of Wakefield, Mr. Wilmot and the ›Whistonean Controversy‹. In: The Philological Quarterly 55 (1976), S. 225-240.

Ruder, Klaus: Zur Symboltheorie des Novalis, Marburg 1974.

Saine, Thomas P.: Die ästhetische Theodizee. K. Ph. Moritz und die Philosophie des 18. Jahrhunderts, München 1971.

Salaquarda, Jörg: Der ungeheure Augenblick. In: Nietzsche-Studien 18 (1989), S. 317-337.

Sann, Auguste: Bunyan in Deutschland. Studien zur literarischen Wechselbeziehung zwischen England und dem deutschen Pietismus, Giessen 1951.

Saul, Nicholas: ›Prediger aus der neuen romantischen Clique‹: zur Interaktion von Romantik und Homiletik um 1800, Würzburg 1999.

Schanze, Helmut: Romantik und Rhetorik. In: Ders. (Hg.): Rhetorik. Beiträge zu ihrer Geschichte in Deutschland vom 16. – 20. Jahrhundert, Frankfurt/Main 1974, S. 126-144.

Scheible, Hartmut: Wahrheit und Subjekt. Ästhetik im bürgerlichen Zeitalter, Bern/München 1984.

Scherpe, Klaus R.: Dichterische Erkenntnis und ›Projektemacherei‹. Widersprüche im Werk von J. M. R. Lenz. In: Goethe-Jahrbuch 94 (1977), S. 206-235.

Schings, Hans-Jürgen: Melancholie und Aufklärung. Melancholiker und ihre Kritiker in Erfahrungsseelenkunde und Literatur des 18. Jahrhunderts, Stuttgart 1977.

Ders.: Walter Benjamin, das barocke Trauerspiel und die Barockforschung. In: Norbert

Honsza/Hans-Gert Roloff (Hg.): ›Daß eine Nation die andere verstehen möge‹. Festschrift für Marian Szyrocki, Amsterdam 1988, S. 663-676.

Schmidt, Jochen: Die Geschichte des Genie-Gedanken in der deutschen Literatur, Philosophie und Politik, Band 1. Von der Aufklärung bis zum Idealismus, Darmstadt 1988.

Schmidt-Biggemann, Wilhelm: Maschine und Teufel. Jean Pauls Jugendsatiren nach ihrer Modellgeschichte, Freiburg 1975.

Schmitz-Emans, Monika: Vom Spiel mit dem Mythos. Zu Goethes Märchen ›Die neue Melusine‹. In: Goethe-Jahrbuch 105 (1988), S. 316-332.

Schneider, Helmut J.: Johann Heinrich Voss. In: Benno von Wiese (Hg.): Deutsche Dichter des 18. Jahrhunderts, Bonn 1977, S. 782-815.

Ders.: Einleitung: Antike und Aufklärung. In: Ders. (Hg.): Deutsche Idyllentheorien im 18. Jahrhundert. Mit einer Einführung und Erläuterungen, Tübingen 1988, S. 7-74.

Schneider, Sabine: Die schwierige Sprache des Schönen. Moritz' und Schillers ästhetisch-anthropologische Lektüren der Sinnlichkeit, Würzburg 1998.

Schöne, Albrecht: Säkularisation als sprachbildende Kraft. Studien zur Dichtung deutscher Pfarrersöhne. Zweite, überarbeitete und ergänzte Auflage, Göttingen 1968.

Ders.: Emblematik und Drama im Zeitalter des Barock, München 1968.

Schulte-Sasse, Jochen: Friedrich Nicolai. In: Benno von Wiese (Hg.): Deutsche Dichter des 18. Jahrhunderts, Bonn 1977, S. 320-339.

Schrimpf, Hans-Joachim: Karl Philipp Moritz, Stuttgart 1980.

Ders.: Vorwort. In: Karl Philipp Moritz, Andreas Hartknopf, hg. von Hans-Joachim Schrimpf, Stuttgart 1968, S. 3-85.

Ders.: Von der Allegorie zum Symbol. In: Il Cacciatore di Silenci. Studi dedicati a Ferruchio Masini, a cura di Paola Chiarini con la collaborazione di Bernhard Adolf Kruse. Volume I, Roma 1998, S. 365-389.

Sengle, Friedrich: ›Luise‹ von Voss und Goethes ›Hermann und Dorothea‹. Didaktisch-epische Form und Funktion des Homerisierens. In: Hans Gert Rötzer/Herbert Walz (Hg.): Europäische Lehrdichtung. Festschrift für Walter Naumann zum 70. Geburtstag, , Darmstadt 1981, S. 209-223.

Sharrock, Roger: Spiritual Autobiography in the *Pilgrim's Progress*. In: Renaissance Studies XXIV (1948), S. 102-120.

Ders.: John Bunyan, London1968.

Shaw, George Bernard: Man and Superman. In: Bunyan. The Pilgrim's Progress. A Casebook, ed. by R. Sharrock, London 1976, S. 116-119.

Sim, Stuart: Negotiations with paradox: narrative practice and narrative form in Bunyan and Defoe, New York/London 1990.

Simon, Josef: Herder und Kant. Sprache und ›historischer Sinn‹. In: Gerhard Sauder (Hg.): Johann Gottfried Herder 1744-1803, Hamburg 1987, S. 3-13.

Ders.: Das neue Nietzsche-Bild. In: Nietzsche-Studien 21 (1992), S. 1-9.

Simonis, Annette: ›Das schöne ist eine höhere Sprache‹. Karl Philipp Moritz' Ästhetik zwischen Ontologie und Transzendentalphilosophie. In: DVjs 68 (1994), S. 490-505.

Dies.: Sprache und Denken – Sprachreflexion bei Karl Philipp Moritz und Friedrich Nietzsche. In: Lili 25 (1995), S. 124-133.

Sölle, Dorothee: Realisation. Studien zum Verhältnis von Theologie und Dichtung nach der Aufklärung, Darmstadt 1973.

Sørensen, Bengt (Hg.): Allegorie und Symbol. Texte zur Theorie des dichterischen Bilds im 18. und frühen 19. Jahrhundert, Frankfurt/Main 1972.

Ders.: Die ›zarte Differenz‹. Symbol und Allegorie in der ästhetischen Diskussion zwischen Schiller und Goethe. In: W. Haug (Hg.), Formen und Funktionen der Allegorie, Stuttgart 1979, S. 632-641.

Sprengel, Peter: Innerlichkeit. Jean Paul oder das Leiden an der Gesellschaft, München 1977.

Stadler, Ulrich: Die theuren Dinge. Studien zu Bunyan, Jung-Stilling und Novalis, Bern/München 1980.

Starobinski, Jean: La mélancolie au miroir. Trois lectures de Baudelaire, Paris 1989.

Stecher, Georg: Jung-Stilling als Schriftsteller, Berlin 1913.

Steiner, Uwe. Traurige Spiele – Spiel vor Traurigen. Zu Walter Benjamins Theorie des barocken Trauerspiels. In: Wilhelm van Reijen (Hg.): Allegorie und Melancholie, Frankfurt/Main 1992, S. 32-63.

Steinhagen, Harald: Zu Walter Benjamins Begriff der Allegorie. In. Walter Haug (Hg.): Formen und Funktionen der Allegorie, Stutgart 1979, S. 666-685.

Stötzer, Jürgen: Das vom Pathos der Zerrissenheit geprägte Subjekt, Frankfurt/Main 1992.

Strack, Friedrich: Im Schatten der Neugier. Christliche Tradition und kritische Philosophie im Werk Friedrich von Hardenbergs, Tübingen 1982.

Szondi, Peter: Poetik und Geschichtsphilosophie I, Frankfurt/Main 1974.

Ders.: Das Naive ist das Sentimentalische. Zur Begriffsdialektik in Schillers Abhandlung. In: Ders.: Schriften 2, Frankfurt/Main 1978, S. 59-105.

Taraba, Wolfgang: Der schöpferische Einzelne und die Gesellschaft in Nietzsches Zarathustra. In: Hans-Joachim Schrimpf (Hg.): Literatur und Gesellschaft, Bonn 1963, S. 196-228.

Thalmann, Marianne: Jean Pauls Schulmeister. In: Modern Language Notes 52 (1937), S. 341-347.

Theunissen, Michael: Negative Theologie der Zeit, Frankfurt/Main 1991.

Ders.: Vorentwürfe von Moderne. Antike Melancholie und die Acedia des Mittelalters, Berlin/New York 1996.

Titzmann, Michael: Allegorie und Symbol im Denksystem der Goethezeit. In: Walter Haug (Hg.): Formen und Funktionen der Allegorie, Stuttgart 1979, S. 642-665.

Todorov, Tzvetan: Théories du symbole, Paris 1977.

Trillhaas, Werner: Nietzsches ›Priester‹. In: Nietzsche-Studien 12 (1983), S. 32-50.

Tugendhat, Ernst: Der Wahrheitsbegriff bei Husserl und Heidegger, Berlin 1970.

Turner, Victor/Edith: Image and Pilgrimage in Christian Culture. Anthropological Perspectives, Columbia 1978.

Ueding, Gert/ Steinbrink, Bernd: Einführung in die Rhetorik, Stuttgart 1976.

Uerlings, Herbert: Friedrich von Hardenberg, genannt Novalis. Werk und Forschung, Stuttgart 1991.

Vattimo, Gianni: Jenseits vom Subjekt. Nietzsche, Heidegger und die Hermeneutik, Graz/Wien 1986.

Ders.: Friedrich Nietzsche, Stuttgart 1992.

Vickers, Brian: In Defence of Rhetoric, Oxford 1989.

Vietta, Silvio: Die literarische Moderne. Eine problemgeschichtliche Darstellung der deutschsprachigen Literatur von Hölderlin bis Thomas Bernhard, Stuttgart 1992.

Vinke, Rainer: Jung-Stilling und die Aufklärung. Die polemischen Schriften Johann Heinrich Jung-Stillings gegen Friedrich Nicolai (1775/1776), Stuttgart/Wiesbaden 1987.

Voges, Manfred: Aufklärung und Geheimnis. Untersuchungen zur Vermittlung von Literatur- und Sozialgeschichte am Beispiel der Aneignung des Geheimbundmaterials im Roman des späten 18. Jahrhunderts, Tübingen 1987.

Volkmann-Schluck, Karl-Heinz: Novalis' magischer Idealismus. In: Horst Steffen (Hg.): Die deutsche Romantik. Poetik, Formen und Motive, Göttingen 1967, S. 45-53.

Voss, E. Theodor: Idylle und Aufklärung. In: Wolfgang Beutin/Klaus Lüders (Hg.): Freiheit durch Aufklärung: Johann Heinrich Voß (1751-1826), Frankfurt/Main 1993, S. 35-55.

Weigel, Sigrid: Entstellte Ähnlichkeiten. Walter Benjamins theoretische Schreibweise, Frankfurt/Main 1997.

Wein, Hermann: Nietzsche ohne Zarathustra. Die Entkitschung Nietzsches: Der kritische Aufklärer. In: Nietzsche-Studien 1 (1972), S. 359-379.

Wiethölter, Waltraud: Die krumme Linie. Jean Pauls humoristisches ABC. In: Jahrbuch für internationale Germanistik 18 (1986), S. 36-56.

Willems, Gottfried: Anschaulichkeit. Zur Theorie und Geschichte der Wort-Bild-Beziehungen und der literarischen Darstellungstechnik, Tübingen 1989.

Winter, Hans-Gerd: ›Poeten als Kaufleute, von denen jeder seine Ware, wie natürlich, am meisten anpreist‹. Überlegungen zur Konfrontation zwischen Lenz und Goethe. In: Lenz-Jahrbuch. Sturm-und-Drang-Studien. Band 5 (1995), hrsg. von Ch. Weiße in Verbindung mit M. Luserke, G. Sauder u. R. Wildt, St. Ingbert 1995, S. 44-66.

Ders.: ›Denken heißt nicht vertauben‹. Lenz als Kritiker der Aufklärung. In: David Hill (Hg.): Jakob Michael Reinhold Lenz. Studien zum Gesamtwerk, Opladen 1994, S. 81-96.

Wölfel, Kurt: Ein Echo, das sich selbst in das Unendliche nachhallt – Eine Betrachtung von Jean Pauls Poetik und Poesie. In: Jahrbuch der Jean-Paul-Gesellschaft (1966), S. 17-52.

Wuthenow, Ralph-Rainer: Gefährdete Idylle. In: Jahrbuch der Jean-Paul-Gesellschaft 1 (1966), S. 79-94.

Namenregister